叢書・ウニベルシタス　861

人類再生

ヒト進化の未来像

ミッシェル・セール
米山親能 訳

法政大学出版局

Michel Serres
HOMINESCENCE

This book is published in Japan by arrangement with
les Éditions Le Pommier
through le Bureau des Copyrights Français, Tokyo.

目次

もろもろの死　1

身　体　21

われわれの身体はどのように変わったのか　23
人類再生 hominescence の最初の環　63
全体的な三つの家　86
現代の最大の発見　94
自我 *Ego*――これらのページに署名をするのは誰なのか　105

世　界　109

現代の最も大きな出来事　111

古い共同の家と、新しい共同の家 129
I 動物を飼いならす古代の文化 132
II 過渡的段階 170
III 新しい分化全能性の文化 177
進化する生態的地位 204
人類再生 hominescence の第二の環 219
自我 ego とは誰か 233

他者たち 243

コミュニケーションという出来事 245
現代の人間 269
ネットワークの終焉――普遍的な家 293
人類再生 hominescence の第三の環 325
他者たちと自我 *ego* の死 341

平和 355
歴史への移行 355
日付の記入 386
科学と文化 398
認識の危機 412
訳注 417
訳者あとがき 439

もろもろの死

称賛

おそらく、われわれが現在あるような人間になったのは、われわれがいずれは死ぬということを——われわれは自分の死の刻限をいつの日かいかにして知ることになるのだろうか——学んだがゆえであろう。先史時代や上古代の唯一の誠実な諸遺物、もろもろの副葬品（オブジェ） objets〔対象物〕を添えられた遺骨、われわれはそれらを墳墓のなかに見つけ出している。動物たちには副葬品（オブジェ）もなければ死もない。恐れられているこの終焉は、それゆえ、固有なものとしてわれわれに二重に所属している。すなわち、人類としてのわれわれに所属し、特異な諸個人としてのわれわれに所属している。死は、われわれの種としての定義において、またわれわれの特異な孤独において、われわれを待ち受けており、われわれのところにやってくる。

しかし、死は、ついにはわれわれの生命を破壊するものでありながら、死はわれわれの生命を構築している。つまり、死が残す硬直した遺骸なしには、死に由来すると長い間信じられていた性（セックス）もないし、死が結果としてもたらす不可逆的な時間もなく、われわれはそもそも洞窟の壁に絵を描いたり、火を焚いたり、言葉をレースのように織り上げて歌を奏でたり、神のために踊りを奉納したり、星を観察したり、幾何学の定理を証明したり、自分の伴侶を愛したり、子供を教育したり、さらには社会を作って生活したりしただろうか。『古代都市』のなかで、フュステル・ド・クーランジュ[1]は、古典古代の時代以前には死んだ祖先たちを崇める信仰が支配していたことを証明している。また、家々は墳墓を土台として建築され、もろもろの大都市 métropoles は大墓地 nécropoles として始まったのだった。私は『彫像』[2]のなかで、ギリシア・ローマ時代に限定された彼の分析を、人類学的な価値をそれに与えることによって、一般化しようと試みたのだった。われわれの背後に控える死と、その苦しみに由来するもろもろの弱さとが、人類のもろもろの文明を生み出したのである。自分は死に向かってゆくのだろうか、それとも死から解放されるのだろうかという問いが、意味〔方向〕を構築する。

いまやわれわれは、死を自分たちの思考や、慣習や、もろもろの個人的行動や、集団的儀式から排除することによって、いかなる危険を冒しているのだろうか。無‐意味の危険をだろうか、非‐人間の危険をだろうか。さらに悪いことには、ほとんど危険なしで生きようとすることによって、われわれはいかなる危険を冒しているのだろうか。というのも、私が自分の生命を与えてもよいと思うような女(ひと)、もしくは事が、生命の意味を握っているからである。生命と価値とは同等〔対等〕なものではない、すなわち、生命が価値を評価するのであり、死が有限性のなかに両者を保持しているがゆえにのみ、生命は価値を評価するのである。

西洋の独自性と、古典古代文明

ところで、諸文明もまた個人と同じように、また同じように確実でかつ予見できないやり方で死ぬものである。われわれは、新石器時代に生まれた農耕文化の終焉に立ち会っており、古代の諸言語の消滅に立ち会っており、ヨーロッパ的趣味の圧殺や、あれほどの活動家たちがつい最近まで永遠なものと予見していた諸政治システムの突然の消滅に立ち会っているわけだが、そのわれわれは、諸文明がわれわれと同じように死すべきものであることを、久しい以前から知っている。われわれの文明の独自性は、〈古代〉がわれわれの文明に先立ち、われわれの文明を基礎づけたという点にある。

先頃その二千年紀を祝った紀元は、実際、その同時代人たちが不滅と信じていた地上の都ローマの廃墟の上で始まった。なるほど、いわゆる西洋文明の特性は、古代文明の消滅の基礎の上に立ち上がることに由来しているが、しかし、それと同時に、自らが否定する古代文明の保持をも基礎としているのである。聖パウロがキリスト教をその上に基礎づけると言っている〈復活〉という出来事は、このような展望のもとに、古代的な遺骸や都市とは逆に、われわれの遺骸や都市は踵を返して死に背を向けるということを意味している。すなわち、聖女たちの香油や、墓のなかに畳まれていた亜麻布が、キリストをミイラにする作業にもはや役立たないということのみならず、聖アウグスティヌスが、新しい紀元への手ほどきのテクストである『神の国』のなかで、この考え方を一般化しているからである。すなわち、新しい〈都市〉の時間は地上の都ローマの終焉から始まるのであり、それは、多神教に毒されたギリシアやエジプトやラテン……のいくつもの文明の死を統合する死である。

それゆえ、明日に、三分後に、あるいは何年か後に、病気で、事故で、あるいは過労で、自分がいつ死ぬことになるのか、われわれは知ってはいないのである。また同じく、金で肥え太った、現在の世界の最大強国が、たいした音も立てずにいつ崩壊することになるのかも、われわれは知ってはいないのだ。それは来年なのだろうか、六か月後なのだろうか、百年後なのだろうか。しかし、これら二つの裂け目、これら二つの無知がわれわれの知と実践とを基礎づけているということを、われわれが学んでこなかったということはありえない。われわれの典型的な諸芸術〔技術〕や優れた諸行動の置かれているこのような条件を忘れてしまうとすれば、われわれは明日には、まるでジャングルに埋もれたユカタンのマヤ遺跡やアンコール・ワットの遺跡の前でぎゃーぎゃーと鳴き騒いでいる猿たちと同じように、われわれの大聖堂の前で踊り始めることになるだろう。ダイナミックで、生命にかかわり、個人的でかつ集団的な、死のこのような機能から、意味がほとばしり出るのである。

第三の新たな死、すなわち全体的(グローバル)な死

最近の時期まで、われわれはそれゆえ二つの死を甘受してきた、すなわち一つは、唯一の関心のあるもしくは原初的な死、われわれ自身の死もしくはわれわれの愛する者の死であるが、しかしながら、これ以上に平凡なものはなく、誰もが分かちもっているものである。さらには、われわれはもろもろの文明がすっかり姿を消すということを知っており、第一の死と同じように、しばしば起こり、平凡で盲目なこの死は、同じように予見不可能なかたちで、これまでわれわれを襲っているし、これからも襲うであろう。

しかし、前世紀の半ばまで、すなわちまさしく一九四五年の八月六日まで、人類には知られていなかった第三の死が、いま終わろうとしている時代の二つか三つの大きな新機軸のうちの一つを特徴づけているのだが、その時代にはわれわれは、それを、すなわち人類の全体的(グローバル)な死を、真の大きな規模において、実験しようとする危険さえ冒したのだった。二つの怒りの朝において、アメリカ合衆国で考案され製造された二つの原子爆弾が、日本のヒロシマとナガサキで炸裂したわけだが、私の世代は、歴史上初めて、いまや人類は絶滅の危険を冒しているということを学び知ったのだった。それに続く数十年のあいだに、最強の国々や、またその他の国々においても、軍人や政治家たちに、さらにいっそう破壊力を増した熱核兵器を、躊躇することなく供給してきた学者たちのことを、どのように考えたらよいのだろうか。彼らが学ん

できた、倫理もしくは職業倫理、権利〔義務〕や古典は、今日の意志決定者たちに学者たちが手に入れさせた諸手段には、もはや適用されなかったということである。この同じ日付以来、この確認はもはやとどまろうとはしない、つまり、自らの過去に邪魔されて、哲学はもはやもろもろの新情勢を理解せず、将来の諸世代に対する家を建設することをもはや企図しない。技術者たちや学者たちが新しい世界を産出させているのに、哲学はそれが古い世界にかかわるものであると考えている。ナガサキとヒロシマ以来、すでに哲学を変更しなくてはならなかったのだ。

二つの様相

ところで、原初的で、今度こそ真に共通な、この全体的死は、二つの様相のもとにわれわれにやってくる。第一のものは、突然のものであり、何らかの偶然の自然的な出来事の結果として起こりうる。つまり、われわれの地球の形成を検証してみるならば、火山の爆発や気象に起因するこの種の突発事故の痕跡をわれわれは見出すことができる。実際、ほとんどすべての生物種は、いまから五億五千万年前、四億四千万年前、三億七千万年前、二億五千万年前、二億一千万年前、六千五百万年前……に姿を消しており、これらのほとんど周期的な全体的死の突発が、そのたびごとに、進化を新しい方向に向けたのだった。不安なことがあるのだが、それは最後の突発事故とわれわれとを隔てる時間がそれ以前のものを隔てる時間の一つよりも長く続いているということである。われわれに起因してはいなかったこれらの死から、われわれは改めて生まれたのである。

第二の様相は、いわば意志的なものであって、前者とは逆に、真にわれわれに起因する行動の結果として起こるかもしれないものである。われわれにつきまとっている集団的死は、それゆえ少なくとも三度変容する。つまり、まず最初に、われわれがもし戦争をしたならば、原子力の火によるわれわれの力によって。次いで、まったくの平和時における、われわれの産業による汚染によって、つまり、われわれは、全体的な変化、とりわけ、あるいくつかの種の消滅を、危惧しかつ加速しており、これらの変化あるいは完全撲滅がどこまで広がるのかを知らないのである。さらには、われわれ自身の種に対する残虐性によって、というのも、西洋は、お金と引き替えに、第三世界および第四世界を、冷酷にも死に追いやっているからである。これら三つの責任に直面して、われわれのもろもろの企図を、またおそらくわれわれの時代を、いかにして新しい方向に向けたらよいのだろうか。

新しい第四の死、すなわち局所的な死

ヒロシマ以後、人類を脅かす集団的で全体的な原子爆弾の恐怖が、個人的な死や文化的な死、すなわち伝統的に〈古典〉において嘆かれてきた共通の悲劇の上に立ち現れた。それ以後、われわれはもろもろの種の完全撲滅をかいま見たのであり、それはわれわれの種としての孤立と、われわれ自身の同胞の殺戮が可能であることを告げているのである。

これらの死に、まさに今日の朝、奇妙な第四の死が加えられるのだが、それ自体は暗号化されたものであって、それというのも、微細な信号が、まず最初に細胞の基本的な自死を決定し、次いである機能の自死を、さらには生体の自死を決定するからである。学者たちは、これをアポトーシス apoptose と呼んでいるが、この語はギリシア人たちが秋の落葉に与えていた呼び名である。[3] この呼びかけを解読することで、われわれは死を制御することになるのだろうか。誰がそのことを予見できるだろうか。なぜなら、われわれは同時に、この信号によって結果としてもたらされる直接的な死と、もう一つの間接的な死、すなわち、

そこでは、このアポトーシスapoptoseの呼びかけが聞こえない癌細胞たちが自死〔自己破壊〕を拒絶するがゆえにそれらの癌細胞が抑えきれないほど繁殖する、つまり、生体は生命としてのこの腫瘍によって死ぬわけだが、そのような間接的死とのあいだに、不安定な均衡を見出しているからである。ここでもまた再び、死の二重の意味があり、かつまた、初めて、あらゆるメッセージ伝達機構に共通なコミュニケーションの二重の価値が表明されている、つまり、寓話作家のイソップにおけると同じように、あらゆる回路は最良のものとも、最悪のものともなりうるのであり、われわれはそのことをたっぷりと見ることになるだろう。ここでは、アポトーシスapoptoseは、肉体を破壊するがしかしまたそれと同じく、胚を彫刻しそこから余分な細胞を排除することによって、肉体を建築している。先述の三つの死と同じように、アポトーシスapoptoseもまた二つの価値、否定的なものと肯定的なもの、有害なものと建設的なものをもたらすのである。この第四の死は、現在の突然変異の射程を見積もろうと努めるさる書物の深い一体性を告げるものであるが、それらの突然変異によって身体やコミュニケーションが分岐するわけだ。アポトーシスapoptoseは、それらのすべてに影響を及ぼし、それらを結びつける、というのも、それは信号によって生体を破壊しかつ建築するからである。衝撃的であり、またまさしく今日的であるけれども、細胞にかかわりメッセージにかかわるこの死は、ほかの死と同じ意味をもつものとしてわれわれに生じてくる。この死は、確かにわれわれを消滅させるが、しかしわれわれの生育を形づくり、われわれの筋肉や神経を形づくり、われわれの感覚的、運動的能力を決定する。要するにこの死は、われわれを殺すが、しかしまた同じく、ほかの死以上に具体的に、われわれの生命をつくり出す。

芸術によって詠われ、宗教者や哲学者たちによって省察された、伝統的な二つの死は、個々人の肉体や局部的な集団を襲ってきた。新しい二つの死は、対照的な形で、前者の二つの死を囲い込んでいる、すなわち、一方は、人類全体、生物種全体、この惑星全体にかかわる全体的な面において、他方は、基礎的な細胞や、それを構築する微かな信号という微細な面においてである。われわれはもはや、われわれの出現以来生きてきた死と同じ死を生きてはいない、それだけにわれわれはおそらくこれらの新しい死を制御しなくてはならないことになるだろう。われわれ人間を現にある人間にしてきたプロセスのなかで、上述の出来事以上に決定的な出来事があるだろうか。おそらく、哲学は文化にあまりに専念しすぎていたがゆえに、最近のこれら二つの出来事の出現に際して、口をつぐんだのだったが、それらの出来事は、これまで存続していた自然的なものを、その顕微鏡的な誕生からその全体に至るまで、覆すのである。新しい二つの死、予測できない時、新しい人類。

個人的であれ集団的であれ、基本的であれ全体的であれ、意志的であれ無意志的であれ、これらの四つの死が一緒に示しているのは、それゆえ、生命の出現の力と、削除し廃絶する力とのあいだの、絶えず不安定な状態に押しやられる微妙な均衡なのである。もう一度言いたいが、われわれは死なくして生命を、とりわけ人間を考えることはできないし、生命に意味を与えることなくして死の不条理を考えることはできない。一方の形成を司るエネルギーが、他方のエネルギーと結束しているわけだ。この組み合わせが、時間をもたらす作用をおこなっているのだ。酸素のおかげで私は呼吸をしているのであり、その酸化作用が私を破壊しているのである。私を殺すものが私を強化しているのである。

表面的な二つの例外、唯一の現実

われわれの責任に帰せられる、全体的で取り返しのつかない諸生物種の完全撲滅は、上述の楽天的な緊張状態に対する最初の例外をなすのだろうか。われわれは世界にただ一つの種として残ることで何を勝ち得るのだろうか。しかしわれわれはこの消滅を真に定義するすべを知らない、というのも、われわれはなおも、またつねに、新しい種を、とりわけ昆虫や節足動物や単細胞生物など……を発見しているし、またわれわれは調査すべき種がどのくらい残っているかを十全には見積もることができないからである。その上、この完全撲滅が予想されると同時に、われわれは破壊された遺伝子の書棚を解読し始めており、もろもろの種を復元したり、別の種をつくり出すことを夢見たりしているからである。われわれの優れた知とわれわれの極端な暴力との混合は、確かに計り知れない深みに潜んでいる。

第二の例外は、久しい以前から、言いしれない不安によってわれわれののどもとを締めつけている。この忌むべき行為の楽天的な側面を私は知らないが、それは、たまたま私の同胞である西洋の金持ちたちが、人類の四分の三以上を死ぬがままに放置しているということであるが、死に瀕しているという事実によって彼らは本質的に私の同胞となっている。私は誰を自分の隣人と名づけるべきであろうか。早すぎる死の危険にさらされている者、とりわけわれわれの責任によってそうされている者をである。確かに、新しい人間が今日誕生しようとしているが、しかしそれは、人類に対する全体的で意図的な犯罪の結果もたらされた死骸のただなかにおいてである。この否定的なものの除去によって、またそのことのみによって、新しい人間が誕生することになるだろう。偽りの神々としてのわれわれは、死すべき者たちに対する死刑を廃止することによって初めて、再び人間になることができるのであり、それが、本質的な意味において、人間であり続ける唯一の道であろう。

生命と精神——古い二つの不死性

ところでわれわれの祖先たちは、最初の二つの死に対してすでに二つの答えを見つけ出している。ある何匹かの動物たちを、訓練したり、飼い慣らしたり、調教するという努力にとどまらず、さらにほかの動物たちを家畜化することに成功した者たちは、それらの動物たちの個体を制御するのではもはやなく、彼らの系統を制御する。牧畜が始まって以来、羊にせよ雌牛にせよ雄牛にせよ、われわれの教えを忘れて、森に帰り、野生の生活に戻ったものを、誰も決して見たことはない。そのようなことをすれば、彼らは死ぬことだろう。ある土地に囲いをして、「これはおれのものだ」というのを最初に思いついた者は、(4)牧畜と農業を発明したのであり、それらの仕事に従事する者たちは、作物化・家畜化された植物種や動物種が、それらの種よりずっと力強い野生種の攻撃から、少なくとも囲いによって人間が護ってやらなくてはならないほどに脆弱化しているということを、哲学者たちよりもよく知っている。丈夫に育つことを決定づけるこの必須の条件のもとで、植物や動物たちは無限に繁栄し繁殖している。『離脱の寓話』(5)では、名もないこれらの優れた祖先たちへの称賛が表明されており、彼らは不死性を発明したとして称えられているほどである。実際、われわれは麦がどこからもたらされたのかをもはや知らないけれども、われわれは決して麦を失ったことはないのである。麦や、牛や、羊は、農業・牧畜の発見以来、各世代にわたって、われわれに間断なく食糧を提供してきたのであり、そのことは難なく跡づけることができる。

われわれは歴史というものをあまりよく知らない。というのも、われわれの青春時代にわれわれが被った戦争について、われわれの子供たちさえもがひどく思い違いをしているからである。われわれは、神々の記憶も、王たちの記憶も、戦闘の記憶も、慣習の記憶も、労働の記憶も、日々の記憶も失っており、われわれが確かで安定したものとして保持しているのは、かつて家畜化に屈服した種の系統と、証明を勝ち得た数学のみである。真実の歴史は、農民と厳密科学に宿っており、それらは、賛嘆すべき才能によってこのタイプの不死性が発明される稀な場所である。それ以外のものは、風や肉や草と同じように、忘却と嘘とによってぼろぼろにされる。ピタゴラスの諸定理と同様に、ホロホロチョウや小麦は、変異や淘汰〔選択〕を経て、現代もなお彼らの忠実な不変性でもってわれわれに付き添っている。

一つの新しい不死性か？

一九七〇年と一九八〇年のあいだに、つまり「死の支配(6)」と『離脱の寓話』とのあいだ、――前者はその悲壮な響きで新たな死、すなわち核爆弾の閃光のもとでの人類の全体的な死を告げていたが、後者はわれわれが相続した飼育栽培種の安定した子孫を称えていたのだが――、この両者の間に、生化学者たちがゲノムを操作し、それゆえ牧畜と農業を変えたのだった。われわれは第二の「不死性」に向かっているのだろうか。

進化は淘汰〔選択〕と突然変異の結果として起こる。ダーウィンは最初に農業の実践を例に引くことによって〔『種の起源』、第一章参照〕、時には交雑されて、つねにより優れたものが生き残ると説明した、つまり変異することによって新しいものが作り出されるのだ。したがって、突然変異によって新しいものが現れ、そのなかから、最もよく適応したものが、淘汰〔選択〕によって、存続する。ところが、今日ではわれわれが知っているように、個体や、種や、系統は、それらを形づくるゲノムが変化したときに出現する。それには偶然と時間とが必要である。もし、偶然の諸条件がわれわれのゲノムをわずかに分岐させせなかったとしたならば、またその後にわれわれが、自分たちを取り巻く諸生物の進化に作用を及ぼさなかったとしたならば、おそらく人類の歴史は始まりさえもしなかったことだろう。

これらの天才的な祖先もしくは先覚者が、ブタモロコシからトウモロコシを、あるいは羊を「創り出した」とき、交雑と排除によってこれらの種を選択することによって自然を模倣したのであり、それゆえ表現型の変化した生体すなわち飼育栽培種のありうべき名前であるＯＰＭ〔Organismes Phéno-typiquement Modifiés 品種改良生物〕をつくったのである。しかし彼らは、それらの種の生殖細胞の極小の奥深くに隠された潜在的な変異に対しては何もできなかった。そこに到達し、遺伝子を操作することによって、われわれは変異に介入し、偶然性を最小化し、時間を短縮し、ＯＧＭ〔Organismes Géno-typiquement Modifiés 遺伝子組み換え生物〕を創り出し、そしておそらくもろもろの種を創り出す。いまや「不死性が」戻ってきたのだ、というのもこの新しいゲノムは確実に伝えられるからである。淘汰〔選択〕を支配することによって、件の祖先たちは人間の時間の歴史的な独創性に貢献したのだが、突然変異を制御することによって、われわれは進化の時間〔持続〕と結合した一つの時間〔持続〕を切り開くのだろうか。新しい生命に対する新たな時間〔持続〕を切り開くのだろうか。

歴史に再結合した進化

もっと適切に言えば、多様な淘汰〔選択〕によって、時間〔持続〕は相対的に不変な麦や犬を保存してきた、つまり多くの外見から見て同じ種を。ある意味では、そうした種の変異によって、われわれは時代を区切っている。もしわれわれが、トウモロコシや羊の変種によって名づけられ区分された年代を子供たちに教えたならば、われわれの記憶の訓練はどんなにか魅力的なものになることだろうに！　そうした時代になれば、ビガロー種のサクランボの時代、ブーレ・アルディー種の梨の時代、ドワイヤネ・デュ・コミス種の梨の時代が出現したといった言い方をすることになるだろう。フランス革命暦の草月〔五月二十日～六月十八日〕や、花月〔四月二十日～五月十九日〕や、収穫月〔六月十九日～七月十八日〕や、実月（みのり）〔八月十八日～九月十六日〕は、これらの魅力的な前兆にかなり近かったのであり、七月と八月に、死骸に飢えたカエサルの罪やアウグストゥスの専制を称えるように強いられるのとはほど遠い。というのも、ジャガイモの時代がなかったならば、飢饉によってアイルランドやドイツでさらにいっそうの過疎化がもたらされたことだろう。農業における淘汰〔選択〕は、戦争や支配にかかわるよりも、女や男たちにかかわるものである。前者は女や男たちを生きさせ、後者は彼らを殺している。戦争を記述したわれわれの年代記は、食卓よりも、流された血に、われわれが喜びを感じているということを示しているのだ。

時代〔時間〕は、淘汰〔選択〕とともに持続し変化する。ところが、何十年か前からバイオテクノロジーがその時間を副次的でのろまなものにしてしまった、つまりバイオテクノロジーは、「不死性」の発明者たちの古風で卓越した行動における淘汰〔選択〕を、突然変異に置き換えたのだ。われわれは確かに前者をやめることはないが、後者は前者を開始させ前者を操作しているわけだ。新しい生き物、われわれはそれを、電撃的な達人技で産み出すのであって、一か八かで予測のつかないまま、長い時間待ったり、辛抱強く淘汰〔選択〕を重ねるのではないのだ。新しい生き物と同時に、新しい時間が出現しているのである。別の死と別の生が、つまり新しい人類と別の歴史が出現しているのだ。われわれの新しい時間を記述するために、歴史というこの古い語を取り替えなくてはならないのだろうか。

この分岐の重要性を凌駕するものは何もない。そこでは進化が歴史のなかに改めて身を投ずるために再び出現するのだが、一方われわれの歴史は、今日に至るまで、われわれを進化から引き離していた。われわれ人類の始まり以来、実際、われわれは技術によって、自分たちの肉体を防護し、技術による新しい環境のなかで、自分たちの肉体を自然淘汰からますます強力に防護することによって、われわれを進化から隔ててきた。今日において、人口爆発が、その新しい証拠を提供している。ヒト化のなかで、歴史はしだいに淘汰〔選択〕による進化から切り離されてきている。ところが、いまやわれわれが、淘汰〔選択〕のみならず突然変異をも支配することに成功し、突然変異を選ぶことに成功するならば、われわれはこの進化の源そのものに直接到達し、進化と新しい出会いを結ぶことになる。人類の冒険は、生命の通常の時間の外で展開されてきたが、その生命の時間を制御することによって、人類の冒険は、ある意味では、その生命の時間に戻ってくるわけだ。したがって、比類ない時間的断絶が出現するのである。

進化は、死を通して、生き物の肉体を彫琢する。死が変化するならば、人間たちと彼らの肉体がどうして変形しないことがあろうか。突然変異は新しい生き物たちを出現させる。新しい生き物たちが出現するならば、われわれの時間がどうして分岐しないことがあろうか。死、肉体、生命が別の様相を呈するならば、この進化の圧力のもとで、人類そのものがどうして変化しないことがあるだろうか。

これらの予想外の死とこれらの新しい再生〔増殖〕は、「不死性」の風を引き起こす。一つの新しいユートピアが、われわれを惹きつける。本当に、新しいユートピアだろうか。そのユートピアは、われわれの最も遠い先祖であるギルガメシュ(7)の冒険を、そしてさらに以前の、牛を家畜化し小麦を植えた者たちを、すでに鼓舞していたのである。あなたがたは、ユートピアを告発するのだろうか。われわれは、ユートピアなしで未来を構築しただろうか。少なくとも、件の新しいユートピアは死に挑戦するのだから、誰にも害を及ぼすことはない。それゆえ、私は署名入りで主張したい。そうなのだ、新しい死は、古いものであると同じく新しいものでもある「不死性」という夢を伴っているのだ。私の孫たちは百二十歳以上になるまで健康に生きることに不満を言うだろうか。人生の浮き沈みや、傷病や回復を伴った、予見できないものと合理的なものとの分析不可能な混合としての、われわれの混沌とした偶然的な冒険は、考えうる限りの困難さゆえに、われわれを〈必然性〉から解放することはないのだろうか。

人類再生 hominescence

南アメリカや中東では、いまから何千年も前に、稀な植物や動物を飼育栽培化することによって農耕牧畜の時代が開始されたが、その農耕牧畜の時代はそれゆえ今日、遺伝子工学の発明によって分岐し発展する。われわれは表現型の上で進化に介入していたが、いまやわれわれはゲノムを操作して飼育栽培種に介入している。同じ意図ではあるが、別の次元における異なった方向への行動である。したがってわれわれは、一つの時代の終わりを生きており、別の時代に入ろうとしているのである。

しかしまさしく何を新しいと呼ぶのだろうか。私はその主要な二つの例、つまりここ何十年かにおける、文字通り前代未聞の二つの死と、思いもよらない生き物の創出、要するに新しい時間〔時代〕の出現を、先ほど示したばかりだ。それゆえ、一つの時代を当初の状況へと送り返すことによって終わらせ、かつまたそこから諸状況が大きく分岐するような出来事を、新しいと言おうではないか。バイオテクノロジーは、われわれと生き物および彼らの生命の持続〔時間〕との関係を変え、原子爆弾とアポトーシス apoptose の信号は、死とわれわれとの何千年にも及ぶ関係を変えつつある。関係する年代〔時代〕が時には忘れられた起源にまで及ぶだけにいっそう決定的なこれらの新しさ〔新機軸〕は、半世紀前から相次いでおり、人間の男や女たち自身に影響を及ぼし、その総決算として、ある種の人類進化 hominisation〔ヒト化〕を生じさせるに十分なほどの、数と多様性とまた同じく危険な規模に至っている。本書が検討の目的としているものは、これらの出来事とそれらのもたらす結果、身体や世界やその他のものに対する、比類のない未知の関係の出現なのである。

人類は、その偶然的な運命の長い時間〔持続〕のなかで、今日一つの段階を踏み越えつつあるように私には思われる。私の人生も終わりに近いいま、私がともに生き、働き、考えている、女性たちや男性たちや子供たちは、世界に対して、また彼ら自身や、彼らの身体や、他者たちに対して、先の世界大戦の前の頃の先人たちが保持していたと同じような関係を、もはや保持してはいない。私は運がよかった、というのも私は自分の人生のなかで、人間の条件が変わってゆくのを目の当たりにすることができたからだ。人間の条件がどのようにして、またなぜ変わったのかを、私は言うことができる。だが、それが何に向かって変わってゆくのかは、私にはまだ分からない。

いまから何百万年も前に、沈黙のうちに始まり、最近になって突然で迅速な分岐の行程に従っているわれわれの将来は、いくつもの起こりうる可能性のあいだで、振動もしくは鼓動しているのだが、その境界線は、人類進化〔ヒト化〕のプロセスのなかでいつもそうであったように、解放と災禍のあいだで、どちらに傾くのか揺れている。われわれは絶えず極端な暴力と稀に見る知恵とを混ぜ合わせている。現在まで、われわれは幾多の幸運に恵まれてきた、というのも、あらゆる種と同じように偶然的なわれわれの種は、幸運な天才によって、自らの破壊や、略奪や、浪費や、憎しみや、種内の戦争のなかを、生き残ってきたからである。

しかしわれわれはこれまで、世界やわれわれ自身を変えるための、つまり、汚染された空気や純粋な空気、改良可能な土地や砂漠化した土地、飲料水や有毒な水、エネルギーをもたらす火や破壊的な火、地球全体の気候、無機質な環境や生命ある環境、われわれ個々人の身体、全体としての生物種、子孫を残す機能、土地と空間の占有、われわれの諸関係や諸集団、諸言語や諸文化の生あるいは死、諸科学の地位とその継承、認識一般、無知との闘いや教育といったものを変えるための、これほど効率的で全般的な手段をもったことはおそらく決してないであろう。これらのものの各々および一緒に把握された全体は、一般的に言えば、いまやわれわれに依存している。われわれのもっていた古い諸力に比べれば、われわれが最近獲得した諸力は急速にその規模（スケール）を変えた、すなわちわれわれは最近、局所的（ローカル）なものから全体的（グローバル）なものへと移行したのだが、この全体的（グローバル）なものの、概念上にせよ実践上にせよ、いかなる制御もわれわれはまだ会得しないままでいる。

　これらの全体的なものはごく最近、実践的で具体的でほとんど手近にあるといった、新しい相貌を呈するようになっている。すべては、われわれに依存している。そして、思いもよらない新しいループをなして、われわれはついには、全体的にわれわれに依存しているものに、われわれ自身が依存することになる。そこにこそ、われわれの全能性が急速に増大する危険性と可能性があるのだ。要するに、ここにこそわれわれの新機軸があり、その新機軸は一つの総和をなしており、われわれはそれにいたるところで出会う。このようなことはわれわれにはこれまでに起こったためしがないので、われわれはこれらの諸力のすべてをどうすればよいのか分からないでいる。つまり、これらの諸力が求めている哲学は、いつまでも生まれないままに、躊躇し、震え、怯え、明滅しているのである。

　発光 *luminescence*〔物質が外部からのエネルギーを吸収して、発熱を伴わずに発光する現象〕**や白熱** *incandescence* **においては、その強度が揺れながら隠れたり現れたりする一つの光が輝き始め、絶えず消えそうな状態ではあるが、輝きと遮光とによって、強まったり弱まったりするのだが、それと同じように、**

青年期 *adolescence* や老化期 *sénescence* は、熟年や明確な老齢へと向かって衰退し、双方とも幼年期や生命を惜しみながらも早々にそこから離れるのであり、したがって同じように、開花 *efflorescence* または発泡 *effervescence* は、この-*escence* という、いわゆる「起動相の」語尾によって示されるプロセスを指しているわけだが、この「起動相の」という形容詞は、一つの始まりを意味しており、ここでは花が咲き始めることや、泡が立ち始めることや、興奮し始めることを意味している。同じように、高木性 *arborescente* の植物は、枝分かれした形、つまり木の姿や外見を、しだいに取ってゆく……。同じように、人類再生 *hominescence* のプロセスは、われわれ自身の行為によって、いましがた始まったばかりだが、しかしそのプロセスがいかなる人間を産み出し、称揚し、あるいは蹂躙することになるのかについては、まだ分かっていない。

しかし、われわれはこれまでにそのことを知ったことがあるのだろうか。

人類進化 hominisation のこの段階を、それゆえ私は人類再生 hominescence と名づけるのだが、それはその重要性を示すためであり、かつその一方で、他のより決定的な大きな画期に比して、その重要性を緩和するためでもあって、この語は人類進化の一種の微分のような響きをもっている。それを考えるために、私は、生物学と厳密科学が切り開く時間へと向かって、歴史の時間の下に穴をうがつことを試みようと思う。人間にかかわるわれわれの知は、生物学や厳密科学と縁を切れば、損失を招くことになるだろう。実際、われわれは単に都市で、経済的、政治的、文化的な次元の関心事のみで情報交換をしているわけではなく、われわれの身体は、他のもろもろの種や諸物とのかかわりの世界のなかで生きている。コミュニケーションのネットワークを通じて、すでに数種のタイプの空間に身を投じているわれわれは、同じくいくつもの時代〔時間〕に身を投じており、そのうちのいくつかは数千年にわたるものであり、あるいはそれが進化にかかわる場合には、数百万年にも及ぶものである。現在のいくつかの出来事を理解するために、われわれの父祖が良く評価してはいなかった長い期間にそれらの出来事を置き直してみることにしよう。人類再生 hominescence という用語を提案することによって、私は、今日われわれに降りかかっているもろもろの新しさ〔新機軸〕を、このような太古の光のもとで理解しようと試みるのである。

現代世界とわれわれは、何千年にも及ぶ規模の危機を現に経過しており、われわれが最近になって歴史と呼ぶようになったもののなかで、比類のない産みの苦しみを味わっているのだが、おそらくわれわれは別の人類を産み落とそうとしているのだろう。この降ってわいた出来事以上に、われわれの心配をかき立てるものは何もない。われわれの最もささやかな思考、われわれの最も謙虚な行動さえもが、今日徐々にその新しい人類のシルエットを素描しており、そして、将来の世代がどのようにして生き残るのかをリアル・タイムで決定している。たとえば、生物倫理学が、何が人間的であり、何をなすことが人間的なことかについて、答えの出せないままに、思いめぐらしているときでも、とりわけ生物学が、日々絶え間なく、危険であると同時に英雄的で熱狂的で悲劇的なやり方で、生命倫理にかかわる行為をおこなうこと自体によって、人類が構築されているということを、生物倫理学は分かっているのだろうか。人類は参照すべき手本をもっていないので、われわれは、集団的であれ個人的であれ、自分たちの行為と思考とによって、時の流れのなかで人類を構築しているのであり、人類の自己進化 autohominisation は、古い隠喩的地位を離れて、現実の段階に入っている。したがって、われわれの前に開かれる道は、これまで〈歴史〉がたどってきたもろもろの道のどれともいささかも似ていない。それゆえこの道は、われわれにとって支えとして役立つことはほとんどありえない。本書が、時としてその時間〔時代〕の下に身を投じて、その時間〔時代〉に戻ってくるのは、このことに起因するのである。人類再生 hominescence という用語は、不安の入り交じったこの希望、この出現、この恐れ、このおののきのことを表現するものである。

　単純な解決策のない別の苦悩、それはこの同じ出来事が、金銭や、身体や、食物や、平均寿命、居住環境、民主主義的自由、学問などに恵まれた裕福な者たち、彼らは最近、先ほど述べた「不死性」を獲得したのだが、そうした者たちと、死すべき者たち――この語のもつ濃密な希望を読み取っていただきたい、というのも死だけが意味を与えるからであるが――、つまり、解消されることのない対称 symétrie、部分的には新しい偽りの神々の過ちによってつくり出された対称によって、永遠の苦しみに至るほどに上述の財を奪われた者たちとのあいだに、一つの隔たりをうがっているということである。人類再生 hominescence の時代には、全面戦争、したがってまさしく人類全体（ユニヴェルセル）の死の危険性のもとで、この全世界的（グローバル）な問題を解決することが義務づけられる。

　束状をなすある分岐が最近生じ、その分岐が、われわれの文化と哲学の再建を緊急に要請しているという直観が、私の人生に付随してきたのであり、本書に啓示を与えているのである。

一九五七年七月、アジャンにて、

二〇〇〇年一一月二九日、ハバロフスク―アルハンゲリスク間の航空路上にて。

身体

論題

われわれの身体はどのように変わったのか

人類再生 hominescence の最初の環

全体的（グローバル）な三つの家

現代の最も偉大な発見

自我 *Ego*——これらのページに署名するのは誰なのか？

われわれの身体はどのように変わったのか

思いがけない勝利

第二次世界大戦以前の時代には、家庭医は、朝、自分の小さいショルダーバッグに当時手に入る有効な薬剤を入れて、往診に出かけたものだが、それらの薬は八種類から十種類くらいで、実際にそれ以上の数ではなかった。一九五〇年代以降になると、薬剤を持ち運ぶとすれば、車を使ってももはや足りないことだろう。一九三六年と一九四五年のあいだに発見されたサルファ剤と抗生物質は、ますます使用量が増え、それまではしばしば致命的だったいくつもの伝染病を、短期間の急な発熱に変えてしまった。たとえば、診察室に満ちあふれていた梅毒患者と結核患者という二つの災禍が、突然潮が引くように姿を消したのだった。田舎では牛小屋のそばに寝て、都市でも馬の敷きわらに慣れっこで、清潔さになどほとんど気にもかけなかった民衆のあいだに、それまではごく稀であった衛生への関心が広まった。公衆衛生の諸規定によって、ワクチンや予防措置が義務づけられた。もっと後になると、向精神薬が現れた。化学は受胎を調節することを可能にし、よく言われるように、とりわけ女性の性(セックス)を解放した。外科は正確な医学図版に沿っておこなわれた。われわれは子供たちの食物に注意を払うようになった……。私の年代のある人たちは、一週間に何千人の食中毒患者が出てもその数を見積もりもしなかった時代のことを覚えているが、今日では裕福な国では月にわずか十人ほどの食中毒患者が出でも、メディアがスキャンダルとして取り上げる。

要するに、ヒポクラテスから[8]、ガレノス[9]、ラエネク[10]、ジェンナー[11]、ゼンメルヴァイス[12]に至る時代まで、医学が実際には治すことのできなかった病気を、第二次世界大戦の頃に、医学は治し始めたのである。急激に有効性を得た医学は、健康や苦痛や命や死に対するわれわれの関係、要するにわれわれの身体とわれわれ自身に対する関係を転倒させたのである。このことは、たとえばなかんずく鎮痛薬や麻酔薬が苦痛を和らげ、時には苦痛を消し去るなど、薬剤が適切な治療の応用範囲をますます広く多様なものにしただけに、なおさらのことであった。二十世紀の中頃以前には、病気の詳細な記述と精確な診断が治療に勝っていた。つまり臨床医は病理学をよく理解していたし、しかもX線のおかげでますます病巣を的確に把握することができたのだが、なかなか治癒させることはできないでいた。今日では臨床医は、時として患者が健康の回復を裁判に訴えて要求するほどに、治療することが可能になっている。身体の幸福を判断していただきたい。かつては稀であり、現在では頻繁なことだが、回復は権利〔義務〕となり、病気はかつて日常茶飯のことだったが、今日では耐え難いものとなっている。不治の病人と苦痛の世界にあって、昔の医者は魔術師、すなわち半神にとどまっていたが、医者が病人を救い始めるや否や、逆説的にも、社会は医者を刑事上の責任を担うものへと変えたのである。

前例のないこの革命は、その全体において、三重の結合の結果生じたものである。すなわち、個々の臨床医の千年にわたる積み重ね、研究室での百年にわたる科学者による物質や法則の発見、たとえば赤十字、WHO〔世界保険機構〕、ごく近年の国境なき医師団などの国際機関といった、最近における統計的予防対策を担う公衆衛生サービス、の三つである。第一の臨床医は、第二の学者が国際会議で認可し、第三の公衆衛生機関が全体の規則として制定し義務化した処方と治療法とを、近隣の家庭の患者に適用する。医療は、研究と〈行政〉という道を経由して、個人の身体から集団の身体へと移行し、また集団の身体から個人の身体へと戻ってくる。その結果として、まさに信じられないことだが、最近の数字では、〔世界の〕平均寿命は年につき三か月の割合で規則正しく伸びるほどになっている。人口の老齢化という用語は、もはや同じ意味をもってはいない。単に諸個人の身体が変化するのみでなく、社会の歩みが変化するのである。

第三世界の衛生上の悲惨な状況、伝染病の再流行の可能性、公衆衛生行政の能率低下、製薬業界の影響力……などに直面して、危惧と批判の空気がしばしば優位を占めるが、しかしそのことは、病気に対するこうした勝利の成果が、私の言及している年代に多大な恩恵をもたらしたという事実、人類の誕生以来、それどころか生物の誕生以来続いてきた、誰もほとんどいかなる病気も克服するすべを知らなかった時代に終止符を打ったという事実を否定するものではない。新しい死に対峙して、まったく新しい身体が平均寿命を伸ばしている。

衛生と労働

蛇口からほとばしり出る水道水とお湯は、電気の明るい光とあいまって、二十世紀初頭に妖精のように謳歌された恩寵であり、われわれの居住環境を二つのやり方で変えた。つまり、家ははるかに暖かくなり、トイレとバスルームを備えるようになったのだ。私の身体は、寒さと嫌悪感との二重の身震いとともにいまでも憶えているのだが、室内でもきわめて寒さが厳しかったので、寮生たちは室内でも外と同じ服装をしており、神経質な者たちは大祝日の日には身体を洗ったものだが、その他の者たちは自分たちの結婚式の日まで身体を洗うのを延ばしたのだった。洗濯の仰々しい儀式は春とともに戻ってきた。というのも、洗濯に必要な灰を蓄えるためにはまるまる一冬が必要だったからである。われわれは極寒の壁の間で、暖かいシーツにもぐって眠るために、「やぐら」で、つまり火鉢を入れた長方形の木枠で、ベッドを暖めたものだった。医療の歴史は、これまた決定的な時期として、第二次世界大戦に遡る。その時期に開業医は、自分たちの患者を組織的に病院に送る習慣を失ったのだ。家庭の生活環境より病院のほうが快適さと清潔さにおいてはるかに勝っていたのだが、家庭の生活環境の改善によって、今度は家庭のほうが公的な施療施設の環境よりも勝るという状況が生じ、そうした施設ではすでに、医原性や院内感染性の病気が出現し始めていたのである。この逆転は、時代を画する出来事である。

勤め人たちは、より快適になった家から、以前よりも遅く出勤するようになり、機械によって様変わりした仕事場に到着することになった。骨の折れる労働においては苦役の数が減少し、農夫や職人にとっては、持ち上げたり、掘削したり、運搬したりする労苦が、エンジンの力によって軽減された。腕でツルハシを振るうのではなく、指でボタンを押すようになった現在では、労働者という用語は同じ意味をもってはいないし、農民は牛や荷車やくびきを放棄し、トラクターを運転するようになっている。夜明け前に早起きして、スコップや九本歯のフォークで大型トラックに砕石を積み込んだことを、私の身体は、肩甲骨付近の痙攣性の痛みとともに、いまでもなお憶えている。いまや、身体は汗水垂らして働くのではなく、機械を操縦するようになっている。英語圏の友人たちがブルーカラーと名づけた者たちは、第三次産業に移行して、ホワイトカラーになった。十九世紀の末になるとすでに、ジュール・ヴェルヌの小説は、鉄工所や鉱山の変化をもはや予想せずに、関係の構築を目的とした機械、たとえば気球や、飛行機や、電報、潜水艦、テレビ……などを想像している。要するに、西洋人は一九六〇年代に突然、生産手段とか生産力から、コミュニケーションのネットワークへと移行したのだ。今世紀の初頭にあって、われわれは世界的な〈ウェブ網〉と携帯電話の勝利を謳歌している。仲介と翻訳の神ヘルメスと、無数のメッセージ伝達の天使たちが、火をもたらした孤老の英雄プロメテウスに取って代わる。このようにして、われわれの身体は、自らの苦役を軽減したのだ。

かつての身体——体格と寿命

十九世紀初頭のアカデミー・フランセーズ会員の制服は、今日では十一歳の少女でさえ小さすぎて着られないことだろう。ヴィクトル・ユゴーが誇張して巨人にたとえたナポレオン軍の兵士の肉体的な力と体格を、われわれは見破ることができる。徴兵による計測のおかげで知りうることだが、フランスにおける応召兵の平均身長は、一八八〇年から一八九〇年にかけての一五五〜一六〇センチメートルから、一九四〇年には一六七センチメートルに伸び、近年では約一七八センチメートルに伸びている。十八世紀末における、歴史上最も過酷な強制収容所の一つに収容されるべく、オーストラリアに向けて乗船させられた最初の囚人たちの身長は、一五〇センチメートルに満たなかった。同様に、女性の初潮はおよそ十四歳で見られたものが、今日では十二歳で始まる。性愛関係は、時代と年齢において、どのように変移しているであろうか。モリエールの『女房学校』の時代には、老年の身勝手な御仁が、四十歳だと告白しており[13]、バルザックの『三十女』の時代には、三十代で終わったかのように描かれている。われわれはそんなふうに考えることができるだろうか。一八三三年に、『マリアンヌの気まぐれ』のオクターヴは、十九の春の若くて美しいマリアンヌに向かって「あなたはまだ、五年か六年は愛される年月があり、八年から十年間はあなた自身が愛する年月があり、それ以後は神に祈る年月がある」[14]と言っている。ミュッセはバルザックとおよそ同じ年齢計算をしているのである。

平均寿命は規則的に伸びている。そして、われわれがたとえば家族や結婚について話すとき、われわれの前の時代とはもはや同じ社会制度のことを想起しているのではないということを、納得できるだろうか。というのも、われわれの前の時代には夫婦関係は平均十年から十二年しか続かなかったのに、われわれの時代では半世紀以上も続くのだから。私は請け合ってもよいとさえ思うのだが、最近の離婚数の爆発的増加は、今日の夫婦が結局のところ、かつてや先頃の夫婦よりも長い期間夫婦関係を保っているという事実を否定することにはならない。同様に、古典文学においてしばしば大変大きな期待を込めて描かれている相続も、相続を待つ期間が十年以下なのか、五十年以上なのかに応じて、もはや同じ現実性も同じ重さももってはいない。待たされる期間が一定の限度を越えると、相続金に対する関心は失われる。

二十五歳ぐらいで祖国に命を捧げても、その人に五年か七年しか余命がないとすれば、それは英雄的行為と考えられるだろうか。同じ年齢でも、その先数十年の余命があるとすれば、その行為は前者と同じように考えられるだろうか。西洋の兵器産業が売った軽機関銃で武装している第三世界の子供たちは――驚くべきことに国際的法廷はそれらの兵器産業を人類に対する罪を犯していると告発しないのだが――、今後われわれに英雄と見えるのだろうか、犠牲者と見えるのだろうか、それとも凶悪なものに見えるのだろうか。もはや以前と同じ身体や同じ寿命が問題になっているのではなく、以前はきわめて稀なことだったが、通りや、会議や、養護施設が、老人で満ちているとき、以前と同じような感情的、愛国的、法律的な事実を……要するに同じ社会的、文化的な事実を、われわれは考えたり、組織したり、感じたりしているのだろうか。

われわれは、以前の人々と同じように苦痛を感じているのだろうか。当時の世界最大の君主であったルイ十四世は、自分の王国の最良の医師たちに囲まれながらも、毎日苦痛のうめき声を上げていたのだった。何の援助もない貧しい国民たちは、いったいどれほどの苦痛に耐えたことだろうか。逆に今日では、開業医は、まだ一度も苦痛を感じたことのない老齢の患者に時々出会うのである。部分的にせよ自分の身体の健康に責任があるようになったわれわれは、苦痛に顔をゆがめる世界最強の権力者さえもっていなかった権力を、自分の身体に対してもっている。当時は、人は四十歳になる前にすべての歯を失った。私の子供時代には、田舎ではしばしば、歯のない口で歯音なしのオック語が話されるのを、見たり聞いたりしたものだった。十九世紀の終わり頃には、ロンドン市民の三分の一が梅毒に苦しんでいたのである。

私は問題を解明するために時代と事実とをわざと混同している。いったい誰の身体を問題にしているのだろうか。私はしたがって、優れた地位にある王の身体を選んで、その身体の惨めさを示し、今日の一般の人々の身体の栄光を明示する、つまり量と質における二重の最大化が、社会的な相違のもとで不変要素を出現させるのである。次のような少なくとも統計的な安定性はこのことに由来する。十八世紀においては、女性の平均寿命は、何世紀にもわたってさして変わらないものであった。この時代より厳しい数字を見つけるにはネアンデルタール人まで、つまり、死産率は五〇%で、生きて生まれた者の半分は九歳までに死亡し、残りの者のうち二十歳に達する者は稀であった、という時代まで遡らなくてはならないだろう。ここに見られるものはおそらく、哲学者たちが人間の本性について語ったとき暗にほのめかしていた永続性であり、彼らは、そうとは知らずに、正しかったのではなかろうか。

二十世紀の医療革命以前にわれわれが目にしていた日常の身体の景色、つまり、天才的な証人たちによって素描され描かれた大衆の身体の景色は、このように構図され色づけされるのである。したがって、かつてのヴェラスケス[15]も、ゴヤ[16]も、また近代のドーミエ[17]も、ドガ[18]も、トゥールーズ＝ロートレック[19]も、風刺画家として扱ってはならない。そうではなくて、彼らはキャンバスの上に、苦痛や、きつい労働や、飢えや、寒さや、耐乏や、不治の病や、生々しい傷によって、死の刻印を刻まれた顔や身体を、彼らが見たままに描いているのだ。私の言及した新機軸が、そうしたものについてのわれわれの記憶をすべて失わせたのだ。大づかみに言えば、ここに見られるものは苦痛の時をもつ身体の時代である。

以前のモラル

私は、絶えまない苦痛に耐えながら形成された世代と、取るに足らないいらだちにもすぐに憤慨するようになった世代とを分かつクレバスを、一九六〇年代の末に身をもって体験した証人である。したがって、われわれの先輩たちのいわゆる「苦痛主義」のモラルに関する最近の批判を、どうしてまじめに取ることができるだろうか。何千年にもわたるこれらの制約を、それらが取り除かれた次の日には忘れてしまったがゆえに、われわれは重大な不公正を犯しており、われわれの父祖の慣習や、モラルや、宗教について論じるとき、われわれは愚かな無理解を示している。彼らは、苦痛に対する一貫した訓練を自分自身に課すことを余儀なくされていたのであり、さもなければ避けられない日常の過酷な苦痛に立ち向かうことができなかったのである。禁欲主義者やキリスト教徒の質素な知恵の教訓、中世の神秘主義者や仏教僧の身体にかかわる高度な技術、毎日の苦痛や飢えに立ち向かうこれらのすべを、いまでは誰が理解することができるだろうか。精神の平静（アタラクシア）または良心の呵責の探求は並はずれた諸条件に依拠していたのだが、新しい身体はその深い意味 prégnance を忘れてしまった。この厳しい定めから、ほんの先頃解放された現代人の健康は、人類発祥以来の健康とはすっかり縁が切れてしまった。その断絶はきわめて決定的なものであり、それによって一つの時代が閉じられてしまったので、その時代の始まりについては、原初の神々にかかわる神話や伝説による以外に、われわれは知りさえもしない。この突然の変化と同時代の人間である私は、前の時代におこなわれていた風習を完璧に憶えているので、とりわけ苦痛と関連するその風習にいまでも時折従うのだが、ほとんど必然的にもたらされたこの苦痛の文化を、現代人たちが断罪するのを聞いても、私は気にもとめないのである。

新しい裸の身体の出現

さて、それゆえ新しい労働環境によって人の背筋はまっすぐになり、家庭生活における衛生〔清潔〕とより良い食品管理によって人の皮膚はつややかになり、暖房によってわれわれは薄着になり、苦痛や病気の醜い痕跡のなくなった肉体をあえて人目にさらすようになった。ルネッサンス時代の人間が、梅毒性頸輪を円形の襞襟で隠したように、かつては、何らかの目障りな身体欠陥を覆うことを目的としていた服飾ファッションは、突然、身体をどこも隠さなくても恥ずかしくなくなった人間から、着るものを引きはがすことをもっぱらとするようになった。人類の歴史上初めて、西洋の人間は裸で海水浴をするようになった。ヴィーナスはその昔、海の波から生まれたとされている。そしてボッティチェリ[20]は、波の上に生まれ出るヴィーナスを、長い髪の毛をまとったあらわな裸体の姿で描いている。ところが、近年においては八月ともなれば、同じ波の縁飾りのなかに、男や女たちの新しい身体が立ち現れる。万神殿が爆発的な数で溢れ出したのであり、神話が受肉したのである。突然出現した前述の消費社会は、確かに、すぐさま肥満症を産み出したが、しかしその代わりに、より寛容になって、かつては羞恥心によって隠されていた障害のある身体をもはや隠さなくなっている。

フィディアス[21]からウドン[22]に至るまで、造形芸術家たちは、狩の名手のダイアナや怪力無双のヘラクレスの輝かしい姿をわれわれに示したものだが、今日ではわれわれは、男であれ女であれそうした名手たちを実際にスタジアムで見ている。理想的なものを除けば、ある種の美は具現化されている。そう、歴史上初めて、ほとんど神々のような肉体が、われわれの目の前で、走ったり、ジャンプしたり、格闘したり、プレーしたりしている。アルフォンス・ジュイアン[23]の計算によれば、ほとんど予見しうる期間で〔スポーツの〕記録が更新されている。スポーツの誕生とその大衆的な成功は、大部分は、このような肉体がしだいに増加してきたことによってもたらされる集団的、世界的な儀式に由来しており、そのような肉体はまだ生まれたばかりなので、その能力（パーフォーマンス）は成長しており、おそらく、スポーツにおける闘いが戦争に取って代わるだろう。

　これらの変化は確かに重要であるけれども、人類進化〔ヒト化 hominisation〕の画期的な段階、すなわち体毛の喪失、直立歩行、火の発見、最初の道具の発明など……、に比べれば軽微なものにとどまっている。私が人類再生 hominescence という差違化的〔微分的〕な用語を選んだのはこのような理由からなのである。この他、目立たないけれども、平均寿命の伸長や統計的に見た苦痛の軽減は、時代や、諸企画（プロジェクト）や、生命や、世界を別なふうに理解〔把握〕するのに貢献する。もっぱら経済的な視点からのみ形成された目には、人口の高齢化が集団を弱体化させるものと映るのは、いったいどうしたことだろうか。人口の高齢化は教育や、文化や、英知を生むのに益するのに、単なる経済的なものの見方は、そうした有益性を忘れてしまい、生きるに値しないようなものだけを人間の生命から取り出しているかのようである。

制約

私は、人類再生hominescenceの現在の時点で、われわれがすべての制約を排除したと言っているのではない。逆に、第三世界や第四世界は、われわれの仕業で、おそらくかつてわれわれが苦しんでいた以上に苦しんでいる。確かに、いまだ不完全な薬品類はすべての人々に同じ恩恵をもたらすわけではない。確かに、お金の不当な暴力は、誰をむさぼり食おうかとつけねらいながら、いまなおわれわれの回りをうろついている。確かに、二十世紀は、それを目の当たりにすれば人類の全歴史が震えるほどのおぞましい行為を体験した。確かに、医学は、批判され、けなされ、要するにいま一度重要な岐路に立たされており、自らの勝利に対して年貢を払わされている。つまり、耐性を獲得した病原菌に対して、医学がいつまでたっても解明できないものに対して、製薬産業の金銭的支配力に対して、麻薬マフィアに対して、いたるところで同じように鈍重で愚かしい医療行政に対して、つけを払わされているのである。確かに、おぞましい殺人行為は、おそらく不変項としてあらゆる集団のなかを跋扈しており、いつでも同じように制御しがたく、今日では見世物として毎日称賛されている有様である。要するに、われわれはすべてに勝利したのとはほど遠い状況なのだ。〈悪〉の問題の重苦しい永続性に立ち向かうのは、独り特異な純朴さのみであろう。

しかしながら、私が言及している革命が起こったという事実には変わりがないし、その革命がわれわれの身体と、われわれが身体に対して維持している関係とを、転倒させたという事実に変わりはない。つまり、われわれの生息環境であるこの身体は、きわめて新しいものになったので、われわれは自分たちの祖先の生息環境としての身体も、彼らが否応なく適応していた慣習も、忘れてしまった。すぐ前の先祖の身体さえ忘れてしまったのだから、遠い祖先のものはなおさらのことだ。われわれの新しい敗北の数々は、われわれの最近の勝利の結果であるとさえ解釈されている。たとえば、懸念される人口爆発は――これもまた人類再生 hominescence の大きな出来事の一つに入るのだが――、それ自体は喜ばしい乳幼児死亡率の減少に、部分的に起因するのではなかろうか。今日きわめて頻繁におこなわれる医学に対する批判は、その数と繰り返しとによって、憂鬱のベールで世評を暗くしているが、これもまた勝利に由来するものである。繰り返すことになろうが、金持ちは安楽に対して不平を鳴らすのだ。

このことから倫理（モラル）の変化が生ずる。古い倫理（モラル）は、苦痛や夭折といった避けられない制約のなかで生きる意志を行使してきた。新しい倫理（モラル）は、そうした制約に対して勝ち得た自由から生ずる。われわれは、自分の人生の長さと質について、部分的には、自分自身が責任を負うようになっている。モーリス・チュビアナ[24]は、麻薬中毒患者の急激な増加を（フランスでは、一九六五年に三〇〇〇人、一九七五年に一五万人）、実際にここに示した年に実現されたこの種の制約の除去によって説明している。ある種の癌はたばこやアルコールが原因となるし、心臓血管の病気は食生活や運動にかかわりがあるし、性行為を介して伝染する疾患は、たいていは熟慮された行動しだいである。哲学は何世紀ものあいだ、自由を適切に定義することができなかったが、われわれの決意によって病理が多様に変化するのであれば、自由はわれわれの身体全体に具現されることになる。自分自身の医者となった身体は、自分を解放するために闘うというよりも、早死にするのか健康ですごすのかを、選んだり拒否したりしているのである。これこそ死亡技術 thanatotechnique の時代である。

不死の倫理（モラル）か？

この新しい身体は、ファッションやスポーツの画像のなかに、良好な健康や美しい外見への要請のなかに現れている。われわれの先祖がヘラクレスの隆々たる筋肉や、アフロディテーの高貴な美しさにみとれていたとき、彼らは同時に、苦痛や飢えに苛まれる自分たちの境遇と、神々の飲み物（アンブロシア）を飲みながら不死の宴を張っている神々とを隔てる、超えることのできない深淵を推し量っていたのだ。彼らの日々の苦痛が、彼らを死すべき者の地位に貶めているのだが、それゆえ死すべき者というこの名は、彼らが自分たちの夢との隔絶を慮って、自分たち自身に与えたものなのだ。この場面がいましがた逆転されたのだとすれば、われわれは不死の飲物を手にしているのだろうか。

　神々の身体を称賛しながら、われわれの先祖たちは、自分ではどうにもならない身体を甘受していたのだ。自分の身体に責任をもつようになり、養生や、運動や、薬剤や、不節制などによって自分の身体の健康や外見を部分的に変えることができるようになったわれわれは、自分たちの身体がもつ一定の範囲の可塑性を発見する。医学とボディー・ビルディングの成功は、われわれを部分的ではあるが自分たちの体格の製作者にしている。効果的な知識と実践〔pratique 医療行為〕は、倫理（モラル）と、われわれに依存するものと依存しないものとをずっと以前から区別してきた恒常的な〔倫理（モラル）の〕基盤とを変化させる。その変化した基盤を知り、すっかり縫い合わされた形でそれを理解することは、確かに、もろもろの病気〔悪〕に対する自由と責任を増大させるが、また同じく死に対する自由と責任を増大させる。倫理（モラル）は、形式的な規定から離れて、具現化〔受肉〕するわけだが、しかしとりわけ時代を変えるのである。

　再びある種の「不死」が、今度はもはや夢ではなく、人類の最も華やかで合理的な身体プロジェクトとなる。ここにおいて、最も現代的なものが、最も古風な神話時代と結びつく。宗教や神話や文化の歴史〔物語〕は、なぜかは分からないけれども、しかし私は何回となくそのことを確認しているのだが、しばしば科学や技術の歴史〔物語〕を伴うものである。なぜなら、死について書かれた冒頭の諸ページが、小さな声で話そうとしていたこの新機軸、つまりわれわれの身体を彫琢するアポトーシス apoptose の信号、この細胞自死に対する制御の可能性という新機軸は、それが平均寿命の伸長を強調するものであるならば、再び不死の問題へと舞い戻ることになるからである。しかし、平均寿命の伸長は、またもや同じく、肥沃な三日月地帯の叙事詩に舞い戻り、そこでは英雄ギルガメシュが、生と死が分離されていないことをすでに知っていたがゆえに、彼の遍歴のなかで、ある種の復活、つまり死を探し求めたのであるが、われわれは絶えず死の法の執行期日を繰り延べ、死の勝利を窮地に追い込み、死の槍先を鈍らせている。

いくつかの決定的な出来事

エコグラフィー、動画シンチグラフィー、CTスキャナ、核磁気共鳴などが提供する医療映像によって、身体をよく知り検査しているので、この新しい身体〔肉体〕を、われわれは構築し続けており、それらの機器による写像は、小さなものにまで、つまり器官から組織へ、細胞へ、分子へと、そのスケールを掘り下げてゆく。かつては、また最近まで、われわれが世界の全体像をほとんど見ることができなかったのと同じように、われわれは、身体のなかやその個体的特性にまで踏み込んで見ることがほとんどできなかった。ところが、身体についての新機軸は、有人人工衛星によって写真に収められた青い惑星という新機軸と同時に、われわれの目の前に出現した。自らの固有の身体と世界全体が別な様相で姿を現してくるとき、〔身体と世界という〕この二つのホテルの住人が、どうして変わらないことがあろうか。

われわれはいま、人間の二つの住処（すみか）、つまり、人間全体の住処としての世界と、個別の居住地としての身体を変換したところだ。この新機軸は、ホモ・サピエンスの身体が動物的体質 *habitus* を脱して世界存在になった、想像しがたい最初の瞬間に回付される。いかにして、また何のために、われわれはいつの日かそれを知ることになるのだろうか。しかしわれわれは、これらの始まりの瞬間、あるいは伝説の瞬間の何らかの反復を知っている。つまりそれは、まず最初に、ソクラテス以前の二人の物理学者が宇宙の最初の幾何学的モデルを描き、ヒポクラテスの学派が解剖学を教えたときであり、それから、一五四三年にルーヴェン[25]でウェサリウス[26]が何人かの遺体を解剖して解剖学を厳密なものにし、まさしくその同じ年に、メルカトル[27]が円筒図法によって世界地図を描き、コペルニクスが、これもまた古代ギリシア人の考え方から想を得た新機軸である地動説を確立したときである。われわれの現代がこの一連の要素連続をいかに明瞭な忠実さをもって反復しているかは感嘆に値する。要するにわれわれは、分子レベルの襞に至るまで身体を探査することができ、共同の宇宙船である有限の青い地球を宇宙から眺めることができ、何億光年ものかなたにある巨大な引力をもった宇宙の基底に接近しようとしており、ビッグ・バンの直前の輝きの痕跡を探知しようとしているのである。

これと同じ反復の行為が四つの出来事を特徴づけている。最初の出来事は、われわれの起源から遠からぬ太古のものであり、第二の出来事はホメロスの叙事詩と同時代の古代のものであり、第三の出来事は古いというよりむしろルネッサンスを定義づけるものであり、第四のものは現代の出来事である。これらの反復される行為は、身体の居住形態と世界観を変え、肉体観と世界の居住形態を変えるのであり、また専門知識の進歩よりもむしろ人類進化のプロセスそのものの画期となり、歴史よりもむしろ進化の節目となっている。というのもそれらの反復される行為は、われわれの二つの家、つまりローカルな家とグローバルな家、個人的な家と宇宙的な家にかかわる問題だからである。われわれはもはや同じやり方で住んでいるのではなく、四回にわたって引っ越しをしたのだ。滔々たる時間の流れが、われわれの身体と宇宙のなかに受肉しており、その流れの分岐が、われわれの二重の住処、内的な住処と外的な住処、身体という住処と世界という住処に刻印をつけるとすぐに、その流れが濾過されるのが見られる。私はここで、医学や薬や健康のもう一つの歴史を書いているのでは決してなく、むしろわれわれの進化にかかわる身体変化の人類学を素描しているのである。

集団的身体

われわれは身体を単に個体的なものとして知っているだけではなく、数によってもまた集団的なものとしても知っている。個々の生体に固有のもろもろのヴァリエーションは、統計によって平均化される。数学的な方途で偶然を除去することによって、全体という迂路を経て諸個人の身体を知ることが可能になる。もろもろの治療法を活用して、多数の集団の衛生状態を管理するためには、このような統計的計算以上に効率的なものはない。したがって、公衆衛生に関する決定はしばしば、公衆衛生の改善という点においては、メディアによって喧伝される個人的な諸功績、治療法や、外科医や、生物学者たち以上に、効率的な行動をとりうるのである。

だが、さらには、政治と倫理が遭遇するのはここなのである。こうした全般的な統計が明るみに出すのは、社会的な不公正によって、最も貧しい人々が、苦しみや死にかかわる恩典をどれほど奪い取られているかということであり、痛ましくも死すべき者たちと、不死の探求に乗り出す選ばれた稀な人間とのあいだに、深淵が横たわっているということである。ここでもまた、神話や文化や宗教の物語が、科学史や歴史自体よりも、事態をよく説明している。そのような場合、たとえば古代ギリシア人たちが想定していたような、神々と人間たちとの隔たりといった古風な表現を、現代における階級間の隔たりとして読み替えることが可能であり、そうすることによって大きな社会的批判が生ずることになる。地球上の低緯度の地帯には、伝統的に人間〔死すべきもの〕という立派な名前を付与された者たちがおり、高緯度の地帯には、神々の食物や飲物を絶えず摂取している不死の者たちがいる。このような明白な事実は、上述の民主主義を安穏にさせてはおかない。そうした民主主義は、誰も信じないような嘘偽りの宣伝によって自らを飾ることによって、あらゆる貴族制のうちで最も冷酷で不平等で残忍な――というのも身体にかかわる問題だからだが――貴族政治をなおも称賛することができるのだろうか。そうした貴族政治の偽善的な言説は、その逆のことが目に見えるものとなり暴露されるや否や、われわれをひどく憤慨させる。というのも、満ち足りた肥満者一人一人の面前で、第三世界の骨と皮ばかりの者たちが、死の苦しみの呻き声を上げているからだ。明日は、ダーウィン主義的な仮借ない戦争が、これら何十億もの痩せこけた身体と、何百万ドルもの金とを対立させることになり、その金は、すでに肥え太っている者たちに遺贈され、彼らの何百万ドルもの金に加えられることになるが、彼らは才能によってよりもこの莫大な金によって獲得した自分たちの独占的な知識を誇っている。イデオロギーの化けの皮が剝がれて、政治が具現化されて見えてくる。

典型的な物語

例を示そう。一九七〇年代に世界保健機構（ＷＨＯ）が世界中の天然痘を撲滅しようと計画し、それに成功した。化膿した膿疱に皮膚をおかされて死にかけている人を、われわれは三十年前からもはや見ることはない。文学的物語であれ、歴史的物語であれ、哲学的物語であれ、おそらく神話的物語であってさえも、十八世紀末に種痘法を発明したイギリスの田舎医者エドワード・ジェンナーによって始められた、致命的な病気との闘いが、ついにはその病気を地球上から完全に撲滅することに成功したというこの典型的な出来事の強烈さに比肩する物語はほとんどないだろう。何人かの善意の男性や女性たちが、彼らの名前をわれわれは記憶にとどめているが、その頃国々の各地に出かけて、この伝染病に汚染された地域のすべての住民にワクチンを接種したのだった。何年にもわたる努力の結果、彼らは一つの種全体、つまりそのワクチンの対象となるウイルスを撲滅したのだ。この出来事は、恐竜の絶滅に似ており、熱核爆弾の製造と対称をなしている。善行の記憶を保持するために、悪行のことはむしろ忘れるように倫理は命じているのに、この命令を覆そうとするわれわれの情念は、いったいどこから生ずるのだろうか。われわれは、戦争の勝利者たちや克明に描かれた殺人者の手口を賛美するのに、一九七〇年代のこの物語については口をつぐんでいる。確かに、この一時的な勝利がより大きな敗北にすぐさま席を譲りうることを、私は承知している。同じ世界保健機構による伝染病に関する最近の報告は、医薬品に対する耐性を獲得した単細胞菌に起因する感染の再流行に懸念を示している。われわれのミクロの敵は、われわれの医薬品の改良を上回るスピードで、彼らの防備を強化しているのである。彼らは増大し、われわれの盾は弱まり、闘いは続いている。この件についてわれわれの知っているエピソードは、おそらくたった一つにすぎない。三十億年の長きにわたって生きてきたバクテリアやウイルスをわれわれは簡単には撲滅できないが、彼らの方はこの古い惑星上で他のいくつもの絶滅を見てきたのだ!

ホモ・ウニヴェルサリス〔普遍的ヒト〕の始まり

しかしながら、この勝利は一時的ではあっても、一つの到来、ホモ・ウニヴェルサリス *Homo universalis* の到来と、世界に及ぼすその力とを証言している。巧みなるヒト *Homo faber* は、最近までハンマーやカマや太鼓によって、その時その場で有効性をもつような力を行使してきた。つまり、杭を打ち込んだり、畝を掘ったり、村の広場でお触れの太鼓を響かせたりしてきたのである。道具による巧みなるヒト *Homo faber* のそうした行為は、音響の伝わる範囲や、季節の変化や、損耗のゆえに、一定の場所に限定されていた。巧みなるヒト *Homo faber* の後継者は、集団的決定と体系的プログラムとによって、いまや医学的予防措置を惑星の隅々にまで広げているのだが、これは空間にかかわる事柄であり、感染の恐れのある人間すべてに予防接種を施しているのだが、これは人類にかかわる事柄であり、一つの種を消滅に追いやっているのだが、これは生命と時間、要するに進化にかかわる事柄である。無生物や生物や人間の生存にとっての地球規模の諸条件を満たすことによって、ホモ・ウニヴェルサリス *Homo universalis* の行動は全地球的（ユニヴェルセル）〔全称的〕になっているのだ。そんなわけで、この物語は歴史を離れて、突然人類学と進化について語り始めるのである。

この天然痘撲滅の物語は、このような全体にわたる行動の現代における起源の一つを述べているがゆえに、私はこの物語を好んで神話的と見なす。突然の出現〔創発〕がある、あるいはあったということを、われわれは知らないでいることはできない。というのも、われわれはそのいくつかを体験したからであり、その一つがこの物語だからである。われわれは偉大なる伝統的物語を忘れるのだろうか。というのも、本物の始まりの同時代人としてわれわれは、そうとは知らないままに、しかも煙に巻くという最近の意味ではいささかもなく、本物の起源という深い意味において、新しい神話を生き、体験しているからである。世界保険機構の危険を顧みない医師たちのこの物語は、確かに、伝説的なものと——というのも根元的な出現にかかわるものだからだが——客観的な科学とを混ぜ合わせている。つまり、古風なあるいは理論的な言葉で言えば、説話（ミュトス）と理性（ロゴス）とを混ぜ合わせているのだ。したがって新機軸は、科学と物語のこの結合、知と憐憫のこの結合からなる。客観的知識と叙事詩とのこの混合は、ヒューマニズムが普遍的なものになりうることを示している。このことから第二の奇妙な驚異が生じる。すなわち、ホモ‐撲滅者 *Homo terminator* がそこで、自らの破壊の能力を隣人たちや遠く離れた者たちの治療のために活用するのである。ここに再び見られるものは、原子爆弾が象徴する起源と対称をなす一つの起源である。結局のところ、私が先ほど言ったように、ホモ・ウニヴェルサリスが、自分の死と健康に対する責任が増大するのを理解すると同じように、彼はますます自分の言動に責任を負い、また同時に世界に対しても責任を負うようになっている。

天然痘のウイルスはまだ残っている

この同じ英雄的な物語の集団が、最後の患者たちのもとに集められた最終のウイルスを永遠に絶滅させることを予告していた。彼らは最終的なウイルス一掃の日付まで決めていた。しかし、絶滅が成就されるべき滅菌室の機密扉が閉められる以前においてさえも、何人かの生化学者たちが、この天然痘の種のDNAの配列を調べることによって、天然痘のいくつかの遺伝子が人間の免疫システムの鍵を握っていると指摘していた。それはあたかも、進化の過程で天然痘の遺伝子がわれわれ人間の秘密を盗み、そのことによってこの病気がきわめて危険なものとなったかのようである。したがって、ウイルスは彼らの固有の要素と、宿主の生体のもつ病気に対する防衛メカニズムとを入れ換え、そのメカニズムを模倣して彼らが宿主に帰属していると宿主に信じ込ませることによって、彼らは完璧な寄生体として振る舞うのである。あなたの肉を食らうものたちは、彼らがあなたを助けているのだとあなたに納得させることによって、決定的に有利な立場に立つ。マフィアは自分が脅している者たちを護ってやるのだと称して、彼らを食い物にして殺すのだ。そんなわけで、国家は合法化されたマフィアに堕する。この寄生的な活動を、公共的規模であれ顕微鏡的規模であれ、あらゆる規模にわたって生命の秘密の一つという品位にまでいかなる点で高めるべきかを、私はこれまで述べてきたし、これからもさらにいっそう主張することだろう。結局のところ、このように貴重な生物の死滅は、われわれに対して損害を与えずにはおかない。それゆえ生化学者たちは、人類の利益になるように、それらの生物をこの惑星上に分散する二つか三つの金庫のなかに保存したのだ。

寄生、共生、自然契約

それゆえ留意していただきたいが、ホモ・ウニヴェルサリスは、その歴史のなかで最も猛威をふるったものの一つである天然痘ウイルスを用いて、自らの免疫システムと、科学的方法によって生産的なパートナーとなったかつての敵とのあいだに、まだそのようなものと気づかれてはいないが、独創的な——というのも生体外的で技術的であるからだが——初めての共生に成功したのだ。その時までわれわれは、自分たちの生体内部に伝染因子に対する何らかの有効な防御を発達させることによって、つまり伝染因子の寄生を生体内部で共生に変換することによって、悪疫の流行に耐え抜いてきた祖先たちの継承者として生き残ってきたのだった。そうできなかった者たちは死んだのだ。われわれはいまでもなおこのような実践を採用しているのだが、それは、われわれの生体外部でそのような実践がおこなわれる場合を除いて、すなわち、生命における未知のものが客観的な知と実験に席を譲る場合を除いてであり、悪疫の流行によって自然淘汰される多数の死者に、人類の決定的治癒が取って代わる場合を除いてである。今後は新しい共生体が研究室の実験台に頻繁に出入りすることになる。

非ダーウィン的共生と名づける以外に、この新しい共生をどのように名づけたらよいだろうか。ウイルスの完全撲滅を留保することは、平和条約に、少なくとも休戦協定に似ており、結局は〈自然契約〉に似ている。実際に、われわれがウイルスを生かしておくとき、またわれわれがウイルスのＤＮＡを、データの源ではないにしても、贈与の源として考え、危険なものであるよりは貴重なものと見なし、もっと適切に言えば、危険を含んでいただけに、いっそう高価な値打ちをそなえたものと見なすとき、われわれはそうした条約や契約を締結することになる。ウイルスが、われわれの研究によって、われわれの生存の一部分を保証してくれるように、われわれはウイルスを生存したかたちで保存するのである。

そして最後に少々夢を語ろう。かつては、また最近まで、ウイルス自身が、何人かの人間たちを、つまりわれわれの父や母たちを、食料や情報のストックとして自分の手元に保存するために、生かしておいたのではなかろうか。私は、脳をもたないこれらの生き物の奇妙な知性を、リン・マーギュリス[28]とともに密かに称賛したい。それに、われわれが、それらの生き物の諸個体を金庫のなかで生かしておくことによって、彼らのかつての振舞いを模倣したのであれば、なんとすばらしいシンメトリーではなかろうか。私は〈自然契約〉に再び思いを致すのだが、コードという語が、数字や文字を意味すると同時に、法律〔権利〕の諸規則を意味するがゆえに、あらゆる生物界が自分たちの遺伝子情報をコードで書き記していることを、私は好ましく思う。われわれが、もろもろの生き物や諸物の本当の名前を、われわれの名前と同様に解読することができるようになれば、われわれみなが実際に、この〈契約〉に署名することができるであろう。

隷従からの解放

ところで、身体の人類学あるいは身体の進化に戻ろうではないか。原初以来、また自らがその一員となった何らかの文化のなかで、ヒトの身体は、ほとんど満たされることのない欲求や、和らげられることのない苦痛や、決して治らない病気や、弱まることのないあまたの厳しさや重さなど、頼るすべのない制約にひっきりなしに耐えなくてはならなかった。それらの苦しみは、若い命を奪う不可避的な夭死によって終わったのだった。同様に動物についても、子供のうちに餌食となって大部分が死んでゆく。老人に対する普遍的な尊敬は、このような状況を考え合わせて理解されなくてはならない。というのも老人は、きわめて稀な成功者であり、幾多の陥穽に耐え抜いた奇跡の身体の持ち主であり、逆境の運命に対する目下の勝利者であり、それゆえ、自然のノウハウと文化的伝統についての知恵袋だからである。これらの重圧や欠乏、苦痛や欲求といったあらゆる異物が染み込んだわれわれの身体は、根元的な奴隷化を絶えず身をもって体験してきた。われわれの身体は、干魃や悪疫の支配下に置かれていたのであり、決して自分自身のものではなかった。それに加えて、彼らのうちの最も強い者が、まるで人間の獰猛さが他の害悪に栄誉をなさしめるかのように、飢えや病気に苦しんでいる他の者たちの身体を略奪するのだった。したがって、われわれの身体は王や集団に身をゆだねていたのだ。自然と自らの文化の奴隷として受肉した身体は、農奴もしくは植民地の被支配者、最初の従僕として、精神、魂、意志、伝統、権力などあまたの大事によって虐げられた原初的で直接的な奴隷として、生きてきたのだった。哲学は最近になって、宗教はもっと古くから、確かに、身体についてのこのような側面を描いているが、その悲壮味は、そう考えられているように、それを語った者たちに由来するのではなく、現実の生存条件に由来しているのである。いたるところでつねに、身体は不可能なものに遭遇したのだ。最も賢明な先史学者たちは、身体にとっては、死ぬことよりも生き残ることのほうが、つねにより多くの問題をもたらしたとさえ主張している。こうした条件下にあっては、自らの願望を別な審級に託すより他なかったのではなかろうか。身体は非常に苦しんだがゆえに、まさしく魂に値したのだ。

最近の急速な変化によって、この農奴は、ほとんど自然の状態のように思われた何千年にもわたる隷従から解放されつつあるのだが、彼はここ何十年かのあいだに、予想もしなかった自己所有のすべを学んだに違いない。かつての隷属の残滓が身体の内に様々な形で残っているけれども、もしその逆に残っていないとしたら驚くべきことだろう。こうした不可能なことの足かせが除去されたことによって、卵が孵化して、いま生まれたばかりの鳥のように、また海に浮かぶ貝の上に立ち現れたアフロディテーのように、身体が、手足を伸ばし、身を震わせて、立ち現れるのだ。身体は変身し、スポーツや、美しさや、欲求、旅行、食料、生殖、医療、生命科学、遺伝子工学……などにおいて、自らの無限の能力を試している。飢えから解放されても、同じようにガツガツと食べて、身体は肥満症になっている。体操選手のすらりとした身体とタイヤのように太った肥満体は、同じ解放の結果として生じたのだ。

不可避的なあまたの制約によって断絶されていた身体は、不可能なものから、あらゆる可能なものに開かれた状況へと移行する。身体は、この潜在的可能性とこの新しい偶然性に住まっている。いまや身体は、限界も境界もないと定義されるがゆえに、仮想的なものになっており、それゆえ一見矛盾したものであるが、しかし全面的に力と能力にゆだねられている。あらゆることが始まりつつある。医学、薬学、健康政策、仕事の技術的補助……などが進歩し、身体にとっての不可能事を除去するとき、われわれはついには次のような問いを発することができる。身体とは何か。答えはこうだ。身体は存在しない。身体は存在していた、がしかし、身体はもはや存在していない。というのも、身体は今後、可能なものの様式に基づいて生きるからであり、ある種の様相論理学のみが身体を理解することを可能にするからである。つまり身体は、不可避的なものから脱して可能なものへと入ってゆくのである。受肉した仮想的なもの、これこそが身体に与えうる最良の定義である。人間の身体に神の似姿を見出していた神学は、この新機軸を表明することを企てていたのだろうか。

デカルトが、身体よりも精神のほうを人はより容易に知ることができると書いたとき、彼の哲学が心ならずも人類進化の過程に一つの時代を書き入れていることを、われわれはそれを読みながらまだ理解していなかった。というのも、彼はそこで、船体が貝類や甲殻動物や寄生体に覆われて、船の原形がはっきりとは分かりにくい状態を描いているからである。彼の医学と生理学は、よく知られていない不思議な人体について、盲目なままに語っているのだ。というのも、無数の制約が——そこから悲壮さが生じるのだが——、人体を闇で覆い、闇のなかに閉じこめているからである。われわれが人体にアプローチできるのは、苦痛という鎧や窮乏という障壁を取り外すことによってでしかないのだが、そうした苦痛や窮乏に人体は、飢えや死ばかりの目立つ長い進化の過程を通じて、耐えてきたのである。このアプローチのためには、地獄に降ることとさえ必要であった。というのも人体は、プラトンの対話篇のなかで、まさに上述の理由ゆえに、彼の大理石の墓標を通して、墓として現れてくるからである。生きることの決定的な困難性ゆえに、古い人体は、こうした盲目の防御法によって、霊廟の何重もの壁と包帯とにくるまれたミイラとなったのである。われわれが近年を、ほとんど奇跡的な復活の過程として生きたのは、このような理由によるのである。人体はもはや、ミイラ化のための包帯も香料も必要とはしないのだ。

主に諸科学に由来する、あらゆる分野のあまたの知識が、人体にのしかかっていた数多くの制約、つまり、もっと自由な働きのなかで人体を知ることを妨げてきた苦痛や、困窮や、病気や、つらい労働を、取り除くことに貢献した。これに続いて、新しい行動様式、適合した機構、社会的行動、要するにこの新しい人体のための新しい居住環境が、副次的に生じてきて、そうした居住環境が今度は逆に人体に影響を及ぼすようになった。病気を知りその治療をすることは、人体を知ることの条件となるが、しかし人体を知り尽くすことにはならない。というのも、居住環境が変わったとたんに、同じように人体も変わるからである。私の論ずる新機軸は最終的には、人体を相対的に健康で見えやすいものとして構築することにある。この新機軸を出発点として、すべてが変わる。

最近になって獲得されたこの相対的な透明性のおかげで、われわれは、おそらく部分的ではあろうが、人体それ自体を、もろもろの知識獲得の主要な手段として認識することができるようになっている。人体は知識を濾過していっそう明瞭にするのだ。優れて造形性に富む人体は、無数のソフトウエアをストックしており、それらは位置、動き、意図、身振り、順応、記号化、決断などにかかわるソフトウエアである。人体はそのようなストックをしており、それを阻害されていたわけだが、現在ではよりいっそうストックしやすくなっている。人体がそのようなストックをしていたことを、われわれはよく知らないでいた。人体は、透明となって、受け入れ、理解する。人体は、順応性に富み、忘れかつ記憶を保持する。人体は、開かれており、情報を伝達する。人体は、堅固であり、知をそなえている。人体は、能動的であり、決断をする。これこそ、知の起源という古い問題における新しいパートナーである。だが、さらに優れたことに、人体は思いがけない発明をする。すべてが脳のなかで起こるというのでは決してない。認知上の諸科学が、人体に具現されているのである。

練習と訓練

私は、前著『人体のヴァリエーション』のなかで、少なくとも精神と同じくらいに、身体にこれらの認知能力を割り当てることによって、「訓練によって乗り越えられないものは何もない(29)」と書くことができたのだが、このことに対して、この領域の何人かの教育者たちが、私が体育とスポーツとを同一視しているという懸念から、疑義を呈している。ところが、フランス語においては、この訓練 entraînement という語は、体育とスポーツというこれら二つの肉体的運動のどちらかの専用語であるのではなく、逆に、人間活動の全領域に当てはまる語となっている。私が引用した文は、この語をそのような用法で用いている。そんなわけでしかじかのピアニストは次のように打ち明ける。「もし私が練習を一日怠れば、私の技量は落ち、自分にそのことが感じられるだろう。練習を三日間怠れば、いくつかの音調の誤りが専門家の耳をいらだたせるだろう。一週間以上も練習を怠れば、私のコンサートには聴衆が来なくなるだろう。」このように言うことによって、このピアニストは日常の訓練が不可欠なことを確認しているのである。代数学者はどんな生活をしているだろうか。彼は一日十時間も集合や群の勉強をしているのだ。さもなければ彼は代数学者という肩書きをもつ権利さえも失うだろう。作家が、毎日書くという習慣を怠れば、彼の手は麻痺してしまうことだろう。手を動かすものであれ、知的なものであれ、肉体的なものであれ、言語的なものであれ、専門的な習熟を要求するあらゆる職業にとって、事情は同じものなのである。イタリア語であれ、スペイン語であれ、ドイツ語であれ、二年間しゃべることをやめたならば、あなたはその言語の統語法を忘れることだろう。筋肉が錆びつくと言われるが、手法にせよ、語彙にせよ、文体にせよ、技量にせよ、同じことなのである。

この全体的身体の真実は、最も小さな襞のなかにまで当てはまる。たとえば、赤ん坊が生まれてすぐに、目に光を当てないように彼の目を覆ってしまったならば、視覚細胞と視神経は三か月でアポトーシスapoptoseによって姿を消す。すなわち視覚細胞や視神経は訓練の欠如によって自滅するのだ。考えることをやめてごらんなさい、思考にかかわる神経単位は崩壊するだろう。つまり、一日に一ページむずかしい文章を読むことは、毎朝の体操以上に若返り効果をもたらすのだ。定年退職によって労働が中止されると、退職者はぼけの危険に追いやられる。つまり、休息以上に危険なものはないのだ。生体の諸信号は、訓練を怠ったならば、感覚の諸要素や運動性の諸要素を容赦なく死に至らしめる。したがって、代謝それ自体が、訓練によって初めて正常に作動し続けることができるのである。

フランスの西南部で生まれ育った私が、最小限言えることは、そこでは労働が専制的な主人として君臨しているわけではないけれど、しぶしぶであっても認めなくてはならないが、怠惰と無為の奥底には死が眠っているということである。確かに仕事の秘密が、そればかりではなく若さや健康の秘密が、というよりも、生命そのものの秘密が、きちんとした日課のなかに存在しているのだ。休息しなさい、よく眠りなさい、しかしあまりにまどろんでばかりいてはならない、あなたは老いぼれになってしまうだろうから。

背理（パラドックス）——反復が新機軸を生む

したがってこれこそが必要条件なのであり、この必要条件は、一方では言語の使用にかかわり、他方では生理学上の機能の働きにかかわる。しかし私の主張は使用と機能という一般的区分を大きくはみ出すものである。訓練によって「乗り越えられないものは何もない」と私は書いた。身体の神秘の要素連続は、実際、次のようなものである。すなわち、私はできないから訓練をする、そしてついにできるようになる。私は知らないから訓練をする、そして知るようになる。私は理解できないから訓練をする、そして理解できるようになる。いままでのところは、何も新しいものはない。しかしこの様々な要素連続は、別なもっと不思議なものを生み出すことになる。私はこの問題に対する解決策を知らないから訓練をする、そうすると時には、発明〔発見〕のひらめきが私のうちに生ずる。私が先ほど端的に言ったように、身体は思いがけない発明〔発見〕をするのだ。何か創造のようなものが出現するのである。あなたは万有引力の法則をどうやって発見したのですか、と人はニュートンに尋ねたものである。そのことを絶えず考えることによってです、とニュートンは好んで答えたものだった。いかなる発明者や発見者も別の答えをすることはない。私は絶えず自分の身体を未知のものに直面させる。すると突然その未知のものが姿をとって現れてくる。未知のものが自らを知らしめるのだ。そのとおり、訓練は発明〔発見〕をするのだ。

訓練は障害物を打ち破る、つまり羊群を自在に操り、最高記録を破り、山脈を踏破し、答えの見つからなかった問題を解決する。そこにこそ喜びと情熱をそそる神秘があるように私には思われる。神秘が横たわっているのは、生命と、そのしなやかさや諸機能の永続的な保存のなかにではなく、思いもよらないものの出現のなかにであり、いまここでは局部的に見えても、本書全体では全般にわたるものとなる突然の分岐のなかにである。

反復と大差ない行動が、ある日突然、環境や、身体と脳そのものを改変したり、事物の全般的な状態を改変するということが、どうして起こるのだろうか。身体に関する拙著を、私が世話になった体育の先生やコーチや登山ガイドに捧げたとき、それは私が彼らから思考するすべを学んだという強い主張であるわけだが、(30) このことが何人かの知識人たちを憤慨させた。私がその献辞を書いたのは、あらかじめこのことを熟考してのことである。

なぜなら、発見〔発明〕のない思考はものの数に入らない、それは複写し反復するにすぎないからだ。ところが思考は、繰り返される訓練によってしか発見をしない。それゆえ訓練は、発見〔発明〕の条件の普遍的モデルとして、研究者に課せられる。汗をかくこと transpiration なくして、決して着想 inspiration は生まれない。ところで、訓練はもう一度背理（パラドックス）を生む。というのも、同じ行為、同じ探求、同じ考慮を、目覚まし時計のように繰り返すことによって、訓練は身体や世界を変え、新機軸を推進する。おそらくプロの人たちの言う「絶好調」とは、この奇妙な状態への到達を示しているのだ。身体の別の絶妙な戦略家であり玄人（テクニシャン）である偉大な神秘家たちは、私の思うに、すでにこうした秘密を知っていた。彼らのたゆみない祈りと苦行とが、彼らをカルメル山(31)へと登らせたのだ。このような背理（パラドックス）を、どのように解き明かしたらよいのだろうか。

均衡からの隔たり——第二の呼吸法

それはおそらく二つの異なったリズム、つまり、一つは規則的な心電図のリズム、もう一つは脳波に見られる偶然を含んだリズム、が形づくられるのを観察することによってである。われわれの身体にあっては、それゆえ、安定した状態と、予見できない一連の断絶や躊躇が隣接しているのである。身体には、地球にも私の研究室の壁にも備えつけられていると同じように、流れる時間 temps を忠実に刻む時計と、気まぐれな日々の天候 temps を示す気圧計とが備えつけられているのだろうか。身体は二つの時間 temps〔天候〕を生きていて、そのうちの一つが絶えず分岐を生んでいるのだろうか。反復の時間と、発明の時間、惑星の周期的時間と、偶然性の時間を生きているのだろうか。

クロード・ベルナール(32)が内的環境の規則性を強調したのは正しかったけれど、今日ではわれわれはむしろ傾きをもたらす差異性を強調している。熱力学的均衡は死と同一であるので、生命はそのような均衡から身を遠ざける。つまり、生命は放たれた矢のように熱力学的均衡から離れようとするのだが、このことによって、切り裂いたように不規則な脳波が形づくられる。他方では、古典的ダーウィニズムに反駁しうる最も鋭い批判の一つは、不適応のみが進化を可能にするという主張である。というのも、カンブリア紀から変化しなかった種は、おそらくこれまで完璧に適応してきたことになるからである。

それゆえ、代謝と同じように、進化それ自体もまた二つの矛盾する状態を結合させる。すなわち、心臓と脳、時計と気圧計のように、二つの時間 temps〔天候〕を刻むことによって、ずれと安定性とを結合させるのだ。確かにわれわれの身体は、この両者の中央で、死なないように適応しているわけだが、しかしそうすることによって、身体はむしろ新しいものを創り出そうと努めているのだ。つまり、もろもろの種を通じて生命が進んでゆくにつれて、それらの種は自らの環境に依存しないようになってゆく。短期的にも長期的にも、それらの種やわれわれの身体は、釣り合ったバランスと傾いたずれとを織り合わせてきた。そんなわけで、生き物の時間 temps は、惑星の楕円軌道のリズムとしての規則正しい時計の時間、つまり増大するエントロピーとしての否定的で不可逆的な流れに従うのだが、しかしそれと同時に、複雑で奇妙な進歩をもまたたどるのである。

したがって、行動や練習の反復、あるいは思考の反復さえもが、均衡の探求に寄与しながら、一種の埋め合わせによって、思いがけない新しい適応の動きに向けて「引き寄せる」entraînant ような「ずれ」を、不適応な行為に仕掛けて、そのあとで、それまで思いもよらなかった新しい均衡を、反復そのものによって、そこに打ち立てると言えるだろう。訓練 entraînement は、ほとんど神経症的な反復を意味しているにもかかわらず、そのような冗長性 redondance とは別のものに「向かって」引っ張る、あるいは「引きつける」trainer のだ。一方は大衆的用語で、もう一方は学術的用語になるが、「訓練」は「引力」を繰り返し及ぼすわけだ。したがってこの語は正確にその事実を指し示していると言えるだろう。だからニュートンは、そのことを毎日考えることによって、諸天体が互いに引き合っているという法則に向かって、いくぶん壮麗な同語反復(トートロジー)になるが、一種の引力を被っていたのだ！

訓練は生命の秘密を体験させ……

しかし、自らのケースをつらつらと考えてみるに、われわれが訓練をするのは、かならず機械的動作を超えた行動や思考によってである。体操の動作は、しばしばわれわれの習慣に反したり習慣を壊すことによって、われわれの硬いからだを柔らかにする。われわれは体操の動作を繰り返すことによって、時には病的なこの硬直した鎧を壊し、そこから自らを解放するのである。ゴルフのボールを打つためには、テニスのサーブをするときと同じように、身体をねじらなくてはならない。並はずれた数とか空間によって要請される直観が既成概念を打ち破る。たとえば、長い距離を速く走る訓練によって、通常の安定性とはまったく異なった、呼吸法や筋力や血液循環が獲得される。訓練とは一般に、通常の安定性を超えたこのような均衡の確立をめざすものである。こうした体験そのもののなかでまたそれによって、背理(パラドックス)は消え去り、生命の定義が自ずから姿を現す。つまり生命の時間 temps は、熱力学的な収支(バランス)に傾きを生じさせ、その「ずれ」écart のなかに新天地を切り開こうとするのだ。第二の呼吸法が第一の呼吸法の後を継ぐのと同じように、生命は生き‐継ぐのだ。この第二の生命は、したがって、第一の生命を反復するわけだが、この生命は、新たに労苦を費やして、生き継ぐ道を探求し、心臓の規則的なリズムと脳の不整脈的な活動とを縫い合わせないならば、再び死へと後戻りすることになるだろう。つまり、一方は他方をその軌道の外へと引き出し、他方は一方を再び均衡へと回帰させるのだ。別の場所へと旅立とう、しかし、別の場所に着いたら、新しい住居を建築しよう、と生命は言う。

訓練は生命の秘密へと通ずるのだが、しかしまた、本書の秘密へも通ずる。

……そしてヒト化と文化の秘密を体験させてくれる

おそらく生命は、熱力学的な均衡という錠前によって閉じこめられていた無生物を越えて、このような「ずれ」écart から生まれたのだ。体育、スポーツ、探求の労苦、要するに訓練は、文字どおり基本的なこの行動を繰り返すのだ。これらの行動は、それらが物理化学的なプロセスの源泉そのものから汲み取るという意味において、われわれを生き延びさせ、再生させるわけだが、そうした源泉からいつの日か、均衡からの最初の「ずれ」として、生命が出現したのだ。存在とは、まさしくこの「ずれ」とこの行動を指しているのである。

バクテリア、きのこ、海草、植物、動物は、われわれと同じように、この生命のあけぼのの恩恵を受けて、無生物の安定性から脱出したのだった。これらの生物たちが、生命のこの基本的な秘密を見破って、われわれと同じように、同じ行動を繰り返すことによって、最初の殻を破り、二番目の殻を破り、さらに次々と殻を破ってゆくということが、どうして起こらなかったのだろうか。彼らはいまでも、プログラムされた一つの均衡に無限に従属しており、破局的な障害によって、もしくは徐々に、進化の理論によって予見される突然変異や淘汰によってしか、彼らはその均衡から自らを救い出すことができない。われわれのほうは、この第二の均衡から自分たちを解放したのだが、それは、この最初の行動をいかに模倣するかをまず最初に身体によって理解したからであり、そして、古い均衡から脱した新しい均衡——訓練による第二の「ずれ」だが——の上に建築された新しい家に住まうために、その行動をなすすべを学んだからである。訓練はわれわれに百万年を一気に飛び越えさせる。

このようにして一旦始まったならば、その時以来、一連の過程はもはや止まらない。ヒト化〔人類進化〕は、新たな「ずれ」écarts、別の均衡、新しい住処（すみか）という、この偶然的な連なりからなる。われわれは最近になって、旧来の家から、すなわち古い身体と世界から、引っ越したばかりである。したがってわれわれは、オーバーハングをなして迫り出しているわけだが、そのオーバーハングが崩れ落ちなければ、われわれはそこに目も眩むような住処を建てることになる。この行動は、繰り返されるごとに見違えるほど変わったものになるけれども、つねに同じ行動なのである。生き物は無生物の後を継いだのだが、新たな生命が生命を引き継いで立ち現れ、次々に引き継いでゆく。生命のなかには無生物からの出現が認められるわけではないし、訓練のなかにも生命の解放が認められるわけではないし、発明〔発見〕のなかにも訓練の繰り返しが認められるわけではない、つまり新しいものは何も認められないのだが、しかし新しいものは古い基盤の上に立ち現れるのである。われわれは進化を離れて、それから、歴史へと入るのだ。前者は、時には見分けがつかないほど変わっているが、私が人類再生 hominescence と呼ぶ意味において、今日においても後者を再訓練しているのである。

　このことから、自然と文化との和合もしくは総合という古い問題に対する解決策が生まれてくる。古い安定性とはまったく異なった均衡を打ち立てるという行動以上に「自然な」ものは何もない。なぜなら、自然 nature という語はまさしく誕生 naissance を意味するからであり、その過程（プロセス）は熱力学第二法則に縛りつけられた無生物からの生命そのものの誕生を描いているからである。しかしこの過程（プロセス）の反復、われわれを生命進化から、すなわち細菌や植物や動物の進化から隔てるこの反復そのものが、歴史を始動させる。文化は自然から始まる。文化とは、別の方法によって追求されて、引き継がれるたびに、見違えるほどに変わってゆく自然そのものである。訓練なしには、われわれは現在のような人間には決してならなかったことだろう。訓練は文化の秘密へと通じ、また本書の解読へも通ずる。

　もしあなたが訓練 entraînement という語をひどく嫌っているのであれば、練習 exercice という語で置き換えることができる。この語は訓練と近似した意味をもち、その上、私の意図にとってすこぶる好都合な利点がある。というのも、ラテン語の *arcere* という動詞は「そらす」を意味し、次いで接頭辞の *ex* と結びついて、「休ませないようにする」という意味になるからである。したがって私は均衡からの「ずれ」について、同じ証明の練習をすることができ、そしてそうすることによって、あなたの賛同を促すことができる。とどのつまり、均衡からのあるいは休息からのこの「ずれ」écart でないとしたら存在 existence とは何であろうか。この「ずれ」こそが、私が hominescence と名づけるこの不安定な開始の局面 inchoatif〔起動相〕を結局のところ定義する。

収支決算

要するに、最近の何十年かのうちに、新しい身体がここに生まれたのだ。このような断裂は、歴史的であるよりも、人類学やヒト類の進化やヒト化〔人類進化〕の全体的な過程(プロセス)にかかわるものである。確かに、私は、資料に裏づけられた多くの記録を書き改めたわけではないし、薬学や医学上の諸療法、予防接種や公衆衛生政策、労働の軽減、居住環境の清潔化、健康意識の普及といったものをつぶさに検証したわけでもない……、というのもこれらの興味津々たる歴史のすべては、その個々の構成要素よりももっと広範な結果に向かって収斂している、つまりこの人類学的な身体変化に向かって収斂しているからである。なるほどこの身体変化は、もろもろの知や諸制度や諸個人によって発見され応用されたあらゆる手段の恩恵を受けており、優れた専門家たちが研究年報のなかに、何回となく報告を認(したた)めている。しかしながら、その結果は上記の諸手段をはるかに凌駕しているので、それらの手段が歴史に記載されうるものだとすれば、結果のほうは進化を画するもののなかに入るのである。

この新しい身体は、実際に、美意識、倫理、政策〔政治〕、暴力、知覚、さらには世界内存在をも再構築する。ところでこの断裂は、一九七〇年代前後に起こったのだが、六八年の五月革命においては、哲学が沈黙するなかで、あらゆる国の大学キャンパスで学生たちが一つの断裂を謳歌していたのに、その決定的な重要性は今日に至ってようやく識者たちに衝撃を与えるようになったにすぎない。あのお祭りのような日々に何が起こったのかを理解した人が誰かいただろうか。新しい身体をそなえた世代が成人に達したという、ただ単に発生生物学の領域で生じたにすぎない出来事を、すべての人々が政治的な出来事と取り違えてしまったのだ。経済も政治もかかわりない革命を、かつて見た人がいるだろうか。

それゆえ私が、以前に『五感』を、また最近『人体のヴァリエーション』を書いたのは、単にこのような誕生あるいは到来を祝うためばかりではなく、そのような誕生や到来が結果としてもたらした変化を記すとともに、とりわけ、身体を過去のなかに閉じこめていた隷属化という鎧をついに脱ぎ捨て、近頃は半透明となり見えやすくなった身体を理解するためである。すっかり新しくなった身体は、新しいことを要求する。すなわち、健康、安全、長生き、安全食品、生殖制御……、結局のところ可能なものを要求するのであり、可能であることも知らず可能であることもできないでいた身体が、存在の規則から離脱し、しなやかな様相論理に入ることによって最近可能になったばかりの、この可能なものそのものを要求するのである。幸いにも、古い身体に住まっていて、新しい身体に引っ越した私は、二重の身体、二重の文化の持ち主であるので、二つの居住環境を知っている。今日における第三世界あるいは第四世界は、私が離脱した古い身体に似ているので、私は二つの言語を話すことができるし、二つのやり方で感じ、体験し、考えることができるわけだが、それゆえ私は、人類再生 hominescence の強烈な衝撃によって隔てられた二つの時代のあいだに不可欠な架け橋を渡すことができる。疑いの余地なく、この断裂の通過は、不可能なものから可能なものへと、必然的なものから偶然的なものへと移ってゆくのであり、その橋は、様相の川を越えて、新しい自由へと通じている。

臆病な現代人たちが嘆くには、われわれは、作られた技術にますます依存することによって、最悪の疎外〔隷属化〕のなかで均衡を失っていた、したがって主体は客体に依存して、人間性を失っているというのである。一方でわれわれは偶然的に人間性において進歩しているのに、本質的直観によって人間性を知っているように思われるこれらの悲嘆に暮れる者たちを、私は慰めることができるだろうか。進化は突然変異によって進むことは確かだが、しかし同じく、環境のなかでまた環境によって導き入れられる淘汰の圧力によっても進化は進んでゆく。いまから数百万年前に始まった、最初のヒト化〔人類進化〕の過程は、道具をつくることによってわれわれ固有の環境を構築し始めたときに、その最初の断裂を経験した。つまり、ある種の動物が、すでに自分たちの環境にますます依存しないようなやり方で生きていたのだ。この人間的環境が、それだけで一つの世界となるに十分なほど密度の高い濃度に達したとき、その跳ね返りであるかのように、その環境は、その後よく知られるようになったフィードバックの環によって、それを生んだ個体群そのものに影響を及ぼしたのである。それゆえ結局のところ、われわれは自分たちの身体を、自分たちの身体が生み出したものを介して構築しているのである。というのも、技術によって生まれた対象物は、身体から船出したものだからである。したがってヒト化は、生命進化に似ているというよりも、生産そのものに似ている。もし語感が悪く響かないならば、人類自己進化 autohominisation の過程にかかわる問題と書きたいものである。われわれは自分自身を構築しているのである。

自己原因か Causa sui？

最初の世界規模－対象物 objets-monde の一つである原子爆弾の発明は、人類が生き残れるかどうかという問題を結果としてもたらした。われわれは何を期待することができるだろうか。最低限の答え、それは、このわれわれが生きながらえるということである。いかなる原理の名において、われわれは種にかかわるこの生き残りのために働かなくてはならないのか、と問う者たちさえもいる。この全体的（グローバル）な問いをもたらしたこの世界規模（グローバル）の対象物に対して、全体的（グローバル）な解答、あらゆる内在性の内的な不十分さをわれわれに理解させるような解答が、必然的に対応する。なるほど、いかなる権利によって、またなにゆえに、内在的な全体性としてのこのわれわれが、生きながらえうるのだろうか。この問いに答えをもたないわれわれは、この問いにとって外在的な超越性を想起するよりほかはない。このことは、全体的な諸概念をあつかう際にわれわれが直面する困難性を示している。

　しかし、形而上学的な論議に頭をつっこむ以前に、科学そのものがわれわれの先を越している。バイオテクノロジーによって、生物の増殖を司る様々なゲノムが徐々に解読されている。すべての種の完全な遺伝子配列解読へと通ずる道はおそらく長いことだろうが、しかし、この道はわれわれの時代に一つの方向〔意味〕を設定することにすでに役立っているのではないだろうか。核融合爆弾が、その破壊力による恐怖によって最終的な世界規模‐対象物として幅をきかせえたのであれば、それと同じように、われわれは上記の解読アルゴリズムの総体を最初の世界規模‐対象物、つまり創造の世界規模‐対象物と見なすことができるだろう。われわれはまもなく、個人やその同類や他者の誕生を把握するだろうし、またおそらくもろもろの種の誕生も把握するだろうし、それゆえ、われわれ自身の誕生やわれわれ自身の種の誕生を把握するだろう。われわれは、私が先ほど描いた集団的で広範な環（ループ）によるよりももっと具体的で個別的に、いまここで、自分たち自身を誕生させることになるだろう。

　われわれの埒外で、生まれたり生まれようとしているものの総体という意味での自然のなかに、受動的に沈潜しているものたちのことを、私は所産的 naturés と言いたいと思う。この自然に対して能動的な建築家や職人となって初めてわれわれは能産的 naturants となる。かつてスピノザは、神を *causa sui* すなわち自己原因と呼んだ。つまり神は自己自身を生むというわけだ。というのも神より上位のいかなる創造者も考えられないからだ。われわれは、最近まで神のものであったこの属性を手に入れているのだ。先ほど私が人類自己進化 autohominisation と呼んだ過程（プロセス）は、したがって単なる技術的なものになる、つまりわれわれは自分たちの生命の操作的原因となる。半世紀のあいだにわれわれは、アルファとオメガ、始まりと終わり、創造と絶滅を画する二つの世界規模－対象物をつくり上げた。DNAと爆弾という二重の制御によって、われわれはいまや自分たちの誕生と死に対して能動的に責任を負っている。われわれはどこから来るのだろうか。われわれ自身から。われわれはどこへ行くのだろうか。ほかならぬわれわれ自身がもたらす終末へ。これこそわれわれの生まれ来たるところであり、われわれの行く末である。種としてのまた個としてのわれわれの運命の両極をこのように突然掌握したことによって、われわれの地位に変化が生ずる。人間のままでありながら、われわれ自身の作ったものとなったわれわれは、もはや同じ人間ではない。人類再生 hominescence という突然の衝撃は、われわれを自分たち自身の原因という地位につける。

テオトコス Théotokos[33]——神を生む女性

私が最後に想起するのは、この新しい状態の古い形象である。かつてキリスト教の公会議は、マリアを〈聖母〉すなわち神の母と命名した。一人の女性が、自分の〈創造主〉を息子として産み、そして自分の父の母となる。確かにそれは、いうなれば、最も慣習的な血の関係、生物学上の親子関係、血縁関係の脱構築にかかわる問題であるが、しかしまた、とりわけ、母性として残存しうるものを、処女性によって消し去ることによって、自然に反抗するという問題だったのである。家族関係のこの転倒は、きわめて新しい象徴的状態を生んだので、そのことによって〈歴史〉の様相が変わるということになった。それゆえ、子供の誕生と同時に新しい時代が誕生したのである。しかし、このことは、その上、自己原因に人類学的な形象を付与することにかかわる問題であったということを、私は理解していなかった。自分の父の母、つまり、被造物である女性が自らの創造主を産むのだ。人類の、純理的、非肉体的あるいは処女的な諸成功によって、今日、人類自体のために、この形象が具現化されつつある。キリスト生誕によって始まった紀元は、その約束を成就するのだ。つまりわれわれはいまや、われわれ自身の親子関係の親なのである。

人類再生 hominescence の最初の環

技術的対象物の脱ダーウィン主義

翼と羽根をもった鳥類が誕生するのに数百万年を要したが、われわれは数か月で航空機を建造する。このような時間の獲得が技術というものをかなり明瞭に定義している。最初の道具の発明によって、われわれは自然による進化から脱し、文化へと足を踏み入れた。環境の思いもよらない要求に新たに適合した肉体の器官や機能が生じたとき、突然変異や淘汰によってもろもろの種が出現する。身体の側面に突出した部分が徐々に成長して翼になったとき、爬虫類のなかから空を飛ぶものが現れた。技術が出現するや否や、われわれはもはやこのような長い時間的忍耐も身体が別の形に変容することも必要としなくなり、それゆえ絶滅する危険性もより少なくなった。一旦飛行機が製造されれば、それに搭乗すればよい、つまり、道具を作れば足りる場合は、身体を使ったとしても身体はほとんど変容することはない。これこそが、私のいう、進化の法則からの離脱である。つまり、進化の法則に長い時間をかけて従うことから免れることによって、ホモ・サピエンスは自らの迅速な諸生産物に進化の法則を課すことになる。しかじかの要請に、刃の鍛造や石の裁断や飛び道具の製造は、身体の機能の不確実で際限のない変容よりも、ずっと速やかに適応する。技術というウサギは、進化というカメを追い越すのだ。

諸器官から諸物へと適応手段を外在化させるこの独自の動きを、私は脱ダーウィン主義 exodarwinisme と呼んでいる。したがってわれわれは、最初の道具が出現して以来、進化を脱して、脱ダーウィン的な新しい時間に足を踏み入れたのである。それゆえに、この独自の持続〔時間〕が、跳ね返り効果によって、これらの道具に影響を及ぼしたのだ。もろもろの道具は、今度は別種の進化のなかに身を投じ、われわれの代わりに変容してきたのだった。それゆえ、時間はわれわれの肉体を彫琢するのではなく、われわれの巧みな手と大きな脳を介して、これらの諸物を加工するのだ。われわれの脳は、可能性のある適応を、想像し、模倣し、手順を組み立てることによって、このような外在化の助けとなるわけだが、いずれの日かわれわれはその詳細を知ることとだろう。現在形の動詞を用いて記述するならば、ここまでの記述は過ちをおかす可能性がある、というのも、この記述がたどるプロセスはきわめて長い時間を要し、今日もそのプロセスは継続中だからである。

装備する

手のこぶしに代わって石がハンマーの役割を果たす。石はハンマーよりは壊れやすいがハンマーの原形となる。また、テコは前腕部の外在化したものとなる……。このようにして、ある種の装備が、装備という語のもちうるあらゆる意味において、つねに生じたのであり生じているのである。装備 appareillage という語は、装備そのものを指すと同時に、身体の機能に対する「同じような」類似性と、身体の機能の異化、外在化を指すのであり、製作された対象物の形をとっていわば失われるわれわれの身体の諸部分は、世界に向けての冒険に投げ出されるのである。われわれのいくつかの生体機能は、確かに無生物の物の形で外部に失われるが、しかしそれは紛れもなく知的なものであり、この客体化がその機能の性能を向上させうるのである。たとえば車輪は、歩行によって腰や膝やくるぶしが描く円形よりも、速く、しかも疲れることなく回転する。奇妙なふうに三位一体的で、見事なまでに三重的（トリスメギスト）な技術的対象物は、それゆえ、石やブロンズや鉄や火など無機質の物質界と、豊富な目的や、巧妙な手段や、生産的な結果をそなえたいわゆる精神とを混ぜ合わせ、さらには生命の諸機能、つまり栄養、知覚、運動性、運搬力、遠隔作用と混ぜ合わせ、もっと後には生殖と混ぜ合わせる。このようにしてもろもろの道具は時間のなかに入り、それらの道具の格段に速い進化が、われわれの身体を変化させた進化を生むのだが、その跳ね返りで身体はあまり変化しなくなっている。

私の想像するに、脱ダーウィン的なこの文化は、最初の石器が作られたと同時に生まれ、これらの装備の全体がこの文化を発展させたのだと思う。これこそがわれわれにとって進化を枝分かれさせたものである。人間が出現し、実際に地球の他の住人たちから分離され、そのとき、もちろん徐々にではあるが、この決定的な出来事が介入したのだ。つまり、人間はそのとき、哲学者たちが自然と呼び、博物学者たちが共同進化と呼ぶものから離脱したのである。最初の道具が作られてこの方、われわれは動物たちと同じ世界をもはやもってはいなかったのだ。われわれは、世界に取って代わるわれわれ固有の家の建設を始めつつあったのだ。

初めて切り出された火打ち石の結晶が、基礎的な二つの家である身体と世界のあいだに建てられたこの第三の住居の最初の礎石を据えたのだ。それから建物全体が進化した。そしてわれわれはこの住居からもはや出ることはなく、より大きくまた仮想的なものとなったその壁が、他の生き物たちとわれわれとを隔て、他の生き物たちのほうは、こわばった身体と貧しい世界のなかにしか住まっていないのである。

人類再生 hominescence の環――進化への回帰

いま述べたことがわれわれの歴史を定義するものである。文字の出現をわれわれの歴史の始まりとしてとらえるのはなぜであろうか。自分たちが紙の文明に属しているから、自己陶酔的(ナルシス)にそう考えるのだろうか。このような通念ゆえにわれわれは、自分たちの文明よりもっと多い文字のない文明を、〈歴史〉以前と見なして蔑視しているからだろうか。文字中心主義は、別種の人種差別主義である。そうではなくて、われわれの時代がもっと広範にわたって生じたのは、自分たちの自然が徐々に忘れ去られるほどまでに、われわれの文明が自分たちの自然よりはるかに速く、また自然に代わって進化し始めたときなのである。われわれの身体は、進化する人工的な世界にあってはほとんど進化しないが、人工的な世界のほうは別なふうにますます速く進化している。

きわめて急速な進化のゆえに、われわれの身体を変化から護っている古い進化の時間を帯びた技術的諸対象物が突然、遡及効果によってきわめて強力にわれわれの身体に反作用を及ぼすので、われわれの身体は再び変化し始める。確かに、もっとはるかに以前の時代からわれわれの身体は他の動物や生き物の身体とは違っていたのだと言うこともできただろう、というのもわれわれの身体は自分たち用につくった環境のなかで生きており、その環境が逆にわれわれの身体に影響を及ぼすからである。しかしあえて言うならば、これらの防護壁はわれわれの身体に表面的にしか影響を与えておらず、身体の苦痛を和らげ、身体を磨き、柔らかくし、あるいくつかの機能に、文化によってあまり防護されていない自然のなかではもっていなかった優先性を与えてきたのだった。都会人は胎児的で神経質な状態で生きており、農村の住人とはまた別の時代に生きてさえおり、農村の住人のほうはより知覚力があり筋肉質であるが、狩猟採集民とはまた別な生き方をしている。

しかしまだ誰も、「自分の背丈をほんの一尺ほど伸ばすこともできないでいた」し、自分の寿命を何十年か伸ばすこともできないでいたし、またある種の苦痛を麻酔で和らげることもまだ知らないでいたし、性愛行為なしに卵子と精子を結合させることも知らないでいた、要するにわれわれは、かつて進化によっておこなわれたように、われわれの身体の奥深くを変形するすべを知らないでいたのだ。進化が死と生殖をとおして身体を彫琢してきたという限りにおいて、われわれはまさに今日の朝にこの進化の時間を取り戻すのであり、以後死と生殖は文化のなかに取り込まれるのである。生きている自然と根本的に協働しながら、死と誕生、エロスとタナトスは、生き物たちを形づくるのであり、共同進化を脱した動物である人間でさえも、自分の家の外部からのこの二つの制約を被っていた。誕生という理由からそのように名づけられている自然から、人間の文化はそれらの制約を被っていたのであって、人間は最近になってそれらの制約を自分自身の家のなかに取り込んだばかりなのである。科学によって研究され、技術によって把握されて、死と生殖は文化となっている。われわれの身体を形づくる力は、それ以来、与えられた自然からよりも、われわれが構築した環境からやってくるのであり、自然からよりも文化からやってくるのである。ここに記述されている人類再生 hominescence は、ヒト化〔人類進化〕の微分として定義されるのだが、とりわけ人類自己進化 autohominisation の微分として理解されなくてはならない。肉の彫琢者であり、進化の時間の原動力である死と生殖を、われわれは手なずけ始めているのである。

われわれは、ホモ・サピエンスの全期間を通じて、進化から離れてしまっていたが、今日では進化の流れを取り戻している。しかしそれはかつての進化からさらにいっそう離れた新しい行程に沿ってであって、われわれが初めてそこから脱したかつての進化のほうは、相変わらず他の生き物たちに対して作用を及ぼしている。それは第二の枝分かれであり、新しい歴史である。確かに、進化の法則に従い続けているが、しかしわれわれは、ずっと以前から淘汰を決定することによって、また今日においては突然変異を決定することによって、進化の速度や方向を変えているのである。かつての進化および自然の進化に関しては、われわれはどちらについても知ってはいなかった。というのも、その進化は必然的に偶然性を法則として進んできたからである。われわれはそれらの進化のことを知り、人工的で文化的な新しい進化のために役立てることができるだろうか。というのも、新しい進化はまさしくわれわれの知に依存しているからである。われわれはどこへ行くのだろうか。

合目的性

確かに、第一の進化は合目的性をもってはいなかった。目的という概念をすべて括弧に入れるという条件でしか、人は進化ということを概念することさえできなかった。自然は目的も計画ももたない。ところで、上記の目的因 causes finales を、アリストテレスが技術的対象物について認めていることに注目しなくてはならない。私は本書を、私の知りうる範囲、できる範囲で、何らかの真理の表現を試みるために書いている。件の織物を、ペネローペーは、自分の夫が帰ってきたら彼にそれを着せるために織っており、彼女への求婚者たちがそれを着ないようにそれを夜のあいだに解いている。ところが、こうした目的が、実際に合目的性のない生物界に適用されないとしても、件の新しい進化が生物工学（バイオテクノロジー）的な時間のなかに身を投ずるや否や、そうした目的が舞台の前面に戻ってくる。この時間を、確かに生き物の一般的な法則に従う時間であるが、しかしそれ以外にわれわれの文化やプロジェクトが、われわれの手段や道具を用いて、制御し、進行させ、執行する時間と解していただきたい。ゲノムを変化させ、人工生殖をおこない、生体を遺伝子的に変化させて環境に別様に適応させることによって、われわれは第二の進化の新しい時間を創造し始めている。われわれは新しい時間を生み出すことができるだろうか。新しい生き物をコード化することによって、われわれはおそらく新しい時間を紡ぎ出すことだろう。しかし何のためにだろうか。いかなる意図のもとに、またいかなる目的のためにだろうか。その時間は、どこに向かってゆくことになるのだろうか。今日の革命は、新しい生き物たちが、部分的に技術的対象物になることからなっている。ところで、第一の生き物たちとは逆に、第二の生き物たちは、計画によって出現してくる。そうであれば、なぜ、いかなる目的で、生物工学的と呼ばれるこれらの混合した新しい生体はつくり出されるのだろうか。生物工学的という呼び方は、目的性と目的の不在性とが混ぜ合わされていることを、はからずも露呈しているわけだ。

オーギュスト・コント[34]は、科学は〈いかにして〉という問題を解くけれども、〈なぜ〉という問題を解くことは決してないと見事に言ってのけたものだった。科学が〈なぜ〉という問題を問う必要がないのは、合理性の基盤そのものがこの問題の排除にあるからである。形而上学のみが〈なぜ〉という問題を問う。そして合理主義者は言ったものだが、科学はすべての形而上学を排除するのだ。きわめて明快なこの解決策の上に安穏に腰を下ろして、われわれは多かれ少なかれコントと同じように考えていた。しかし、科学はすべて力学的あるいは物理学的モデル——この語自体が形而上学を脇に押しのけるものだが——に還元できるということをコントが前提にしていたことを、われわれは分かっていただろうか。

ところで、この還元主義の極限において、製造された諸物の洗練の極みにおいて、それらの諸物のおかげで、平均寿命の統計的伸長、生殖の相対的制御、遺伝子工学による遺伝子組み換え操作が、突然出現したのであり、これら三つは時間の矢を攻略しているのだ。われわれが新しい時間を創始するとき、われわれはまさしくこの時間の矢に目をつぶることはできない。

少なくとも、また明らかに、アリストテレス以来、すなわち二千五百年来、多く見積もればホモ・ハビリス *Homo habilis*〔熟達のヒト〕以来、すなわち数百万年来、人工物に関しては、実際に、目的因の問題が問われている。私は繰り返すが、冶金工が斧を鍛造するのは木を切り倒すためであり、造船業者が甲板に欄干を付設するのは、船は穏やかな海でも縦揺れするからである。もちろんのことだが、キノコであろうと、狼であろうと、上述のような意図のもとに生命を授かるわけではない。というのも、バラやモクセイソウが誰のために、何のために生まれてきたのかを誰も決して知らなかったからである。もっとも、永遠の造物主である神が人間を造りたもうたのは、その魂を救うためであると見なす者を除いての話だが。それゆえ、学者や哲学者たちは、少なくともダーウィン以来、多く見積もってもヴォルテール以来、目的因という考えを嫌悪してきたのだが、それは彼らが、ハンマーや鍬など使ったことがないがゆえになおさらのことである。ところで、バイオテクノロジーによって、伝統的な農業や牧畜によってよりもなおいっそう、いまや生き物の大部分が人工物となる事態が起こっている。われわれはなぜOGM〔遺伝子組み換え生物 Organismes Géno-typiquement Modifiés〕のクローンを創るのだろうか。病気から自分たちを守るためだ、という答えで十分なのだろうか。われわれの諸哲学は、われわれの実践していることによって矛盾に陥れられている。

量化——逆転された最大値と最小値

しかし、われわれの諸実践もまた、それら自身のあいだで矛盾し合っている。かつては、われわれは決して現代のように数多くの手段をもたなかった、しかし、現代のわれわれは残念ながら恥じなくてはならないが、かつてわれわれがなした企図は、決して手段のように少なくはなかった。われわれのなしうる可能性と、そのうちでわれわれがなしていることとのあいだのギャップが、現代の全能的無力性 omnipotente impuissance を特徴づけている。われわれは原子を制御する一方で、甘やかされた子供たちの示威行動と、従順な警官隊とを衝突させている。精巧なエレクトロニクスの器機がばかげたメッセージの交換を可能にしている。このような関係とは逆に、われわれの父の世代は、頼りない帆船に乗って七つの海を渡ったものだったし、さらに遠いわれわれの祖先は、ベーリング海峡を素手で踏破したのだった。つまり、偉大な壮図のためにわずかな手段しか持ち合わせていなかったのだ。

かつてライプニッツは、科学、世界、神による創造を、簡潔に定義しうる三つの活動として、すなわち、最大（の結果）のための最小（の出費）として、定義したものだった。彼がその例としてあげたものが、雨の水滴が自ずからとる球形であり、そこでは最小の表面積のなかに最大の容量が保持されるのである。また同じく、かつてのあなた方の経験を思い起こしていただきたい。四つか五つの操作、それゆえごくわずかのデーター、方眼紙の上に散在するごく少数の小さな点といったものから、時としてあなた方は、ごく一般的な一つの法則を着想したものだった。物理の授業で、あなた方はライプニッツ的用語で思考していた、すなわち、最少数の橋脚で最長の橋をというわけだ。今日においては逆に、われわれは時には10の9乗ビットに及ぶデーターを蓄積しながら、それらのデーターを真の意味で処理できないでいる。つまり、泰山鳴動して、いまだネズミ一匹出ずというわけだ。われわれの文明は、ライプニッツの法則の逆転を考案し、書類を溢れるほどに蓄積するために、すばらしい器機を消費しているのだろうか。あまり簡素なものでは、百万長者のプロジェクトとしてはみすぼらしい。長者の銀行口座のためにかくも多大な知を！

しかし問題になるのは、量よりも時間と古さ（年功）である。今日のわれわれの諸手段は今朝に始まったばかりであり、われわれの諸プロジェクトは一昨日に始まったばかりなので、それらの手段やプロジェクトは、われわれがほとんど手段を持ち合わせていなかったかつての時代を憶えているかのようである。われわれは電話やインターネットで海外と結ばれていることを得意がっているが、われわれの祖先は、苦難の船旅によって海外と結ばれていたのだった。一言で言えば、われわれは、自分たちの身体能力を基準にすることなしに、いっそうの速さを実現できるのだ。われわれはスケールの大きな自分たちの能力を自分たち自身のために役立てるすべを知らないでいる。われわれは砂漠を森や庭園に変える手段をもっているし、自分たちの剰余物でもって、地球上の飢えた人たちを養うことができるし、彼らの病気を治すことができるはずなのに、互いに殺し合うために彼らに武器を売っている。われわれは彼らの地獄の道を、奇跡のような文明の利器で舗装しているのだ。この「われわれ」というのは、「自分たちの」意思に逆らっているのだろうか。

最近の自分たちの安楽な生活に後れを取っているかのように、ある種の成金たちは、節約の精神とけちけちした行動とを保持している。われわれは、自分たちの能力になかなか気づかず、それに見合った目的にその能力を用いていない。われわれは企画・立案（プロジェクト）の面で後れを取っているのだ。たとえば、われわれの父の世代には、現在の電話装置がサロンでオペラを聞くために用いられていたのだが、彼らはこの装置の用途はもっぱら、ヴェルディ(35)のオペラをサロンまで伝送するためのものだと信じていたのだった。われわれは、あるものが何らかの役に立つということは分かっていても、そのものが、誰のために、何のために、いかなる規模で役に立つのかを理解するのに、長い時間を要するのである。

隠喩から具体物へ、ナルシス(36)からピグマリオン(37)へ

安易な批評から、困難な解答へと、いち早く移行しようではないか。〈歴史〉において初めて、またお

そらく進化の過程で初めて、人間による人間の自己形成が、隠喩のレベルを離れたのだ。科学と技術が人間主義（ヒューマニズム）を文字通りに受け取り始めたのだ。あなたは人間をつくりたいと思いますか。いまやそれができるのだ。人間主義者（ヒューマニスト）諸君、それでは今度は、あなた方の企画（プロジェクト）を示していただきたい。というのも、いまやその企画（プロジェクト）を実行するときがきたからである。われわれは、知と意志とによって、女からも男からも子供を産ませようとしている。われわれはまもなく人間の「本性 nature」を文字通りに解することになるだろう。というのも、われわれは人間の本性を生じさせることになるからである。もしあなたがいつまでも具体的な企画（プロジェクト）を提示しないならば、あなたは単なる空想家と非難されることになるだろう。知と能力の発展によって、哲学は自らの大言壮語と直面しその責任をとらなくてはならない状況に置かれている。哲学が今日、ここでもかしこでも評論や言葉の遊びに逃げ込んでいるのは、このような状況によるのである。

「つくる、そしてつくることによって、自らをつくる」、この格言の精神には古めかしい香りが漂っており、そのいささかもったいぶった身振りは笑いを誘う。われわれが自分たちの体をつくり始めているということを、われわれは本当に理解しているのだろうか。一方には骸骨のように痩せ細った者たちがおり、他方には肥え太った者たちがいるという状況はわれわれの行動が招いたものであり、われわれの責任であるということを、われわれは理解しているのだろうか。われわれがゆっくりと病気になっていること、われわれの寿命が毎年二、三か月延びていること、われわれの身長が世代ごとに少しずつ伸びていること、われわれが自分たちの生殖を部分的に制御していること、われわれが自分たちの肉体を、少なくともアポトーシス apoptose と同じ程度に彫琢していること、などを本当に理解しているのだろうか。一つの身体機能が進化するには数百万年を要するが、われわれはそのような変化を実験室で成就している。私が極端な状況を想定していることは確かだ。生命にはわれわれが必ずしも制御しえない不明な点が数多くあるし、それもおそらくこれから長い間にわたってそうであろう。しかしながら、われわれの生命は、多くの点で、われわれの制御に依存し始めている。将来、われわれは自分たちの身体を、誕生の前から、彫琢することになるのだろうか。

仮想的なものと魅惑のイマージュであるナルシスの物語は、われわれのメタファー〔隠喩〕として役立ってきた。もっと人工論的であるピグマリオンの物語は、すでにわれわれによりよく似合っている。自分の作品をあまりに恋いこがれたので、現実の妻として愛したこの彫刻家は、神話の世界を出て、実際に、現実の物語になっている、あるいは実現可能な目標になっているのである。「さあ、言葉を話せ！」、ミケランジェロは、〈十戒の石版（ターブル）〉を手にして座っている自作のモーセ像に向かって、こう叫んだのだった。われわれは自分たちの〈遺伝子暗号表（ターブル）〉を手中に収めている。われわれが望むと否とにかかわらず、われわれの企図するもの、それは人間〔ヒト〕である。すべての女と男、すべての老人と子供、すべての少年少女である。次に、あるいは同時に、ほかの生き物たちである。彼らをつくる、あるいは彼らを生きさせる、なぜ、どのようにしてだろうか。この制御技術はいかなる目的のためなのだろうか。

支配

主人は生死の権限をもつ、とかつては言われていた。これは恥ずべき冗語法である、つまり、彼は実際には殺す権力をもっていたにすぎない。というのも、彼は殺さないと決定することによって生存を許可していたにすぎないからである。彼がたまたま何の意図もなく生きているものをつくったことがあったとしてさえも、彼は殺害を明確な意図のもとに実行していたのである。それゆえ彼の権力は創造によって表されるのではなく、殺害によって表されるのだ。ヘーゲルは主人と奴隷の悲喜劇を、死を前にして逆をつくことあるいは身をかわすことに単純化した。したがって死のみが支配権を決定する。生の支配権は死を経由して生じる。

したがって、すべての企図、すなわち戦争、征服、支配、占領などは、死体置き場とともに遂行されたのであり、それは夜な夜な、宮殿からさほど遠からぬ絞首台の陰で、歴史的勝利の臭いを発していたのだ。絶対権力 omnipotence は、数多くの絞首台 potences のなかに出現するのであって、このことはこの一語が雄弁に物語っている。この忌まわしい過去において、われわれは動物の狩りと変わってはいないのだ。下劣な精神の持ち主でないとしたら、誰がアレクサンダー大王やカエサルやナポレオンと、スターリンやポルポトやヒットラーとを区別できるだろうか。偉大な支配者や指導者たち、それは殺人者たちである。英雄たち、それは殺人者もしくはその犠牲者たちである。彼らは高名な死に神のモデルである。このような殺人者たちに導かれて、そのような歴史がわれわれの周りで繰り返されるに及んで、われわれはそのことに憤慨し始めている。われわれは、死をもたらす歴史、つまり嫌悪すべき répugnant（この語は *pugnare* つまり「戦う」という動詞から派生している）人物たち、血塗られた首領たち、尽きせぬ艱難辛苦の請負人たちの武勲によって彩られた歴史から、ようやく離れつつある。

したがってわれわれは、嫌悪すべき歴史というかつての企図を繰り返すことはできない。そんなわけで、われわれは今日ではもはやかつての企図をもってはいない。というのも、これまでわれわれがもくろんできたことはわれわれに吐き気を催させるからである。この点においてもまた、われわれは変異を遂げようとしているのだろうか。かつては死に根を張ってきた権力は、生に根を張り直す企図をもっているのだろうか。われわれは生の苦痛を和らげ、生を延ばし、再生させることができるのだろうか。われわれは生と平和の権利をいま獲得したばかりなのだろうか。

この生の企図は、それゆえ、まず第一に平和のうちに、人をつくり、人を生きさせ、人を幸せに生きさせることにある。われわれは、しばしば自分たちの同類の血の代価を支払って、道具や武器や物をつくってきた。われわれは決して主体をつくることはなかった。われわれは決して人をつくることはなかった。われわれは決して人間をつくりはしなかった。個的にも、集団的にも、普遍的にも、人をつくることはなかった。比類ないこの企ての意味について、われわれはいかにして合意を形成したらよいのだろうか。これまでの文章のなかで、「われわれ」という代名詞を除けば、すべては明らかなように思われる。すべては「われわれ」に依存していることは確かだが、しかしこの「われわれ」とは何を意味するのだろうか。われわれが人間を構築することができるとするならば、個的なものと普遍的なもの――この二つはともに、ついに、まもなく明瞭にされ考察されるという実践的見通しにあるのだが――のあいだに位置する、この不明瞭な集団的なものに対してわれわれは何をすることができるのだろうか。それゆえ、ヒトにかかわる問題は、一挙に生物学的な問題から政治的な問題へと突き進む。

偶然的なものと意図的なもの

石を研磨することによって、われわれは虎の爪やマンモスの牙と相対してきたし、自分たちの弱々しい犬歯に代えて、ナイフの刃や鋭い鏃石を用いてきた。進化から逸脱することによって、われわれはすでに偶然的なものを排除しようと試みていたのだった。実際、進化はこの偶然的なものを前提としている。偶然的なものはわれわれ人間に他の種と同じようにわずかなチャンスをしか与えないが、しかし技術的、文化的、人間的環境の創出によって、われわれは偶然的なものを消し去ろうとしている。われわれは、自分たちの技術というアンチ偶然性のおかげで、自分たちの生き残りのチャンスを増大させ、危険に直面することをますます少なくしてきた。

ところが、この人工的な環境、つまりわれわれの第三の家が、身体からなるわれわれの第一の家に逆に影響を及ぼすようになり、こんどは身体のほうが、内部から、バイオ‐技術的‐構造体となるや否や、身体は、目的、企図、目標、意図、ねらい、の問題にまともにさらされるようになっている。確かに、このバラはなぜかを問うことなしに開花するし、私の孫娘も、偶然性による受胎によって生まれたわけだが、その目の色、親たちにほほえみ返す予測もしないそのほほえみ、思いがけず話し始める言葉などは、私を驚かせる。しかし、もしわれわれが進化の時間に介入することになれば、そのときわれわれはいかなる意図のもとに進化に介入するのだろうか。この技術的行為は、他のあらゆる技術と同じように、偶然的なものを消し去ることに貢献する。それではわれわれはなぜ偶然的なものを排除するのだろうか。この問いは一つの同語反復に帰せられさえする。というのも、偶然的なものを排除するということは、偶然的なものを別のものに置き換える、すなわち目的に置き換えることだからである。あらゆる企図は偶然的なものを目的に置き換える。われわれがバイオテクノロジーという用語を用いるや否や、「いかにして」という問いに「なぜ」という問いが加えられる。われわれは実証主義の終焉を生きているのである。

したがってわれわれは、目的性のあるものを目的もなくつくっていることになる。われわれは目的なき合目的性をつくり上げているのだろうか。カントはこのような定式によって、『判断力批判』のなかで、美の定義は目的なき合目的性であると言ったものだった。[38] その著作のなかで、この美学とほど遠からぬところで、彼は生き物についての分析をおこなっている。われわれの実験室は、美術作品という意味での作品を生み出さなくてはならないのだろうか。おそらくそうだろう。私はそこに唯一の客観的な企図をしか見ない。つまり、われわれが自らの手で形成し始めたこれらの生命でわれわれは何をつくろうと欲しているのだろうか。哲学は次のような問いに答えることができるのだろうか。すなわち、われわれはどこへ行くのだろうか。われわれはどこへ行こうと欲しているのだろうか。私は今日、暗々裏にかつ騒々しく偶然性が賛美されるのを耳にしている。われわれはそれほどめくらめっぽうに進んでいきたいのだろうか。知にはいかなる恐怖が潜んでいるのだろうか。このような企図を構想することに対していかなる不安が立ちはだかっているのだろうか。われわれはそれほど盲目性のなかにとどまりたいと思っているのだろうか。

人間とその運命の不確定性

われわれはそれらの問いに答えたいとは思わない。これらの問いがわれわれの豊かさを形成していると信じているので、またそれがこれから生まれてくる人間たちにかかわる問題であるだけに、われわれは自分たちの目的を不確定なままにしておきたいと望んでいる。われわれは、自分たちがいかなる生命を、いかなる時間を、いかなる人間を望んでいるのかを知りたいとは思わない。せいぜい、私は自らに問いかけ、自分の個人的人生について、またその限りであれば進んでそれらの問いに答えたいとは思うが、しかしわれわれは一般的問題としてそれらの問いに答えたいとは思わない。一般的に答えることは、いわばヒト性hominitéに一つの定義を課することとして跳ね返ってくるし、それはヒト性に短期的なあるいは長期的な恐怖を与えることになるだろう。われわれは初めて、なぜわれわれが「なぜ」という問いに対する答えを知りたくないのかを知ることになる。

だから、われわれは、初めて、「人間とは何か」というヒューマニズムの問いに改めて答えることができる。この動物は自分が何であるかを知ることを拒絶する、というのも、この動物の富はすべて、まさしくそのことを知らないということにあるからである。結局のところ、初めて、思弁的な非知が、実践的な知に関連してわれわれを解放するように思われる。この実践的知については、われわれはその知がわれわれを解放してくれるとつねに断言している。というのも件のメタレベルの知は、われわれの不幸と、われわれの子孫の不幸をもたらすことになるだろうからである。つまり、このメタレベルの知を突き詰めるならば、われわれは、単なる動物や移動できない植物のレベルに、要するに定義済みのもののレベルに、引き戻されかねないからだ。われわれは存在論そのものの恐怖に直面する。したがってわれわれは、この問いに対する答えを不明確なままに放っておく。この個人は何であるか。答え。様々な能力、潜在性のなかの一つの可能性、そう、彼はどんなものにもなりうるがゆえに、全能であるのだ。人間とは何か。無限の可能性そのもの、この全能性 omnipotence そのものなのだ。

その点において、この第二の進化は、第一の進化に似ている。とはいえ、前者はわれわれの諸技術とこの奇妙な新しい無－意志とともに今日始まったものであり、われわれが構築し、つくり上げ、執りおこなっているものだが、後者は、自然から与えられ、被ったものであり、偶発的で、無作為なものである。双方とも可能なものへと向かってゆく。一方は自ずから、他方は意志的に。われわれは偶然的な自然を生きてきたが、これからは予測不能な企図を生きることになるだろう。

無益で不確かな存在論

私がいま主張したことは、「人間とは何であるか」という問いのあり方に依拠している。この問いは「ある être」という動詞を用いているが、この動詞は、空虚で、無で、非限定的かつ限定不能であり、貧相な助動詞であり、意のままに置き換え可能なものであり、われわれの諸言語の色あせたコインである。この雇われ動詞は、もろもろの哲学書のなかでかなりの財産を築いていることは確かだ。というのも、この動詞は何であれあらゆるものを意味し、かつ何も意味しないからである。この無限定なものは、見事な手品を仕立て上げる。存在論とその双子である現象学ほど嘘つきなものは何もなく、両者とも醜い名称であり、このような醜悪な名称をもってしては誰の弁護もなしえない。確かに、存在論は〈存在〉l'Êtreをめぐるもろもろの問いを狂おしいまでに繰り返してはいるが、存在論がそれについていかなる答えももたらしていないことにわれわれは驚かない。というのも、そのようにして定式化された問いは、言葉と意味の完璧な堂々巡りを形成し、そこには息を継げるような例外も空間も残されないからである。存在論はこうした問題をめぐる問いしか問わないことを誇りとさえ思い、それに満足している。何やら呪文のような教説を唱える場所は他にも存在する。Être〔ある、存在〕という用語をあらゆる動詞やいくつかの名詞に置き換えることによって、また同じくétant〔存在者〕という用語をもっと控えめな語に置き換えることによって、このページを書き直す作業を好きなだけ練習していただきたい。この無意味で容易な企ては、あなたに深い考察をもたらすことになるだろう。

否、存在はわれわれにかかわるものではない。実証されてはいないけれども、存在がかかわるのはおそらく、禽獣や、植物や、菌類や、バクテリアや、火や、岩や、空気や、風に漂う雲などであろう。われわれは存在者étantsとして存在するのでも、存在êtresとして存在するのでもなく、様態として存在している。われわれの実在は諸様態の四辺形のなかで漂っており、そこでは可能なもの、不可能なもの、必然的なもの、偶然的なものが、われわれの文化的、自然的な住居の四つの壁をなしているが、それは肉体、技術、言語、芸術および世界からなる、かつてのような狭苦しい小屋でもあり、今日のような広大な宮殿でもある。ヒトの発祥以来われわれは、存在という陰鬱な平地のなかにではなく、固定的でかつ可動的な、ハードでかつソフトな、無鉄砲でかつ節度あるこの四辺形のなかに自分たちの三つの家を建造してきた。

必然的なものの骨組みによって支えられた不可能なものの屋根の下に、われわれは可能なものの窓をうがって息を継ぎ、偶然的なものの扉から家の外へと出る。時間の鼓動を刻みながらわれわれは、必然的なものの制約のもとで、あまたの可能なものへと向かって奔放に進み、もろもろの偶然的な瞬間を生き、不可能なものの障壁にぶつかりながらも、時には不可能なものを試み、奇跡的にも必然性を創造することさえある。自らの持続ゆえに創意に富むヒトという種は、時間――そこでは存在や存在者が退行してゆくのだが――から繰り返し離脱する。このような独特の屈折のなかで生き、思考しているわれわれは、現存présence の影に隠れた存在 être と存在者 étants を、何百万年も前から忘却している。われわれがそれらを忘却したのは、ソクラテス前期以来なのでは決してなく、熟達のヒト *Homo habilis* 以来、つまりわれわれのヒト化の最初期以来、最初の道具がヒトの手に握られて以来なのである。

存在を望まないことは驚くべきことだろうか。というのも、われわれは存在してさえいないからだ。予想外で、冒険好きで、予見不可能で、探求心旺盛で、不従順で……可能的で、偶然的で、たわみやすいわれわれ、それゆえ、不可能なものや必然的なものに血が出るほどぶつかるわれわれを除いての話だが。誰かが私を存在として定義してみればよい、私はすぐさまその定義や命題から逃げ出し、その命令を逸脱するだろう。存在という点では人間はさまよっているのであり、存在から巧みに逃れ、存在を望まないのだ。人間は立ち上がるや否や、身体の曲がり方が変わり、歩き始めるとすぐに、走り、踊り、身をかわし、逆を突く方途を編み出し、予想どおりに進むことは決してない。人間が話し始めるとすぐに、その動詞は活用〔屈折〕する。前置詞や語尾変化、一般に屈折は、世界中のすべての言語を彫琢する。屈折のきらめきがヒト化を制御する。そうでなければ、単なる動物に引き戻されることになるだろうし、共同進化の暗闇に再び陥ることになるだろう。人間は存在を嫌っている。これから存在論は、言語の漠たる普遍性のほうに向かい、いずれは石や、冠水低地や、ワニや、セコイヤについて論ずるすべを知るようになるのではないかとさえ、私は疑っている。現存在 être-là とは、ここに眠る ci-gît であり、要するに存在論は死骸をしか知らないのだ。

目的性のない新しい人工物

もろもろの人工物とそれらの目的についての問題が、放置されたままに、あるいは中断されたままになっている。ところで、目的性の問題について言えば、通常の道具類よりもいっそう奇妙な新しい道具類が今日まさに出現したところである。というのも、テコやモーターと、筆記用具やコンピューターとのあいだ、つまりエントロピー的尺度で作動する機具と情報を扱う機具とのあいだを隔てる相違は膨大なものだからである。テコは重いものを持ち上げるのに役立ち、モーターは動力を生み出すのに役立つけれども、情報を受信し、発信し、蓄積する媒体は、実際には、何の役にも立たない。ところが、これら情報を扱う媒体は「歴史」の始まりとともに出現した。繰り返していうが、蠟板、パピルス、羊皮紙、骨筆などは、テコやモーターの場合に用いられる意味での目的性を、いささかももっていない。しかも、もろもろの歴史書の語るところによれば、歴史を変えたのは、目的をもった道具よりも、目的をもたないこれらの道具なのである。

反論——でもそれらの道具は書くことや計算することに役立っているではないか。確かにそうだ、しかしこれらの動詞や行為は、まさしく様相的なものであり、可能なもののなかで生じるのであって、それらの機具を用いて、あるいはそれらの機具のおかげで、誰であれ、遊ぶことや、働くことができるし、愛の告白や税金の申告であれ、定理や詩歌であれ、嘘や真実であれ、罵倒や甘言であれ、何でも書くことができるし……数値や記号、方程式や音楽、言語や文体を、いかようにも入れ換えることによって……物語や計算のあらゆるヴァリエーションが可能となる。このピアノやこのオルガンやこの楽器でさえも……この計算機やコンピューターはもちろんのこと……このネットワーク、この〈ウェブ〉……これらすべてはどのようなことにも、どのような結果を生むためにも役立つ、つまり通常の意味においては何にも役立たない。というよりもむしろ、不可能なものと可能なもの、偶然的なものと必然的なものに役立つ。すなわちこれらの人工物もまた、諸様態の四辺形のなかを巡っているのだ。このようなわけで、私が好んで言うように、コンピューターは、これまた目的性という特定的な定義において、他のあらゆる道具とは異なって、普遍的道具――この表現自体が矛盾形容法と見なされうるが――と定義されうるのである。確かに、コンピューターはあらゆることをなすことを可能にする。

ところで、目的性を欠いたこれらの道具の今日のプレグナンツ(39)が、これまでのすべての論議の証左となっている。なるほど、最近われわれの生活が人工的になっているとするならば、そのような事態は大部分これらの人工物によって生じている。われわれはもはや、デカルトやラ・メトリー(40)のように、滑車やテコなどの単純な機械をモデルに生体〔人体〕を思い描くことも、十九世紀末のように熱力学機関や電動機をモデルにして生体〔人体〕を思い描くこともなく、むしろ情報機器をモデルにして生体〔人体〕を思い描いている。生体の表象の仕方はわれわれの技術的能力の発展に従って変化する。そんなわけで、慣例的に機械をモデルに生体を表象してきた古いやり方は、滑稽な矛盾に陥っている。というのも、そのやり方は単純な機械や複雑な機械をモデルにして目的性を生体に押しつけることによって、目的性に異を唱える結果になっているからである。新しい機械装置(メカニスム)がこれに取って代わることは確かだが、しかしそれは目的性を欠いた人工物をモデルにすることによってである。こうしてわれわれは今日、生物は目的性をもたないものとして自らを構築する、と考えるに至っている。そんなわけで、われわれの手段と企図とが互いに一致することとなる。

有限性の喪失

ある種の全能性までも獲得可能となり、徐々に、われわれ自身の原因および世界の生成にかかわるある種の全体性の原因となりつつあるわれわれは、自分たちの有限性を大いに喪失しつつある。新しい問題および新しい解答のほとんどすべては、このような喪失に由来している。身体の周囲に切り取られた自分たちの古い狭苦しい小屋である生活世界 *Lebenswelt* から、われわれはますます遠のきつつある。われわれの局所的な行動や企図やごく限定された成果は、世界が拡大するにつれて、部分的に陳腐化している。全体的なものに徐々に侵入したわれわれは、脆弱な肉体や用途の限られた道具や有限な世界からなる自分たちの古い家を離れつつあり、入り口の小さな狭い住居での快適な生活を失いつつある。しかしながら有限性は、見栄えのよい、時には悲劇的な、演劇的振る舞いを、たくさんの哲学者たちや、口先だけの不条理の英雄たちに可能ならしめてきた。いまや彼らは幻想を捨てなくてはならない。上述の有限性のおかげで、われわれは自分たちを定義することが可能であったが、有限性 finitude と定義 définition は同じ語の繰り返しなのだ。われわれはそのどちらも同時に捨てようとしている。存在や、有限な企図や、人間の定義が失われつつあることは、われわれが無限なものに足を踏み入れていることの証左である。

コンピューターの発達やバイオテクノロジーの成果を目の当たりにして、われわれは自分たちの魂を失いかけているとする予言者的な嘆きの声が聞かれるが、これは次のような高音部と和音を奏でている。自分たちの小さな小屋で暮らしていた時代、われわれはなんと幸福だったことだろう！　その小屋のなかでわれわれは、壁にぶつかったり梁に頭がつかえたりしながら、身を寄せ合って生きていたのだ。ああ、普遍的な無意味に対峙した、なんとすばらしい連帯感だったことだろう！　われわれは伝染病を治すことができなかったし、飢饉の年には子供たちは飢えて死んだし、海の向こうの外国人たちと話すことなどできなかったし、高度な科学を学ぶこともできなかったのに、どうして幸せだったなどと言えようか。もろもろの壁の崩壊、仮想的なものや可能的なものの突然の生起、身体や文化や世界の自由化の進展、諸様態の流動的な四辺形へと開かれた居住様態などが、有限性からの脱出――長い間遅々たるものだったがいまや急激なものとなっている――を試みようとしない者たちにめまいを起こさせている。これらの者たちにとって、こうした出来事が世界に投げかけている不幸のすべては、彼らがほんの一時たりとも自分たちの部屋から出るすべを知らなかったことに起因している。これまでのわれわれの諸手段の発展のなかで、このような悔恨の合唱が、その手段をまったく用いない者たちの側から、発せられることは決してなかった。このような錯誤は、有限性というこの小さな殻から自らを解放することの極端な困難性――私の知る限り、それはわれわれのうちにまだかなり残存しているのだが――によって説明されるし、弁明される。ホモ・ウニヴェルサリス〔普遍的ヒト〕は、この相対的無限性という野外で生き始めているのである。

それに、われわれのかつての暴力は、自分たちの古い有限性という息の詰まるような狭さゆえに生じたのではあるまいか。虚弱で凡庸で恨みや遺恨に満ちたわれわれは、殺意に満ちたハトの魂を宿していたが、もっと能力を獲得すれば、トラのような寛大さを得ることになるだろう。手段の獲得につれて、われわれは敵意を失ってゆくのだろうか。

全体的な三つの家

生き物たちの仮想的な家

バクテリアであれ、藻類であれ、菌類であれ、植物であれ、動物であれ、生き物のゲノムはおそらく、自分たちの進化の時間を内包しているだろうし、おそらくそこにはその種の死の時も刻み込まれているだろう。いずれにせよ、われわれがそれらの遺伝子の一つを組み換えるや否や、われわれは新たな時を出現させることになる。それゆえ、それぞれのゲノムは、潜在的に、多様な時の束、遺伝子の数やその組み合わせの数と同じくらい数多くの時の束、そこで生じうる突然変異の数と同じくらい数多くの時の束、を包含している。この独特な銀行へのこのような預託は、少なくとも潜在的には、すでに莫大な豊富さにのぼっている。ところが、われわれはすべての種を知り尽くしているわけではまったくない。知られていない種は百万単位にのぼると見積もる専門家もいる。いつの日か、われわれがそれらの預託の財産目録とその分類目録をつくることができると仮定しよう。これは大胆な仮説だが、突飛なものではない。

われわれの解読したゲノムはまだわずかしかないが、解読されたのは、いくつかのバクテリアのゲノム、ウジあるいはハエのゲノム、最近になってヒトのゲノムである。おそらくもっとずっと先のことになろうが、生きている種であれ絶滅した種であれ、現存の種であれ化石化した種であれ、現実の種であれ可能な種であれ、すべての種のすべてのゲノムが配列されているこの膨大な書物を、われわれが書き写し終え、ついには解読すると仮定しよう。これは途方もない仮説だが、しかし狂気の沙汰ではない。この井戸、この備蓄、この銀行の銀行において、想像しうる生命や可能な突然変異が、仮想的に懐胎されることになるだろう。この預託から噴出する巨大な時間の束を前にすると、われわれが知覚し考えている通常の歴史や時間は、平面的なものとなる。

空間への通路

私は意図して「平面的」という語を用いた。われわれは三次元の空間プラス時間からなる世界のなかで生きている。その次元に押し込められて、われわれはしかじかの大理石のテーブルの位置や堅牢さを実感し、しかじかの赤いバラの花の色合いや香、つまり感覚に依存する質を実感している。ところが、これらの感覚に依存する質は、粒子のレベルに至るや否や変容し、その位置は何とか推定できるが、堅牢さは失われ、逆説的な様相を呈してくる。このレベルに至ると、われわれはすんなりと大理石を通り抜けられるということになる。

それでは、現実とは何であろうか。現実は、少なくとも、われわれが知覚しているままの世界を説明する一般相対性と、もろもろの原子の世界を方程式で説明する量子力学とを結び合わせている。というのも、われわれはその二つの世界に同時に生きているからである。いわゆるスーパー弦 supercordes の数学理論はこのような結び合わせを説明しうるものと期待される。この数学理論が到達する究極の現実、すなわち、大理石のテーブルの高密度の堅牢性と、もろもろの粒子が振動する真空といったきわめて矛盾した概念や直観を結びつける現実においては、「スーパー弦」と言われる振動する多次元の「弦」が想定される。この「弦」はもちろんわれわれには知覚されないが、しかし世界を全体的に説明する。われわれがこの多次元を、わずか三つの次元プラス時間からなる世界に投影するならば、大理石とバラの花から得られる日常的な経験と同じく、われわれは相対性を再発見することになる。

そんなわけで、かつてプラトンが、かの有名な洞窟[41]の壁に、三次元をそなえた外の現実の世界を投影したわけだが、洞窟の囚われ人たちはこのスクリーンの映像に幻惑されて、壁の上ではもはや二次元しかもっていないその像を、彼らの日常の生活のなかで、現実と取り違えていたのだった。この洞窟もしくは見せかけから、あるがままの現実に出て行くということは、それゆえ、日常の経験にいくつかの次元を付け加えるということであり、彼らにとっては一つの次元が加わったのだが、われわれにとってはいくつもの次元が付け加えられるということになる。したがって、このスーパー弦の理論が正鵠を射ているとすれば、われわれが平面的な世界、見せかけというよりも押し潰された世界のなかで、つまりわずか三つか四つの次元の上に投影された世界のなかで、知覚したり思考したりしていることが明らかになってくる。これこそわれわれの新たな牢獄なのだ。われわれは、この牢獄から自らを解放して、輝かしい代数学方程式の総体——それは、はるかに数多くの次元をもって展開される現実の保護者であり名義人であるのだが——によって、演繹され整備された広大な広場へと、飛び出してゆくのである。

時間の再考

この数学理論においては、現実はわれわれの目の前よりも諸方程式のなかに出現するのだが、それと同じように、現にある生命と通常の生き物の歴史は、自分たちの両親のゲノムというトランプを切って生命にしかじかの数列が与えられるという、偶然のくじ引きに依存している。この小さな流量、把握しうるわわれわれの発展の時間は、私が先ほど言及した膨大な書物、いずれは解読されるであろうゲノムの総体が蓄積されている書物に比べれば、確かに、わずかな次元に減縮してしまう。つまり、自分の父と母の系譜に加えて、ノアの大洪水や、度重なる民族大移動や、黒死病（ペスト）の大流行や、世界大戦を生き延びた者たちの血を引く家族の全体、さらにはアベルが家畜化したヒツジや、カインが栽培した果物の末裔……、熱帯雨林でざわめく未知の種など、その数は莫大に見えても、結局ははかない命だ。

それゆえ、この減縮された時間、あるいは短い時間をそなえたわれわれの小さな世界を再認識するには、先ほど私が仮説を立てた膨大な書物を、その何行かの数列の上に、そのいずれか一ページの中央か下のほうへ、投影してみるだけで十分なのだが、その狭い世界は、逆に、解読されたすべてのゲノムの膨大な総体によって示される広大な広場に通じている。われわれは狭い空間の牢獄のなかでぺしゃんこに圧し拉（ひし）がれ、か細い時間の流れのなかに押し込まれ、この二つの見かけの世界の枠のなかで息を詰まらせているけれども、スーパー弦の理論と件の書物‐宝庫はわれわれをその牢獄から解放する。われわれは自分たちの小さな生から抜け出すことができ、広々とした世界を知り、ついにはその広い世界を現実として認識するようになる。

生命の特異性

このようにして、その十全な次元を余すところなく展開した完璧な空間と時間とに遡ること、つまり真の意味での思考のこの二つの行為は、ただちに、無生物に比べた生き物の特異性を示すこととなる。そのとおり、現実は数学のなかに潜んでいる、あるいは少なくとも、数学のみが現実へと通じている。それ以外の道は、見かけの世界や特殊なケースのなかに、つまり平面化され押し潰された映像や縮減された次元の世界にとどまっている。ところで、この分野において、スーパー弦へと向かう代数学とその諸方程式が無生物界の現実の鍵をもたらし、一方、件の膨大な書物を満たしている、組み合わせ論とその諸アルゴリズムが生命の鍵をもたらすということを、理解しない者がいるだろうか。そのとおり、ギリシア数学とアルゴリズムという二つの数学を区別するという条件で、数学は現実の総体を開示する。前者は物の世界に適しており、後者は生き物の世界に特異な有効性をもつ。一方は、陳述（述定）的であり、諸法則を述定し、他方は、手順的であり、諸コードを提起する。一方は、展開によって普遍的なものに到達し、他方は、もろもろの特異なものを構築する。一方は、必然的なものを記述し予告する。他方は、偶然的なものを、予知はしないが、推測する。というのも、無生物界は、普遍的なものに分け入るために、局部的なものをコード化するいかなる必要性ももたないからであり、特異的なものである生き物は、コード化された多様性によってはじめて、「宇宙」のほんのわずかの分け前に入り込むことができるからである。無生物界は無制限に時間と空間を占めているが、生き物のほうは限定された場所や巣に住み、滅びに至る時間の流れを抑制するリズムを紡ぎ出す。となれば、本当に二つの数学が存在するのか、あるいはその双方を一体化できないのかという、哲学的な疑問が成り立つことになろう。この疑問は苦もなく解決される。すなわち、一つの数学しか存在しないのだが、しかしその二つのヴァージョンが非常に異なっているのだ。

諸物そのものについて――分子や、結晶や、細胞膜や、細胞結合……などについて――直接的に考察しても、無生物と生物とのあいだの区別の秘密を解読することには成功しない。なぜなら、私が先ほど明示したように、あらゆる物は〔時間と空間の〕二つの投影によって押し潰されて存在し、生きているからである。それに成功するのは、全体的な現実、数学によって開かれる現実へ向かっての視野の拡大のみである。したがってプラトンが現実を視野の拡大として位置づけたのは、彼が代数学を知らなかったことと、

『メノン』の奴隷少年[42]と同じくアルゴリズムによる思考を軽蔑していたことを除けば、正しかったのである。

第三の全体的家

スーパー弦の理論によって演繹される王国、つまり無生物界の秩序による王国と、生き物たちの宝庫としての、解読されるゲノムの総体‐書物に、われわれは今日、もう一つの広大なサイト、すなわちデータ・バンクもしくはいつでもアクセスできる情報バンクをすべて束ねた銀行を、加えることができる。というのも、われわれはこの銀行の銀行を、少なくとも仮想的に、構築することができるからである。原則としてわれわれは、この普遍的百科全書、基礎科学であれ、厳密科学であれ、応用科学であれ、開かれた科学の総体、技術的知識であれ、文化的知識であれ、芸術的知識であれ、開かれた知識の総体、気晴らしもしくは余暇的なものであれ、無益なもしくはポルノグラフィック的なものであれ、開かれた情報の総体……の在処を突き止めるすべを心得ており、そこにアクセスしている。

おまけとして、そこにはさらに、すべてのゲノムの明記された包括的書物と同様に、まさしくスーパー弦の理論が盛られることになるだろう。したがって、これらの三つの場は一体となって、いっそう広大な一つの場を形成する。この集積(ストック)の規模と概要を、おそらくその情報能力は〈宇宙〉の諸要素の数を凌駕するだろうが、われわれは今後、少なくとも仮想的に、描くことができる。ラブレーは、百科全書 encyclopédie という彼の用語を練り上げたが、その意味するところは、いまでは私の考えには合わない。というのもそれは円環の形を連想させるからだが、ライプニッツもディドロもヘーゲルもその円環を構想しながら、相変わらずそれを実現させることはなかった。今日では、それは構想から実践へと移行しており、それは〔円環ではなく〕われわれのインターネット網によって可能となっているのだ。知や、生活や、歌謡の何らかの規模を再認識するには、この全般的な総体の広大な諸次元を、厳密なものや取るに足らないものの限定された諸次元の上に、投影してみるだけで十分である。諸科学の普遍的な大きな物語がそこに含まれている。

そのようにして、世界の諸物、生きているものたちや死んだものたち、諸科学や諸芸術がそれぞれ、自分たちの基底を発見し、その一つ一つは別のすべてと連結しており、そこから、可能なものや象徴的なものや現実的なものが混合した総体が立ち現れる。それゆえ、いくつかの問いが残されている。どのようにして現実が、記号の形で懐胎されるのだろうか。どのような条件で、それらのうちのいくつかが、数学となって、よりよく現実に到達し、現実を開示するのだろうか。側面からしかアクセスできないものをどのように位置づけすればよいのだろうか。

神について

ライプニッツはこの集積（ストック）を神の知性と名づけた。われわれは専門的技術の最先端で、この知性を理解することができ、その諸分野とその住処をつくるという期待さえもつことができる。ライプニッツは彼の古典的哲学のなかで神の諸行為を記述したが、その神は、世界を存在へと導くために、この記号表から、組み合わせ論のように爆発的に増加する諸記号を惜しみなく汲み出すのだろうか。

パスカルが、哲学者や学者の神と呼んだものは(43)、この種の情報の包括的総体、あるいは当時想定されていたそれと同等なものを人格化したものだが、今後われわれはそこから、少なくとも仮想的に、空間や時間、〈宇宙〉や諸存在、諸証明やもろもろの物語、を引き出すことができる。ところが、この賭の確率計算の発案者[44]は、過度の抽象化とおそらく過度の演繹の遂行を要するがゆえに、上述の神を捨て、偶然的で歴史的な神、ありそうな出来事にせよありそうもない出来事にせよ、人間のもろもろの出来事によりいっそう結びついた神である、アブラハムの神、イサクの神、ヤコブの神、イエス・キリストに帰依することになった。その当時において、支配的であった機械論的モデルは、聖書の創造説[45]に組み込まれた根源的偶然性——これはしばしばおろそかにされるのだが——を無視させるものだっただけに、パスカルの回心はいっそう正しかったのである。

私は、パスカルの決心に立ち返り、広大で仮に包括的なこの前述の場の人格化を、再び神と呼ぶことを控えめながら試みようと思う。というのも、この広大な住処は、必然的な演繹ともろもろの偶然的な蓋然性を同時に含むからであり、しかも四つの様態、つまり必然的なもの、可能なもの、不可能なもの、偶然的なものを含み、さらには普遍的なもの、局部的なもの、他律的なもの、自律的なものを含むからである。われわれはこの〈神の知性〉の扉を開き始めているのだ。

現代の最大の発見

したがって、過去の世紀の最も大きな発見〔発明〕を選ばなければならないとすれば、私は次のものに決めるだろう。

ガリレイのモデル

ルネッサンスの末期、古典時代の当初に、ガリレイは、自然は数学の言語で書かれている、と言明した。近代の幕開けに際して、この発見は、われわれの世界観を変換し、世界を支配するやり方を、当初は機械論的モデルに基づいて実現された新しい諸技術によって変化させ、われわれの社会を新しいやり方で生産的なものに変え、ついにはわれわれの思考様式を変化させた。

科学から生まれ、哲学にとって決定的となる、この言葉は、ギリシア数学の誕生の折にプラトンによって創始された分離、つまり理論的観念の天上と経験による見かけの世界とのあいだの分離、を確認するものであった。この二つの領域の新しい調和を実現することによって、ガリレイの科学はおそらくその両者の距離を縮めたが、距離を解消するものではない。数学はもろもろの現象を記述もしくは説明するが、しかし外からである。エピステーメー *epistémè* は理論的知を確保し、テクネー *tekhnè* はもっぱらそれを応用する。この隔たりと調和はさらに、西洋の根底にある三つの伝統を引き受けている。第一に、私がいま言及した意味での、ギリシアにおける分離。第二に、超越神ヤハウェが選民の内在的歴史のなかで絶えず自己実現する限りにおいて、ユダヤ教における契約。第三に、〈神の息子〉が神と人間という二つの本性を自身の内に結合したがゆえに、キリスト教における受肉。これはさらに、幾何学の天上と見かけの地上とのあいだの近代における接点の人格化である。数学を受肉することによって、物理学が、まさに数学に逆らって、自らの出現を条件づけていた文化から誕生したところだったのである。

ガリレイにおける例外

だが、ガリレイの発見は一つの例外を含んでいた。無生物の世界、機械論的・物理学的世界のみが、つまり惑星の運行や物体の落下や光の放射の世界のみが、数学の言語で書かれていたのだった。そのほかのものは何も、おずおずと活動を始めていた化学がかなり以前から探究していた物質の内部も、味わい深い正確さでずっと以前から観察されていた植物や動物や人間の生命も、この成果には入っていなかった。この広大な領域が残されたところから見ると、いわゆる厳密科学の有効性は、実在するものの広大な部分に適用されず、それ以後、その広大な部分は数多くの別の方法で取り扱われることになったと思われる。

ラヴォワジエ[46]やメンデレーエフ[47]のような元素記号の考案者たちや、ビュフォン[48]やクロード・ベルナールのような博物学者たちが何世紀にもわたって感じてきた欲求不満をご理解いただきたいものだが、彼らは代数学にごく近似した考え方によって、自分たちの領域で真の諸定理を発見したのだが、代数学の厳密性からは排除されていたのである。科学の楽園から追放され、それ以後あまり「厳密」ではない知の領域にうち捨てられてきた者たちの苦渋を想像していただきたい。この苦渋から、どれほど多くの理論や実験が生まれたか数えていただきたいものだ。しかしなぜこのような例外が生じたのだろうか。そこには何の必然性も見られないがゆえに、物議を醸すことになる。

分離の解消

この溝は最近になってようやく埋められたところだ。というのも、ＤＮＡが二重螺旋をなして巻いていること、一種の簡潔なアルファベット順にコード化された遺伝子によってプログラムされた絶妙な螺旋製法を介して、ＤＮＡがタンパク質をつくり出していることが知られて以来、さらにはまた、あらゆる生き物のＤＮＡ配列の解読が進められているあいだに、見捨てられたこの広大な領域を、われわれはついに厳密科学のなかに導き入れたからである。

そう、化学的性質をそなえているが、生命もまた数学の言語で書かれているのだ。しかし、ガリレイのモデルは、もはや以前と同じやり方では適用されなくなり、そしてこの変化を機に、われわれは千年来の思考のフォーマットの変更を余儀なくされている。なぜなら生命は「書かれている」のみではなく、さらに「自分自身を書き記している」からである。文字や数字や記号の長い配列によって形成され、多種多様な酸やタンパク質が畳み込まれているＤＮＡのリボンは、われわれの介入なしに、自分自身で自らを書き換えたり、自らを翻訳したりしている。われわれは数学の言語を発見する必要は少しもない、それは物の内部そのものに横たわっている。この言語はこれらの新しい対象を外から記述するのでも、説明するのでもなく、それらの対象の内奥に存在しており、それらの対象をつくり上げるのだ。一連のプロセスがスタートすると、次々と書き換えや翻訳やコード化が重ねられて、ついにはもろもろのタンパク質がつくり出され、新しい細胞がつくり出される。理論が物そのものを築き上げるのだ。

その上、ここに書かれている言語は、幾何学や代数学をギリシア的に用いていたガリレイ的な意味では数学とは見なされえない。この言語は、数学の別の言語的側面であるアルゴリズムを駆使する。「生命はアルゴリズムの言語で書かれている」と、ガリレイだったら現代の発見についてまず初めに言うことだろう。「自分自身で自らを書き記す」のみならず、「自分自身で書き記すことによって、自分自身を築き上げる」。「生命はアルゴリズムで自らを書き記し、この言語の上で変化することによって自らの諸要素を築き上げる。」確かに、生命は物理学的自然に順応しているが、しかしそれは、生命の形式上のモデルを幾何学から組み合わせ論の方向へわずかにずらすことによってであり、ガリレイの発見の後に、われわれが技術を応用して自然について知ったことを、生命自体が実行していることによってである。われわれはDNAの上から、また同じく、トポロジー的なシワをそなえたタンパク質の上から、繁殖の最初の要素であり、さらにその手順を実行する理論や言語を、直接読み取ることができる。われわれは、分離された二つの領域に、橋をかけ始めているのである。

アルゴリズム的で形式的なものと、その形式的なものやそのヴァリエーションによって形成され、築き上げられる現実との同一性が突然知られたことによって、われわれの思考様式は変換される。遠くから、映像や影として自らを映し出す理想の天上はもはやなく、目に映る見かけと、理解しうる現実、一方に現象学、他方に存在論……、要するにギリシアのあけぼのの時代からわれわれの思考を支えてきた二元論は解消するのである。カントやアインシュタインの目には、奇跡と見なされていたもの、ガリレイ以来の、数学と経験とのあいだの見事な調和という神秘、われわれはそのことを考える必要さえない。生命はその調和を絶えず成し遂げている、というのも、生命は分離のないこの調和によって繁殖し、発展しているからである。この特異なアルゴリズムの言語は、自分自身で生き物たちをつくり出している。生み出すものとして、この言語は生き物たちを誕生させ、自らを延べ広げることによって、生き物たちを時間のなかへと投げ入れる。

さらに夢をふくらませることができるだろうか。スーパー弦の理論は、おそらく、無生物の世界の最も小さな舞台を支配する法則をそなえた量子力学と、大きな舞台の法則を定める一般相対性とのあいだの諸関係によって、無生物の世界がいかにして存在しているのかを、われわれにまもなく説明してくれるだろう。これとの対比として、次のような数学を想像できるだろうか。最も小さな舞台としての細胞という小さな区画のなかに潜んでおり、繁殖のプログラムを統御する組み合わせ論の法則をそなえたもろもろのアルゴリズム、それらのアルゴリズムの諸関係によって、生き物がいかにして存在しているのかを、諸定理によって説明するような数学。そればかりでなく、大きな規模において、筋肉や関節の運動における法則を定めるテンソル(49)計算の諸要素や、固い骨格の幾何学や力学、形成された胚や器官の組織の多様なトポロジー、そこを循環する血液の流体力学、それらを説明するような数学……。

而して、言葉は肉となれり(50) *Et verbum caro factum est*

しかし、夢を語る前に、実際の発見に戻るならば、それはまさしく現代の最も大きな発見なのである。というのも、数学に、もはや単に一つの領域のみならず、存在するものや認識可能なものの全体をゆだね、さらには、実際に手順的にものを築き上げてゆくという数学の機能が確認されることによって、この発見は、抽象的なものと具体的なものとが分離されていた時代を終焉させ、言語の哲学と同じく存在の哲学を見直すことを余儀なくさせている。われわれがすでに見たように、この発見はもはや以前と同じ機械をつくらないし、以前と同じ形而上学に通ずるものではない。

コジェーヴ(51)が、かつて、有名な論文のなかで書いているところによれば、ガリレイの発見が南ヨーロッパでなされたのは、キリスト教がその原因となっている、というのもキリスト教の中心的な教義は、神と人間の二重の身体として受肉したキリストに体現される、まさに神と人間との契約を説くものであり、この教義は、ガリレイの目から見れば、観念上の形式と現実の諸現象とのガリレイ的総合を包摂する神学的総合だったからである。われわれは今日、この受肉 incarnation から、肉付け carnation とでも名づけうるようなものへと移行しているのだが、最も厳密で基本的な意味での一連の文字の連続としての〈言葉〉Verbe が、きわめて具体的にものを築き上げてゆくという意味で、すべての生き物にとってあまねく、肉になるというこの発見、つまり、生命は言語からできているというこの発見を、アレクサンドル・コジェーヴだったら、実のところどう思うだろうか。

古い技術と新しいテクノロジー

今度は、これらの機械の典型をなす細部に入って、先ほどの証明をつぶさに再検討してみよう。それらの機械をどのように記述すればよいだろうか。テコやウインチは重いものを持ち上げるのに役立つし、自動車や飛行機は人や物を移動させるのに役立つし、大砲や爆弾は人を殺すのに役立つ。これが巧みなるヒト *Homo faber* の実用主義であり、有用性のために道具をつくり、目的性に合わせて機械を製作してきたのである。ガリレイ以来、これらの製作物のモデルである幾何学の正確さと厳密さがますます高まっただけに、近代科学は、これらの製作物の有用性をいっそう増大させてきた。それ以来われわれは、すべての機械は、物理・数学的「理論」の「応用」によって生まれ、その「理論」と同じように役立つと信じている。誤りである。

誤りであるというは、細胞の仕組みや二重螺旋構造はもはや伝統的な意味では機械とは呼べず、チューリング機械と同じように、それらは汎用的で、理論的で、実践的なものだからである。それらは記号とテクノロジーを混ぜ合わせたものである。誤りであるというのは、伝統的な意味においては、コンピューターや、半導体チップや、〈ウェブ〉……などの新しい機械、チューリング機械の娘にあたるこれらの機械は、何の役にも立たないからである。新たな反論――この新しい機械を、たとえば主婦は家計をやりくりして維持するために利用するし、のぞき趣味者はポルノグラフを楽しむために利用するし、天文学者はブラック・ホールの理論のために利用するし、実業家は証券取引のために利用するし、音楽家は作曲のために利用するし、子供たちはゲームのために利用するではないか。回答――このテクノロジーがこれらのことすべてや、また他の無数のことに役に立つことは確かだ、がしかしそれは何の役にも立たないからこそ、なのである。脱分化し、汎用化したこのテクノロジーにあっては、製作者の側が有用性を考えるのではなく、それを利用者の側に移譲し、利用者は、自分にとってよいと思われるやり方で、好きなようにこのテクノロジーを利用するのである。これを製作し生産する側は、それが誰にとってまた何にとって有用でありうるのか、あるいはそうでないのかを予見することはできない。このテクノロジーは直接的な目的性をもたない。当初の志向性をもたず、製作された後に機能が見つけ出される。製作者は、たとえば、第三世代の携帯電話が、誰にまた何に役立つのかまだわからない。

それゆえ今度は、ギリシア的・デカルト的な意味での単純な機械、さらには産業革命によって生まれた機械、静力学的、運動力学的、熱力学的な意味でのあらゆる機械、要するに力とエネルギーによるあらゆる機械と、新しいテクノロジーによる機械（しかし、いったいどうして機械という同じ名が付けられるのだろうか）、コンソールとディスプレイとキーボードをそなえた機械との、計り知れない相違をじっくりと考えていただきたい。前者の機械は、数学理論の天上から地上に降って、具現化されて役に立つことができる。アルファベット的でアルゴリズム的な後者の機械にあっては、理論と応用の総合が極めて完璧に成し遂げられているので、誰もそこにかつての両者の分離を見出すことができない。そこではハードウエアとソフトウエアの区別をつけることさえいささかむずかしい。パスカルやライプニッツやバベジ(53)やチューリングの考案した機械の娘であるこの機械は、楽器に用いられている用語に類似した名前、たとえばタブラチュア(54)と名づけるほうがよいのではないだろうか。

同じように、あなたの言語で書かれた、意味をもっている、しかじかの文のことを考えていただきたい。あなたの言語や別の言語で、また類似した多くの言語で用いられているように、一連の文字や記号やキーそのものは、偶然の例外を除き、たいていの場合、意味をもっていない。ところが、そうした言語において、そのアルファベットから、あなたは自分の望むだけの、語や文やさらには意味をつくり出すことができる。このようにしてあなたは、意味をもたない諸要素から意味をつくり出している。これと同じように、あなたは、コンピューターという有用性をもたない道具から、有用性を手に入れているのである。そのようなわけで、数字や言語としてコード化された諸要素を一つの表(テーブル)として配列すること、もっと適切にいえば、そうした諸要素を用いてタブラチュアをつくることが重要となる。このキーボードから、多様な有用性や、能力や、意味や、また音楽など……が無限にほとばしり出るのである。

実用主義と目的性——生命と機械

新しいテクノロジーが、これもまたアルゴリズムを基礎とするのだが、生命の諸事象に酷似しており、その発展と進化を理解することを可能にするのは、とりわけ、以上のような理由によるのである。というのも、双方とも、アルファベットや、コード化や、圧縮や、翻訳や、プログラムなどを利用しているからである。生命は、コンピューターと同じように、ほとんど目的性を知らない。なぜなら生命は、アリストテレスやデカルトや他の多くの者たちが言明しているような、明確な一つの機能として明確に「役立つ」古典的な機械とは似ても似つかず、新しいテクノロジーと同じように、それ自体がアルゴリズム的であり、目的性をもたないものとして構築されているからである。

手は何に役立つのだろうか。何の役にも立たず、かつ何にでも役立つ。パンをちぎるにも、ピアノを弾くにも、金属を鍛えるにも、ブドウの摘果にも、ロープの端をつなぐにも、ボールを投げるにも、たたくにも、壊すにも、取るにも、与えるにも……役立ち、手はついには、合図をしたり、指で数を数えたりする。同じようにして、最も顕著な身体器官――足や、肘や、脳や、神経網など――から、最も微細な構成要素まで取り上げてみていただきたい。そう、生命は機械をモデルとしている、しかしこの表現は、デカルトやラ・メトリーが理解していたこととはもはやいかなるかかわりもない。言語的でアルゴリズム的なわれわれの機械は、理論的であり実践的であって、それは以前の区別を時代遅れなものにする。われわれは万能性〔汎用性〕について語らなくてはならないだろう。

アルゴリズム的で生きた音楽のために

それゆえゲノムの領域において、生化学者はテクストについて語り、適切にも、そのアミノ酸の配列を一連の数字や文字の配列になぞらえている。この表現は、比喩であるというよりも、実際に見事に機能している。だがこれまでに、これを音楽になぞらえようとした人がいるだろうか。音楽は、通常の言語のアルファベットよりも少数の音符、さらには十進法の数字よりも少数の音符からなるアルファベットを用い、それらを一連の旋律として配列し、アルゴリズム的複雑さをもつその長さは、作曲家の用いる技法、フーガ、間奏曲、対位法、ダカーポ……など音楽の「圧縮」を可能にする技法に応じて異なっている。それらの音符は、ヘ音記号、ト音記号、ハ音記号などに応じて、また音域や声域に応じてコード化され、あらゆる種類の編曲が用いられる。そのうえ、音楽は物理的で具体的な媒体なしでは存在できない。紙に書かれた楽譜、演奏に用いられる音や楽器、そして、象徴的なものから現実のものへのこの移行において、存在へのこの「拡張」によって、音楽は自らを個性化する。というのも、こうした演奏のどれも、別の演奏に似通ってはいないからであり、音楽のコードは、物理的・音響的な具現化における特異性と切り離すことはできないからである。

これらの媒体は、製造されて出現するわけだが、新しいテクノロジーによる機械に似ており、さらには生体のある種の仕組みに似ている。鍵盤〔キーボード〕、「共鳴板（テーブル）」、オルガン、弦……。人はそれぞれの媒体を用いて、どんな音楽でも演奏できるし、無限に作曲することができる。ここでは、この音楽の比喩は、器用仕事（ブリコラージュ）(55)という比喩よりも有益であるように思われる。『ライプニッツのシステムとその数学的モデル』(56)のなかで、私がすでに指摘したように、楽器がほとんど進化をしないのは、楽器が組み合わせ論的なほとんど無限の時間を内包しており、あらゆる種類の作曲を可能にしているからである。伝統的な意味での機械と、楽器とのあいだの計り知れない相違を指摘した者が、かつてあっただろうか。この相違は、古い技術と新しいテクノロジーのあいだの相違を、われわれに教えてくれる。

生命とまったく同じように、また人間の話す言語や生き物が発したり受け取ったりする信号とまったく同じように、音楽は汎用性をもつが、言語のように多くの意味をもたない。あるいは音楽は、意味をもたないか、不確定性と可能性の無限に大きな広がりのなかを駆け巡っている。したがって音楽の意味は、主体もしくは意識に接して初めて生じるのである。結局、音楽と時間の関係によって確認せざるをえないことは、われわれは音楽と生命を通してしか、持続を真に経験することができないということである。このように、音楽と生命とは大変深いつながりがあるので、両者の類縁性はわれわれを驚かせてやまない。これは、生命に隠されている秘密との類縁性にかかわることなのだろうか。DNAが弦のように振動しており、DNAの形状そのものがこの振動を証言しているのだと、私はなおも夢をふくらませることができるだろうか。

予見不可能で、構築的で、特異で、天性的で、壊れやすく、いつでも崩壊しうるが、しかし自分たちの有限性のプログラムループを頑固に反復し、時には奇跡的にも必然的で、しばしば可能的で、つねに偶然的である生命と音楽は、自分たちの占める空間のなかで自らを展開し、自分たちが生み出す時間のなかを進んでゆくのであり、自分たちを取り巻く宇宙を制御する典型をなしているのである。

自我 *Ego*――これらのページに署名をするのは誰なのか

現代におけるこの大きな発見によって、私は初めて、これまで自分の書いてきたページに署名をすることが可能になる。どのようにして署名するのだろうか。私の身分証明書 carte d'identité には、私の姓名が記載されており、そのうちの名のほうは、天使の名から取られたものだが、その名をもつ男性の部分集合に私が属していることを示し、また姓のほうは、もう一つの帰属、モンゴルからバスク地方に至る山岳地帯に分布する同じ綴りの姓をもつ種族に私が属していることを示しているが、このことはさしたる特異性を示すものではない。身分証明書にあっては証明するとされている自己同一性（アイデンティティー）identité は失われ、一連の帰属性、すなわち、姓名、性、出生地、生年月日に置き換えられている。

ところで、私は同じように、マッキントッシュを使っている人々のグループに属しており、私の名前は APPLE 6798453 あるいはもっと単純にバーコードで 67503167562099 と書かれることになりうるだろうし、この名前は警察が私を割り出すのに十分であろう。これは一つの取り決めであって、そこからは何の意味も生じない。ポストモダニズムや脱構築が何に、また誰に役立つのかを評価するためには、次のことに留意していただきたい。つまり、実際にナンセンスや戯れに近いこの恣意的な記号列が、監視をこととする権力や、商標登録を管理する大企業にとっては、どちらの場合も私を捕捉するのに十分だということである。しかしこの数列や記号列は私の真の名前を構成するものではない。

真の名前は以下のとおりである。できることなら、私のDNAの暗号そのものを——最近まで考えられていたよりも短いことが判明したが——記述していただきたいし、それに加えて、私のそれぞれの細胞が含む数十万の分子をつくり上げる素因となったもろもろの遺伝子、それらの同じ細胞を家族ごとに差異化し、さらには、私の目の色や、背丈や、健康にかかわるある種のプログラムや、環境への独特な順応性などを決定する素因となったもろもろの遺伝子、それらの遺伝子とその組み合わせのすべてを記述していただきたい。これこそが私の名前である。私の署名は、その長さにおいて、本書のページ数を超えることになるだろう。というのも、これらの数からつくり出される組み合わせの総数は爆発的な量にのぼり、数冊の本を満たすことになるだろうし、一列に並べたならば、膨大な距離になることだろう。私の署名を一つ一つ数え上げ、それを解読して、私の名前を読み取るのに、あなたはきっと数か月、おそらく数年かかることになるだろう。実に、初めて、私の真の名前が取り扱われるのだが、この名前は私の身体を築き上げたコードであるだけに私の身体にぴったりと一致し、これ以外のいかなるコードも私の身体に一致することはない。それゆえ、幸せなことに、すべての生き物は、干し草の山のなかから針を探すような、果てしないありのままの真実によって、警察や大企業による捕捉から逃れるのだ。

私は誰だろうか。この天文学的な数の暗号によって署名をする一個の特異なものであり、ほとんど到達できない、気の遠くなるような数のものを包蔵する井戸である。この数と私の身体とのあいだにはコード化についてのいかなる恣意的な取り決めもない。両者は厳密に、また相互に、お互いを言い表している。したがって、この暗号と人間には厳密な関係がある、あるいは一般に、言葉と物のあいだに厳密な関係がある。ほとんど到達不可能なことが分かったからといって、そのことはこの関係が存在することの妨げにもならないし、それを明らかにしうることの妨げにもならない。しかも、この到達不可能性は、この関係を破壊したり、横取りしたりすることを、永久に禁ずるものなのである。

現実の物体、井戸の積み石や水、わらや干し草の山などは、金の針が紛れ込んでいる膨大な数値の干し草の山や井戸の総体である。そう、すべての物は数である。現実のものは、この厳密なコード化を起源とする。したがってそのコードは発見されるのであって、発明されるのではない。それゆえそのコードは意味をもっている。そのコードはまさしく人類全体の譲渡できない財産を構成している。それは、発見される以前においてさえも、まさしく存在していたのであるから、何人もそれを発明することも横取りすることもできない。

したがって私は、仮想的にではあるが、自分の真の名前で署名をするのである。

世界

論題

現代の最も大きな出来事
古い共同の家と、新しい共同の家
進化〔発展〕する家
人類再生 hominescence の第二の環
自我 ego とは誰なのか

現代の最も大きな出来事

一九〇〇年代には、いわゆる西洋の諸国で、農耕や牧畜に従事する家族の割合は、人口の半分を超えていた。フランスでは、この割合は一九八〇年の八・三％から、二〇〇〇年の三・三％に減少した。国内総生産に占める農業の割合は、同じ期間に四％から二・三％に移行している。農耕が発明された年代である新石器時代以来、何千年にもわたって主要な産業であった農業は、この一五〇年のあいだにその生産活動に従事する人口をほとんど失い、とりわけ一九五〇年代以降顕著な落ち込みが見られる。第一次世界大戦では、すでにきわめて多くの農民出身兵士が戦死したので——その名前はヨーロッパ中の村々の墓碑に刻まれているのだが——、あたかもこの戦争は、農業従事人口の減少というこの目的を、冷酷に遂行したかのようである。いまでは、私の子供時代のように、田畑でたくさんの人々が群がるようにして農作業をしている姿を見るためには、中国やフィリッピンやアンデス地方に行かなくてはならないだろう。

上述の年代までは、経験や学問も、芸術や宗教も、言語や文化も、農業とともにまた農業によって興隆してきたし、鍛冶屋、商人、兵士、司祭、判事、弁護士、政治家、発明家やエコノミストさえも、都市にあっても、自分の職業以上に、人間の営みの手本、人間の営みと世界との関係の手本そのものであったものの、いまもなお一五億の人間にとって手本であり続けているもの、に対する直接な経験をもっていた。今日では、われわれの指導者たちも市民たちも、土との結びつきや、動植物などの生き物との結びつきをすべて失っており、彼らの世界観は世界を失っている。彼らは、風景がどのようにして彫琢されるのかを知らないし、風景 paysage という語が、平和 paix という語と同じように、農民 paysan という語から生まれたことを知らないし、麦やブドウが実るのも、子牛や子豚や、雛鳥が生まれるのも、一度も見たことはない。それゆえ彼らは『スガンさんのヤギ』(57)をもはや読んで理解することができない、というのも、たとえば私の教えている学生たちは、ヤギを杭につないだことなど一度もないからである。昨年、ヨーロッパのある乳製品の大手企業の取締役社長兼会長が、私の口から、牛の乳を搾るのは雌牛が子牛を生んでからだと聞いて驚きの仕草をしたが、彼も彼の妻もそのことを知らなかったのだ。それとは逆に、いまから一世紀以上前、パストゥール(58)は、酒石酸塩、ビールやワインや牛乳の酵母菌、家畜の狂犬病など、農業にかかわる問題のみに専念していた。彼の功績がよく知られているのは細菌に対する闘いによってであることは確かだが、しかしとりわけその闘いが、農業を射程に入れた生物学と、われわれの知っている土にも生活にもかかわりのない生物学とのあいだの、決定的な位置を占めていることによるのである。ビュフォンやプリニウス(59)やアリストテレス以来、確かに、博物学は農民から生まれ、農民へとフィードバックされて農業実践の改善に貢献してきた。今日、農産物加工業で働いている生化学者を除けば、麦の栽培や養豚にとは言わないまでも、せめて生命に心を砕いている生化学者がどれほどいるだろうか。

これこそ二十世紀の最大の出来事である。つまり、行動様式、文化、学問、社会生活、身体、宗教を形成するという限りでの農業の終焉である。農民たちは、現代人たちに食糧を供給しているし、これからも供給するであろうことは確かだが、しかし彼らの生活も彼らの活動も、もはや人類の水先案内となることはないし、もはや人類に、ヒューマニズムをもたらしたり、時間と空間の枠組みを与えたりすることはないだろう。西洋はいまや世界を取り替えたところなのだ。宇宙飛行士によってその全体を撮影される意味での地球 Terre が、日々耕されるわずかな田畑という意味での土 terre に取って代わったのだ。この亀裂が、二十世紀末葉と新石器時代以来の全時代とを分断しており、それはすでに、動植物とわれわれとの関係、季節の移り変わりとわれわれとの関係、時間の流れや、日々の天候や天候不順、空間や場所、居住環境や移動手段などとわれわれとの関係を変化させている。この亀裂は社会関係を変化させている。田畑や、土地や、動植物や、場所の所有形態や、その保護の仕方や、戦争などにかかわる、われわれの食糧上の共通の絆が消え去ったのであるから、われわれはもはや以前と同じやり方で一緒に暮らしているのではない。われわれの死に方さえも、以前と同じではない。というのも、都市における土地不足ゆえに火葬を選んだわれわれは、仕事で流された汗のしみこんだ土のなかに、死者を埋葬することはもはやない。今日、『農夫とその子供たち(60)』を読んで理解できる人がいるだろうか。これこそ二十世紀における新しさのなかで、最も大きく最も奥深いものなのである。したがって、都市に住むエコロジストたちは、かつての農村の世界にほとんどなじみがないので、農民たちが何千年も前から自分たちの腕で風景に施してきた営みを、風景に関する最近の言葉では適切に語ることができない。哲学は、土から切り離され、無視に至るほど土を知らないので、人類再生 hominescence にかかわるこの断絶を、少なくとも私の知る限り、考慮に入れていない。

身体から農業へ、バイオテクノロジーへ

私は本書の冒頭で、身体的な変化について論述したが、それというのも、この身体的変化は農業にかかわる二つ目の断絶に先立っているからだが、この断絶はいま始まり、その新しさは、私が先ほど指摘した

新しさを延長させ、その新しさとともにさらにいっそう遠い過去に入り込むものだからである。少なくとも当座は、自分の最後の捕食者あるいは寄生物や細菌に対する勝利者である新しい身体が要求したものは、もちろん、健康ばかりではなく、食糧上の安全保障やある種の生殖の制御などであった。近年のバイオテクノロジーにおいては、それゆえ、二つの断絶、すなわち農業の断絶と身体状況の断絶、が合流している。この合流点から生まれる新しいものは、長い期間にかかわるものである。

最初の恒常的な農耕は氷河時代の最後の年代に始まったが、長い間考えられていたように、中東地方から徐々に伝播して世界に広まったのではない。というのも、ほぼ同じ年代に南アメリカでトウモロコシの栽培が始まったからであるが、これは、ブタモロコシという野生の植物の突然変異体から選別された種で、ヨーロッパの影響外でのこの発見は、五千年から七千年前に遡るものである。小麦は、いわば奇形植物であり、三種の穀類植物の染色体を組み合わせたものである。必要不可欠のものとなり共有のものとなったこの遺伝子組み換え植物〔OGM〕を、われわれの祖先はどのようにして手に入れたのだろうか。われわれはそれを知らない。最初の家畜である豚は、いまから一万年以上前に、トルコで生まれ、それに続いてヤギとヒツジが家畜化されている。五千四百年前のシュメール[61]の文書には、穀物を発酵させビールを醸造したことが記されているし、六千年前にエジプトや中国ではパンやチーズやワインがつくられており、このことは少なくとも経験的に、酵母が知られていたことが前提となる。これらの交配や醸造技術はすでに、目に見える表現型に基づいた、目に見えないゲノムを制御しようとするバイオテクノロジーであり、知られざる微生物学である。ジェンナーや、ゼンメルヴァイスや、パストゥールは、細菌との闘いのなかで、最初のブドウ栽培者であり、いくつかの酵母の保管者であるノアが聖書のなかで始めた伝統を、繰り返しているのである。さらには、われわれ人類の農耕風景を点検しながら、現代から上述の大昔の時代までさかのぼっていただきたい、そして、自分たちのまわりに、人間が植えた野菜や果樹、人間が家畜化した動物や、狩りの獲物としている動物が棲息している茂みや森……しか見あたらないこと、したがって私がすでにOPM〔Organismes Phéno-typiquement Modifiés 品種改良生物〕と名づけたバイオテクノロジー的変種しか見あたらないこと、を確認していただきたい。人間の干渉をまったく受けていない生き物にお目にかかるには、熱帯林の樹上に網でもかけて生き物を捕まえなくてはならないだろう。しかしわれわれがそれらの熱帯林を囲って保護すれば、それらの熱帯林は人間の技術と文化のなかに組み入れられることになる。ヒト科のモデルとしての農業の終焉は、空間の普遍的人間化、すなわち「宇宙耕作 cosmoculture」の始まりを伴うものである。

ところで、マルク・ファン・モンタギューとジョゼフ・シェル両教授は、一九八三年に、ベルギーのゲント大学で、初めての遺伝子組み換え植物を創り出した。彼らの技術は、メディアにまったく報道されることもなく、また大衆の不安を喚起することもないまま、十五年間いたるところで改善され発展してきた。この新しいバイオテクノロジーの潜在的な価値の上昇は一連の問題を提起しているが、その最も重要なものは、今日においては、遺伝子工学そのものにかかわる問題であるよりも、この技術によって改良された種の多国籍企業による独占の問題である。農業にかかわる一つ目の断絶は二十世紀を一変させた。われわれの身体にかかわる二つ目の断絶も同様である。学術的で、実験的な三つ目の断絶は、われわれの現在と未来にかかわっている。これら三つの断絶は、一緒にまとまって、人類を含むもろもろの種にかかわるものであり、また世界に、つまり経験と生命と知の世界にかかわるものである。これらの断絶は、少なくとも一万年の期間の後に生じかつその期間を閉じるものである。これらの断絶が、食料や生殖、自己や他者、もろもろの風景、空間や時間、に対する関係を変化させるものであるならば、どうして人間そのものを変化させないことがあろうか。ある種の集団のなかで、その集団の歴史のなかで、その集団の科学や技術によって、その経済や政治に応じて生じたこれらの断絶は、これらの文化的な諸要因のもとで、人間および世界の「本性」にかかわるものである。私がこれらの断絶を人類再生 hominescence と名づけたのは、このようなわけである。

第一のシナリオ

遠い過去からわれわれが学ぶことは、これらの断絶のもとでも連続性がたもたれていることだが、しかしこうした一貫性は単にわれわれが過去を振り返って見ているから、あるいは一種の懐古的な心情によるものであるように思われる。時間は、カオス的で偶然的なかたちで進行するので、こうした理由を考慮すれば、将来のシナリオを、予見することも思い描くことさえも不可能となる。そうはいっても、どのようなシナリオがありうるのだろうか。

第一のシナリオとしては、バイオテクノロジーが勝利へと向かってゆくことが考えられるのではなかろうか。明日は、二種類の生き物、つまり遺伝子工学によって遺伝子組み換えがおこなわれた生き物――その特許が大手の牧畜企業経営者の財産をすでに形成しており、これからはもっと大きな財産を生むことになる――と、囲いや博物館のなかで生きながらえる従来種の生き物、が存在することになるのだろうか。動物園や植物園は、化石の陳列室と結合し、周囲の田野や熱帯林と連携して、同じ一つの広大な空間に、かつて農民によって家畜化された諸種、思いもよらない古い野生状態から組み替えがおこなわれた諸種、さらにはノアの洪水以前の時代に姿を消した諸種などを一堂に集め、あらゆる種が展示されて、観光客や学習者たちの見学を待ち受けることになるのだろうか。したがってわれわれは、同じ柵や、照明装置や、海のなかに敷設されたガラスのトンネルの向こうに、化石化したものであれ、野生のものであれ、家畜化されたものであれ、少なくともカンブリア紀の爆発的な種の発生に遡り、今朝までの過ぎ去った時間に生まれた多様な種を、見ることになるのだろうか。百万年以上にわたる時代と、いま現在との断絶。人間の手によって計画され、つくり上げられた生き物、すなわち遺伝子組み換えがおこなわれ、特許が取得され、食用に適し、市場にいつでも出荷でき、われわれの需要に適合し、無害で、時にはクローン化された……生き物と、結局は完全に文化の支配下に置かれた自然のなかで進化してゆくかつての生き物とを、われわれは区分することになるのだろうか。われわれは自然のものを、二つの人工的なものに区分することになるのだろうか。一方は、科学技術的で、産業界や食品業界などわれわれ人間の生存を確保する業界に向けられたものであり、他方は、残されたもので、法律で保護され、われわれのバカンスの楽しみのために活用されるもの、いわば都会－実験所のネズミと、田舎－動物園のネズミとに、区分されることになるのだろうか。

この空想－科学的な見通しは、われわれの将来の地平に現れており、われわれはその標識のいくつかを毎日見ているが、そこには、このような見通しを拒絶し、もろもろの種を保護しようと努め、結果としてそれらの種を文化的なものとしてしまうであろう人たちの動向も含まれる。バイオテクノロジーによって、生存や、熟成や、輸送や、販売や、保存や、味にとってより優れた、しかじかの新しい諸特質がつくり出されないことがどうしてあろうか。というのも十七世紀にはすでに、たとえば桃とプラムを交配して、桃よりも果皮の丈夫な、したがって商品化しやすいネクタリンがつくり出されているからである。新しさは、われわれが考えている以上にしばしば、伝統と遭遇する。最初の交配は新石器時代に始まり、OGM〔遺伝子組み換え生物〕は一九八三年に始まるのであるから、最新の方法によって強化されたこの古い時代の動向が、どうして継続されないことがあろうか。この動向は、一つの分岐の相違で、私が冒頭で話した後退的な方向と、ダーウィン的な意味ではないにしても、今日与えられている意味での進化の方向をたどる。一九八八年から一九九七年までフランスのバイオ分子工学委員会の委員長を務めたアクセル・カーンは、イギリスにおける家畜伝染病、いわゆる狂牛病の直後である一九九六年以前には、遺伝子組み替えの研究に関していかなる報道機関の記事にも取り上げられなかったし、いかなる抗議の意思表明もおこなわれなかった、と指摘している。彼によれば、もし反対運動が始められたとしても、それはあまりに遅きに失している、なぜなら遺伝子組み替えはすでに数多くの成果を生んでいるからである。たとえば〔遺伝子組み換えによって〕、害虫のメイガに強いトウモロコシ、除草剤を必要としない大豆、より丈夫なトマトやメロン、「自然の」香りの成分であるテルペノイドをより多く含んだ果物などが栽培されている。今後の問題は、風によって運ばれてくる種子との交雑をいかにして防ぐかということだろうか。

いくつかの可変要素がここで問題となるが、それは、病気に対する抵抗性、生産性、成熟度の制御、環境保全、安全性などである。最後の二つの点に関しては、野生的な古い生き物のほうが、最近の「人工的な」したがってはるかに脆弱なもう一方の生き物よりも容易に優位に立つことは誰もが知っている。危険性は科学によって減少しているか、いやそうではない、逆である。メディアで報じられるニュースは相変わらず事実のみの報道に固執している。つまり、食品中毒は減少し続けているとか、多くの薬品は今日OGM〔遺伝子組み換え生物〕から生まれているとかである。それに、無知なままで何かを試みることがどんなリスクを負うのかを、われわれは苦い経験をとおして学び続けている。残されていることは、実験所において学者に取って代わり、土地の所有において農民に取って代わった財界権力者たちと上述の研究とが、どのような利害関係で結びついているのか、あるいはいないのかを知ることである。この問題は、西洋よりもいっそう鋭いかたちで、第三世界に突きつけられている。

第二、第三の道

第二のシナリオ――この重大な分かれ道とその成果に対して、エコロジストに触発された大きな反発をテコに、形勢の逆転が生ずることが想定できるだろうか。おそらくそれも望ましいことだが、この動きにはいくつかの要因がある、すなわち、地政学的要因、経済的要因、文化的要因……などである。西洋においては、この反対運動はヨーロッパ諸国とアメリカ合衆国とを対立させているのだが、双方の感受性は、ヨーロッパにとっては農業の伝統の古さゆえに、アメリカにとっては近年の急速な工業化という特徴のゆえに、異なっているのである。他方では、フランスでは、中国やモロッコと同じように、稀な地域であるが、すべての人たちにとって、料理の味が重要なことであるが、アメリカでは、奇妙な肥満資質のためか、レストランの料理の質よりも、値段のほうに高い関心が払われ、その結果成人は、いわば無味覚症に罹患し、絶えず母乳を吸っている幼児と同じような状況に置かれている。

第三の可能性――ありそうもない奇跡であるが、先進国が発展途上国のことを気遣い、人類の食糧事情の均衡に努めるようになる。今日の人類全体の食糧事情はと言えば、まさにいま現在において三分に一人の割合で餓死者が出ており、ダイエットに苦しんでいる飽食の西洋諸国に食料品を輸出している国々でも、五人に四人が飢えを訴えている。アフリカや南米やインドの人々が、西洋の肥満の人々と同じように、たらふく飲み食いするようになったと仮定すれば、そのときには農業と牧畜は再び莫大な賭け金の対象となるだろう。このような事情を相変わらず認識することなしに、最初の二つのシナリオでは、ユートピア的な豊かな国が描かれている。「民主主義諸国」が、忌まわしい不平等の廃絶を受け入れ、自分たちの同胞の子供たちをもはや餓死させないことを受け入れたとすれば、どんなことが起こるだろうか。われわれは、予想もつかない長い期間にわたって、農業と家畜飼育の時代に戻ることになるのだろうか。

バイオテクノロジーの問題はここに存する。飢餓の問題を解決するのに適したもろもろの品種を、バイオテクノロジーは開発できるのだろうか。もしそれができるのであれば、誰があえてバイオテクノロジーを拒絶できようか。そこが決定的な点である。次の三つの事例を見れば、私はバイオテクノロジーの側に軍配を上げるだろう。一つ目は黄金米 riz doré と呼ばれる米の改良種の発明であり、この米はビタミンAと鉄分の強化米である。世界で四億人の人々がビタミンA欠乏症で進行的な失明の危険にさらされており、十億人の人々が鉄分の不足のために栄養失調で苦しんでいる。一日三〇〇グラムの黄金米を食べれば、これらの不足は補われることになる。この朗報を知っている人がいるだろうか。様々な形の中傷をのぞけば、このニュースは、次の二つの遺伝子組み換え植物のニュースと同じく、ほとんどメディアの反響を呼ばなかった。そのうちの一つは、世界の休耕地の三〇%を占めるアルカリ性土壌に適応する作物であり、もう一つは塩分を含んだ土壌に適応する作物であるが、それらの不毛な土壌はこれらの作物によって耕作地としてよみがえることになる。これらの改良品種が、基本的な注意項目を守りながら、普及してゆくと仮定するならば、これまで農耕に適さなかった土地に農業が広まることを誰が禁止するだろうか、失明した者たちが回復し、飢えた者たちが食べられるようになることに誰が反対するだろうか。

最も古くからの世界市民——農民、学者

ここでは、しばしばそうであるように、もろもろの利点が危険性を補っている。益と害とは、神と悪魔がそうであるように、なかなか見分けがつかない。すでに何千年も前から農業は地球規模の問題に立ち向

かっている。農業は、二つの稀有な発祥の地、肥沃な三日月地帯と南米から出発して、この惑星のあちらこちらに侵入し、新石器時代になると全世界に広まった。初期の地球規模の大きな流通では、基礎食料品が交換され、次いで香辛料が取引されたが、病原菌のことについては取り上げないでおこう。たとえば、ペトロニウス(62)の作品に見られる諸地域の産物の混ざり合った食卓と、プラトンの『饗宴』に見られる質素な食卓、オリーブ、アーモンド、ワイン、蜜、とを比べてみていただきたい。ヨーロッパでの慢性的な飢餓の問題は、果物や野菜を全世界と取り交わすことによって、大部分は解決されたが、現在栽培・飼育されているトマトも桃もジャガイモもヨーロッパ原産ではないし、七面鳥もアメリカ原産であり、ホロホロ鳥もアフリカ原産である。かつてイギリスやケベックからオーストラリアに送られた徒刑囚たちは、ほとんど農耕をしない原住民を見て、耕すヒト *Homo rusticus* の普遍性を信じていただけに驚いたのだった。したがって、牧畜や、農耕や、林業に携わる者たちは、それらをまったく知らない者よりも、世界旅行の際には違和感を感ずる dépaysé ことがずっと少ないだろう。というのも、文化的様式はわれわれを区別し、農耕の様式はわれわれを近づけるからだ。そうなのだ、水平に整地されたアジアの水田地帯と、うねりのように起伏するヨーロッパの畑作地帯の平原との見事な相違にもかかわらず、私はインドネシア人や中国人たちに対してよりも、オーストラリアの原住民たちに違和感を感じた、というのも、彼ら自身が文字通りに「脱農耕化 dépaysé」しているからだ。今日においてもなお、土に携わる産業は、生産性の点で最も優れた進歩を遂げており、それゆえ、それは発祥以来第一の産業であり、現代においてもなお第一の産業なのである。発祥以来全世界に広まっているこの産業においては、第三世界を重視しないなどということができるだろうか。第三世界の人々は、われわれのせいで餓死しているのだろうか、それとも見えざる手の何らかの断固たる意志によって飢渇の罰を受けているのだろうか。この手がこれらの人々の上に振り下ろす死の苦しみを、いかにして廃絶すべきだろうか。

科学について言えば、確かにずっと遅くになってではあるが、同じように全世界に広まっている。食糧と知識は、もっと遅くに現れた貨幣以前に、同等の普遍的な地位に到達している。牛の物々交換は貨幣の出現に先立つが、このことは「金銭の pécuniaire」[63] という語が証言している。この語は金銭の意味で用いられているが、もとは牛飼いの追う牛の群れを意味している。前五世紀の卓越した探検家であるマッサリアのピュテアス[64]以前にさえも、初期の大旅行者たちが、別の角度から星空を観測する目的以上に、植物採集をしたり、新しい動植物の種を見つけ出して、それらを飼育したり栽培したりする目的のために、探検に出かけたのだった。アレクサンダー大王麾下の将軍たちは、あたかも軍事的遠征は単に宝石などの戦利品をぶんどるためだけではなく、とりわけ動植物の採集のためであるかのように、アジアからテオフラストス[65]やアリストテレスに動植物の標本を送ったものだった。それに植物園を、その世界的規模の収集によってでなかったら、どのように規定すればよいだろうか。少なくとも古典時代以来、植物園での散策は、リンネ[66]の発案した用語を用いるならば、地球規模の植物標本のなかを通ってゆくことなのである。プリニウスもビュフォンも、コモ湖[67]の周縁地域やブルゴーニュの丘陵地帯の動物誌を描くことだけでは満足しなかった。このようにして、古くからの世界市民である農民と学者は、古代風に連合して、制約を取り除くために、互いに理解し合うことができたし、理解し合わなくてはならなかったのだが、最近の金融的制約の支配者たちは彼らを打ちのめしている。

新しい世界市民――農民と学者

現代の状況おいては、世界の農業の歴史のなかでつねに見られていた傾向が崩れ、このことが農民や学者の気持ちをいらだたせている。栽培可能な種や家畜化された種の、生産性が高まったり、新しい発見がおこなわれたり、繁殖が増大したりするごとに、それに応じて人口が増加し、そのために、最初の方策によって飢えから解放された人々が今度は、生産量に対する消費者数の超過に起因する第二の飢えに再び陥り、それゆえ新たな努力が要請されてきた。均衡からの乖離によってつねに繰り返されるこの悪循環と、気候の変動や凶作・豊作の波によってもたらされる不均衡に乗じて、農業の歴史を通じた恐るべき害敵である寄生生物の脅威が迫っていた。この状況から、世界中の空間に向かって、耕作可能な土地を求めて、前方への脱出が試みられるのだが、そこでも収穫がつねに不十分なために、同じような問題が生じてきた。困難の克服は、強さから生まれるよりも、つねに貧困や飢えや弱さから生まれるのである。

農業が、空間と時間のなかで普及してきたのは、この行程そのものによって、つまり、二つの意味での開発、耕作地の開発および人間による技術開発と、人口の増加とのあいだで絶えず繰り返されるこの不均衡の行程によってなのだろうか。様々な変化をとおして不変なこの圧力は、不可避であり、時には悲愴なものだが、今日では世界中で頂点に達している。一方それを取り巻く環境には、いまや地球規模で考えなくてはならないが、前方への脱出のために提供されるべき余裕がもはや多くは見出せない。余裕はと言えば、最後に残された大きな空白地域を取り崩す、不毛な土壌の回復を図る、ついには森林の伐採だが、これは危険な企てである。相対的に明らかなこうした空間的限界やこれまでの環境リスクに直面したいま、科学的なもの、仮想的（ヴァーチャル）なもの、デジタル的なものへと移行しない手はない。私が意味しているのは、土壌や風景に対してなされる方策なのではなくて、実験室で、また別の次元でおこなわれる方策のことである。人類再生 hominescence の手を打つために、知的なものへのこの飛躍をわれわれは本当に避けて通ることができるだろうか。別の領域で、また別のやり方で、われわれはこのことをすでに何度も受け入れている。

この点では反対運動が起こることだろう。これまで知られてきた生命からの大きな逸脱へ向かって、バイオテクノロジーによる遺伝子操作に向かって、科学の生む新奇なものを前にしてのパニックに動ずることなく、急いで前方への脱出を図らなくてはならないのだろうか。それとも、いまでは広く支持されているいわゆる穏当な「生物学的」応用へと向かって、もっとゆっくりと進まなくてはならないのだろうか。どちらを選ぶべきだろうか。いわゆる政策的な意味での、ハードな生化学か、ソフトな生態学か。寄生生物などによる害をいかにして防ぐべきだろうか。科学に反対し、最も古い伝統に戻るとすれば確実に不可能だろう。というのも、たとえば、世界で最も肥沃な農業国の一つであるフランスでは、二十世紀の初めには現在よりも農民の数は多かったが、しかしそれでも国民の食糧を確保できなかったが、しかし今日では国民の食糧を確保した上で食糧を輸出している。さらには、大衆の強い不安感はどちらに向かうだろうか。私はそのような不安感は、科学的発見に比べれば、賢明な助言者ではないと思う。したがって、私のユートピアは次のようなものである。世界の科学者たちが自分たちの専門的科学技術を世界の農民たちと共有する。この混成集団が、寄生生物などによる害の予防策を講ずる。土に携わる人間たちにフィードバックされる土の科学を確立する。さもなければ、この惑星は、地球〔土〕という普通名詞の名を放棄して、種屋の独占企業の宣伝のために企業の固有名詞を冠しなくてはならなくなるだろう。

上述の三つのシナリオは、結局のところ、これからの農業のあり方を熟慮してつくり上げられたものではないだろうか。反対運動は往々にして過激な論争好きの者たちを対立させるが、しかし時間と現実が結局は彼らを和合させる。第三世界の餓死に瀕している人々に食糧を供給するためには、第一のシナリオと第三のシナリオとを加えた成果としての科学技術がますます必要となるが、生活習慣の改善はむしろ味の良さを求める方向に進み、このことは第二のシナリオに有利にはたらく。今日われわれはすでにこれら三つのシナリオを混合した状況のなかで生きているのである。

*

現代人は何を言うことができるだろうか

冒頭で言及したように、しかじかの不用意なシナリオが、しかじかの予見できない出来事によって、まもなく否定される事態に陥り、突然不慮の解決策を迫られる。それゆえ、自分たちの日頃の行動を点検しておくほうがよいわけだが、私はそれらの行動を同様に、古風でもあり新しくもあり、合理的でもあり神話的でもあると思う。

キリスト教紀元の三千年紀に入った今日、イギリスでは実際に、火刑台に火がつけられ、二百万頭の家畜、牛や羊や豚が焼却処分された。人間が人間となって以来、食用目的ではない、このような大量屠殺を見た者がこれまでにいただろうか。アブラハムは、息子のイサクを救うことによって、初めて人類に対する死刑を廃止した後、われわれの暴力である刃物と火を、近くの藪の枝に角を引っかけていた罪のない雄羊の上に振り下ろしたのだった。(68) 忘れえないこの出来事のあったときに、われわれは肉を食べ始めたのだろうか。フランス語では、肉屋 boucher という用語は、この贖罪のヤギ bouc émissaire から派生したのだろうか、それとも取り替え remplacement から派生したのだろうか。少なくとも、人間の生贄は、もっと残酷ではない祭儀に座を譲ったわけだが、そこでは、雄牛や、子牛や、豚や、羊や、鳩が殺されていたのだ。この日から、個人であれ、家族であれ、部族であれ、村であれ、首都でさえも、盛大な祭日には、またしばしば悪疫から身を守り平癒を願うために、動物を犠牲に捧げたのだった。ローマ人たちは、清めの儀式のときには、*suovetaurilia*〔三獣からなる生贄〕を執りおこない、そこでは雌豚、雌羊、雄牛が同時に殺されたのだった。

悪疫流行時の生贄〔holocauste 大量殺戮〕

危機の時期や悪疫の流行時のようなときには、子羊一頭だけや、豚、雄羊、白い雌牛の三獣を生贄に捧げるだけではもはや満足できない。地平線を赤く染め、脂ぎった刺激性のにおいで空間を満たしながら、ブリテン島で燃えさかる動物を焼く炎は、古代の大量屠殺 hécatombes や燔祭 holocaustes〔大量殺戮〕を数百万頭の規模にまで広げたわけだが、ギリシア語でそのように名づけられたのは、あるいは百頭からの動物が犠牲に捧げられたからであり、あるいは災禍に際して神々に犠牲を捧げる儀式のあいだ、一頭残らず殺し尽くすほどまでに動物を焼き殺したからである。ヨーロッパとイギリスでは、これまで人間が殺戮したことがないほどの大量の動物を、誰に犠牲に捧げるのだろうか。飽食した者たちの食欲に捧げるのだろうか。そうではない、というのもこの殺戮は彼らのダイエットの状況を何も変えないからだ。ではいったい誰にだろうか。現在の悪疫からよみがえる神々にだろうか。クローンとして新たに生まれた未来の女神、ドリーにだろうか。大金持ちの一握りの人間の健康のためにだろうか。実際には、農民たちの自殺を伴った牧畜の終焉に捧げられているのだ。

一神教が廃れたことによって、数多くの神々をつくり出す古代の仕組み〔機械〕が、いたるところで再び勢いづいている。私はずっと以前から、われわれが多神教に戻っており、人間を生贄にする状況にさえ戻っていることを知っていた。というのも、自動車という神‐機械によって、あちこちの道路で年に何千人もの若者たちが死ぬことをわれわれは容認しているからであり、すでにテレビが十四、五歳の子供たちに、何万件にものぼる殺人事件を見せつけ、彼らに殺人を教え込んでいるからである。遠い昔の時代から現代に至るまで、これらの神々を誕生させ栄えさせるために、とりわけ疫病が猛威をふるった時期には、このタイプの生贄がおこなわれてきた。ただし、生贄をすべて禁じてきたキリスト以来の中断期間を除いてだが、その中断期間も最近では終わりに近づいている。しかし生贄がこれほど多量に、これほど強烈におこなわれたことはかつてない。二百万頭もの牛と羊なのだ！　黒こげになった骨の山の臭いをあなたは感じるだろうか。何という古代の臭いだろうか。人々のポストモダン的感受性が、人間の死刑以上に、動物に苦痛を与えることに耐えられなくなっているまさにそのときに、世論も、行政も、政治家たちも、警察も、軍隊も、メディアも……リンチを取り巻くこの輪のなかにいったい誰か欠けている者がいるだろうか……全員が寄り集まり、全員が恐怖に駆られ、全員が倫理的観点や厳密科学から慎重な助言を得て、全員が満場一致で、全員が理性の声に後押しされて、この巨大な業火に火をつけるのだ。大量殺戮 holocauste にご用心を——いかなる奇妙なメビウスの帯が、その非の打ち所のない継ぎ合わせによって、最も厳密な論理と最も磨き上げられた現代の技術を、最も残酷な生贄の儀式に結び合わせ、現代を古代に結び合わせるのだろうか。

神殿の黄金の子牛

これらの猛火のなかから、心の優しい何人かの人たちが、何千もの黒こげの骨のなかに、一頭の若い子牛が生き残っているのを発見したのだが、この子牛はそれ以後、灰のなかからよみがえったことからフェニックスと名づけられた。この子牛が病原菌を保菌していることはわかっていたけれども、首相は国の責任で子牛の命を救うことに決心した。この子牛はたちまちメディアのスターになり、この子牛が公の場に出られるように何千ポンドもの費用が費やされた。この子牛は、生贄のなかから救われ、神格化され、栄冠を戴き、金銀で飾られたが、あなたがたは〈黄金の子牛[69]〉を認めたわけだ。明敏なるモーセのような人であれば、この子牛の幽霊をローマ神話風の神格化と見なすだろうが、近頃亡くなった王女を女神のように崇めるのも同じ神格化である。

いわゆる死語である古典語は、古代の記憶を保存しているのだが、わが国の政府が死語の教育を阻害しているのは、古代が現代に戻ってくるということをわれわれに理解させないためであるのは、疑いないことだろう。最も合理的な決定と思われるわれわれの行動が、古風な儀式を結果としてもたらすのだが、それがあまりにも大規模なために、われわれはそれと気づかないのだ。それでもなおこの明白な事実は、先頃スペースシャトル・チャレンジャーが爆発したときに、ケープカナベラル基地を同じような犠牲的雰囲気が支配していただけに[70]、否応なく認めざるをえない。科学と技術と社会とを重ね合わせるとき、古代と現代のあいだに見られるこのねじれた結びつきは何を意味しているのだろうか。大規模産業化牧畜の一番手であり、今日では牧畜終焉の一番手でもあるイギリスは、褐色にくすんだ光と悪疫性の暗雲に覆われて、炎の燃えさかるあまたの供物台をそなえた、現代 - 古代的多神教の先進的な神殿と化している。この家畜伝染病の災禍が過ぎたあと、抗生物質に対する耐性をもったウイルスによって人間が大量に死亡することにでもなったならば、われわれはいかなる地獄の業火を燃えたぎらせることになるのだろうか。おお、われらの健康の守護神たる新たな神々よ、なにとぞわれらを守り給え！

もろもろの神話が再び出現するならば、そこにこそ起源があるのだ。

古い共同の家と、新しい共同の家

　このようにして牧畜が終焉を迎える前に、原初の時代に立ち戻ってみるならば、牧畜はどのようにして生まれたのだろうか。飼いならしdomesticationという語はいかなる生息環境に関連しているのだろうか。動物のいくつかの種がわれわれの家に入ってきたとき以来、われわれは動物たちといかなる関係を維持していたのだろうか。

　われわれは今日、技術というものは無生物の対象物、道具や機械にしか関連性がないと考えている。ところが、狩り、果物の収穫、牧畜、農耕などは、生き物にかかわる専門技術を必要とする、世代から世代へと受け継がれてきた、飼いならされた動物と一緒のかつての生活は、人類が動物とともに共同の家を構築していたことを想定させる。日々の生活と農作業とが混在するこの居住環境が、多様な農耕文化を生み、そこでは生命はわれわれの専門技術に順応し、また逆に、われわれの技術的熟達は生命とともに多様化する。私は、農耕が終焉する以前に、そのような農耕文化の一つのただなかで生きてきたので証言するのだが、農耕は、人間と動物との相互の養育による真の教育を含み持っていたのであり、そればかりか、哲学者がこの語に与える意味での認識の生成過程を構成していたのである。私は、自分の身体の記憶にいまなお刻み込まれている太古からのこの過程、すなわちこの共同の生息環境、この農耕文化、この認識の生成、を記述しようと思う。

これまでのページで、私がその重要性を見積もろうと試みている件の出来事は、家畜を飼育する古い共同の家のなかで一緒に住んでいたものたちを引き離すことによって、すなわち人間は町に住み、家畜はわれわれの需要に応じて飼育場に割り振られることによって、この記憶を消去したのであり、この過程を停止させたのである。これら二つの状態の変わり目は、突然起こったものではなく、おそらく連続的なものであり、ずっと前から準備されてきたものである。

それ以後、われわれの生活は別の家を手に入れ、われわれの認識は家畜小屋から徐々に惑星全体へと広がり、そこでは今度は新たに別の認識が練り上げられているのである。そんなわけで、われわれは生き物を喪失したと考えられる、というのも先端的な諸技術が、この第二の生息環境を構築することによって、われわれを第二の状態へと導いてゆくからである。私はその後、逆にわれわれが生き物を全面的に取り戻したということを、われわれの身体から再び出発することによって、示したいと思う。われわれの身体は、この間まで目に見えず耳に聞こえなかったあらゆる種類の音や光の波を、いまでは聞くことができるし、空を飛ぶことができるし、遠隔的な操作で子をつくることができる……。時間や空間の問題であれ、知覚や、運動機能や、食生活や、生殖の問題であれ、われわれの多様な諸機能は、他の生き物たちが環境のなかから切り分けて占有しているもろもろの枠全体を徐々に覆い尽くしている。私はこのまったく新しい身体を〈バイオゾーム〉Biosom(71) と呼ぶ。この新しい造語が意味するものは、生命を全体的に包含する途上にある身体——ソーマ *soma*——である。こうして、わずかな生き物と共同の生活を営んだ小さな農地を離れ、すべての生き物たちによって切り分けられた場所全体を探訪することによって、この身体は、全体的な家を徐々に築き上げてゆく。われわれの世界は、全体として、少なくとも仮想的に、もろもろの動物の巣の総体をなしている。したがってわれわれは一つの分化全能性 totipotence[72] へと到達するのだが、私は最後にそれを定義しなくてはならないだろう。

それゆえ、描き出すべき二つの文化がある。すなわち、古い家の文化、そこでは信じられているよりももっと生き物にかかわる技術が駆使されていた。新しい家の文化、そこでは技術は、言われているよりももっと生き物と結びついている。

I．動物を飼いならす古代の文化

それ以来、西洋の諸都市では、市街地や通りからすべての動物を追い払い、馬もゴミをあさる鳥もいなくなったが、それでもなお、無数のネズミやゴキブリが、市民たちの意に反して都市に侵入している。これとは逆に、インドでは牛が市街で草を食んでいる。原則的に無菌状態のこの都市という準‐実験室において、動物は無意識なものであるから動物生理学と進化・増殖の実験対象に還元されるという考え方が生まれた。それならば、動物たちの身体の表現豊かな色艶や、鳴き声や、仕草や、顔つきや、動きをどのように説明すべきだろうか。こうした身体の表情は、かつては動物たち同士やわれわれが、共同の家のなかで共生してゆくために、読み取り理解していたものなのだ。

雄鶏や牛たち

農民としての私の記憶が消滅したこの文化を思い起こさせる。動物も人間も、共生の場である農家の中庭で、四季を通じて、昼も夜も一緒に生活していた。われわれは、牛も、鶏も、七面鳥も、豚も、一頭ずつ識別していて、威張りやとか、つれない女とか、怠け者とか、癇癪玉とか、一頭ずつに固有の性格にぴったりのあだ名をつけて呼んでいたのだが、このようにして動物たちはおのおのが区別して扱われることを要求していたのだ。たとえば牛の乳を搾るときには、痩せ身で、いつも身震いし、近づくものに尻尾のムチや足蹴りを食らわせる〈気まぐれ女〉と、太っておとなしい〈ブロンドのロゼッタ〉とを、同じように扱うことは決してなかった。それぞれの動物は、自分の仲間たちの気質がわかっていて、それに合わせた振る舞いをしているように思われた。したがって群れは、子牛の誕生や一番年上の雌牛の発情などによって変化する一つの社会を形成していた。家禽場の鶏は、冷淡なアヒルや、童顔の黄色い雛と一緒に仲間内で暮らしていたことは確かだが、しかし彼らも同じく、ひ弱で立ちん坊の馬や、寝太郎の豚と一緒に生活していた。農家の主婦の優しさや厳しさ、彼女の日々の時間配分や鍵束の広げ具合に応じて、集団全体が異なった様相を呈するのだった。

したがって農園は、いくつもの漠然とした部分集合の組み合わせからなっていた。すなわち、動物たちはそれぞれ自分たちの仲間内で生活していたが、しかし主人や主婦や子供たちの権限のもとで、別の種たちと近所づきあいをしながら暮らしていたのだ。農園に詰め込まれたこの集合は、単に気候や季節の物理的な制約や、繁殖や食物補給の必要性によってのみではなく、身振りや表情によって変容していた。つまり、雄牛の体格や隆々とした筋肉、雌豚の桃色の陶磁器のような外陰部、雄鳥の高慢な態度や、ベレー帽のようなとさか、クロムメッキのような尾羽の広がり、若い雌牛の魅惑的で滑らかな毛並み、馬の黒や乳白色の毛色などが、おとなしい個体であれ強壮な個体であれ個体に応じて、また日々の営みに応じて、父や母や子供や動物のおのおのに、様々な心像を与えていたのだ。

生理学や身体‐機械論の主張や成果とか、デカルトやクロード・ベルナールはしばらくのあいだ脇において、感受性に訴える純然たる美容術に、先入見なしで、論を進めようではないか。ダーウィンもこの美容術について語ることを軽蔑しなかったし、あなたはそこにまさしく認識の起源を見出すことだろう。というのも、農家の中庭は、動物たちの身構えや振る舞い、突然の騒ぎや威嚇の姿勢、傲慢さや気品ある態度、喧嘩やけちくさい行為、羽繕いやさえずり、赤いものやクリーム色のものや青いもの、上品なものやつまらないもの、威嚇的なものや穏やかなもの、張り合いや追随、要するに固有で特異な混沌たる知覚の渦で満ちあふれていたからだ。それぞれの動物が、堂々と前面に出たり、後方に退いて隠れたり、相手の様子を見て判断したり、相手の体臭を嗅いだり、相手の様々な鳴き声や、うなり声や、いななきを注意深く聴いてそれに反応したりしていたのである。今度はあなたのほうが注意深く聴いていただきたい。それぞれの農家は自分の香りや臭い、鳩の首の色合いのように多彩な自分の色彩や音楽をもっていたのであり、農園はその農家の主人の声や犬の吠え声に統御されており、結局はその農家の基底の臭い、つまり堆肥、水肥、液肥、わらと干し草の混じった牛糞、鳩の糞、すりつぶされた穀類、秋ともなれば誰もが足を取られるべとべとした泥などの臭いに包まれていた。したがってそれぞれの動物の身体は、自分なりの流儀で、これ見よがしに豪華に身を包み、動き回り、鳴き、臭いを発し、身を顕示して、自分を知らしめたり恐れさせたりし、よりよく身を隠すために偽装やカムフラージュをする。このようにして、少なくとも少しは機械論や生化学から離れて、身体は関係を結び、こうした身振りによって、細胞や器官や機能の集合を超えて、みなで共同体を築き上げるのである。

たとえば、鳩の翼は鳩が飛ぶのに役立つのは確かであり、そのことはだれも否定しない。また、爬虫類から鳥類が誕生する進化の初期の段階で、新しく形成されたこの上肢が、過渡的段階にある動物の体温調節に役立ったことも確かだ。しかし、少なくともこの二つの利点が存在したからといって、諸他の利点、とりわけ他に対して自己を示すという利点が見出されないのはなぜだろうか。自分を顕示したり、身を隠したり、他を模倣したりする、あの羽毛やその色彩、鳴き声や臭い、そうしたものが、それ以上に、単に生殖のためのみにとどまらないコミュニケーションにどうして役立たないことがあろうか。音響的で視覚的で嗅覚的なこれらの外的様相は、情報を交換したり共有したりするためのネットワークであり、すでに認識の領域に踏み込んでいるのである。

知覚の働きが、集団的文化に先立ち、それを準備することを示すこれ以上に優れた事例があるだろうか。農家の中庭のなかでは、最初はすべてがこうした自己提示のネットワークから生まれたものなのである。早くも古典主義時代に、ラ・フォンテーヌは、動物‐機械論を批判するために、鹿やウズラやビーバーなどの活躍を語るだけでは満足せず、様々な動物社会が、感受性豊かな諸関係によって分化しているさまを、百を上回る『寓話』の物語のなかで描いている。

というのも、農園の文化は間違いなく存在しており、——別の場所、たとえばジャングルと同じように、といっても私はジャングルの文化については知らないので誠実な証言をすることはできないが——それぞれの農園における文化の多様性を決定する要因は、農園主が市場で、あし毛の馬を選んだり、哀れな声で鳴く白と黒のまだらの子牛を買い受けたりすることや、農園の女主人のスカートの好みが緑色かグレーかとか、旬の季節に彼女の買うホロホロチョウのつがいが、咳き込むような鳴き声で睡眠を妨げたり、農園の女衆が作業着をきれいに洗うか汚れたままにしておくかなどといったことである。私は、容赦のない吝嗇家のひどい専制のもとで、強制収容所と同じようにもはや希望のない飢えた中庭を知っていたし、しかしまた、夫婦仲のよい穏和な農夫のもとでまどろむ幸福でかぐわしい別の中庭も知ったのだった。たとえばプーレールの家の中庭とリコワの家の中庭は少しも似ていないのであり、隣人が同じ村中を牛耳ることも、同じ中庭中を牛耳ることもなかった。それぞれの集落やブドウ農園が、またミツバチの巣や蟻塚が、そこに棲むものの種が同種であっても、それでもなお固有の文化をもっているのと同じように、雑多な種や多様な人間がきわめて複雑に混ざり合っている農園は、それぞれの集合に独特な性格や様式に応じて無限の多様性を示すのであり、それらの集合すべてが様々な模様の混じり合った風景を提示しているのである。

相互的な飼いならし

このようにして築き上げられ、日々の生活が営まれている共同の家においては、実は、相互的な飼いならしがおこなわれているのだ。そこでは人間は、自分の特徴を動物たちに受け入れさせるためには、それぞれの動物の特徴を受け入れることが不可欠である。たとえば、農園の女主人、雌牛、ガチョウ、雌鶏は、腰に籠をつけたように尻を振って歩く。農園主、七面鳥、雄鶏、雄ヤギは、バラ色の舌で舌なめずりをする。別の場所では、豚が、馬を駆る農園主のように、寒い朝には鼻面に湯気を立て、何かをねらうときには、狩りをする農園主のように、イノシシのような牙を見せる。自らをカンガルーの姿に変えるオーストラリアの原住民は、われわれからそう隔たったところにいるわけではない。動物を識るためには、動物をまねなくてはならないし、動物を訓練するためには、動物を識らなくてはならない。動物を農家の中庭に導き入れるためには、人間自身が疑似動物にならなくてはならない。このような相互性がこの中庭の世界全体にくつろぎを与え、そのことによって、この世界が自分の巣のように気楽に感じられるようになる。身体から出発したこの異文化受容は、身体と身体を接し合うことによって築き上げられ、そこではそれぞれが自己を提示し、また他を受け入れる。人間が、豚や雄鶏の内に入ってゆくすべを心得ているという条件のもとで初めて、豚や雄鶏は人間の内に入ってくる。したがって、飼いならしの問題は位置を変える。すなわち、ある動物を飼いならすために、われわれがどのように行動すべきかということ、それゆえ人間中心主義に再び歩み寄ることが問題なのではなく、動物－主人〔宿主〕が、ついには、人間と少なくとも見かけ上の共生生活——というのも人間‐寄生者が動物たちを住まわせ、世話をし、養っているからだが——を送ることのできるような共同の館をいかにして築き上げるのかを理解することが問題なのである。この共同の場を準備するためには、寄生者が宿主となり、宿主が寄生者となることで十分である。したがって相互的飼いならしが共生の別名となり、このような共生によって、動物と人間が身体を接し合う文化の生成が、すべての生き物に対して試みられ、継続されてゆくのである。

飼いならしの諸段階

それぞれの言語において、動物との関係にかかわるあらゆる用語は見事なまでに厳格に用いられている。たとえばトラやワニのような野生の動物は、調教はされるけれども、サーカスでも動物園でも繁殖することはない。その動物の主人である一人の個人のみが長い期間にわたってその動物と関係を保つのであり、その動物を支配していない他のすべての人間に対してはその動物は野生のままである。別種の動物については飼いならされうるのだが、飼いならされるということは、その動物がもはや一人の個人とではなく、その近親の人たちとも関係をもつようになることを意味する。つまり、その動物はお気に入りとして、財産として、家庭に、私生活に参入してくることになる。哲学者たちが、認識の起源を論ずる際に、人間と動物の共同の文化について沈黙しているのと同じように、彼らが所有権の起源について論ずる際にも、動物の飼いならしについて、それが最も初期の所有形態の一つであるにもかかわらず、語ることはない。ビュフォンの言葉によれば、ヒョウは人に飼いならされるというよりも、屈服させられるのであり、これとの対称として付け加えなくてはならないが、ハムスターは人に屈服させられるというよりも、飼いならされるのである。屈服させられた動物は繁殖することはまったくないが、飼いならされた動物は繁殖が可能であるけれども、しかしその動物の子供はすでに飼いならされて生まれてくるわけでは決してない。オルフェウス[73]のみが、つまり音楽のみが、トラやピューマを飼いならす力をもっていたと伝えられている。さらに、この二つのケースとも、人間と動物との関係は、個体としての動物にかかわるものでしかないが、一方、家畜化のほうは種にかかわるものである。つまり、羊や牛の子供は、先ほどのケースとは逆に、飼いならされて生まれてくるのであり、野生状態に戻るすべを知らない。だからこそこれらの動物は家畜なのである。誓ってもよいが、家畜化された動物たちは私が描くような状況のもとでしか、つまりこの共同の家における文化〔農耕〕の出現、さらには認識の出現という状況のもとでしか、繁殖しないだろう。

その上、家畜化された動物と飼いならされた他の動物とを区別しなくてはならない。ラ・フォンテーヌの寓話では小犬を羨ましがったロバが、この区別をわきまえなかったために痛い目にあう。子犬が主人に前足をさしだしてかわいがってもらえるのを見て、ロバも客間に行って主人に自分の前足の蹄をさしだす、たちまち棒をもったマルタンがかけつけロバは追い出される[74]。このことから、所有にかかわるいくつかの境界もしくは環を思い描くことができる。第一の境界 la première（所有 propriété という語そのものがこの優先権 priorité という語から由来する）は、自分の固有の身体に存する（だから私は本書でまず最初に身体の新たな改造について論じなくてはならなかったのだ）。第二の境界は家の部屋であり、そこに受け入れられるのは、親密な者たち、お気に入りのペットも含めて家族や友人、従姉妹とそのかわいがっているイヌや飼いならされたハムスターなどである。第三の境界は、農家のあの中庭で、そこには家畜たちがおり、ロバが鳴いたり後ろ足で蹴ったりしている。第四の境界は林野も含めて所有地全体で、そこでは人は野生のノウサギやシカやイノシシを追うわけだが、それというのも自分の所有地での狩りの可否を決めるのは農民の権利になるからである。しかし、この所有地でのヤマウズラは遠いベンガルのトラほど野生ではないと言えるだろう。北米西部の半野生馬ムスタングやオーストラリアの野生犬ディンゴや野生ラクダなど、再び野生状態に戻った稀な動物を英語では rogue と呼び、フランス語では marrons と呼ぶ。これらの野生状態に戻った動物を家畜化することが必要になったと仮定すれば、すべてのプロセスが再び始まることになる。これらの同心円的な環はまた、文化〔耕作〕と認識の段階的な生成過程をも描き出している。

ところで、これらの関係はすべて、人間と動物が同じ人間的かつ動物的な場所——その場所がどこに存在しようとも、またどのような構成であろうとも——のなかに入るということを前提としている。なぜなら、私が別の場所で示したように、生命はすべて巣やねぐら、地上の一定の範囲、要するに境界線を前提としているからである。この閉じられた範囲の様々な性格によって、野生状態から、屈服の状態へ、飼いならされた状態へ、家畜化された状態への移行の全体が識別される。味や臭いで、呼び声や輪郭で互いに認知することとなしに、誰がこのような私的な生息環境のなかに住むことができようか。ところで、相互的な飼いならしがこのような共同の家を前提とするならば、そこでは臭いや物音、身振りや誇示〔求愛行動〕が混ざり合ってしかるべきである。この融合した混合のなかに、あなたは文化の出現を、そう、認識の起源を認めるのだが、それは確かに身体から出発するが、しかしとりわけ、あらゆる生き物が身体と身体を接し合うことから始まるのである。したがって、寓話や神話は、たいていの場合伝説的過去から生まれたものだが、それなりのやり方で、上述のような文化のあけぼのを語っているのである。

後代になって、知はこのことを忘れることになる。まず第一には、都会のネズミが、もはや動物たちのことを知らないし、動物たちと人間とが何十万年にもわたって、いたるところで一緒に試みてきた冒険のことも知らないからである。しかしまた、同じく身体にかかわる別の理由にもよる。われわれの身体が、あらゆる生き物のなかで最も模倣の才に長けたものと、アリストテレスが正当にも形容したほどに、前述の誇示の才能に恵まれているので、相互的飼いならしの共同の家のなかで動物たちと容易に親しく交わることができるのと同じように、われわれの身体はまた、その諸機能を外在化する才能にも恵まれているので、それらの機能を客体化して人工物化することによって、それらの身体機能を失っているのである。その結果、技術的人工物にますます取り囲まれたわれわれの身体は、本来は身体固有のものである、あるいはあった諸機能を、それらの人工物のなかに認めており、それゆえ、われわれの身体は、文字どおり精神的に、孤独を深めている。なぜなら知はそれ以来、今日では蔑まれている古風なものである、生き物全体を受け入れる身体と身体の接し合いから生まれるのではなく、新しい人工物の反映である機能と機能の照応関係から生まれるからである。都市は、農家の中庭での臭いと色彩に溢れる生命を失った道具がしまい込まれている納屋に似ている。共同の家は政治の道具の家に化しているのだ。生命は勝負に負け、機械と精神が優勢な状況になっている。さらには、かつては精神 - 生命の均衡があったのだが、人工物を志向する精神のほうがますます領域を奪っている。生命は死んでゆく……この言葉をよく理解しなくてはならないだろう。

自然はどのようにして文化に入るか

しかし、昔は、つまり新石器時代が終わる前には、あるいは少し以前までは、つまり私が齢を重ねる以前には、自然——とはいっても自然を地球上のどこで見つけられるのか本当のところはもはや誰も知らないのだが——と文化——単に人間の文化、風俗や習慣や芸術と考えてかまわないが——のあいだには、両者のどちらにも偏らない中間の生息環境が存在していたのだが、そうした生息環境は都会の技術的精神によって忘却のかなたに押しやられている。だがしかし、われわれはみなその中間的生息環境から生まれてきたのだ。農耕と牧畜がその生息環境を共有していたのであり、そこでは農家の中庭があまたの多様性を提供していたのだが、その中庭自体もいまでは動物たちを一頭一頭別々に仕切られた独房式の畜舎の中に閉じこめ、大量飼育するようになってしまった。それは、人間の子供たちが学校で、青年たちが大学のキャンパスで、年寄りたちが養老院でされていることと同じなのだ。明晰で明確である精神は、混合を恐れている。自然‐文化、農耕牧畜、かつての生息環境を何と呼んだらよいのかわからないが、じっくりと選んでいただきたい、名称はさして重要ではないのだから。しかし私は、あなた方がそうした生息環境を知らないという無意味な理由で、それを下位文化と呼ぶのは好まないだろう。

その真の名前をなしている相互的飼いならしは、この共同の生息環境から出発するのだが、それは、とりわけ、人間が動物たちと同じ巣を共有するということを意味する。人類がいつどのようにしてある種の動物たちを隷従させたのかということを最初に検討するのでは決してなく、どのような空間を共有したり、どのような種に頻繁に接したりしているのかを検討していただきたい。ある種の昆虫が別の昆虫を育てて、その昆虫の排出物を吸ったり、その昆虫を食べたり、そのエネルギーを取り入れたり、その熱を住処とするように、また寄生状態は大部分が生活行動を伴うように、飼いならしの問題の大部分は、人間やその行動をめぐってではなく、家をめぐって展開されるのである。その共同の館のなかで何が起こるのだろうか。たとえば、しかじかの農家の中庭ではどのようにして同種の合図が飛び交っているのだろうか。というのも、人間と動物とのこの混合社会においては、すでに信号的・知覚的なもろもろのやり取りが出現しており、そこでは、共同で、相互的で、多感な認識、要するに真の認識が始まっており、そこではまた、狩りやカムフラージュの駆け引きや、捕食動物に対する威嚇行動は影をひそめている。そう、動物たちは、身体の様相、体長、色、振る舞いや鳴き声、臭い、習慣や動きに応じて、それゆえすでに表現に応じて、個体ごとに互いを認知している。もろもろの種は、種のあいだで、自分の位置を割り出し、避けたり我慢したりしており、また家禽場のはしごに上ったり、巣穴や納屋や厩舎など農夫の割り当てためいめいの巣の秩序に頼ることによって、自分たち自身をランク付けしている。すべての動物は全体として、彼らに餌をやる女主人や、彼らに語りかける子供たちや、彼らを狐から守ってくれる犬などとの包括的な関係をもっており、一方では、それぞれの動物はお互いに相性に応じた関係を保っている。この共有された知覚は、認識の始まりをなしている。確かに、農園は森林とは異なっているし、建築家や、学者や、芸術家たちが、人間たち自身に対して新しい環境を構築しているのと同じように、人間は、狩りや、農耕や、牧畜によって、動物たちに対して絶えず新しい環境をつくり出している。しかしそれぞれの原初の環境は、とりわけ、このようにして集合を形づくっている動物や人間が見せる、外観や形態などの第二性質に依存している。

これらの文化は、それぞれ入れ子式にはめ込まれ、区分され、畳み込まれ、あるいは同心円的な一連の環をなして隣り合っている。それぞれの種は、自分の巣のなかに戻れば、別れて生活しているが、しかしたちまち家禽場での種間集団生活を謳歌することになる。したがって全員が一緒になって、野生生活から隔たった原初的集団を形づくっているのである。ここでの人間は、その顔つきや振る舞いが、時には豚やイノシシに変身したり、動物の歩き方や態度に変容することを少しも恐れない。人間に支配されたこの一連の同心円的環は、最初は狩りによって、続いて、第二の家畜化とでも名づけうる流れのなかで、しだいに、ステップの草原地帯へ、ジャングルへ、マングローブの林へ、森林地帯へと広がってゆき、〈宇宙〉が認識の農園となった近頃では、技術と都市の全世界的拡大によって、野生のあらゆる種が影響をうけており、それらの野生の種は、オリへの囲い込みの第二の波によって、保護と絶滅の狭間に追い込まれている。

ラ・フォンテーヌの出典

動物たちが、自分たちの固有の種の仲間たちのあいだで保持している身体的・知覚的関係は、ほとんどそのまま人間の集団のなかにも見出される。そこでは、各人は他者の衣服によって自分の位置を割り出す、つまり、金持ちか貧乏か、流行の先端か流行遅れか、パリ風か、外国風か、田舎風か、これらの単純な標識によってヒエラルキーを築き上げている。家禽場の規模に縮小することによって、これらの集団の理解を試みていただきたい。しかじかの羽根飾りは雄鶏の尾そっくりであり、しかじかの席順は飼い桶の前に横一列に並んで餌を食べる豚そっくりである。逆に、農家の中庭を観察すれば、身体の仕草や合図によって、動物たちがわれわれと一緒に共同体を形づくっており、動物たちの身体やわれわれの身体から、文化と認識が生まれることを理解することができる。われわれがそうしたことを忘れてしまい、ある種の現象学者たちの込み入った言語によって時折それを思い出すに過ぎないとしても、それはそうした文化の田舎風でまったく即物的な複雑さに対立するものではいささかもない。

したがって、獲物のシカの四人分の分け前すべてを、牝ウシと牝ヤギと牝ヒツジから取り上げたライオン[75]は、どこぞの太陽王〔ルイ十四世〕のような王様の行為をもじったものであり、オオカミ、キツネ、クマ、トラは、貴族たちを描いたものであり、ロバやウサギは従順な田舎者や従僕を描いたものだとする言い分は、われわれがそうであった、また現在もそうである農民たちを大いに楽しませる。同じ図式がイソップからファイドロスへ[76]、ピルペイから[77]バンスラードへと再現されているからには[78]、古代ローマの社会が、古典主義時代のフランスの社会に双子のように似ており、そのフランス社会がギリシアやヒンズーの上古代の社会集団に似ていたということでなければならないだろう。それゆえライオンやその他の動物たちは、何回にわたって名前や、イメージや、モデルや、マスクを替えたことだろう。知ってのように、政治に毒されたフランスの批評界を魅了するだけのこの種の冗漫な社会史は無視することにしよう。

しかしとりわけ、このことは誤解を生んでいる。『寓話』は、われわれ人間の社会をほとんど描いてはおらず、逆に人間社会のほうが動物集団をつねに取り上げ、模倣するのである。これらの短い寓話詩は都市を描いたものでも宮廷を描いたものでもなく、家禽場や動物たちの集まる森の空き地をそのまま描いたものなのだが、そこでの風俗や習慣が、法廷や議会、広場や市場、サロンや宮廷のなかで再現されているのだ。当てはめられたり、読み解かれたり、翻訳されたりするのは、人間の集団から動物の集団に向かっておこなわれるのではなく、逆の方向、動物の集団から人間の集団に向かっておこなわれるのである。ラ・フォンテーヌの寓話の源泉がわき出ているのは、ファイドロスやイソップについても同様に、家畜小屋や干し草小屋のある中庭のまんなかの、ウマやウシやアヒルやイヌたちの共同の水飲み場であり、オオカミやイノシシを恐れながらシカたちが水を飲む森の湿地なのである。したがって、国王や権力を笠に着たどこかの首長のなかに、雄鶏の尾羽とその虚栄を張った姿や、尊大な農園主の姿を認めていただきたい。背中を曲げてへつらう廷臣の姿に、おもねるような雌鶏の尻を読み取っていただきたい。頭がくらくらするようなブランドものの合成香水をつけ、けばけばしい色合いのスカートをはいた侯爵夫人を、遠くにいるオスを引き寄せる臭いの物質に包まれたホロホロチョウや、シチメンチョウや、クジャクのメスに結びつけていただきたい。男も女も、これらの鳥たちに勝りもせず劣りもせず、自分の身体で合図をしている。身振りや、態度や、服装や、色合いや、口調や、香水による自己表示は、大きな変化もなく、鳴き声やさえずりや、羽根や硬毛、首の構え、くちばしでのつつき、豚小屋や鶏小屋の強烈な臭いとして捉え直される。このようにして、社会的ヒエラルキーは動物的支配の形跡を、その有無をいわせぬ序列のなかで、不変のまま再現している。王宮や大統領官邸に入ると、いやそれどころか、官庁のオフィスに入ると、いやそれどころか、学部長の家や社長の家に行くと、私はそこに直ちに、また間違いなく、鶏小屋や豚小屋の形跡、恨みのこもった競争の痕跡、ヒヒやチンパンジーの優位の序列を見て取るのだが、その社会的序列に強いられて、おのおのの成員は、恨みとともにあるいは満足げに、上位の者の尻を拝し、下位の者に自分の尻を嗅がせるのだ。社会 société という語は、列〔供回り〕suite あるいは順序 séquence という語から派生したということを、言語は適切にも示している。前に並んでいる者と後ろに位置する者の関係はすべて『キツネ物語』にも当てはまる。それぞれの寓話の教訓は奇妙で地方的な風俗や習慣を繰り返していることは確かだが、しかしすべての寓話の教訓は、残念ながら、泥と体面のなかに沈んだこれらの社会には、まだ〈人間〉はまったく生まれていないと述べている。このことは私と同じくラ・フォンテーヌを落胆させ、『寓話』以外のところでは〈愛〉についてしか、つまり『コント』[79]と『プシシェとキュピドンの愛』[80]しか、書かないように彼を仕向けた。そこでは、人間性がようやく現れるのだ。〈愛〉か、それとも〈獣性〉か、どちらかを選んでいただきたい。この選択からのうまい逃げ道を私は知らない。

しかしながら、人間は、まさしくそこから生まれようとしている。というのも、ラ・フォンテーヌは、彼の先人たちとともに、五つの種類の寓話をつくり上げている。すなわち、第一の種類は、たとえば「セミとアリ」[81]のように野生の動物同士が登場するもので、そこではアリはセミを死の淵に追いやる。第二の種類は、野生の動物と家畜の動物との混成からなるもので、たとえば、「オオカミとイヌ」[82]ではそれぞれが同じ危険を冒しながら、捕食動物は寄生動物になりたがり、寄生動物は共生動物になりたがっており、寓話はまさにその過渡的段階を示している。「ライオンと共同で事業をした牝ウシと牝ヤギと牝ヒツジ」[83]では、農園の草食動物が野生動物の狩りをしているように思われる。「ペストにかかった動物たち」[84]では、家畜のロバが野生の動物たちによって犠牲に捧げられる。第三の種類は人間と野生の動物が対峙するもので、たとえば、クマが園芸好きな人の頭をたたき割ってしまう〔「クマと園芸好きな人」(85)〕。第四の種類は家畜の動物と同居している人間が家畜たちに何をしているのかを知らしめる類のものである。最後の種類では、たとえば「裁判官と病院長と隠者」(86)のように、人間が人間同士の内にとどまり、お互いが粗暴にあるいは優しく接し合う。これらの五つの種類は、一連の段階を構成しており、その階梯が人間へのゆっくりとして荒々しい到達過程を描いている。『寓話』のこれらの物語の最初のもの、野生動物対野生動物の物語(87)が、この寓話集全体の幕を開け、あたかも、われわれが殺害の兆候から出発して、単に文化だけではなく、また単に認識だけではなく、ついには英知を、徐々に築き上げていったかのように、最後の寓話である心の広い隠者の物語(88)で、この寓話集が幕を閉じていることを、これまでに指摘した人があっただろうか。人間は、生き物たちの共同の冒険から、つまりこの社会生物学から『寓話』ではいささか後れをとって解放されて、孤独で自由の身となる。あるいは孤独の生活をしないのであれば、人間は寄生者ではなく宿主となり、法律の専門家すなわち自然契約の専門家(89)となる。

山の牡ライオンと海の牝ライオン(90)

農園から出て狩りに出かけることによって、われわれが上述の段階を降ってゆくとき、寓話の状況と何も異なるものはないということを私が知らないとすれば、大昔から人間と動物たちとのあいだで定着してきた洗練された関係なしでは、接近の駆け引きや、狩り立ての作戦は惨めな失敗に終わることだろう。というのもガストン・フェビュス(91)やクセノフォン(92)が、アメリカ原住民やオーストラリア原住民が称賛するような先祖伝来の狩りの諸所作について、われわれの文化圏の言語で繰り返し述べているからである。動物は自分をねらう捕食動物について熟知しているのだが、それと同じくらいに狩人は獲物の動物についてよく知っている。したがって彼らは全体として、見事な見せびらかしや、威嚇や、カムフラージュなどの所作によって結びついた集団を形づくっている。狩りの社会は単に狩りをする人間たちだけの集まりなのではなく、狩りの対象となる動物たちと人間とが結びついている社会なのである。アクタイオン(93)がシカに姿を変えられたのは、そのような結びつきゆえなのだ。飼いならしが始まるとすぐに、寓話が森の水飲み場から流れ出るように、この伝説は、狩猟の時代の証言であるこの変身とトーテミズムを源としているのである。家と森とは、たくさん穴のあいた境界線をもち、あたかも森が郊外 banlieue となっているかのように、すなわち家や農園や都市の公示の場 lieu de ban になっているかのように、コミュニケーションをしているのである。

私は狩猟の技術の経験はないが、私がたまたま遠出をした折に、野生動物たちと偶然に出会ったことはあった。それは私のジャングルでの一度だけのわずかな経験であり、今日では稀なことだが、決定的な飼い慣らしの空間から外に出た経験であった。都市のモデルが、田舎を呑み込んでしまうほどに、空間全体にわたって広がっているのと同じように、〈皆殺し人間〉の習性を前にして動物たちが普遍的な恐怖を抱いているというのが、動物たちとわれわれの関係である。比較的最近のことであるこうした時代以前、十八世紀にはまだ、何人かの船乗りたちが、本当の野生の動物たちは、〈普遍的殺害者〉に出会ったことがないので、恐れることなく人間の前に姿を現すと報告している。ニュージーランドの鳥たちはこのようにして、自分たちの敵の手にとまることによってかなり近年になって死滅したが、このやり損じのない残酷なやり方によって、世界で最も豪華な鳥たちのオーケストラが沈黙に追いやられたのだ。それ以来、飼いならされた動物たちと野生の動物たちとのあいだに、少し以前まで痕跡をとどめていたこの断絶に代わって、今日では、漠然とした連続的総体が存在しており、そこでは世界的規模で人間化された環境によって、飼いならしの第二の契機がもたらされ、すべての生き物たちは、あたかも自分たちが絶滅の危機に瀕していることを知っているかのように振る舞っている。

平均的な勇気すらも恵まれていない私が、哲学者たちが書物のなかで抽象的な例によって描いている激しい動揺とは裏腹に、猛獣を前にして恐れも感じなかったし、恐怖で震えることもなかったのは、そんなわけなのだ。さて私は、カリフォルニアのある晴れた春の午後、ピューマの類のものだが、山のライオンと長時間にわたって対峙し、われわれ双方がそれぞれの身体を綿密に検分し合うという羽目に陥った。こうした忘我的状態によって、われわれ双方は一種の共同のトンネルのなかに入り込み、また双方の沈黙によってお互いにそのなかに閉じこめられて、まわりの世界が消え去ってしまったのだが、うまい逃げ道のないこの状態は恐怖を生じさせうるものであった。ところでここでもまた、明らかに、すべては双方の外観で決せられる状況にあった。つまり、双方のどちらが先に視線を下げ、尊大な態度を失い、逃げの姿勢を示すことによって、狩られる側の役を背負い込むのか、どちらが先に背を屈して、目をそらすのか、したがって相手に背を向けずに、どちらが誇示もしくは自己顕示において優位を占めるのか……。これこそ私が美容術 cosmétique と名づけるものである。すなわち、身体全体の態度、立てた首と視線、しゃきっと張った背骨、不動の姿勢、そう、誇り、威厳、沈着、おそらく勇気である。このことが感覚的な心像の漠然とした総体を意味するとすれば、そこでは体格、色合い、堂々とした毛並み、沈着な対峙と相貌といったものが、死と隣接した状況——死もまたまさに身体にかかわることだが——のなかですべての重要性と意味とをもつことになる。背丈を何十センチか大きく見せるために、私がゆっくりと両腕を上げ、つま先立ちになると、この危険な動物のほうもまた、決して急に体面を失うことのないように、私と同じくゆっくりとした動作で少し身を引いた。このような大きな相手と闘うのは得策でないとその動物は判断したように思われた。双方は、まず最初に十分に身体を誇示し合い、それからお互いの身体を検分した後で、正々堂々と、ごまかしもカムフラージュもなく、互いに引き下がった。「オオカミとイヌ」[94]の寓話のように、骨と皮ばかりに痩せた野生のほうは、自由な森へと帰り、首輪でうなじの毛がぬけた奴隷のほうは、町に帰るというわけだ。われわれは知り合いになった後で別れたのだった。

知り合うために飾り立てる parés ものたち

したがって、知り合うということは誇示 parade から始まる。立派でいらだたしいこの誇示という語は、社交界から愛の法廷へと降り、それから単なる身体の姿勢へと下降してゆく。誇示と見栄、ひけらかし、並べ立てと飾り立て、威儀、観閲、口説きと誘惑、防御と反撃、身振りとパントマイム、こうしたことは具体的な外見にかかわるものである。しかしこの語の意味は類義語群へと拡散し、そこには次のような語群が見出される。身なり appareil、すなわち、私の黄色いシャツとあの動物のまだら模様の毛色。出航する appareiller、すなわち、いかなる反対の方向へ、われわれは遠ざかったのか。堂々とした impérial、すなわち、いかなる野生の威厳をおまえの姿勢は証示していたのか。相棒 partenaire、すなわち、その兄弟－動物はまさにこっそりと私の前に現れたのだ。共有 participation、すなわち、互いに対峙することで、相互的飼いならしの状態になるのでないとしたら、いったいわれわれは一緒に何をしていたのか。縁者 parent、すなわち、いかなる対称的相似性がわれわれを結びつけていたのか。出産 parturition、すなわち、このような出会いの後、われわれは双方とも新しい知識を記憶に深く刻んで、いかなる新しい身体を生み出したのか。残念ながら、とはいえお互いにほっとして離れていったように、分離する séparer という動詞、あるいは準備する préparer という動詞のほうがいっそう……、他のすべてのものよりも、準備するということの最後の行為が私の心に残っている。というのも、これらの身体の身振りや姿勢による誇示のなかで、確かに、一つの文化と知識とが準備され、始まり、登場し、出現するからである。結局、この語がたった一つで、あたかも伝統がそれらのことを知っていたかのように、私以上に雄弁に、私のささやかな物語を語り、そこから哲学を引き出すのである。

　要するに、私にこの難局を切り抜けさせたのは、雄鶏、雄豚、去勢馬、雄ヤギなどの誇示の姿に刻みつけられた私の古い家禽場の文化以外の何ものでもなかった。私のかつての単に犠牲〔生贄〕という観点からだけの闘牛の分析に欠けていたものは、きらびやかな闘牛衣装や雄牛の黒い毛並み、牛の角の形や赤いムレタ(95)の形、腰を弓なりのそらせた闘牛士の気品のある姿勢や誇らしげに構えた牛の頭などであったのだ。ここでもまた、すべては誇示に始まる。誇示という行動を、赤い首筋をふるわせる軍艦鳥のオスのような、交尾へと誘う求愛のダンスに単純化しないでいただきたい。というのも、そうすることによってわれわれは動物たちを再び、生殖の生理学と淘汰に引き戻すことになるだろうからだ。いや、この求愛の誘惑もまた、呼びかけや身振りやフェイントや臭いなどの構成要素からなっており、その多様な儀礼は、人間の文化にきわめて似通った動物の文化を形づくっているので、両者の文化は、農園や狩りや危険な出会いにおいて容易に通じ合うのである。さらには結局、この模倣は、巧みな代入によって、ある種が別の種を「理解する」ことや、別の種の「知」を利用することを、可能にするのではないのだろうか。

　動物は、知が体の外観、筋肉や姿形や身振りや動きとともに生まれるということを、われわれに知らしめてくれる。誇示という行為はそうした外観を準備するものなのだ。別の言い方をすれば、知識には外観において準備されないものは何もない。

魅力

ここでさらに、美という概念の真の生成過程、われわれの身体を虜にする魅惑の抗いがたい支配力の始まりについて、語ることができるのではないだろうか。そんなわけで話を移せば、ガラパゴス列島の沖合の海上や海中で、しなやかで、魅惑的で、流麗で、うっとりとするような海の牝ライオンと私はダンスをしたことがあった。彼女が身体を曲げるときには、私も身体を折り曲げようとしたし、私が少しでも泳ぐ身振りをすると、彼女もすぐさま私をまねるのだった。私が足ヒレをあおって、日光の輝く海面のほうに上ってゆくと、彼女は身体を波打たせて、断崖の下の海緑色の深みのなかで群れ泳ぐ赤と緑のヘダイの魚群のなかに、私を連れ戻すのだった。いわば無重力のこの三次元は、無数の仮想空間を開き、われわれの前にあまたの新しい舞踊法を展開したのだが、私の思うに、われわれは双方とも同じ音楽を聴きながら、つねに同時に同じリズムで、一緒に素早く、時にはゆっくりと、また急激に、身を躍らせていたのだが、その間われわれ双方は、種の相違と不在の障壁を越えて、あたかも愛の営みをおこなっているかのように、愛を思ったのだった。

アプレイウスやラ・フォンテーヌが語っているように、プシシエもまた、ある種の目に見えない怪獣と、物陰であるいは夜陰にまぎれて、愛を交わしたのだが、おとぎ話のなかでは人間は動物に変身するのだ。そう、私は知っていたのだが、私が彼女を見つめていることを彼女は知っていて、その上で彼女は私を観察していたのだ。彼女は、私が彼女と同じように泳いでいることを知っていたし、彼女が望んでいるような泳ぎを私がしていたということを知っていた。無重力の恍惚に浸った基本的に同じ大きさの身体、異なった二つの身体のあいだで交わされる、このような海中のまなざしや、身体をくねらせる動きや形による合図や相互の呼びかけ、これらを、信号による交信に先立つ魅力の出現、もしくはソルフェージュ練習法や言葉のイロハの最初の兆しでないとしたら、どのように名づけたらよいのだろうか。

そのとき以来私は、ラ・フォンテーヌが、『寓話』のなかで、ライオンやカラスや小さな魚の言っていることを語るとき、彼が真実を語っていると信ずるようになった。というのも、われわれは二人で奇跡のステップを踏んでいるあいだに、愛の告白をしたからだ。わたしが牝ライオンの動きをリードし、彼女のほうは、優れたダンサーがそうであるように、私の動こうとする方向を予見したので、私が彼女を理解できたと同じように彼女は私を理解していたのだった。すぐさま相手に再演される自分たちの演技に魅了されて、われわれは向かい合って二十分以上にわたって踊ったのだった。この長い密通は——非難の的になるこの語を、私が他者になり他者が私になるという意味に理解していただきたい——三トンの黒い塊をなすオスがやってきて、メスを自分の義務に立ち返らせ、人間を突然その特有の孤独に立ち返らせるまで続いたのだった。臆病にもわれわれは、かくも素早く、また不幸なことにかくも短い時間、知り合いになったことを悲しみながら、ゆっくりと互いに離れていったのだった。

他者

われわれは決して互いに接触はしなかったけれども、私は、君の香りの余韻に浸りながら静かに歩くのを好み、悦楽とともに君のまなざしに耽溺し、音楽のような君の声に、官能で身を震わせ、私に寄り添って動く君の細長い身体と、後光のように乱れ輝く君の髪を感じると、私は骨の髄までしびれんばかりだ。ぴったり合ったしなやかな歩調で、同じように身体を湾曲させ、リズミカルに呼吸をとりながら、対舞するかのように、海岸や平原、藪や森、海辺や岩場を闊歩するのは何という喜びだろう。ライオンの舞姫である君の魅力、野生のピューマである君の素早さ、光と死に向かって敢然と黄金の頭を突き上げる闘牛である君の力強さ、そうしたものに身体ごと虜になった私だが、興味深い抽象観念を語る以前に、君は私を魅了し、私の心を思い悩ませる。

こうした魅力は、根元的な関係をよみがえらせる方向へと導き、その関係に絡め取られて、われわれの身体はある種のトンネルのなかに閉じこめられ、そこでは外界は消え去り、その丸天井の下では、合図や笑い、色合いや身振り、野性の激しさ、香りに満ちた息づかいなどが響き渡っている。私は、このトンネルのなかに繋ぎとめられた動物となり、この地下室の窓の下、この天窓の向こうで、ある野性的な欲望によって、すでに変身した君と戯れ格闘するのだが、この格闘は、勇壮で稀な触発によってこの欲望から解放されて、感覚に満たされて、哲学の殿堂に入るためのものであり、哲学の対話はまさしく相互的飼いならしの場、共同の道を探求するものなのだ。臭いを放ち、傷つき、焼けるような痛みにさいなまれ、騒音に引き裂かれた肉が、その共同の道を通って、解放され、共有の家へと向かってゆくのであり、そこでは論議はわかりやすく、協調的なものとなる。こうした魅惑があらかじめ存在しなかったならば、理性は何を熟考するのだろうか。動物からでないとしたら、天使はどこから出現するのだろうか。

他者たち

決して大衆と身体を接し合わせるわけではないけれども、私は、ヒュドラのように多数の頭をもつ大衆に向かって話すのを好む。大衆の目が多くなればなるほど、大衆の魅惑はいっそう強烈になり、私があがって怖じ気づけば怖じ気づくほど、大衆との対峙はいっそう甘美なものになる。そう、私は逃げ出したくなる。それゆえ、沈黙とともに、また沈黙に抗して、身体対身体の論戦が始まる。すべては感覚のもとで――あるいは感覚のなかで――起こるのだ。あたかもマタドール[97]が、六六六頭の闘牛用の雄牛を呼び起こすかのように、彼らに呼びかけ、彼らを挑発し、彼らを怒りで奮い立たせ、彼らの怒りと驚愕を駆り立てる。いまや彼らは、逆上し無言のまま円形闘技場の坂を駆け下り、低く構えたムレタに飛びかかり、右に左に、しなやかに身をこなし、巧みに輪を描き、蝶のように舞う闘牛士のムレタさばき(98)を長いあいだ追いかけ、理解するための注意深い道程をたどるが、突然うんざりし、疲れ果て、再び熱が冷めて、上部観覧席のほうや奥のほうに引き下がる。そうなると、私の身体は再びダンスに戻り、呼び起こし、けしかけ、呼びかけ、足で地を踏みならし、帽子の合図で、予定の時間に、円形闘技場の定められた地点で、この動物を殺すことを告げる。すると再び、彼らの身体が大挙して、怒り狂い激昂して、雷鳴のように、飼いならしの家の階段を再び駆け下り、雄鶏、犬、豚、牝牛、雌鶏、シチメンチョウ、アヒル、ピューマ、牝ライオン、雄牛などがみな——それぞれの個体が一頭で種を代表するかのように——主人や、猛獣使いや、農園主や、マタドールに挑発されて、頭を低く下げ、赤い布と剣に向かって突進する。いやそうではない、逆である。子供も、男も、女も、犠牲の生贄である中央の孤独な雄牛に向かって襲いかかる。このように、面と向かい合った、肌対肌の、あるいは身体対身体の野生の格闘がなかったならば、このような狩りや、ダンス、エロチックな笑い、飼いならされた呼び声、しつけられた身のかわし、臨機応変なカムフラージュ、集団的な模倣、犠牲の祭儀……——これらは森の風習を、続いて家禽場の風俗を、宮廷へと、また同じく講義へともたらすものだが——がなかったならば、講義や、演説や、論証や、意味さえもが、存在しうるだろうか。

これらの手法を用いる者は、これらを好んでいるだろうか。おそらくそれらを嫌っているだろう。そしてそれらを楽しむ唯一の瞬間は、自然に反して抽象化を駆使し、輝かしい服装の一人の人間と誇り高い家畜からつくられた動物との融合によって、巨大なリヴァイアサンが生まれるとき、あるいは逆に、中央で犠牲にあげられた動物と、円形闘技場に殺到した荒れ狂う群衆との融合のとき、いずれにせよ、これら二つの姿の融合、人間と動物から形づくられるケンタウロス、中央の円形のなかで、多数の知恵ある動物たちとともに、文化の共同の家のなかでの相互的飼いならしの最終的な産物、つまり農家の中庭、出会いのトンネル、闘牛場、神殿、学校、円形競技場、オーケストラ、政治討論会……。これらの動物たちからでないとしたら、知恵はどこから出現するのだろうか。

若いシカと老練なシカの弁証法

ヘーゲルはこの対立を見事に描いているが、それを本当のレベルに位置づけていない。というのも主人と奴隷の弁証法は人間の行動を特徴づけるものではない。なぜなら認知のための闘争は、おなじく、二羽の雄鶏をクチバシと蹴爪で、二頭のカンガルーをフランス式ボクシングで、若いシカと老練なシカとを互いに角を突き合わせて、対立させるからであり――それも、単に群のメス全体の所有をめぐってだけではないからである。それゆえ、二人の人間がこのような対立に立ち至った場合、彼らは、それぞれの集団で間違いなく重んじられる威信 prestige――しかし、結局は動物的で情報不足の威信――を獲得するために、自分たちの内で、あるいは自分たちのあいだで、動物界で頻繁に見られる行動を再活性化するのだ。

なぜだろうか。なぜなら、人間と動物に共通のこのような誇示からは新しいものは何も生まれてこないからである。もっとも、誰が支配権を握るかという、吐き気を催すほど繰り返し問われる問いに対する暫定的な答えをのぞいてだが。暫定的というのは、誰彼に対して、時代に応じて、つねに支配者であり続けることは、誰にもできないからである。この問いとそれに対応する答えの繰り返しは、種の内にプログラムされたいす取りゲームの永遠の繰り返しをしか生み出さない。自意識 conscience de soi はどちらのケースにおいても、動物にとっても、人間の敵対者たちにとっても、生じない。その証拠をいくつか示すことができるだろう。というのも、件の威信の獲得は、何千年も前からプログラムされた図式の繰り返しにすぎないからであり、その図式はヒヒにおいてもディンゴにおいてもまったく同じようにプログラムされており、そこでは支配者は支配された動物たちと同じ動物にすぎないからである。

あるいはむしろ、威信という類の意識を生み出す行動もおそらく重要ではあろう。しかしこのやり方は、失敗に終わり、卑屈に諦めて命令に盲従し一つの群――これは生き物の進化のきわめて早い段階で始まったヒエラルキーによって組織されるものだが――に帰属するという結果をしかもたらさない。このプログラムされた機械的行動からは何も生まれない。

戦争ではなく、愛を

これらの行動がすでに文化へと導くものであり、本書でたどっている文化の生成過程の一部をなしているということは確かであり、私はそれを認めもするし、それを証明しもしようが、しかし、この道は袋小路に陥ってしまう。つまり、動物は陶酔状態にとどまり、人間は本能的なプログラムへと退行する。しかしながら、このことはお互いに関係をもつことに役立ち、種の垣根を越えて親しくなることに役立つ。確かに、相互的飼いならしと、人間の動物への変身のためには、主人＝大ジカ対奴隷＝小ジカの弁証法以上に有効なものは他にない。

認知 reconnaissance の欲求は、われわれを身体も財産も、もろもろの種の湖に水没させる。逆に、水面に浮かび出るためには、自意識はもっと目立たない別の道をとるのだが、この道は威信やヒエラルキーを忘れることを前提とする。ピューマとのにらみ合いの際には、われわれは双方ともしつけられた誇示を再演することになり、それゆえ双方は、結局かつてと同じように、虚栄を張り合ったまま互いに別れたのだった。一方、牝ライオンと身体と身体を近づけ合ったときには、われわれは三次元の水の立方体のなかで、無数の新しい身振りを発明した。彼女は私の知らない身振りを教えてくれたし、おそらく彼女は、海に住む彼女の種が知らない動作を実際に学んだのだ。このことは魅力や歓喜を前提とし、それゆえ支配地の放棄、あるいはさらにむずかしいことだが、次々にステップを譲りながら、ある意味でその場所を共有することを前提とする。自意識は、この新しい相互的飼いならしから生まれる。

なぜなら、そのときから意識 conscience は、――厳密な意味では意識は「一緒に、についての科学 science de l'avec」(99) なのだが――変わるからである。意識は、自分自身の不十分さと相手の技量とを謙虚に計りながら、新しい方法について熟慮することで、自分の不十分さを改善するのだが、自分の影響下にある他者や物との二重の意識から、一時的で同時的なこの自意識が導き出されるのは、この新しい方法によってなのである。支配を求めて相手の上に飛びかかるのでは決してなく、逆に、相手の下に身を投げ出すのである。そうすれば、真の主体が出現し、呼吸に余裕のできた主体は、今度は相手のほうが、共通のステップを踏みながら、諾々として自分の下に身を投げるのを見て取ることができる。ダンスにおいては、相手に先んずる前に、相手に道を譲るのだ。

相手の明滅とともに、また相手の明滅に応じて明滅しながら、主体は相手によって生まれ、相手は主体によって生まれ、それから後は、双方ともこの輝きの明滅によって育まれて、生きながらえるのだ。主体は自らの相手への従属を認めるとすぐに自らを知り、同時に相手のほうもまた自分自身の従属を受け入れる。陰気で重苦しい主人が、まさにその日の朝、モデルとのふれ合いによる主体の様相的で適切な生成過程を、このゆっくりとした獲得のプロセスを、遮断しにやってきた。どのようにすべきか――あなたならどうするか？——このプロセスの進行は支配を追い求める欲求が生じたときに消滅する。〈どのようにして？〉という問い——これは様相にかかわる唯一の問いなのだが——を絶えず問うことなしに、われわれは決して哲学を学ばないし、それどころか哲学という語さえ決して口にしない。なぜなら、実際、刻々と変化する意識の様相しか存在しないからである。それに、威信が生ずるときには、それと同時に愚かしさが生ずるのであり、これは何回となく証明されてきたことである。神話や寓話のなかでは、威信獲得の闘争は、自意識の喪失によって動物と化した人間たちを対立させる。各人が自分自身のために欲しているがゆえに決して他者に与えることのできない、この認知獲得の闘争が、必然的に、あらゆる意識の喪失と麻薬的な忘我状態に帰着するという、この明白な事実を認めないためには、どれほど多くの無分別を必要とすることだろうか。このような獣への変身は、たとえ反復的に現れるとしても、自意識の生成過程を永遠に閉じるものである。私はそのことを証明したいと思っていたのだった。

『プシシェ』は、それとは逆に、自意識を創出するのだが、このタイトルは『愛の天使に愛された魂の生成過程』と翻訳されうるだろう。輝きに満ちたこれらの表現が、愛の関係と、苦しみ、別離、旅などの彼女の艱難辛苦でないとしたら、実際これまでに知られたいかなる関係を描くのだろうか。これこそ、プシシェとキュピドンの弁証法なのだが、これは非常に有効であるにもかかわらずほとんど知られていない。そこでは確かに、一人の他者に、夜、姿も見えずよくわからないままに、愛をささやかれるまでは、いかなる主体も出現しない。赤ん坊は、物体的な身体として、母親の胎内から生まれ、それから、母親の愛情に満ちた言葉や身振りによって、潜在的な主体として二度目の誕生をし、成人となって、恋人の愛の言葉を聞くという条件で、現実の主体として三度目の誕生を迎える。恋人——それは、それゆえ何度となく証明されている資格なのだが——かつての、牝ライオン、ピューマ、闘牛の牛も、相互の愛の言葉によって、自分自身が、それらの動物相の姿から現実の主体に連れ戻す恋人となるならば、〈野獣〉は再び〈美女〉となるのだ。誰もそこからは威信を引き出すことなく、集団はそれを知らず、それを無視するが、しかしそうなれば各人は、自分固有の生き方、自分の比類ない文化、自分特有の意識を創造することになる。愛－悦び－再創造。キュピドンとプシシェの共同の家は、二人が分かち合う明滅の時々に応じて、無限の豊かさと芸術にあふれて、理想の高みに建設されるであろうし、あるいは、孤独な放浪のなかで、山中の惨めな掘っ立て小屋として建てられるであろう。プシシェの姉妹たちはそうした高みに飛躍しようとして転落死するのだろうか。自他の意識は不幸な意識のままなのだろうか、つまり王冠を戴いた大恋愛が存在するのだろうか。プシシェの姉妹たちはそうした高みに飛躍しようとして転落死を遂げるのである。

意識に内在する死の神秘

なぜなら、これらの文化の家の周りを共同の死が徘徊しているからである。農民は、鶏や牛や豚を殺すし、私が狩りの意志などもっていないことを知らないので、ピューマはまさに私を食い殺そうとしていたし、海のライオンは自分の巣を荒らそうとする闖入者を追い払おうとしていたし、大衆を前にした私の身体はもはや休息のない討論の生贄となり、公開討論会はたちまちバッシングの演出の場となり、これらの誇示は、弁証法も含めて、デスマッチの幕を切って落とす……こうして農家の中庭が永続するのだが、それというのも農家の女主人はガチョウやシチメンチョウの屠殺を来年や、来シーズンに延期するからだ。われわれの野生動物についての認識は狩りの中断や失敗から形成され、動物たちは狩りにしばしば失敗し、飢えで半分死にかけているだけに、彼らはいっそう残酷になるのだし、円形闘技場は、闘技者にリンチを加えるのを、もう一闘技分延期して闘技者を無事にしておくがゆえにその機能を果たすのであって、結局のところ、文化は死への到達を無限に延期させることによって形成されるのである。文化は、種がそうであるように、個を犠牲にすることによって自らを永続させるのだろうか。これらの身体対身体の対峙は——そこから意識が生じてくるのだが——殺戮を伴うものである。そう、悪と死をもたらす暴力は、その発祥の時から現在に至る経過を通じてずっと、あたかも原罪であるかのように、知と文化に結びついている。核兵器から種の絶滅まで、今日の科学が直面している諸問題は、この最初の痕跡を思い起こさせる。この原罪はつねにおこなわれている。

科学において、力の常数を表す二つの主要な原理が存在するように、暴力の不変量を勘定に入れるべきなのだろうか。おそらくそうだろう。ところで、力学や熱力学においては、これらの常数は、均衡と方程式を可能にし、あらゆる問題の合理的な取り扱いを保証する。これと同じく、集団的な意味での空間と歴史的意味での時間を通じての、悪のこのような不変量は、人間にかかわる諸問題の合理的な取り扱いを保証する。悪は理性を可能にし、理性は、その代わりに、悪の恒常性を参照する。したがって、悪が保持される限り、理性はよこしまなままである。この必然的関係を打ち壊すためには、悪の恒常性を断ち切り、合理的均衡と報復の方程式を同時に覆し、新しい状態を生じさせる不安定なずれを創出するのが適切である。頬を殴った者にもう一方の頬を差し出す最初の者は、公平さと正義の均衡を破壊し、この英雄的な試みによって悪の恒常性の解消を創始する。もう一方の頬への追加の特典を得て、ここで主体となる者は、相手の下に身を投げ出す者でないとしたら誰であろうか。威信と支配の欲望を捨てなさい、そうすれば新しい理性が生まれるだろう。理性はいまだにもろもろの種の湖のなかに沈み、溺れ、浸かったままなのだろうか。確かにそうだ。大学のキャンパス、実験室、図書館……これらの文化の家は、エリートとしての支配欲に毒されて、鹿たちが角を突き合わせる森の空き地や、豚たちが泥まみれで争う農家の中庭に似ている。太古からプログラムされたこのような溺死の淵から、海の水から現れ出るアフロディテーのように、われわれが解放されるためには、認知のために繰り返される闘争や、際限なく動物へと回帰させる威信の反復を放棄することより他に道はない。知識においてさえも、反復は枯死をもたらす負の作用である。種としての人間はまさしく〈愛〉によってしか生まれえない。

恐怖と悦楽——われわれはどこからやってきたのか

田舎に生き、牛を飼い、狩りを好まない者は、共同体と生活と動物飼育を営んでいるのであり、彼は、クジャクに尾羽を広げるように促す聖フランチェスコ(100)のように、心ゆくまで動物に話しかけることができるし、ピューマの前ですきのない姿勢を取ることができるし、海のライオンとダンスをすることができるし、すべての動物機械論を、この説を見直すことを除いて、嘲笑することができる。農民であり、船乗りであり、フランシスコ会士である私は、全身全霊で動物たちを愛している。しかしながら、主人の熱狂を模倣して牙をむいて吠えるイヌが恐いので、私はペットが嫌いだが、それとは逆に、大変楽しく、クロード・ベルナールや生化学の本を読む。学者で田舎のネズミである私は、動物たちを嫌っている。動物たちの家畜的奴隷状態と、飢えた野生状態の容赦ない不幸以上に嫌いなものを、私は知らないし、人間たちをこのような忌まわしい状態に近づけるものが、私は嫌いである。

われわれの同類であるこれらの生き物たちは、哀れみをかき立てる。というのも彼らはいつでも魅力を秘めているからだ。彼らは、魅惑されて生きているがゆえに、われわれを魅惑するのだろうか。牛やイルカやアシカの疲れた目の奥に、また鉄格子を隔てて長い午後いっぱいを一緒にすごした年老いたオスのゴリラ——彼は私の白髪と同じように白い毛色をしていたが——の凶暴な視線の奥に、私は、彼らの生に重くのしかかり、彼らの生をある種の恍惚に似た白昼夢に陥れている陶酔を認める。高いあるいは低い壁に穿たれ、彼らの絶望した口や額を押しひしぐあの小さな天窓や地下室の窓から、彼らがわれわれを見つめるとき、彼らは本当にわれわれを見ているのだろうか。われわれは、短い希望であれ永遠の希望であれ、希望をもって生きながらえ、われわれの思考によって急激なリズムで進歩している。彼らは、まれで偶発的ないかなる変化が起こるのか予想もつかない、何百万年にもわたる進化の末にしか希望を託することができない。彼らの果てしない時間は、いかなる希望の余地も残さない。重傷の麻薬中毒患者のように、休みなく食べ、殺し、生存競争にさらされ、すべてのメスの所有闘争に疲れ果て、それゆえ陰気な繁殖の犠牲となり、ジャングル生活の冷酷な掟に身を捧げて生きることは、何という悪夢であろうか。この低劣な掟の場、この檻 - 地下牢、この監獄――そこでは個体間の共同進化の関係が、絶対的で、合理的で、断ち切ることの不可能な連鎖を形成しているのだが――から、ある日われわれは解放されたのだ。いかなる奇跡によってだろうか。想像も及ばないいかなる祖先たちが、この地下牢の穴から出て、どのようにして突然、いかなる砂漠の向こうに、どのような〈約束の地〉――そこでは乳と蜜の比類ない豊かさを前に、件の連鎖は崩れ去ったのだが――を発見したのだろうか。われわれが自分たちのプログラムを組み換えた、楽園到来のようなこの日以来、われわれは、さらに別の窓からの脱出を図り、絶えず同じような解放を求めてさまよい続ける種になったと考えるべきなのだろうか。われわれは、犬小屋を去ったのだが、そこでは同じ連鎖の緊張が反復されているからなのだ。われわれは発明をするわけだが、それというのも、われわれが自分たちを、発見を求めて旅立つ放浪の動物に変換し、その変換が最初の発明だからである。もはや森の空き地もなく、農家の中庭もなく、家もなく、村もなく、あるものといえば、行程や、道の痕跡なきもろもろの場所や……

この逸脱とわれわれとを隔てる時間の厚みのこちら側、旅立ちを促す件の不安定な状況のこちら側で、かつての牢獄を、古代的な恐ろしい瞬間を、私は覚えていると思うのだが、そこでは、支配のための死闘という動物的な陥穽に投げ込まれて、さかりのついたオスたちの動物的な臭いと、階級章や羽根飾りの前で身を震わせるメスたちのなかで……私は自分の同類たちと同じ魂胆で、そのような生き方をしかねなかった。いかなる奇跡が私をそこから解放したのだろうか。目的もないいかなる旅のために。いかなる愛の天使が、プシシェあるいは魂を、彼女の姉妹たちが巻き込まれたこの死に至る狂気から救い出したのだろうか。いかなる一陣のそよ風が、彼女を持ち上げ、彼女の家族が住む『寓話』の悲劇的な重苦しさからこの娘を遠ざけたのだろうか。彼女は断崖から身を投げる、風が彼女をとらえ、彼女を持ち上げる。奇跡ではなく、彼女は均衡からズレるのだ。彼女の姉妹たちがもう一度試みて、断崖の下で首の骨を折って死ぬのだが、これは、このようなズレに賭けることの危険性の証である。同じように、いかなる偶然の出来事が、硬直した機械論への合理的還元、生きるための闘争の法則、最もよく適応した最良のものの圧力、勝つために可能な限りたくさんの子供をつくる責務などを、われわれに放棄させたのだろうか。動物的法則からのいかなる逸脱が、われわれを脱ダーウィン的生き物にしたのだろうか。

この解放は、身振りの発達の経過を経てやってきたのだろうか。こうした身振りは、稀な閃きによって、動物たちもまた用いるし、時としてわれわれを動物たちと理解し合えるレベルにまで連れ戻すのだが、それというのも、われわれが動物たちと別れる不確実な瞬間まで、まさに同じ道をたどってきたからである。色合いや、身振りや、臭いを伝達するこの道は、彼らのまなざしの窓や、嗅覚の穴や、感熱器官を通り抜け、これらの狭い天窓からさす光として伝わり、何らかの呼びかけや、音や、いくつかの言葉もまた、彼らの聴覚に伝えられる。いかなる鎖が、彼らがこの道を進むのを拒むのだろうか。いかなる麻薬が、彼らがこの道の方向を探究するのを妨げるのだろうか。しかしながら、たとえばロビン〔ヨーロッパコマドリ〕は膨大なレパートリーをもっており、千種類以上の異なった鳴き方ができるし、ヨシキリとその近似種たちは、他の種の鳥たちに刺激されて、多声音楽を編成する。チンパンジーの群れは、夜に、声を合わせて、断続的に、あえぐような鳴き声を上げる。数学のように、人間において普遍的な音楽は、少なくとも猿や鳥たちへと広がっている。鳥たちは、あんなに小さな脳をしかそなえていないのに、どのようにしてあのような複雑なコード化を達成するのだろうか。それは彼らの身体が飛翔するからである。飛翔することで彼らは、空の高みで、上昇や下降、震動や持続、空気の乱流から自らの規則性を守るリズム、滑空時の流動的な均衡、音階や音調が十分に模倣しうる空中での自由などを生きている。三次元の空間のなかで、アシカたちはリズミカルにダンスを踊り、鳥たちは音楽を奏で、さらに猿たちもまた、枝から枝へと飛翔する。このように音楽的能力があるのに、なぜ彼らはわれわれのレベルまで飛躍しなかったのだろうか。

恨み、愛、生き延びた生 survie

臆病な動物であり、動物性からようやく解放され、解毒され、鎖から放たれ私は、逸脱によって救われてはいるけれども、依然として動物のままである。生命はしかしながら、物質的なものへと偏倚し、物質的法則に従うので、動物性から離れようとする私の傾きが、何らかのやむをえない加重を受けて、動物のほうへと引き戻される。哲学者たちが傲慢さと不安の入り混じった気持ちで、あるいはおそらく誤解から、「自我 moi」と呼んでいるものを喪失させるあの魅惑によって、私は自分が動物の一つに変わりうることを知っている。私は動物たちとコミュニケーションをすることができるが、すぐにそれに疲れてしまう。私は動物との対話への情熱を感じるが、しかしとりわけ、このような変身への恐怖と、このような対話に耽溺することへの恐怖を感じる。どのようにしたら、この危険をはらんだ生をこれほどに愛し、しかもそれに背を向けることができるだろうか。というのもこの生は現れると同時に閉じられてしまうからである。私はこの動物文化を共有し、それを知っており、それを愛しており、それに魅了されており、そこに釘づけにされている、がしかし、私はこの自我の喪失を恐れ、動物文化に背を向けて、この粗暴な出自を忘れることによって、別の知識、新しい愛、猜疑心の解消、幸運な偶然性、多様な可能性を発見しようとしてきた。こうした多様な能力を持つ身振りを自由に用いることが、単一で、合理的で、硬直した道を、本能的プログラムから解放する。潜在的なものを志向する軽快な精神が、私を生き延びた者 sur-vivant にする。

初期的で、原初的で、制約のあるこの生を、確かにわれわれは愛してはいるが、しかしその法則をわれわれは嫌悪している。この生に対するこうした両義的な感情を、私はいたるところで見出す。科学においては、われわれはそうした生の制約を知っているけれども、実験室においては、われわれは実験に専念しているので、何事もなかったかのように、この問題を問うことはない。政治においては、最も強い者の法則、最もよく適応した者の法則、勝者の法則、時間と空間を侵略するために自己増殖する者の法則、などの仮借ない法則が貫徹しており、オリンピックとそのメダル、国家とその権力、資本主義企業とその勝ち取った規模といったものが一時的に人々を魅了するが、永遠に嫌悪感を起こさせる。アレクサンダー大王や、カエサルや、ナポレオンなど、これらの飾り立てられた雄鶏どもに殺された者たちの数、屠殺場に送るかのように扱われてオーストラリアへ流された流刑者たち、強制収容所、ショアー、ヒロシマ、こうした血みどろの歴史は、自分の子供たちの大部分を死に追いやる、考えうる限り最悪の野獣の生にあまりにもよく似ている。われわれは生を愛している、と言う、しかし、同じ生であり、生の法則に従った先ほどのような生を嫌悪しないのだろうか。このようなわけで、われわれの最も優れた知恵は、そのような状況から自分たちを解放しようと努めている。さらに、同じような両義性によって、われわれは動物たちをかわいがっていると主張するが、しかし、諸個体の犠牲と種の絶滅によって、ホモ－撲滅者 *Homo terminator* たる人間は、動物たちを撲滅し、彼らとの対話を終わらせ、自分たちの都市や居住環境から動物たちを締め出す。したがって、結局、われわれの最愛の館であるこの身体、半ば鎖につながれ、半ば自由の身であるこの身体を、われわれは慈しみかつ嫌悪しており、われわれの行動の大部分が自殺的なものとなっている。われわれの胸の内には、『寓話』の地獄と『プシシェ』の楽園が住まっており、墓としての身体に埋葬されたプラトンと、受肉した神であり、不滅の栄光の身体として墓からよみがえったキリストその人とが住まっている。われわれは、生によって結果としてもたらされた死からよみがえろうとしているのであり、われわれが嫌悪しているのは、生なのではなく、生が自らとともに引き起こす死なのであり、われわれが被り、われわれが押しつける可能性のある死なのである。寄生状態や、不慮の遭遇や、生贄を求める群衆によって引き起こされる死から、われわれは自分たちを救い出そうと試みている。

人間の知識や文化はこの両義性から生まれる、つまり動物的な文化と認識からのズレによって生まれるのであり、動物的なもののなかにしばしば崩れ落ちて姿を消しながらも、絶えず再生することによって生ずるのである。この出現は太古の闇に遡るが、しかしそれはいつでも起こっており、ずっと昔と同じように今朝も起こっている。人間は生まれるのに難儀するのであり、人類再生 hominescence を繰り返しながら、しばしば生まれ直さなくてはならないのである。われわれは、自分たちの行動の三分の二くらいまで『寓話』の闇のなかに生きており、楽園へと到達するために、すぐさまそこを離れるのである。この困難な離陸を可能にするズレの角度は、魅惑と嫌悪によって、まどろみと苦悩によって、動物的生と超越的生とによって、つまり二つの恍惚、恨みと愛とによって計られる。

偶然性

均衡以上に、論理的で、合理的で、必然的なものは何もない。というのも、均衡は物体の落下過程の終着点だからである。恍惚 extase と実存 existence は双方とも、その語源的意味によって、均衡からのズレを表しており、したがって恍惚と実存は必然性から自らを解放するのだ。われわれがこのことをいかにして、またなぜ知ることになるのかと言えば、それはこのズレが理性そのものを定義しているからである。実際、理性は、原則として、なぜ無ではなくむしろ何かが存在しているのか、と問うのだが、この問いが答えを含んでいること、つまり、「存在する exister」も「むしろ plutôt」も双方とも件のズレを表していることを思ってもみないでいる。それに、このズレは、ルクレチウスのクリナメン clinamen[101] のように、不定なときに不定な場所で *incerto tempore incertisque locis* 出現するので、自らと一緒に偶然性をもたらす。つまり、ズレはまったく生じないかもしれないのだ。

私は先ほど、現代の最も大きな出来事、という言い方をした。私は、最後に、〈出来事〉それ自体の哲学について述べることにする。均衡からのズレは、まさに均衡という必然性と袂を分かつ偶然の出来事である。ところで、偶然の contingent という語は、必然性に接するという意味、すなわち、法則的で、合理的で、反復的に再現しうる直線上の一点に自分固有のカーブが接し、その点から、その直線から、また直線的必然性から、そのカーブがますます離れてゆき、そうすることによって、冒険へと、多くの可能性のなかへと旅立つことを意味する。そんなわけで、われわれの物理学も生物学も、世界はきわめて偶然的なものなので、厳密な実験を通じてしか、世界が自らを明かすことはないということを説明しようとしている。したがって、世界、生命、種、文化などといった実存や知は、偶然から偶然へと流れてゆくやぶ状の樹枝構造をなしており、それぞれの枝が幹から離れ、さらにそれぞれの枝から小枝が枝分かれするいくつもの節を形成している。本書はそのうちの一本の細枝を探究するものである。

二つの恍惚、二つの実存、動物のそれとわれわれのそれとは、文字どおり、二つのズレとして区別され、それらのズレがなかったならば、生命も精神も出現しなかったことだろう。同様に、二つの生存は異なっている。海で台風に襲われて生き残った者、山で遭難して生き延びた者、大地震での生存者、失恋の絶望から立ち直った者などは、最終的均衡である自らの消滅を間近に体験しているのだが、したがってそうした者にとって生き延びるということは、確保された何らかの材料を元手に、やっとのことで、初めからこのズレを――そこから、野性的で、基礎的で、初歩的な形で、生命全体が出現し、全世界さえが光のなかに出現するのだが――再びやり直すことであり、死を免れた後、二枚の布の端にまたがって二つのへりを結びつける主体のように、生命は生と再び結び合わされる。だが、生き延びた生 survie という語の、上を飛ぶという意味の接頭辞 sur をもっとよく根拠づけることとして、この生き延びた生が、今度は、別のズレ、新しい飛躍、思いもよらない跳躍を遂げることがありうる。おずおずと、か弱く、しかし力強くほとばしり出るこの新芽によって、この生き延びた生はもはや死を免れないが、しかし生そのものも免れない、つまり生が結果としてもたらす死を免れないのである。それゆえ、この生き延びた生は、化学上の生命の法則に従って生を捨て、生を放棄するのは確かだが、しかし、超自然的に、それらの法則の上にせり出し、それらの法則の不意を突き、それらの法則の上を飛翔する。精神の世界が始まるのだ。

様相

力学の法則は普遍的で必然的である。つまり、引力と熱力学第二法則は存在者 existant を必然的に無へと回帰させる。無生物は、存在するためには、これらの法則に逆らわなくてはならないが、それらの法則は様相の四辺形のなかの必然性の一辺を占めるにすぎない。ところが、様相の別のカテゴリーにおいては、可能的で、偶然的な、新しい物理－化学法則、つまり実存するもの choses existantes の法則が、必然性とともに、あるいは必然性に逆らって、作用し始める。それゆえ、偶然的な物理学法則と化学法則が、必然的にではないが普遍的に、存在者全体、空間と時間の全体、もろもろの力、要するに既知の諸単位の総体を占めている。次に、生き物は、存在するためには、物理学や化学の法則から離れなくてはならないが、しかしそれらの法則への適応性を保たなくてはならない。生き物は、同じ諸法則に従うが、しかしそれは生き物の諸法則であり、それは無生物の諸法則と同じように偶然的であるが、しかし普遍的ではなく、局所的なものにすぎず、家のように、閉ざされているが一部分が開いているようなシステムを要求する。これこそ偶然性の第二の状態もしくは第二の階層であり、一種の第二の微分である。無生物においては、可能なもの全体に諸法則の十全な作用が浸透しており、それゆえ普遍的なのだが、一方生き物においては、法則の作用は場所や時間といった状況のなかに限定されている。生命は、限定されたシステムの場所的・時間的な制約のなかで、物理－化学的諸法則を作用させるのだが、このシステムは、生きているがゆえに閉じられており、上述の諸法則に適応しているがゆえに開かれている。生き物の領域は物理－化学的なものにとどまっているが、しかし、生き物の秘密がもつ固有の独創性は、この場所的・時間的な限定化のなかで発揮される。様相について再度考えなくてはならないだろう。

II. 過渡的段階

われわれはもはや動物の種を見分けられない

増加する人口を養うために、選別された動物の畜舎内飼育による人工栄養補給が、早くも十九世紀に、ダーウィンの祖国イギリスで始まった。フランスの旅行家Ｌ・ドゥ・ラヴェルニュが(102)、一八五四年に著した『イギリスの農業経済に関する試論』のなかで、こうした飼育法を描写し詳しく言及しているが、動物たちに対する同情、このような方法で生産された肉のまずさ、病気を引き起こす危険性など、今日同じ種類の問題について聞かれる意見と同じ意見が述べられている。しかし度重なる動物間流行病によってこの企ては挫折し、その結果、牧畜の改革の普及は、そうなるものと予想されていたように、第二次世界大戦後となった。

それ以来、すべての状況を包含してあまりある名前だが、農産物加工業と呼ばれる産業が、私が先ほどまで述べてきた動物の飼いならしに決定的に取って代わっている。生き物のゲノムを操作する以前においてさえも、一九八〇年代には畜産技師たち自身が、鶏も豚もシチメンチョウも牛も、見分けることができないようになっていた。動物群の遺伝学から想をえた異種交配によってつくられ、生産性向上によって磨かれ、宣伝によって広められ、予防のために無菌化され、行政によって圧迫されて、家畜はこの時期以来、主人の人間と同じように変わったように思われる。産卵のあと卵を抱いて温めることをまだ知っている雌鶏を見つけるために、県内をくまなく駆け回らなくてはならなかったときのことを私は憶えている。動物たちの身体は、われわれの身体と同じように変わっていたのだ。われわれは世界全体を変えていたのである。

住む——相互的飼いならしの終焉

とりわけ、飼いならし——人間のそれと人間の古くからの相棒のそれ——のプロセスそのものが変化している。要するに家が変化しているのだ。住むという動詞は何を意味しているのだろうか。われわれは二つの住まいに住んでいる。一つはわれわれの身体であるが、その脆弱な命と愛とをわれわれは一つの屋根と四つの壁で保護しているわけだ。エネルギー的、時空的な境界を画するこの枠のなかで、すべての種は、閉じられかつ穴のあいた熱力学的な囲いをとおして、同じ温度に浸り、同じ力の源から力を汲み上げながら生きている。ところで、エネルギーと情報のこの生命複合体は、この半世紀のあいだに姿を消した。ロベール・ドワノー(103)は、一九五〇年代頃にケラース地方(104)を通ったときに、牛が人間の暖房として役立っている住居の最後の事例を、思いもかけず写真に収めたのだった。

内部から外部へと、つまり母なる家の外に追放され、外部から内部へと、つまり伝統的な放牧地から追い出され、動物たちは、われわれと同じように、自分たちの仲間内で住まっている。いまや動物たちは、屠殺されるまでのあいだ、飼育用寄宿舎に入れられているわけだが、それはわれわれやわれわれの子供たちにとっても同様であり、生徒たちが学校に入れられ、病人たちが病院に入れられ、成人たちが会社や工場に入れられ、老人たちが養老院に入れられるのと同じである。われわれはもはや動物たちと一緒には住まない。誰ももはや他者と一緒に住まず、われわれは別々に寝ている。われわれは分離体制のもとで生き延びている。われわれはかつての自分たちの相棒と、突然であれ徐々にであれ、相互的飼いならしのこのような断絶を共有している。それゆえ、畜産技師がもはや種も個体も見分けることができなくなったとき、医者は、われわれの古い身体を見分けることができなくなっていたのであり、われわれの身体はまもなく不死性に酔いしれることになる。第一の飼いならしの最後の日々、第二の飼いならしの初舞台。何千年も前に始まった一方が終わり、他方が始まる。新しい身体は、古い身体と同じ住み方はしないのだ。

産　地

というのも、われわれはついに世界を住処としているからだ。農園は、人類再生 hominescence の偶然的なプロセスのまさに一段階を示している。例を示そう、農園に根づき、農園で生活していたので、自分の畑でとれたものにせよ、隣家の畑でとれたものにせよ、われわれは食べ物の産地を知っていたし、パンをつくる小麦や、チーズをつくる牛乳や、病気のときによく使われる薬草がどこでとれたのかを知っていた。それゆえ、飼いならされた状態とは、われわれに依存している生き物たちと、われわれが依存している生き物たちの総体を意味している。住むとは、産地を知っていることである。婿の産地、嫁の産地、種の産地などはもちろんだが、ものの見方の産地さえもである。砂糖、松ヤニ、ゴムは、カエデの木、松の木、ゴムの木の樹皮からねばねばと流れ出る。われわれは子牛を産んだ雌牛から乳を搾り、ミツバチの巣箱から蜜を横取りし、自分たちの諸経験から方程式をひねり出す。産地が、ワインの価値のみではなく、諸産物の価値を保証するのである。

いまやわれわれは、この惑星の裏側でとれた食べ物を食べ、われわれはその原産地も知らないし、成長過程も開花期も知らない。われわれの食べる肉や魚は、どこか知らない遠くの飼育用寄宿舎からもたらされ、野菜は季節が補完され、果物は異国的な温室からもたらされる。われわれの牛が遠く離れたところで栽培された豆の搾りかすを食べているのと同じように、われわれは別の半球でとれた梨を食べているし、この惑星上に散らばった実験室で製造される薬を使って、われわれは自分たちの治療をする……。場所の限定によってもたらされる有限性を失ったことで、われわれは産地のことを忘れてしまった。われわれが生き延びるための糧の源は、われわれの農耕と動物飼育の源と同じように、世界中に広がっている。したがって、見かけ上は分離されているように見えても、実際、つねに一緒に生きている三つの生体、動物、植物、人間は完全な対比をなしている。

それゆえ、われわれは「ここ」から世界へと移行したのであり、もっと適切に言えば、様態的な存在から関係的な存在へと移行したのだ。ある意味では、人間ももろもろの種も、件の家を出てはいない。私が言いたいのは、もろもろの種とわれわれは同じ空間に住んでいるが、しかしそれは、開かれた熱力学的囲いである世界という空間だという意味であり、われわれはその空間の法則も知らないし、その空間の神々も見知っていないが、しかしわれわれはそこから、自分たちの相棒や、食べ物や、薬や、繁殖を汲み出している。われわれは農民の家に住んでいたが、かつての農家の生き物たちは、今日では船乗りたちと同じように、船縁に囲まれて、航海をしており、その揺れ動きが、乗員たちの身体を、住むと同時に旅をするように順応させている。生命は、古風に〈存在〉を生きていたが、いまでは生命は〈関係〉のなかで変化しさまよっている。かつての生命は農家の中庭や炉端に足繁く出入りし、近隣との関係以外の関係は絶たれていた。きわめて尊大な存在論が、へりくだった農民の実践に結びついていたことをわれわれは知っていただろうか。

この過渡的段階が改めて、ゆっくりなものに見えたり、突然なものに見えたりすることがある。英語はシチメンチョウをトルコ原産のもの turkey と見なし、スペイン語はペルー原産と見なし、フランス語はインド原産 d'Inde と見なしている。犬を一度も見たことがなければ、誰が、ダルマシアン犬、ニューファウンドランド犬、ポワトゥヴァン犬、シェットランド犬、グレートデン犬、ラブラドール犬、ハバナ犬を同じ一つの種だと思うだろうか。かつてのグローバル化である、果物、野菜、香辛料、お茶、コーヒー豆の大陸間交易が、ここ何十年か前に一気に全般化して、新しい身体づくりを共謀して企てる世界が形成されたのである。

「栽培植物」の脆弱さ

同様に、遺伝子組み換え生物〔OGM〕と言われる新しい身体についての、ごく最近の論争は、新石器時代以来失われていた記憶を呼び覚ます。「雑草」に抵抗力をもった、あるいはビタミンが強化されたしかじかの新変種が実験室の栽培床の上に出現するわけだが、外部から隔離する実験室の囲いと実験者たちの白衣は、われわれの忘却の淵をさまよう類似した行動を思い起こさせる。

始まったばかりの農耕の新しい生体、トウモロコシや小麦は、どのようにして発見されたのかあるいは発明されたのかわからないが、その脆弱さが顕著であったに違いない。さもなければ、なぜ畑を区切って耕し、それらの作物の発芽を妨げる可能性のある種を駆逐するのだろうか。またなぜ、牛や豚を農園 ferme〔閉じる〕――当をえた名前だが――のなかに囲い込んで世話するのだろうか。最初の耕作者や原初の牧畜者は、多くの用心をし、それらをわれわれに伝え残したわけだが、それというのも、この「飼いならし」はきわめて虚弱な変種を生じさせたので、それらの種が生まれるとすぐに死滅しないために保護をしなくてはならなかったからである。何粒かの小麦の種を、ボース地方の穀倉地帯でもよいから、どこかの溝のなかに投げ入れてみなさい、雌牛をアフリカの草原に、子豚を近くの森林に放してみなさい、それらの動植物はどれくらいの期間生き延びるだろうか。雌牛や子豚は一五分ほど、小麦は一シーズンほどであろう。農耕と牧畜は、飼いならし可能な種の脆弱性から生まれたのだ。ノアの方舟は、そのなかに族長がもろもろの種を詰め込むのだが、納屋や、穀物置き場や、羊小屋や、厩舎や、騎馬試合場や、ウマゴヤシ畑や、塀で囲まれた庭を描いたものであり、そこでは、耕すヒト *Homo rusticus* が幾種かの生き物たちを、洪水の猛威や、ジャングルの掟と言われる相互の殺し合いから保護しているのである。ジャングルの掟は、別の掟が青麦を台無しにするのと同じように、動物の子供たちをむさぼり食う。ある土地に囲いをして「これはおれのものだ」と言うのを最初に思いついた人こそ、不安定で弱い生き物を保護して、飼いならされた生き物を支配することを発明した人である。私有権がこの動植物保護と時を同じくして始まったと、断言することができるかもしれない。

他の多くの場合と同じように、さらにもう一度、これらの変化は弱さに由来している。いったいなぜこれらの種は他の種よりもこれほど急速に弱くなったのだろうか。それはまさにわれわれがそれらの種を保護したからである。また、われわれ自身がそうであったように、後にダーウィンが発見することになる自然の諸法則から、それらの動植物は離れたからである。農耕はそれゆえこの弱さの環から生まれたのである。農耕者や牧畜者は、保護によって急速に増大する弱さゆえに、これらの種を保護するのである。ホモ・サピエンスのヒト化も、これと同じような環をたどったに違いない。そして再度、このような弱さは、なぜなのだろうか。なぜなら、これらの種は、人間という種と同じように、保護につれてますます自然から離れてゆくからである。とどのつまり、この弱さはなぜなのだろうか。なぜならこれらの種は、われわれの種と同じように、人工的だからである。そう、それらの種を技術種と呼ぼうではないか。人類の黎明期から、われわれは技術種の小麦を食べてきた。牛や小麦と同じように人工的であり、さらにいっそう不安定で脆弱な遺伝子組み換え生物〔OGM〕は、自然淘汰に適応する強さに到達するための何千年、いや何百万年にもわたる時間の恩恵に浴していない。飼いならしは、いわば、最も適したものの法則からの断絶である。囲われた畑や納屋の壁は、最も適応性のないものを保護し、保護されたものはこうした囲いに保護されているだけにますます適応性を失ってゆく。したがって人間はこのように、家を建築する動物、家の壁と屋根に保護され、自らの弱さによって徐々に進化法則から離れてゆく動物と見なすことができる。われわれ自身の飼いならしが、動物の飼いならしに先立っているのであり、飼いならしとは、最初の技巧の成果であるこれらの選ばれた動物や植物を、家というこの方舟に入れることである。しかしながら、技術を論じるさいに、誰が進んでトウモロコシや牛を引き合いに出すだろうか。

われわれは今日、生き物に対する同様な支配を再び見出しているが、この生き物に対する支配は都会の人々を不安に陥れている、というのもコンクリートとガラスしか知らない彼らは、技術は生き物とは無関係だと考えているからである。われわれはかつて長期にわたる淘汰を操作していたが、いまや即時に突然変異を引き起こすべく介入をおこなっている。この変化は、われわれの行動をではなく、われわれの行動のリズムと射程を変えている。保護や、人工的であることや、最も適応性のないものの弱さは、依然としてそのままであるが、実験室の囲いが、畑や豚小屋の囲いに取って代わり、研究者たちの白衣が農夫の長靴に取って代わり、高精密機器が農具に取って代わり、遺伝子組み換え生物の極端な脆弱さが、品種改良生物の生まれつきの弱さに取って代わった。

われわれが保護しなくてはならないものを、あなたは怖がるだろうか。牛や小麦を、あなたは怖がるだろうか。

Ⅲ．新しい分化全能性の文化

新しい共同の家――世界

われわれはそれゆえ農園から出て世界に入った。もう一度問いたいが、どのようにしてだろうか。以下のようにである。

膨大な小エビやオキアミの暗騒音が海のざわめきを覆っており、ハエの複眼から見れば、世界はわれわれと同じようには見えない。偏光に敏感なミツバチは紫外線を知覚する。一方ある種類の爬虫類の目は赤外線を感知する。ガラガラヘビの感熱器官はほんのわずかな熱をもキャッチする。コウモリは超音波レーダーで行動する。シビレエイは蓄電器官から獲物に電気を放電し麻酔性の麻痺で攻撃するのだが、ナルキソス(105)という名前はこのことから由来する。渡り鳥は地球の磁場を導きとして飛行をすると考えられている。どれほど多くの生き物が極微量のホメオパシー濃度で性的反応を起こすことだろうか。クジラやイルカの鼓室と頸部空間はわれわれの音波探知機(ソナー)よりもはるかに優れた性能をもっているので、深海温度計的諸器官と相まって、三次元の海洋地図を作成しながらそれを知覚しており、それによって彼らは大洋を回遊し、コミュニケーションをおこない、つがいをつくる。大洋の深海では、マッコウクジラと大ヤリイカが、後者は鋭い聴覚を駆使し、前者は深海の闇のなかでも視力のきく巨大な目を駆使して、死闘を繰り広げている……。

私はここで、これらの器官がどのように構成されているかを述べようとしているのではなく、それらがどのように機能して一つの正確な行動、たとえは仲間同士や外界とのコミュニケーションの行動をおこなうのかをまず考えてみようとしているのである。そんなわけであまりに手短な素描であるが、それらの器官の性能のそれぞれは、世界のなかに、おのおの限定された一つの巣を切り取り、そこに潜り込んで、適応し、生き延び、繁殖し、ある空間に頻繁に出入りし、そこで自らの時間を、はかないものであれ長期にわたるものであれ、創り出す。ハエは、コウモリが「聴いている」ものを「見ている」わけではないし、ガラガラヘビが感じているものを見ているわけではない。クジラの寿命や牝クジラの懐胎期間は、オキアミのそれらとは異なっている。さなぎの感じる時間を、人は思い描くことができるだろうか。

それぞれの生き物の世界と時間の総体か?

われわれの身体について何を言うべきであろうか。いまやわれわれの身体は、超音波や、赤外線や、電磁波や、熱運動を受信しているということを言わなくてはなるまい。深海温度記録法は潜水艦乗組員の基礎訓練の一つであり、目に見えないものや、耳に聞こえないものの幅広いスペクトルが、宇宙物理学者の感覚の前に展開している。潜水艦の対潜測音機は、クジラやイルカが仲間たちのあいだで互いにメッセージを交換するように、たとえば、小エビやオキアミの群れの出す膨大な暗騒音を、検波し、計算し、聴取し、選り分ける。われわれは、蟻塚のざわめきを傍受しているのだ。

もろもろの種による地球環境の分配は、それぞれの種がそこから自分の世界と自分の時間のリズムを切り取っているのだが、単に感覚能力にかかわるだけではなく、ほかの多くの条件に関与している。運動素kinésineは、諸細胞のなかを「歩き回っている」。葉緑素は光の作用を受けて、炭酸ガスから糖質を合成する。タンパク質は立体特異性によってお互いに適合している……すべての身体能力は、われわれ自身のそれとは規模の断絶があるが、しかし認識し、探検し、模倣し、繁殖し、改良しさえすることをわれわれは知っている。われわれの機器類が、人間の感覚の射程を超えたもろもろの信号を発信し、受信し、周波数や強度を分析するとき、ほかの生き物たちがそれらの信号を共有し、それらの信号波の帯域を傍受しているとわれわれは考えるだろうか。

それゆえ、生き物たちの全体によって、合図として理解可能なあらゆる種類の信号の総体があるとしよう。われわれの様々な機器類はこの総体を、それぞれの種が自分の環境のなかから切り取る生息環境の総体——そのなかにはわれわれの種の生息環境と各個人の生息環境も含まれるのだが——として、復元することを目指している。われわれは、少なくとも漸近的に、これらの細分化された空間と時間の、それぞれの生き物の住処と持続の、総体的な現実、その完全版を目指し、そして、そのような集成によって、一つの統合の開始を目指しているのだろうか。

このようにして、われわれは世界に入ったのである。

新しい美容術の場——〈バイオゾーム〉

諸技術と諸科学は、それゆえ今日これらの膨大なデータを、あたかもそれらのデーターが——かつて経験論が知識は感覚から出現すると言っていたように——われわれの身体から生ずるのではなく、もろもろの種と生物や無生物の諸界から形成される一種の包括的な身体から生ずるかのように、収集している。諸技術によって、私はそれらの技術はわれわれの身体から出航したと言いたいのだが、われわれは自分たちの受信能力を経験的に生物の能力に可能な最大限にまで拡大している。古い経験論は様変わりし、経験範囲は個人の身体の五感あるいは六感を越え、生き物の種全体に広がっている。われわれがはっきりとは自覚しないままに、知の領域で活動しているこの仮想的な身体を、私は〈バイオゾーム〉と名づける。

われわれはここで包括的な概念に到達するのだが、それは単に実験科学と言われる科学の正確さによってのみでなく、もろもろの種の空間‐時間的住処を明確に区分された、ありうべき世界地図のあらゆる縮尺を尊重することによってである。あなたは形成されつつあるこの身体を、単にわれわれが自分のものと感じるという理由で現実の身体と呼んでいる身体よりも、より現実のものと思わないだろうか。その上より客観的なものと思わないだろうか。伝統的経験論であれ、現代の経験論であれ、われわれ自身の身体的感覚にもはや信頼を置かず、この〈バイオゾーム〉のほうに信頼を移していることを考慮しているのではないだろうか。人間の集団について伝統的にイメージされてきた件の空想的巨大動物よりも、この〈バイオゾーム〉のほうがより具体的だとあなたは思わないだろうか。〈バイオゾーム〉という概念は確かに新しくはあるが、しかし同じくきわめて古いものだとあなたは思わないだろうか。というのも、われわれをあらゆる種に変身させるすべを心得ていた『寓話』の古いプログラムが、諸科学によって〈バイオゾーム〉のなかで現実化されるからである。われわれは、イルカや、ミツバチや、〈樫の木〉や〈セミ〉、〈キツネ〉や〈アリ〉……の言語や、時間や、世界を解読し始めているのである。構築されつつあるこの種の総体あるいは寄せ木細工によってわれわれは、「主体」については一歩一歩、一分野一分野、構築を目指し、「客体」については、世界を、われわれの新しい共同の家を、建築することを目指している。この新しい共同の家は、もはや単に選ばれたいくつかの種、脆弱で飼いならしうる種のみを集めるのではなく、生き物全体を集めるのである。

ところでこの〈バイオゾーム〉は、高度な多様性をもつ魚やバクテリアの時間、クジラやカゲロウの時間、バラやセコイアの時間、誕生や変態の時間、ニンフの時間、さなぎや成虫の時間、生殖や死の時間、エントロピーや再生の時間などを「同期化（シンクロナイズ）」しようと試みる。それぞれの種が、あたかもそれぞれの規模のそれぞれの水準や段階に署名をするかのように、世界から一つの時間‐空間を、すなわち一つの住処を切り取り、そこで生き延びるとするならば、また逆に、それぞれの住処の時間‐空間的諸次元が、一つのあるいは複数の種を出現させるとするならば、一方〈バイオゾーム〉のほうは、この世界の生き物全体の、包括的で、複雑で、交錯した時間‐空間を構成する。生成しつつあるこのような総体としてでないとしたら、今日における観察するものたちと、観察されるものたちをどのように記述したらよいだろうか。

知性と世界

いまやわれわれの機器類が、素粒子や原子核などの亜原子粒子が出現したり消滅したりするレベルの時間であるナノ時間を計測でき、それと同じく、上流側では宇宙の誕生と推定され、下流側では宇宙の死と推測されている、ビッグ・バンやビッグ・クランチとわれわれとを隔てるギガ時間を計測できるという点を考慮するならば、最も大きな生き物を意味するがゆえに〈マクローブ Macrobe[106]〉とも名づけうるであろうこの〈バイオゾーム〉に加えて、物質的諸要素の総体としての〈ヒロゾーム Hylosom[107]〉をあえて提起することができるだろう。われわれは単に、短い命の微生物の時間や何千年もの樹齢をもつセコイアの時間のなかに入ってゆくだけではなく、原子の規模の時間や全宇宙の規模の時間に入ってゆくのである。観察者たち全体の重層的時間に、彼らを形成する物質の重層的時間の総体が、数多くの様々な装置の計測によって加えられる。これらの諸装置を操作することで、われわれはいわばそれらの機器の諸性能の総体と合体するのである。他の観察者たちが観察しているものを観察しながら、この総体を構築するにつれて、われわれは観察の対象となっているものを徐々に完成させてゆく。これらのアプローチの現実の働きに応じて見直しがなされて、経験論は、主観的相対主義や万物流動主義にくみするよりは、グローバルな対象である世界へと漸近的に向かってゆくある種の統合あるいは合成にくみしているように、私には思われるのだが、このグローバルな対象は、ありうるすべての観察者たちによって観察されているがゆえに、今日知られているすべての対象よりもいっそう客観的な対象なのである。

　われわれのデーター・バンクを包み込んでいる風景の奔流を受容すべく、統合の過程にあるこの身体の実在と活動は、いまや、つねに新しく創出されるこの身体に見合った新しい悟性を創出することを、われわれに要求しているのだろうか。津波のような大量のデーターのなかで溺れる危険を冒して、忍耐と技術によって一歩一歩構築されてゆくこの〈バイオゾーム〉に、一つの魂を――それについてはまだ何も分かっていないのだが――付け加えなくてはならないのだろうか。思考の主体は、それゆえ、存在しうるすべての生き物に、バイオ－コギト bio-cogito の主体として、普遍化され、また同じく、コスモ－コギト cosmo-cogito の主体として〈宇宙〉に普遍化される。私は後ほど、情報のテクノロジーが新しい〈能力〉にどのように有利に作用するかを検討するつもりである。だが私は、一挙にそのことに思いを致すのだが、人工知能がすでにそのプログラムと機能の役を果たしているのではなかろうか。人工知能を脳だけに関連づけて考えるのではなく、身体に関連づけて考えるようにしよう、また人間の脳にだけ関連づけるのではなく、この〈バイオゾーム〉あるいは〈マクローブ〉に関連づけて考えるようにしよう。

縮尺と地図――リーマン面(108)

全体的なものへの移行は、ここでは、もろもろの生き物と無生物の樹枝構造あるいはむしろ葉脈構造によって、いかなる中間段階をも欠くことなくおこなわれる。われわれは実際、ポルピュリオス[109]以来、生き物の全体を樹形図を用いて表しており、この図は生き物の系譜を連想させる利点をもつが、しかし一つの生き物に界、類、科といった系統図を投影するという不都合な面もある。

なぜ生命動学は、一般に、樹形という植物に特有の形態に立脚するのだろうか。それゆえ、なぜリーマン面――これは一種のミルフーユ〔薄いパイの間にクリームやジャムを塗り何枚も重ねたケーキ〕あるいは縮尺の異なる地図を水平に何枚も重ねたようなものであるが――を用いてもろもろの生き物を表さないのだろうか。このモデルは、形成されつつある包括的統合、様々な規模にわたる生息場所や生物群集を示しうるし、また同じく連結に沿った系統をも示しうるという三重の利点をもっている。

歴史的反復――観察について

観察されるものに戻って考察しよう。太陽が地球のまわりを回っているのか、あるいは地球が太陽のまわりを回っているのか、二つの理論は証明されないので体面を保っているとギリシアの天文学者たちは述べており、彼らはこのような中立性を、仮説の対等性と名づけていた。プトレマイオスの地球中心説を覆し、コペルニクスはさらなる証拠がなくとも、太陽を天体運動の中心に置くことに決心した。ガリレイは、初めて、観察された外観に対してその観察者の与える論拠に立てば、他の観察者たちからもその観察者と同一の外観が観察されるような同等の観察者たちのクラス〔集合〕を想定して、これらの論争の結末について熟考したのだった。古典天文学、理論力学、相対性理論においては、いわゆる生きたあるいは感覚をもつ観察者はつねに、移動する目に帰せられ、それゆえ運動感覚に帰せられるのだが、今日ではよく知られ論じられるこの運動の第七感は、『五感』[110]においては「探訪」または移動する視覚と呼ばれている。思考に生命を導き入れると主張されることのあるこの観察者は、色や色調、暗雑音からわき上がる多様な響き、熱波や触覚波を知覚するのだろうか。コンディヤック[111]の不感症的な石像に、たとえば列車に乗って移動しながら信号を確認する、移動する目が取って代わる。物理学は機械論のままにとどまっているので、この知には生物圏の領域が欠けることになる。縮減され、一部を切り取られ、去勢され、要するに抽象化された身体を、経験論は準拠とすることになる。

ところで、単に集団理論のなかでしか移動をおこなわないこの形式的な観察者は、ロック[112]や啓蒙主義の時代からすでに感覚を付与され、見るだけではなく、味わい、さわり、聴き、香りを楽しんでいる。知識はその源を拡大し、この観察者としての身体は、単なる運動感覚に、可能なあらゆる美学〔美容術 esthéti-que〕を加えることになる。これは、単に思弁哲学や認知科学のみにかかわる問題ではない、というのも、実験諸科学がこの教訓に焦点を合わせ、それを実施するからである。二十世紀初頭に、光のスペクトルの寒色や暖色の研究から、宇宙物理学が生まれ、世界は宇宙へと拡大されるが、太陽系から諸銀河系へのこの拡大は、諸恒星の年齢と温度とを明かす赤色と青色のスペクトルに負うところが大きかった。これらの視覚や聴覚の信号はそれゆえ波の系統に入り、記号のグループに入る。このクラスの観察者たちは、そのときから、自分たちが狭い窓の内側からしか知覚しておらず、たいていの場合、見えないものには盲目のままであり、聞こえないものは何も聴かず、触知できるものにさえ触っていない……ということに気づいてはいるが、ただし、誰にとって見えないもの、聞こえないもの……なのか、という問いを問うことない。そのとき以来、このクラスの観察者たちは、古い経緯儀から電波望遠鏡へ、アントニー・ヴァン・ルーヴエンホエック[113]が収集しスピノザ[114]が磨いた古い顕微鏡レンズから、電子顕微鏡、超音波スキャナー、サイクロトロンへと、絶えず受信装置を製造しているが、その性能は、新しいクラスの観察者たちによって知覚可能なレベルの波を凌駕している。そのとき以来、この拡大された感覚中枢が、もろもろの種の生き物たちの感覚中枢の総体を部分的にカバーしているということ、また、これらの知覚用機器類はすでにバイオテクノロジーとして理解されうるということを、指摘した人がいただろうか。

古い実測図

これまで見てきたように、観察者は動きや形状や質を知覚する。形状の知覚に関しては、古典主義時代の人たちは次のような、なるほど魅力ある論理を展開して楽しんだものだった。この花瓶を観察しよう。ここから見ると、私にはそれは傾いて見える。近くから見れば、あるいは遠くから見れば、私はそれをまっすぐだと知覚したり、斜めだと知覚したりする。上から見ればつぶれたように見え、下から見れば宙づりのように見える……。あなたはそれを自分の視点からしか決して見ないだろう。右側や左側の隣の人たちはあなたとは別なふうにそれを知覚しており、遠く離れた観察者たちはなおさらである。われわれはみな、輪郭を知覚しているにすぎず、誰しもしかじかの輪郭以外のものは観察できず、しかもそれぞれが異なった輪郭を知覚している。円錐を目で見て描いた場合に、この円錐の多様な断面に応じて、ある者は円を、別の者は楕円を、また別の者は、放物線や、双曲線を見ることを、幾何学の方法を用いて証明することさえできる。円錐の「真の」断面の形状はこれだと断言することは不可能である。このように、とりわけ厳密科学においてさえも、視点による相対性がはっきりと見て取れる。ブレーズ・パスカルが、モンテーニュに続いて書き著したように、この相対性は、単に風習や、制度や、法にのみかかわるものではなく、おそらくこの幾何学者が、円錐の断面の多様性から引き出したものなのだ。科学と上述の人間味ある論理を分離する愚を犯すことなく、哲学は客観的知覚の相対性と、文化的知覚の相対性を同時に発見するのである。『円錐断面論』の著者は、切断面に応じて円や放物線が変化するのと同じように、ピレネー山脈の稜線の向こうかこちらかに応じて法や習俗にかかわる真実が変化することを教えているのである。

したがって、対象をそれそのものとして、すなわちその対象のもろもろの輪郭全体を、知覚することが誰かできるだろうか。誰もできない。われわれはもろもろの像の一つをしか見ていないのであり、それらの像の総和としての変容を見ることはない。聖書によれば、選ばれた何人かの使徒たちのみが、この変容、すなわち完全に純白の身体を見たのであり、「その顔は日のように輝き、その衣は雪のように白く輝いた」(115)のだが、この白い光はあらゆる色の総和をなしているのだ。それゆえ、古典主義時代の人たちは、円錐の頂点を無限遠点に置けばその円錐は見かけ上は円筒に見えるケースにいささか似ているが、実測図といわれるこの形状、あるいは、それそのものとしての対象を見ることができるような観察者が要請されると考えたのだった。彼らは、この究極の見者を神と呼び、この実測図を世界と呼んでいた。神の認知機能は、同じ一つの形状をそれぞれの視点から見ているすべての観察者たち全体を包括的に統合する。人がどのように言おうとも、いわゆる厳密科学にとっても、動きを観察する包括的クラスの観察者たちにとっても、空間概念や時間概念の形成において、この神が完全にいなくなるということはない。たとえばニュートンは一神論者で、アインシュタインは汎神論者であるように、絶対的なものを思考する者はいずれも、いわば神を選んでいるのである。

私はここで、包括的経験論として普遍化された、つまり生命から物質そのものに至るまで、感覚のすべての機能に普遍化された、似たような議論を再び扱ってみることにする。しかし、一つの極限的な形にまで一挙に移行するのではなく、帰納的なやり方で一歩一歩、段階を踏んでその議論を進めたい。われわれは生命の包括的な概念をもっていないので、すべての生き物の知覚の統合〔積分〕として生命をとらえ直しても、驚くにはあたらない。もろもろの信号の源とそれを受信する能力のこの統合〔積分〕を考えるうえで、実験諸科学のおこなっている実践が有利な条件を提供してくれる。このクラスの観察者たちが身を置くのは、ここでは、もろもろの種の樹形図のなかであり、物質の時間と生命の時間のなかである。現代の学者は思考すると同じく生活し、存在しているのみでなく、彼の身体はこの総和を目指すことによって再構築され、彼の思考の対象は、そう言われているほど分裂してはいない世界、そう考えられているよりも統合されている世界である。というのも彼の現実の仕事は、白く輝く件の総和を忍耐強く構築してゆくことだからである。どのようにして構築するのかを以下で検討してみよう。

生命宇宙（バイオコスム） biocosme と〈バイオゾーム〉の予知的機能

実際にわれわれがこの統合された、あるいは統合されつつある〈バイオゾーム〉の視点から世界を「観察する」と仮定すれば、いかなる世界が見えてくるだろうか。それは、生き物たちが、仮に一体化したとすれば、知覚するであろう世界、つまり、生き物たちそれぞれの生活世界から構築される一つの統合〔積分〕であろう。ハイデッガーの言うように「貧しい世界」であろうとも、それぞれの生き物たちは自分の世界をもっている。われわれの世界の豊かさは、総和されつつあるこの統合〔積分〕、あるいはもろもろの貧しい世界の結合から生じる。端的に言えば世界の信号を、〈バイオゾーム〉はまだ相変わらず不完全な仕方で受け取っている。相互的飼いならしは、総和されることとからなる。

「観察者たち」の総体は、それゆえ自分が観察している進化の家に住んでおり、そして自らも進化しながら自分の住んでいる家そのものを観察している。したがって、統合されつつあるこの主体は、もはや単に自分の家の家禽場のみではなく、ますます総和されつつある世界そのものを知る途上に乗り出す。現実の界および可能的な界のすべてが一体となれば、生命は、ハードなものの上に一種の襞を刻むことによって、世界を把握するあるいは世界と交信する様々な仕方の総体を具現するわけだが、それはすでに世界を知ることでもある。それはあたかも、世界が己を知ることに向かってゆっくりと進化しているかのようである。生命の出現は意識が生まれる最初の段階を画しているのだろうか。世界自身による世界の自己理解という漠然とした概念に、われわれは足を踏み入れているのだろうか。われわれはその媒介として機能することになるのだろうか。

生き物がその全体として共有している生命という意味での生命一般とは、いったい何だろうか。世界認識の第一歩。だが、生命はどこから生じたのだろうか。世界それ自体から。世界は自らの自己認識の最初の環を生み出したのだ。世界のなかで、また世界によって生み出され、世界の一断片——生命はこの断片のおかげで生き延びることができるのだが——を知覚することによって生きながらえている生命は全体として、世界と知のフィードバックのサイクルの最初の環の一切片をなしている。われわれはこれらの断片を統合する途上にある。次のような問題が生ずる。このような自己補給が存在するとすれば、世界は己を永続化するために知を必要としているのだろうか。そうであれば、世界が生命を生み出したのは、偶然のことであるよりは、ほとんど必然の結果なのだろうか。その代わりにこのことは、奇妙なやり方で、生命と意識との二重の出現を明らかにするのではないだろうか。したがって、〈バイオゾーム〉と生命宇宙（バイオコスム）は、信号の一般理論の、基本的で包括的な諸概念を提供するのである。

だが、人類再生 hominescence の現代以後、〈バイオゾーム〉は単に知覚のみにかかわるものではない。

汎生殖説(116)

「生物学的ヒト *Homo biologicus* は……アブラムシのようにオスなしで生殖する特性、軟体動物のオウム貝のように遠く離れたメスを受精させる特性、魚のソードテールのように性が変わる特性、ミミズのように挿し木的繁殖をする特性、イモリのように欠けた身体部分が再生する特性、カンガルーのように母胎の外で胎児が発育する特性、ハリネズミのように冬眠する特性などを累加してゆくことだろう。」一九五六年にジャン・ロスタン(117)によって書かれたこの繁殖のリストに、これを引用したジャック・テスタール(118)が、「われわれはバクテリアのまねをして、出産による増殖、つまり偶然の出会いと混合に任せる繁殖を、クローン増殖にとって代えるだろう」と付け加えている。二人とも生き物の等級をこのように退行してゆくことに反対しているのだが、一方にとってはこの退行はまだ夢の段階だが、他方にとっては部分的に実現されているものである。

ほとんど普遍的なこの汎生殖説に、それが何千年にもわたる使用を反復していることを除けば、何も反論すべきことはない。われわれは、象やゴリラやガゼルや牛や羊と同じように、草や菜っ葉を食べ、ライオンや虎や犬と同じように肉を食べ、カナリアやキジと同じように種子植物の種子を食べ、カモメと同じように魚を食べ、トカゲと同じように軟体動物を食べ、チンパンジーと同じように果物を食べ、熊と同じようにハチミツを食べ、最も洗練された美食家(グルメ)は豚と同じようにトリュフをむさぼり食い——私には身分不相応だからといって、決してトリュフに恨み言を言っているのではないし、ほとんど私の双子の兄弟のように尊敬している豚を卑しめているわけでもない——われわれの子供たちは、バクテリアが細胞膜を通して溶液を吸収するように、甘い溶液を摂取する……多産であることは確かだが、それ以上に何でも食べる。その上われわれは、いくつもの種と同じように、あまり上手にではないが時には他の種よりも上手に、歩き、走り、跳び、泳ぎ、潜り、飛行し、気球や、人工衛星や、深海潜水艇に乗って、成層圏や、地下洞窟や、最も深い大洋の底にまでも到達する。クジラやウナギや鮭と同じように、われわれは遠距離交信をする。幾種類もの動物の仕草をまねることのできないダンサーや、パントマイム俳優がいるだろうか。スポーツはヒョウやオオヤマネコと素早さを競っていないだろうか。オオカミと子ヒツジごっこをして遊んだことのない子供がいるだろうか。どれほどの『寓話』からわれわれの文化が生まれたことだろうか。どれほどの物神からわれわれの宗教が生まれたことだろうか。われわれの行為、作物や仕事、姿勢、動き、技術、想像力や詩歌のなかで、またそれらによって、われわれの潜在能力はもろもろの生き物の段階へと開かれている。ほとんどあらゆるところに行きわたるこれらの可能なものの幅が、たまたま繁殖の仕方に遭遇したとしても、驚くにはあたらない。というのも、われわれの他の諸機能は、例外なく、すでにこのような分化全能性の証拠を示しているからである。そう、われわれは全能なのである。

分化全能性 totipotence

全能の tout-puissant というこの形容詞は、決してわれわれの能力が、現実のあるいは考え得る物理的世界に勝っているという意味ではないし、自然の最高傑作あるいは〈宇宙〉の主人というかつての民間伝承的な地位を取り戻すという意味でもない。そうではなく、ここでの能力 puissance は可能性 possibilité と同等であり、それゆえわれわれの能力は開かれているという意味である。汎生殖的であり、何でも食べる雑食性であることは確かだが、結局のところわれわれは汎価的 omnivalent なのである。

能力 puissance を力 force という意味にとった場合、その能力は逆に、可能性の幅広い広がりを閉じて一本の線にしてしまい、そうすることによって、生き物たちが専門的に占有している生態的地位、つまり日頃いたるところで目にされる愚かしさと残酷性をそなえた件の序列に後戻りすることになる。ヒエラルキー、優越性、支配、あらゆる線的な境界などは、単細胞生物であれ動物であれ植物であれもろもろの種の、生の原動力であり続けており、それぞれの種は、乾燥した土や、乱流する大気や、深海などによりよく適応するために、いわば跳躍力や、走力や、飛翔力や、泳力に磨きをかけている。脊索動物、トップ・ランナー、学者、要するに、トカゲや、陸上選手や、大学教員は、それぞれ自分の小さな領域を支配しているけれども、そこから追い出されやすくもあるわけだが、実際、小さな生息領域を支配するには、その場所に特化した専門技術が必要である。それゆえに、界や属などに分割された動物たちがおこなっているように、ランナーや、金融家や、行政官は、人間のもつ複雑な能力をそれぞれ、時間、お金、法律の上に単純化して投影しているのだが、それは、ワニがじっと動かずにいて突然素早く獲物を捕らえる動きに、ワシが高い上空から電撃的に急降下して獲物をさらう動きに、能力を特化させているのと同じである。権力、富、力など、この種のヒエラルキーはすべて、動物や植物、一般に生き物に固有の直線的な論理に従い、明確に区切られた小さな生息的地位の支配をねらっている。このような単純化された投影、線的なものへの引き下げ、あるいは一つだけの変数への限定、これら以上に適切な専門性の定義、それゆえ種の定義を私は知らない。

この類の狭量さを捨てて、人類は――私はヒューマニズムとさえ言おうと思ったのだが――多様な能力の開花へと向かってゆく。人類再生 hominescence の契機と相まって、この能力の多様な幅が、身体的な生成過程、観察される世界、情報伝達などの面で突然に改めて拡大された。生き物たちがたどる通常の道における、おそらく予見しえない方向のズレが――そのズレが生じた原因も状況もわからないが――われわれをすでにきわめて原初の時代に、この分化全能性に向けて開いたのだ。動くにせよ、食べるにせよ、人間はすでに普遍的なものへ登り詰めている。脱特化した手から身体全体まで、姿勢から行動まで、食物摂取から生殖まで、文化から仕事まで、実際にわれわれはもろもろの目や科や属——それらを経て生命はもろもろの種に分化するのだが——をひと当たり経巡っている。われわれはそれらの種がなす事のほとんどすべてを「することができる」のであり、そのほか姿を消した種や、仮想的な種についても同様である。昨日は手で巧みにロープを組継ぎする水夫であったあなたは、明日にはピアノの名手となり、あなたの指や手のひらは鍵盤を駆け巡って、アルペジョや急速な華々しいパッセージを演奏するだろう。だがさらにまた、あなたは車の車体の下に潜って仕事をする機械技師になるだろうし、かぎ爪をつけて岩山をよじ登る登山家になるだろうし、愛する人を愛撫するだろうことは言うに及ばない。われわれの装備の総体は、それらの装備自体われわれの身体から出航してゆくのだが、同じ方向に沿って件の分化全能性を強化するという効果をもつ。技術はわれわれの身体のもつ最も優れた特性を拡大するのであるから、どうして技術が人間を非人間化することがあろうか。

一価的で目的性をもったそれぞれの伝統的技術は、それゆえ〈バイオゾーム〉を形成するのに貢献し、それらの技術の総計によって分化全能的になる。逆に汎価的な新しいテクノロジーは、汎価性という点においてわれわれの身体および〈バイオゾーム〉と完璧に調和し、伝統的技術の後を引き継ぐ。それゆえ、ヘラクレスやプロメテウスの次元にあるハードで一価的な古い諸技術がゆっくりと——ゆっくりと、というのはヒト化の時間と適合した時間の流れに沿ってという意味だが——、〈バイオゾーム〉と〈ヒロゾーム〉——これらは、それ自体はハードな世界にわれわれを近づけるのだが——を形成してきたとするならば、ヘルメスや天使の次元にある分化全能的でソフトな新しいテクノロジーは、〈エスノゾーム〉Ethnosom の形成を急速に容易化し、そしておそらく、われわれを人間に近づけることによって、〈エスノゾーム〉を創造する。これは社会科学にとってよき知らせ〔福音〕である。

われわれの意識の第二の起源

われわれの身体とその諸機能に刻み込まれ、様々な技術の成果によって拡大された、この一連の汎価性がなかったならば、われわれは何を知りえたであろうか。自分の身体的制御によって生態的地位〔住処〕に適応しているそれぞれの種は、暗い世界のなかに切り取られた小さな迷宮としての「貧しい世界」で、その細かい流儀に従っている。一方、「能力のある」件の動物はよりいっそう明るい世界へと開かれており、白色光がそれぞれの色を見せることなくすべての色を混ぜ合わせているように、この動物自身も白色なのである。それぞれの生き物は自分の色合いを保っているが、人間は、すべての色合いの総計として結局、純白になる。それぞれの生き物は自分のテリトリーに住んでいるが、人間は世界をさまよっている。認識の起源はわれわれの身体の分化全能性と、その分化全能性が原因となりまた結果として可能になる、世界との関係のなかに存する。この汎価性によって人間はあらゆる生態的地位〔住処〕に対してある種の自由を獲得するが、この自由が汎価性を加速する。われわれはこれらの場所の発展的総計のなかで生きており、場所から場所へとさまよっているのだが、われわれが中心を失って移動し続けるのはそのようなわけである。

この点については聖書とは逆に、人間のナルシシズムに加えられた有名な打撃、アメリカ大陸の発見やコペルニクス革命、その他の革命的出来事を称賛しなくてはならない。というのも、失われたかつての中心と新しい中心との距離はわれわれの世界を大きくしているからである。中心が失われるたびに、われわれは狭い世界を捨て、世界の豊かさを増大させている。生き物たちの認識はいつまでたっても、何か－に対する－認識のままにとどまっているが、われわれの認識は、まず第一に、また結局、丸くて絶えずふくらんでゆく百科全書——世界理解——の形をとっている。小宇宙（ミクロニスム）としてのわれわれの身体に対するかつての称賛は、この明確な事実を描いていた。かつてあまたの中心のズレによって屈辱を受け、無に帰せられた――本当は人間の富を増強しているのに――と言われている人間‐無は、自分の身体に由来するあらゆる装備で光り輝いており、それらの装備は分化全能性 totipotence の環へと達し、その円環は原初の実り多い無の穴を反復している。この全能性 omnipotence は、存在者、行動、思考の世界‐百科全書としての、無生物および生き物たちの総体に遭遇する。

諸科学は寓話を読み返す

つねに直線的なやり方で、あるいは生成の時間に沿って、あるいは別々に取り上げられた感覚回路に従って、取り扱われる起源の問題は、この白色光の包括的な広がりのなかで明らかになる。われわれの身体のなかにも、その仕草のなかにも、その動きのなかにも、その食物摂取のなかにも、すでに、つねに分化全能性の次元に属していないようなものは何もなく、われわれの汎価性が表れていないようなものは何もない。最初は、ある種の全知 omniscience が、実際、一部は人間的で一部は動物的なトーテムや物神のなかや、変身の業が徹頭徹尾駆使されている寓話や神話のなかに、すばらしい形で提示されている。つまりこのようにして、あたかも各人が一人だけで一つの種を表現しているかのように、要するに、人間があらゆる種のなかに入ってゆくかのように、われわれはあらゆる種類の生き物を経巡るのである。このような意味において、原初の時代のようにわれわれのなかにつねに存在している、物神崇拝やトーテミズムから、寓話や神話から、枯れることのない泉からわき出るかのように、それ自体は普遍的なわれわれのすべての認識がわき出している。われわれが寓話のなかで学ぶことは、認知科学で知りうることと同じ類のことであり、競技場で走ったり跳躍したりする訓練された肉体から学ぶのと同じ類のことであり、不備を補って生きるために、よりいっそう可能なことを探求しようとする身体障害者の姿勢や動きのなかで学ぶのと同じ類のことであり……実験室のなかやコンピューターによって学ぶのと同じ類のことなのである。

したがって、知識の進歩によって、またこの二十年間の生殖機能の新発展によって、絶えずこの生物の階段全体を探訪しなおす機会をわれわれがもたないとしたら、逆に驚くべきことではなかろうか。ジャン・ロスタンとテスタールの、正当で新しくかつ人類再生 hominescence の時宜をえた件のリスト、われわれはそれを、様々な適用の場において、暗唱したり朗読したりして、太古の時代以来、実践しているのだ。それらの適用の場は、仕草、食物、狩りの姿勢、ダンス、儀式……などであり、スポーツ、料理のレシピ、アメリカ原住民やオーストラリア原住民やエジプト人の宗教、オウィディウス、[119] イソップ、ラ・フォンテーヌ……などであるが、これらは古代や異国的なものから生まれた慎ましい知の貯蔵庫なのだ。この分化全能性の地平を前にすれば、オーストラリアの原住民と生化学のノーベル賞とを区別するものは何もない。諸科学と人類はともにこの人類再生 hominescence の諸契機に根を下ろしているのである。

様々な多様性

モンテーニュ、パスカル以来合い言葉として通っていた多様性の概念は、今日ではとりわけ、あたかも人文科学にしか関連がないかのように、文化や言語に適用されている。あらゆる種類の帝国主義に対する闘いは、まず最初にこの多様性許容の要求から始まる。それゆえこの教訓を思い起こそう。だが、医学、獣医学、農業、牧畜、博物学は、習俗の多様性が認識されるよりずっと以前から、多様性を認めてきたことを了解しようではないか。生き物は、優れて多様なものの領域と見なされている。酪農家は牛を牛として認識するのではなくトワノンとかメシャントとか固有名で認識するのであり、医者は様々な病人を診察するのであって、病気を診察するのではない。解剖学が生まれる前には、個人が話題になるよりも身体が話題になることがずっと少なかったが、今日では精密な研究とアルゴリズムのおかげで、身体のことが再び話題となっている。私は、先ほど言ったこの統合可能な基本的な生命のモザイクを、おそらく統合不可能な、文化的・言語的な諸文明のモザイクと比較検討する。一方の文明が他方の文明の原因——これは相変わらず悪しき直線的論理だが——なのではなく、すべての文明が一緒に総合的なモザイクを形づくっているのだ。それゆえここでは、芸術の多様性が手の汎価性と対応すると同じように、言語の多様性が発声器官と聴覚器官の脱特化と対応しているのだ。

この分化全能性から、モザイク模様の色彩をそなえた文明と知の新しいヒューマニズムが導き出される。可能なものの世界へ移行することによって、実際、多様な相対論に適用される〈嘘つき〉のパラドックスは解消される。つまり、すべてが相対的であるならば、相対論もまた相対化されるからである。いまや、偉大なるパンが戻ってくる。

モザイク模様のヒューマニズム

人間的なものは、もっぱらこの汎価性と、思考に先だって生きる非直線的な生の様態から生じるので、きわめて広範な多様性のなかから、新しいヒューマニズムが生まれる。言語の多数性と文化の多様性は生き物の多様性と対応しており、その多様性は個体の身体的ヴァリエーションにおいても、DNAの配列においても見事なものであり、イメージとしては、アルファベットという単純な要素によって、またそのなかで、言語の多様性が生み出されるのと同様である。

あらゆる生き物のそれぞれの個体が、遺伝子コードに基づいて多様な変化を示すように、もろもろの言語は、文字をもつものであれもたないものであれ、普遍的な一つの言語を回避するのだろうか。ユーラシア大陸で話されている言語の様々な語族が系統化されうるとは、昨日まではなお、われわれは想像していなかったが、今日では可能なものとなっている。というのも、最近まではまだ神話と見なされうち捨てられていた仮説を、否定するような要因は何もないように思われるからである。モザイク模様のもろもろの画素(ピクセル)が変化することは確かだ、つまり炭素原子、窒素原子、アミノ酸分子、細胞――これもまた時には分化全能性をもつが――、進化する身体の可変の諸器官、言語の子音や母音、宗教上の諸儀式、もろもろの道具やその用途、空間の分割の仕方、芸術と九人のムーサ、百科全書に集約された諸科学……など、モザイク模様の構成要素としての細かい素材は変化するが、しかし生命から認識へまた認識から生命に至る、モザイク模様の形態そのものは安定している。分化全能性をもつこのモザイク模様のヒューマニズムから遠ざかる科学はほとんどなく、多くの科学がこのヒューマニズムに帰着する。科学から遠ざかるヒューマニズムはほとんどなく、多くのヒューマニズムが科学に帰着する。ここにあっては、哲学的思考は、第一の芸術である音楽を見事に模倣しているのだが、音楽とは、思考と調和したモザイク模様の言葉を、別の仕方で発音したものなのである。

　実験諸科学はそのもろもろの装備によって、統合へ、モザイクを構成する諸部分の融合へ――あるいはもろもろのリーマン面の結合へと――われわれを導いてゆく。一方人文諸科学は、この分割模様を強調することによって、好んで自らをモザイク模様の守護者にする。ピエロのような純白な厳密科学、アルルカンの衣服のように雑多な色をもつ〔人文科学の〕知。それでもやはり何やらの動物が、オーストラリアの原住民やガスコーニュ人の水夫に変身し、ワスプ[120]やクワキウートル人[121]の様相を呈する能力に恵まれているということには変わりがない。再度言うなら、人間は、分化全能性というこの能力、文化によって引き継がれる実際に身体的なこの能力に恵まれているということである。他の生き物たちは、生息環境に応じて、突然変異や淘汰によって、身体が変わったり種が変わったりするが、そのためには時には何百万年をも必要とする。われわれはある種の身体的全能性を安定的に保っており、そして慣習、言語、祭儀、道具、象徴、世界表象などをきわめて多様に分岐させている。

ある意味では、人文科学によって正当に評価され大切に保存されてきた著しく多様なこれらの相違は、したがって、反対推論的に、人間とその統合能力の一体性と、身体の総体によって観察された世界の単一性の証拠をなしているのである。文化的に多様に異なっているが、人間はこの一体性を不変に保っており、それは抽象的なものではなく、人間の生身の身体のなかに存在しているのである。動き回るアルルカンの後ろに、怠惰なピエロが眠っている。多様な石畳の下に、一様な砂浜が隠されており、色とりどりのモザイク模様の下に、純白が隠されているのである。

有限性再考

ライプニッツやカントや実存主義者たちが主張したこととは逆に、空間や時間において、現実的なものや仮想的なものにおいて、われわれが無限であり限りないということが明らかになる。

仮想的なものとしてのわれわれは、少しも現実的ではないし、無限なものとしてのわれわれは、決して完全ではない。ギリシア人たちは、実際に、有限性と完全性を結びつけていたが、これは理由がないわけではない。つまり、限界〔境界〕は、障害物もしくは支えとして空間を明示し、ある力に反応して、正確な思考を可能にする。境界は、〈歴史〉に意味を与え、計画に一つだけの方向性を与え、保証と明晰性、基礎と正確さ、行動の有効性と概念の区別をもたらす。われわれには、このような構図、定義、力の恒常性、方向性とその目標が欠けている。仮想的で無限なわれわれの時間は、われわれと同じように偶然的で、多様で、無際限に分岐し、またもろもろの可能なものが混合した白色のなかに統合〔集積〕されている。われわれが汎価性をもたないとすれば、誰であれ誰かがわれわれについて言ったり、考えたり、命じたりすることが、ことごとくはずれてめったに適合せず、われわれが思いもかけないものでありうるのが、なぜなのか、どうしてなのかを、誰も理解することはできないだろう。自ら進んで、あるいは喜んで隷属状態にある場合を除けば、知的な振る舞いであれ、愛情の振る舞いであれ、誰もわれわれの振る舞いを予見することはできないだろう。私が誰であるか言っていただきたい、私はすぐさま逆をついて、動物であれ英雄であれ、それとは別のものになるだろう。

ところで、有限性も境界も、不安を増加させるのではなく、不安を解消させる。というのも、有限性や境界は、家の敷居や、庭の塀や、部族とその言語の境界を画定し、教義や慣習の許容範囲、ハンマーの鉄床、球体の表面、思考の基礎を画定するからである。有限性は安心感を与える。波頭万里の外洋、砂丘が無限に続く砂漠、宇宙空間……ぼんやりとしたもの、開かれたもの、可能なものの無際限な集合、要するに境界のないものは、恐怖心を引き起こす。はっきりと画定された現実のものは不安をかき消す。仮想的なものは不安を生じさせ、不安を募らせる。われわれは碁盤の目状に、交差点状に、計算できる道路の間隔を隔てて生きることを好んでいたが、今日では目印もなく隔たりもなしに建築しうる世界のなかをさまよっている。最近のこのような居住環境の変化は、われわれを怯えさせる。この新しい家 - 世界はわれわれに恐怖を与える。その上、すべてがわれわれ全員に依存しており、この状況以上に恐怖を与えるものは何もない。というのも分化全能性はいかなる限界ももたないので、このような立場が不安を生じさせるからである。定義も、標識もなく、浮遊する半透明の幽霊のように、われわれは無限の大洋をさまよっている。

民族学、神学

この全能性に関する先行言及については、〈歴史〉のなかで私が見いだせるのは、神の属性にかかわる神学のなかにのみである。相変わらず一般の通念とは逆になるが、宗教史は、科学史さらには知識一般の歴史に、最も有効で最も奥深い原動力の一つを提供している。それはちょうど、テクトニクスプレートのゆっくりとした動きが地球表面の巨大な変化を引き起こすのに似ている。

英語のコンピューター computer とは逆の意味、すなわち単なる計算をはるかに凌駕する性能をもつ機械という意味を、きわめて的確に表しているフランス語の ordinateur〔コンピューター〕という用語もまた、たとえば、中世の神学に由来する語である。啓蒙主義時代のまっただ中で、ディドロはまだ「普遍因、秩序因 cause ordinatrice、第一因たる神は善良であると考える」者を嘲笑している。ところで、キリスト教は三種の「秩序形成者 ordinateurs」をもっている。すなわち、唯一の普遍因たる神そのもの、次いで、無秩序に陥っていた世界を再び秩序づけるために人間の時間のなかに降下受肉した導き手としてのキリスト、そして、儀式や祭儀を司る司祭であるが、それぞれはその先行者から生じ、その力と権威とを授けられる。秩序を生み出す機械という名前のフランス語におけるきわめて正確なこの表現は、世界の「秩序形成者 ordinateur」である神の属性をわれわれ人間のほうへ移行させるのに貢献している。

ここで、全能性 omnipotence についても同じ表現の妙を素描してみよう。ある宗教とその神学が神の属性として示すこの分化全能性 totipotence は、永遠性においてではなく、仮想的に統合可能な無数の偶然的プロセスによる時間発展的な生成において、人間固有の財産として人間に帰することになる。リアル・タイムで選択をしながら、自らの未来を絶えず整序してゆくことは、開かれた人間の自由を定義するものであり、人間の自由はさらに今日では自らの時間が蓄積してきた選択方法全体を受け入れている。そう、われわれは全能 tout-puissants になっており、われわれの制御の及ぶ範囲は、無生物の世界全体へ、宇宙へ、ずっと先の未来の時間へ、われわれの種の全体へ、さらには生き物全体へ、仮想的なものの地平へと拡大しつつある。そんなわけで、現代人は苦悩に締めつけられているのだが、彼らは、実際に、未来の世代に対する責任を負っており、だからこそ、彼らの孫たちのための進化の家を建設する義務を負っているのである。彼らはこの不安に打ちのめされて、彼ら自身もリスクゼロの生き方をしたいと願うほどになっているが、リスクゼロで生きること自体が、まさに生命を犠牲にすることであり、それゆえリスクゼロの存在は何の価値ももたないということに気づいていない。したがって、人間は生命の危険を冒しつつ、おそらくカオス的に何百万年にもわたる冒険を経てきたのであり、これらの偶然的な営みの結果として生じた分化全能性が、突然まばゆいばかりの輝きとともに、過去に遡ってわれわれに出現するのであり、分化全能性はこのカオス的な時間を統合するものなのである。

しかし、すでにずっと前からこの結果に怯え、苦悩に耐えかねて、われわれはそのすべてを、全知 omniscience と一緒に、神の手に返そうと欲してきた。われわれは自分たちの分化全能性を隠していたのだが、それというのも、この分化全能性が連座させるものは、もはや弁神論 théodicée ではなく、人類弁護論 anthropodicée だからである。この語で私が意味しているのは、世界のあらゆる悪の責任者――いまやそれは人間なのだ――の法廷への出頭である。なぜなら、われわれはこの悪の能力を、自分たち自身の身体のなかに、自分たち自身の知力のなかに、自分たち自身の諸手段のなかに、核爆弾や、遺伝子操作や、人口爆発と一緒に、要するに世界の生成へのわれわれの組み込みと一緒に、しまっているからである。分化全能性を生み出し、あるいは受け入れることによって、変成作用を及ぼすわれわれの未来は、それゆえ今日、汎‐責任性と遭遇している。注意していただきたい。われわれは犯罪者たちの捜索に自分たちの時間を費やすことになりそうであり、これこそが来たるべき歴史の不幸なのだ。われわれはすでに自分たち自身の知を告発しているのである。

この未来の地平は、まだ神ご自身によって形成されていた、あるいは形成されている。われわれは神の諸属性を相続しつつある。だからこそわれわれは、ヒト化そのものの原因あるいは少なくとも責任者であり、われわれが住み開発している世界、それゆえ継続する世界創造のようにわれわれがあまねく創造している世界の、原因あるいは少なくとも責任者であり、われわれはいまや、分化全能者として、世界創造をおこなうすべての手段の保持者である。逆に、神が相続するものは、われわれがかつて人間に割り当てていたあらゆる属性、弱さ、犠牲に供される不安な生、流浪、迫害などである。神は、無限に弱くなり、無限に小さな原因となり、おそらくわれわれ自身より普遍的ではなくなっているので、われわれは神を忘れ、神を無視する全面的な自由をもち、神を見限り、神をさげすみ、神を足蹴にし、神を断罪し、裁判なしに神を殺しさえする全面的な権能をもっており、自分たちがこのような分化全能性をもはや決して捨てることも忘却することもできないことも考えずに、誰もが遠慮なしにそれを行使しているのであって、この分化全能性が抗いがたくわれわれを特徴づけ巨大化させているのである。侮辱を受け恥辱にまみれ、哀れにも見捨てられて、神はいまや第三世界、第四世界にしか住んでいない。この奇妙な交差相続——そこでは現代の民族学が伝統的な神学と概念を取り換えるわけだが——において、この相続の交換を免れているものがまだ一つ、一つだけ残されており、われわれはそれを前にしてもはや躊躇することはできない。というのも相続分すべてを受け取るか、さもなければ何も受け取らないか、そのどちらかにしなくてはならないからである。この世界とわれわれ自身の創造者を継承し、自分たち自身の原因となり、そうするためにあらゆる能力を獲得するには、善良になることが残されている。神慮 providence、全能性 omnipotence、全知 omniscience、これがかつての善良なる神の属性である。これこそが、遠く隔たって、われわれに欠けているもの、われわれが獲得しなくてはならないものである。〈弁神論〉が戻ってくる、つまり、善よりもむしろ悪を選んだがゆえに、裁きの法廷に出頭しなくてはならないのは誰なのか、という問題である。〈分化全能者〉はいまや寛容の刑を宣告されている。

慈悲を相続しなかったならば、他の相続分は何の価値もない。そう、哲学 philosophie は、学知と悟性である知恵 *sophia* に満ちてはいるが、しかし奇妙にも中途半端であって、哲学はまだ愛を込めて *philia*〔愛〕を学び始めていない。知と分化全能性は無限の哀れみなしにすますことはできない。さもなければ、それらは怪物となり、新たな神は芸術家たちの想像力によって考えられ描かれたあらゆる悪魔よりももっとおぞましいものになるだろう。愛に満ちたか弱い犠牲者である神、私の目の前にいるこの逆転された神のほうが、この新しい人間よりも——もしこの新しい人間が、善意〔慈愛〕を除いたすべての属性を神から奪うのであれば——尊敬に値するように私には思われる。先ほどの円環に沿って言えば、善意〔慈愛〕を欠いた冠である先の相続分は意味をもたない。愛が分化全能性の最後の輝きを顕現する、というのも、愛は「すべてを許し、すべてを信じ、すべてを希望し、すべてを堪え忍ぶ」からである。

進化する生態的地位

実存、時間と生命

存在の思想あるいは存在の哲学である存在論は、すでに述べたように、様相的な思考に席を譲った。われわれは存在するのではなく、次のような四辺形のなかに実存している。つまり、重量、冷却、飢え、渇きなどの**必然性**に拘束され……、期待される、あるいは計画された幾多の**可能なもの**のなかから、しかし、同じくあまたの**不可能なもの**によってふるいにかけられ、一つの時間、一つの未来、**偶然的な**一つの実存を、われわれは絶えず選び、あるいはやむなく受け入れる。私は別な生き方をすることもありえた、がしかし、自分の生の軌跡の上を現在から過去へ引き返すことはできない。偶然性は必然性へと様相を変え、もはや何事も変えることはできないからである。私には自分の未来がわからないし、希望や準備が未来に影響を及ぼすとはいえ、結局、未来は思いもよらないものであり、私は、実現不可能な夢を抱くことはないけれども、それでもなお、時には幸運に恵まれて、奇跡が……。現在から未来に向かっては、必然的なものは、可能なものへと様相を変え、不可能なものに濾過されて、偶然的なものとして出現する。これらの四つの様相が実存をリアル・タイムで彫琢する。その上、時間自体も同様である。たとえば、カオス理論や濾過理論によって考えるならば、時間はそれらの様相とともに、この四辺形のなかに入ってくる。

これらの様相はまた生き物を造形する。無生物と適合性があり、無生物の諸要素で構成され、無生物と同じように、重力や熱力学に順応しながら、生物は物理・科学的な法則から、つまり必然性の圏域から生まれてくる。ところで、生まれつつある生命は、可能な無数の道を切り開く。あれほど多くの種が出現したカンブリア紀の生命爆発を、誰が事前に見抜くことができただろうか。しかしその無数の選択肢のなかから、もろもろの制約が、その不可能性によって、しかじかの道を禁止し、その道はそこで止まるか分岐し、しかじかの種を殺して絶滅させさえする。もろもろの種は、突然変異－淘汰あるいは可能なもの－不可能なものの障害を経て濾過される。結局、あらゆる生命体は、生まれなかったことがありえたのであり、偶然を糧に生きているのである。生命は、不可能なものによって濾過される可能なものの助けを借りて、立ちはだかる障壁を乗り越えることによって、必然的なものから偶然的なものの側へとほとばしり出る。このようにして、様相の四辺形は現代生物学と古典生物学を要約し、生物学に哲学のお墨付きを与える。要するに、生命は実存と同じ四辺形に出入りしているのである。

バイオテクノロジー

理論の後に実践が続く。バイオテクノロジーは、実際、人間やすべての生き物たちと、彼らの生存と時間とが出現しほとばしり出る、この同じ四辺形のなかで働いており、物理学や化学の、要するに無生物の、必然的な法則に従いかつすでにその法則を制御しながら、ゲノムを通して、可能なものの大いなる広がりに到達し、死滅に至るか否かという不可能なものの濾過を受けつつ、そのようにして偶然性を創り出している。

ところで、すべての生き物たちと同じ資格でわれわれの生存もこれらの様相の支配を甘受していたのであり、それゆえわれわれの置かれていた境遇は、それらの様相によって運命と名づけられ、宿命的で、か弱く、悲劇的で、希望によって彩られ、制約や害悪に苦しめられる定めとされていたが、今日ではわれわれはそれらの様相を一部分制御している。なぜだろうか。自然を支配するためには自然に従わなくてはならないというフランシス・ベーコンの古い格言は、無生物界の必然性とその直線的な論理にかかわるものにすぎなかった。作用-反作用というこの単純な図式は格闘技のスポーツの戦術を模倣したものであり、相手の攻撃とその力をそのまま利用して、相手に対する攻撃へと逆転させる技であり、反作用によって作用はたちまち傾き、覆るというものである。この直線のまわりに、数多くの分岐が藪のように分かれているという論理を採用することによって、われわれはより広い空間を享受でき、そこでは自分たちのたどった道を振り返ることができるし、前方に数多くの道筋が描かれ、数多くの十分な選択肢が開かれているのを見ることができる。

われわれの実験室は、あたかも四方を囲む壁に関連するかのように、この四辺形のなかに建築されている。その四辺形の頂点の一つに位置するのが、不可能なもの、すなわち死であり、別の言い方をすれば淘汰なのだが、その淘汰はダーウィン以来自然淘汰であり、新石器時代以来農業的淘汰それゆえ人為的淘汰であり、ここ何十年か前から人為的かつ非農業的淘汰である。遺伝子型の突然変異とその表現型との関係が、可能なものの頂点を占めている。無生物、物理学・生化学的法則は必然性の頂点に座している。偶然性の頂点では、か弱い特異な生き物が勝利を収めている。様々なダーウィニズムが、突然変異-淘汰という二重の名のもとに、可能なもの-不可能なものの対角線を設定してきた。この対角線が、一種のフィルターのように、生化学の必然性から偶然的な特異な生物の出現に至るもう一つの対角線を妨害している。偶然あまたの制約をかいくぐって生の躍動がほとばしり出るように、一方の対角線が他方の対角線を横切っている。四辺形の一辺に沿って、物質的な必然性が可能なものの組み合わせを制御し、そのアルゴリズムをコード化し、他方では、その法則に対する例外を厳しく禁じ、死によって例外を処罰する。別の言い方をすれば、この四辺形の「左下」の半分は、生き物の独自性の方へとせり出しながらも、生化学の領域にとどまっており、対角線の逆の側、右上のもう一方の半分は、生物学と博物学の領域、進化と偶然の領域、特異なものの唯一性と生命をもった固体の領域へと開かれている。可能なものから偶然性へと向かって、もろもろの新しいものが出現するのだが、不可能なものの側からの削除によって削り取られることによって、優れたものが残ることが保証される。このようにして、かつての形而上学が物質と生命と名づけていたものを接合することによって、様相の四辺形は生命の生成過程を要約することになる。もしこの図式が、物質的法則の貫徹と進化の機能とを結びつけ、十九世紀の博物学者たちが獲得したものと二十世紀の生化学が発見したものを結びつけ、簡明に説明し理解させるならば、この図式は同じくもろもろの実践の全体を開拓するものともなる。

形而上学

伝統的な哲学の負う十字架の一つは、揺るぎない一つの直線が数学と実存を対立させ、必然性と偶然性を対立させ、個物的実体に十全の現実性を付与したアリストテレスと、イデアにそれを付与したプラトンを対立させることからなっていた。一般法則は特異性には当てはまらず、特異性は一般法則の外側にとどまっている。それとは逆に、もし一般法則を特異性に当てはめようとすれば、どのようにしてかを明示し、その道順を一歩一歩示さなくてはならない。ライプニッツはまさしく普遍数学 *mathesis universalis* と特異的実体であるモナドを対立させることによってまず最初にこの直線を描いたが、しかしすぐさま、可能なものから不可能なものに至る別の線と交差させることによって、その直線を対角線化させた。彼はこの図式の全体を、神の内に、すなわち神の悟性と神の意志の交差に仮託した。四辺形の左下の半分は前者を表し、右上のもう一方の半分は後者を表す。神の悟性は、永遠の真理と、「共可能でないもの incompossiles」を排除した可能なものを含んでおり、神の意志はそれらの「共可能なもの compossibles」[122]のなかから最良のものを選び、それを実在へと導き、それのたどる実際の偶然性のなかで、それを生きさせるのである。技術の領域においては、同じライプニッツが同時に、組み合わせ論、二進法、アルゴリズム的思考をわれわれに遺贈することを怠らなかったのだが、その歩みはまさしく一歩一歩なされ、パスカル式の計算機において再び取り上げられ焦点を当てられたことは言うに及ばず、すべての操作とメカニズムがこの抽象的な四辺形を実践へと至らしめるのである。

　ところで、バイオテクノロジーは今日、ライプニッツが描いたこのプロセスそのものを模倣しているのだが、それはあたかも、彼が創造のフィアット[123]を目撃したかのようであり、あるいは神が彼を栄誉ある顧問に任じたかのようである。ボシュエ[124]は実際に「勝利に輝く生命に対する大それた空想」としてライプニッツを批判している。最近の科学上の偉業によって、ライプニッツが手がけたもろもろの演算子、アルゴリズムのコード、機械などが改善され、適用されて、モーの鷲[125]ボシュエには到達不可能な大それたことに思われたことが実現されつつある。もちろん、多くの人たちの仲立ちが必要であったことは言うまでもない。すなわち、ビュフォン、ラマルク[126]、次いでダーウィン、メンデル[127]、デ・ヴリース[128]が、突然変異‐淘汰という、可能なもの‐不可能なものの対角線を、最適者生存の進化論的用語で生き物に当てはめて表現〔翻訳〕し、シュレディンガー[129]、次いでチューリングが必然的なもの‐可能なものの側を情報科学の用語で、続いて機械によりよく適用されたアルゴリズムの用語で表現し、そして再びダーウィンが、続いてべルクソンが、可能なものの広範な広がりからの偶然的なものの出現を描いたのである。

これらの表現〔翻訳〕は、もろもろの実践を理論的に準備したのであり、それらの実践においては、同じ四辺形によってまたそのなかで、最近の生化学の実践と、別のよく知られた、ラマルクおよびダーウィンの実践、農業と牧畜の実践が合流する。表現型をしか見ずに農民は、発育や実りの悪い動物や植物を殺したり焼いたりして、一番よい変種を保存し、繁殖させて、われわれに食糧を供給してきた。突然変異した種の子孫が数と質において勝り、他のものが死滅するのに対して、それらの種は生き残る、とダーウィンとその後継者たちは言う。彼の後継者である生化学者たちは、遺伝型に到達し、そこに諸要素の連鎖を発見する。その結果、突然変異は諸要素の相互置換〔順列〕または並べ換えとなる。種の起源の自然のプロセスや、農業牧畜における人為的行為は一連のDNAの連続に、長い分子の連続に帰せられ、したがって全体として、まったく単純で容易な、事由の長い鎖をなす一つの組み合わせ論〔結合法〕に帰せられるのだが、それは、生き物を特徴づける驚異的な複雑性に到達するために、アルゴリズムの専門家たちが習慣的に利用している方法である。

結合法 combinatoire(130)——すべては数である

ライプニッツが十八歳のときにその方法を発見したこの結合法以来、この何らかの音符のアルゴリズム以来、伝統的学問の直線的な論理は開かれたものとなった。置き換えがおこなわれる一連の要素、音符、数の連続が、デカルトの演繹的連鎖に取って代わる。一つの符号と別の符号、あるいは一つの数と別の数の置き換えが、まったく別の連鎖を生むことに相当するので、必然的な唯一の直線は姿を消し、この置き換えによって展開される多様なものの束が優位を占める。したがって、科学そのものにおいても、可能なものが生まれ、技術や芸術においても同様であり、たった一つの音符の置き換えによってメロディーが変化するように、フーガや対位法についても同様である。ヨハン＝セバスティアン・バッハが亡くなった日に、彼の机の上には、ライプニッツの著作『結合法について』が残されていたことは知られているだろうか。『平均律クラヴィーア曲集』、『フーガの技法』、バイオリンのための『シャコンヌ曲集』の無限の変奏曲は、この置き換えから着想されたのだが、それは、自然界やわれわれのテクノロジーにおいて、多様な生き物を生み出す突然変異にきわめて近似している。

結合法の実践者としてすでにライプニッツは「神が計算するにつれて、世界が出現する」と主張している。すでにビュフォンは〈宇宙〉の年齢を算定しようとしていた。すでにメンデルはエンドウ豆の子孫の変種の数を計算していた。すでにダーウィンは最適者の後裔たちの数を見積もろうとしていた。すでにチューリングは爆発的な数に至るまで組み合わせを数え上げることによって暗号を解読していたが、その膨大な数は生き物の理解に通ずる。そんなわけでペレット[131]もすでに自分の子ウシ、牝ウシ、雛鳥の数を、頭のなかで数えていたのだ。そう、ここではすべてを数値的なものに帰着させることによって、実践が生まれる。すべてが数である。すなわち、計測され、考えられ、数値化された法則から、可能なものの結合法的〔組み合わせ的〕な広がりに至るまで、また可能なものに対するあらゆる種類の制約による濾過〔選別〕に至るまで、原初において偶然的に発生した単一の生き物、排他的コードによって個体として命名可能なその生き物に至るまで、すべては数である。そしてこれらの数はデジタル的実践を可能にする。

単一的哲学

一連の結合法的な連続が伝統的な論理の単一の直線に切り開いたこの最初の切り口が、結局は諸科学に、様相の四辺形を準備するより広い場をもたらし、そこでは必然的なものが、可能なもの、不可能なもの、偶然的なものを受け入れることになる。そこから、偶然性と可能性についての厳密な知と正確な技術が出現し、それらがいつの日か計算と制御の領域、数学と実践の領域に入ってくるだろうとは、当時は誰も予想していなかった。ライプニッツの時代には、生き物の領域は、組み合わせ論的代数学とはまだ遠く隔たっていたことは確かだ。とはいえ、結合法の実行者としての神を、そうとは知らずに模倣しながら、ずっと以前から動物や植物の諸変種を交雑していた牧畜・農耕の農民たちを除いての話だが。「自分の庭を耕せ」というヴォルテールの有名な忠告は、もちろんライプニッツにおいても存在しているが、この啓蒙主義の素朴な皮肉屋は、束状をなす交雑によって偶然的に創り出される諸変種の選択における順列組み合わせとオプティミズムをほとんど理解していなかったが、それは現代人がバイオテクノロジーのなかに、自分の庭を耕すという約束の遵守、あるいは超越神学的な人間来臨を見るのと同じである。そう、バイオテクノロジーはカンディッド(132)が嘲笑した一種の形而上学から生まれた実践によって、農民たちの何千年にも及ぶ熟達した仕事を、今日において完成させているのである。

しかし、その形而上学は、われわれの家の基礎を築いたのである。なぜなら今日この様相の四辺形に住まっているものは、実存や時間や、か弱い個人——その悲劇は芸術作品のなかで人々の嘆きや賛美を誘うのだが——だけではなく、建設的でもあり悲劇的でもある諸科学や諸技術、われわれの全能性、さらには歴史そのものの展開——そこでは、可能なものや望ましいものや危惧されるものの束が、必然的なものや不可能なものによって様々なフィルターにかけられ、偶然的で予見できないものへと導かれてゆくと見なされるのだが——、要するに哲学も、哲学の支えの役を果たす百科全書もまた住まっているからである。

われわれは別の家 - 世界を必要としているのだろうか。

*

クローン製造の人類学——親子関係

その家-世界には誰が住むことになるのだろうか。新しくて古い一つの家族である。バイオテクノロジーによって、細胞や植物や動物のクローン製造がおこなわれているが、クローン人間の製造は数多くの問題を投げかけている。しかしながら、あちらこちらで双子やさらには四つ子が見られるが、私の知る限り、その一人一人は何の不思議もなく、自分のアイデンティティーを保持している。先天的に似ている者同士が、文化的には不都合なく識別されているわけだ。クローンという人工的な増殖に異口同音に反対する議論のなかの最も優れたものは、象徴界の生成過程における親子関係の果たす重要な役割を強調するものである。家族あるいはそれと同等のもののなかでの一つの地位の決定的な証がなければ、動物の生を超えた人間プログラムの組み込みは損なわれる、と人類学者たちは断言しており、彼らの主張は正しい。別の言い方をするならば、親子関係が、象徴界を経て、文化を創始するわけだ。ところがクローン製造は、こうしたつながりを混乱させる。すなわち、誰が誰の息子あるいは娘なのかわれわれはもはやわからなくなる。この問題をいかに解決すべきだろうか。

これらの専門家たちは、今ではオイディプスやナンビクワラ族(133)ばかりを念頭に置いてものを言っている。時間的空間的に遠く離れたものが、隣のものや親しいものになれば、それを喜ばないものがいるだろうか。逆に、キリスト教紀元、すなわちわれわれの紀元が始まったときのもろもろの出来事が完全に忘却されていることが、今日、現代のもろもろの営為に——そこでは、遠くのものが近づいているだけに、近くのものが遠ざかっているのだが——きわめて由々しい影響を及ぼしているので、私は次のことを想起させることが是非必要であると考えている。つまり、われわれの紀元の始まりにおいて、きわめて独自的なこの問題がまさに取り扱われているので、われわれが現在突き当たっている諸問題に対する解決策が、この紀元の始まりにおいてすでに提起されているということである。

聖家族

聖家族のことを考察してみよう。イエスは自分の子として生まれたのではない、と養父ヨセフは言う。確かに父なる神の息子だが、しかし母は聖霊によって子を宿したと書かれている。聖書はまた彼を〈人〉の子とも言っている。イエスの受難に際して「おまえたちは、二人のうちどちらを釈放してほしいのか」、イエスかそれともバラバか、とピラトは大声で言う。三つの共観福音書は、イエスが十字架にかけられバラバが釈放されるしだいを詳述している点でヨハネによる福音書と一致している（マタイ、第二七章、一六節。マルコ、第一五章、七節。ルカ、第二三章、一八節。ヨハネ、第一八章、四〇節）。ところで、バラバBarabbasという名前は父の子を意味している。したがって、彼とは区別され死刑に処せられた者は父の子ではなかったのだ。

母親が妊娠しているあいだに父親が失踪したり亡くなったりして、父を知らずに生まれてくる子供がごくしばしば見受けられる。父子関係は取り決めや認知によるものであり、自然法則によるものではない。逆に母子関係は、いかなる例外も許さない普遍的な自然法則に似ている。つまり母親のない子供はいないのである。ところが、マリアの処女性はこの法則に、稀有な出来事として一つの断絶を導き入れる。しかし、処女のままの母親というこの矛盾形容法が、どのようにして、またなぜ考え出されたのだろうか。先ほど親子関係や父子関係がそうであったように、母子関係が部分的に欠け、また完全に欠けるためであろうか。父はまったく父ではなく、母はあまり母ではないというのは、いっそう奇妙なことである。さらには、ある宗教会議で言われたように、マリアは神の母 *théotokos* であるとするのは、この女性に自分の父親の母親という資格と機能を与えることであり、よりいっそう奇妙なことになる。「聖家族」という表現における「聖なる」という形容詞は、それゆえ、この家族が血縁的、生物的、社会的関係、いわゆる構造的関係をもたないということを意味している。すなわち、それぞれが自分なりに、父は父ではなく、息子も真の息子ではなく、母も完全には母というわけではなく、血のつながりはもはやないということである。

啓蒙主義時代以前においてさえも、これらの稀有なことは合理主義者たちに笑われていた。もっと最近になって人文科学は、これらのいわゆる虚構の物語を神話の語る奇妙な話と比較研究するのを好みとした。学者たちの七面倒くさい議論よりも、ずっと奥深く愛情に満ちた信仰と宗教的実践のなかで、民衆はこの点について思い違いをすることなく、当初から、キリスト教徒として、すべての女性や男性が、兄弟とか、父とか、母とか、姉妹と呼ぶのは、誰であれ、まさしく自分の兄弟や父や母や妹なのではなく、まったく別のカテゴリーにおいて自由にそうした親族になった者のことであることを認識しているのである。この認識こそが、血縁による家族関係の脱構築者として、キリスト教を定義するものである。

いわゆる厳密科学の諸法則は物理学的必然性を記述しているのに対して、人間の諸法律は取り決めから生まれるにすぎないと言われている。おそらく少なくとも一つの法則すなわち、誰であれ必ず、あらゆる文化がそこから生じる自然の場所である外陰部の穴から生まれてくる、という法則を除いてだが。ギリシア人たちはそれを、場所、典拠、とりわけ「そこ là」と呼び、結局は「現存在 être-là」ということになる。知られている限り例外のない、この血縁関係の生物学的法則に基づいて、あるいはこの法則に対して、家族構成が形成され、文化的、司法的な、いわゆる血縁による親族諸法が制定される。キリスト教はそれゆえ、何人も免れえないこの物理的な必然性を、逆説的な選択の自由と、愛の可能性とに置き換えるのである。もろもろの可能な縁組みを総和する愛によって、母子関係も含めて、随意の親族構造が構築される。〈み言葉〉と〈無原罪の御宿〉という処女懐胎の二つの教義は、自然のなかにおける文化の起源、それゆえ必然性に対する自由の起源を明らかにするものである。

〈契約〉の相続――法律的な視点

このことすべては、少なくとも相続の問題を、そこに還元されるということではないが、表している。これは、キリスト教徒の第一の権利にかかわる問題である。縁組みがなければ、実際に、他の者たちは除かれ、生まれによる相続者しか存在しえない。キリスト教は、選ばれた唯一の民族に約束され〈古い契約〉と呼ばれていた〈契約〉の相続を、あまねく人類全体 *omnes gentes* に開かれたものにしている。大天使ガブリエルによってもたらされた〈新しい契約〉によって、この相続分はすべての人々に開かれたものとなっている。この契約はしたがって、件の排除を包摂に置き換えるのであり、もっと適切に言えば、一つの特異性を一般化するのである。現在の紀元を画する聖書は、あらゆる国のすべての人間にあまねく遺贈されるのである。どのようにしてそのことがなされるのだろうか。血統に抗して、帰依〔縁組み〕することによってである。

キリスト教は、当初から、親子関係を解体して、それをプログラムし直す。すべての人間が、もし望むならば、縁組みによって神の息子になることができ、〈契約〉を享受することができる。基準的神学によって示された先の諸例はすべて、縁組みによる愛によって、生物学的、肉体的、血縁的な家族関係の脱構築を示している。「婦人よ、あなたは私と、何のかかわりがありますか」とイエスは、カナの婚礼のとき自分の母に言う（ヨハネ、第二章、四節）。ヨセフ、イエス、マリア、真の血のつながりのない父、息子、母は、縁組みによる家族を構成しているのであり、この縁組みによる家族という語は、自由な選択によって築かれ、普遍的で、自由で、聖なる愛を、法的に、しかし普通の言葉で、表現しているのである。

キリスト教にとって、縁組みによる愛は、親族関係の抽象的で形式的な唯一の基礎的構造の役割を果たしている。自由に選ばれる愛は、家族の最も基本的な関係における場合も含めて、関係の唯一の原子（アトム）となる。そこから、家族的関係の爆発的広がりと、外見的な奇妙さのもとでの普遍的で純理的で新しい家族関係の特徴が生まれる。その上、通常の基本的諸構造は、普段は局所的文化を規定するものであるが、そうした構造の脱構築、広範な選択の可能性、血縁という必然性への自由の導入よって、初めて、人類は普遍的なものへと開かれたものになる。上述の家族関係の奇妙さは、この普遍的家族関係の合理的な条件となる。

死をもたらす血なまぐさい暴力と、血の絆の家族とが、かつて、古代神話の二大製造元であった。イエス・キリストの〈受苦〉と〈復活〉は前者を終焉させ、聖家族は後者を跡形もなく破壊する。聖家族は、親族関係の自由で形式的でゼロの構造を設定し、そうすることによって、キリスト教は神話の条件そのものを脱構築する。もろもろの神話を反復するのではさらさらなく、神話を破壊するのである。ニーチェは、なぜわれわれがもはや神話を創り出さなくなったのか自問したものだった。それは、キリスト教によってもたらされる、この脱構築的批判精神が機能している、あるいはまだ機能していたからである。われわれがすでにいくつかの例を見たように、〈新しい契約〉が消えるや否や、多神教とともに、もろもろの神話が再び姿を現してくる。

すぐさま適用してみよう。聖家族の家族図式は、クローン製造とバイオテクノロジーに直面して、親子関係に関して人文科学に突きつけられた諸問題を解決する。われわれは二千年来、誰が誰の父であり、母であり、息子であり、娘であるかを知ることなど気にとめないでいる。というのも、われわれは、神のみもとで人を愛することに応じて、随意に親族関係を決めることができるからである。しかも、現代性とは、二重の意味で血に由来する残忍性をそなえた神話から、われわれを解放することからなるからである。科学技術は自らが〈新しい契約〔新約聖書〕〉の忠実な実行者であることを知っているだろうか。

ガブリエルの言葉への回帰——自然でも文化でもなく

縁組みという唯一の構造をもつ親族関係は、親族関係を物理学的・生物学的な宿命性から解放し、血と肉体から解放する。別の言い方をすれば、自然的必然性から解放するのだ。しかし、だからといって、この親族関係は文化的なものになるわけではない。というのも、親族的な結びつきの自由な選択は、言語にも、所与の社会の取り決めとしての諸法律にも依拠しないからであり、実際に、遠く隔たった別の集団から父や妹や兄弟を選ぶことを妨げるものは何もないからである。血のつながりのみに基礎を置く親族構造に対する、このような根本的な脱構築によって、あらゆる人種的偏見が根絶されることを見てとらない人がいるだろうか。

ところで、主の御使がマリアのもとに現れ、彼女が聖霊によってみごもったことを伝える。この言葉はこの受胎が、自然的 naturel なものでも、文化的 culturel なものでもなく、霊的 spirituel なものであることを示している。霊的なという用語は何を意味しているのだろうか。他の二つの用語の和あるいはその二つの否定である。つまり、超自然的 surnaturel なものと、超文化的 surculturel なもの——この語はまったく使用されないけれども、普遍的 universel なものと理解していただきたい——との和である。このようにしてキリスト教は象徴界を再構築しているのである。聖霊の普遍性はこの和に源を発している。

マリアになされた受胎告知は、この年の三月二五日から一二月二五日までのあいだの期間以後は、時間はもはや系図や、樹形図や、親族構造に沿って数えられないことを意味している。血を超えた親族、人はそれを普遍的親族と言うだろう。福音書の一つはキリストの系図、エッサイの樹形図の順を追った記述で始まっている（マタイ、第一章、一―一六節）。一方、〈十字架〉の上で死に瀕したイエスが遺したものは、血による生ではなく、まさしくこの選択による家族なのである。キリストの受苦の以前に、民衆はすでに彼を〈父の息子〉であるバラバと区別している。キリストはまさに最期のときに、「母」であるマリアに最後の言葉をかけ「婦人よ、ごらんなさい。これはあなたの子です」と言い、そして愛弟子のヨハネに「ごらんなさい。これはあなたの母です」と言う（ヨハネ、第一九章、二五節）。すべての人々によって〈父の息子〉と区別された者が、息を引き取るそのときに、〈新しい契約〉を、すなわち移動的で、形式的で、自由で、意味深い、縁組みによる家族の結びつきを、文字通り述べることによって、自分の愛弟子に遺したのである。

熱機関の歴史——もろもろの世界規模‐対象物

地球規模となったわれわれの身体によって開かれた世界が現にあり、その壁や住人たちがここにある。その世界が実際にどのようにして建築されるのだろうか。以下のようにしてである。

われわれが液体や気体を暖めると、その霧状の混合体は任意な形で中心からあらゆる方向に膨張してゆく。近年になっておこなわれている、氷河の氷床からの氷の円筒形標本採取によって、古代の中東の炉から大気中に放出され、あらゆる場所に飛散し、降雪によって高緯度の地にまでもたらされた最初の排出物の痕跡のおかげで、実際に、一年単位の誤差で、青銅器時代の始まる年代を知ることができる。先史時代からすでに、グローバル化が始まっていたとは、誰が信じただろうか。産業革命によって普及し広域化した熱機関の技術は、局地的な趨勢を地球的な規模へと加速させた。その上、われわれはそのノウハウで、最近では、もろもろの世界規模‐対象物の作製に没頭している。速さのために、人工衛星、エネルギーのために、核爆弾、空間のために、インターネット、時間のために、放射性廃棄物……、これらは世界規模‐対象物の四つの例である。これらをなおも単なる対象物〔客体〕と呼ぶことができるだろうか。

対象物〔客体〕とは何か

対象物〔客体 objet〕とはいったい何だろうか。文字どおりの意味では、「投げられたもの、あるいは人が前に投げるもの」である。世界規模‐対象物はわれわれの前に横たわっているのだろうか。これらを特徴づける地球規模の次元が、かつてはまさしくわれわれにとっての対象物を定義していた、われわれと諸対象物とのあいだの距離を消滅させている。われわれは世界のなかに住んでいると同じように、対象物のなかに住んでいる。われわれは自分たちの家を、対象物と呼ぶべきなのだろうか。

伝統的な人工物である道具や機械は、空間的・時間的に局所的な行動範囲をもつ集合を形づくっている。たとえば、革通しの錐は革に穴をあけ、大槌は杭をたたいて打ち込み、犂は田畑に畝をつくる……、そして、全体として環境を画定し、そうした環境の範囲内で、それらの道具を用いる技量をそなえた人間たちが仕事をする。ほとんど同業組合的で、特殊でさえある、このような局所的な世界の切り取りは、支配と所有の哲学を可能にする。というのも、われわれは自分たちが何をどのように支配しているかを、動物の諸種がそうしているのと同じように、限定できるからである。安定したこの切り取り方は、中世的な対象物〔客体〕の概念を定義し確定するのに貢献している。すなわち、前に‐投げられたもの *ob-jectus* は、われわれの介入や思考に際して、身体とその力にとって中間的な〔手段的な〕距離にあるのだ。技術的道具としてのこの対象物は、主体の手で操作されて、別の対象物に作用を及ぼし、時には別の主体にさえも作用を及ぼすのだが、これらのすべての要素はみな、狭い時間‐空間的な部分集合のなかにとどまり、時間のなかで相対的に不変なままにとどまっている。

熱機関の技術と世界規模‐対象物の量的拡大とともに始まったグローバリゼーションによって、新しい宇宙が、つまり、われわれが現に見ている技術的・物理的な新しい宇宙、われわれがこれから見ることになる人間的、法律的な新しい宇宙が、徐々に形成されている。この新しい宇宙を構成しているものを、われわれはなおも対象物〔客体〕と名づけることができるだろうか。これらの世界規模‐対象物を駆使している者たちをなおも主体と名づけることができるだろうか。われわれのコミュニケーション・ネットワークは対象物だろうか。これらのネットワークは、対象物としての現前性も、おそらく実在性もない。というのも、それらの回路や光ファイバーが伝送しているのは、数字や記号、つまり仮想的なものだからである。われわれはむしろこのネットワークのなかに住んでいるのだ。

依存と所有

結局のところ、一定の場所を短い期間にわたって——というのも、結局、所有権は、限定されたほとんど生物学的な生息場所の占有としてしか理解されないからだが——支配しその所有者になることは可能であるが、世界全体の支配については、われわれはそれがどのようなものか、その委細顚末を知らない。ところで、差異ばかりに専念している現在の諸哲学はみな、扱いのきわめて難しい全体性にかかわる諸範疇(カテゴリー)については沈黙している。というのも、われわれが正確に、厳密に定義できるのは、局所的なものについて、すなわち、中世的な意味における対象物〔客体〕についてのみだからである。自然の所有についてのデカルト的格率は、このように巨大な「対象物」の支配についての諸条件を定義するものではない。

この支配の勧め自体は、一方で、われわれに依存する諸物と、われわれに依存しない諸物という、ストア派の古い分割が歴史的に緩やかに位置を変えたものの一つに組み入れられる。したがって、再び、どのような「諸物」なのか、どのような「われわれ」なのかが問題になる。このデカルト的な支配の第二幕においては、かつてはわれわれにまったく依存していなかった「諸物」が、突然われわれに依存し、ますます依存度を高めており、すべてが確かにわれわれに依存しているということが、必ずしも幻想ではなく、ときおり実感される。しかし、第三幕においては、われわれ自身が諸物に依存し始めているが、諸物のほうは、われわれが企て、引き起こし、歯止めのきかなくなった諸行為に依存しており、いわば諸物はわれわれの諸行為から生まれた新しい自然となっているのである。ストア派的な第一の分割と、デカルト的な第二の支配に続いて、支配と依存の相互作用 - 遡及作用という渦巻きが生じており、そこでは、かつては単独であった古くさい主体と、局所化されたためにすたれた古い客体とが、混ざり合いつつ姿を消している。依存体制あるいは所有体制における変化を引き起こしているのは、客体あるいは諸物の地位の変化なのだろうか。今日、世界の支配に続いて起こるべきものは支配の支配であると、私はすでに三十年前に書いたものだった。

もろもろの世界規模 - 対象物は、われわれがもはや一つの対象物として取り扱うことのできない世界にわれわれを直面させる。世界は、確かに客観的なものであり、この意味でわれわれはあらゆるアニミズムを避けなくてはならないが、しかし受け身的なものではない。というのも世界は、われわれ人類が生き延びるための諸条件の総体に対して、反作用的に作用するからである。われわれはこのような反作用を考えなくてはならない。

人類再生 hominescence の第二の環は世界にかかわっている

ますます対象物ではなくなり、ますます世界になってゆく、もろもろの世界規模 - 対象物は、一般の諸対象物とは異なったものとしての世界へわれわれを導いてゆく。われわれは以前と同じような仕方で世界を知っているわけではない。われわれは世界がどのような事情にあるのか知らない。われわれは世界をほんのわずか知り始めたばかりであり、そのわずかな知識は、限定された対象物についてわれわれがもっている知識とは別種のものである。われわれは世界に対する行動をほんのわずかに企て始めたばかりであり、その行動は、かつての諸対象物に対してわれわれが行使してきた諸行動とは別種のものである。われわれは、誰が世界に対して作用を及ぼすのか、誰が世界を知るのかを、ほんのわずかに知り始めたばかりである。誰を「われわれ」と呼ぶべきなのか。

人類再生 hominescence の最初の環はわれわれの身体に作用を及ぼしている。つまり、われわれが環境を創り出し、そして身体の発展がいわば環境に外部委託されたわけだが、その跳ね返りで環境が身体に影響を及ぼし、われわれの身体の発展を別の方向に分岐させている。第二の環は、もろもろの世界規模‐対象物の登場以来われわれがつくり変えている世界にかかわっている。古典的な哲学はわれわれを所産的なものと考えていたが、私がいま言ったように、われわれは能産的になっている。つまり、生まれるという語の語源的な意味で、われわれはまったく新しい自然、部分的にわれわれによってつくられ、われわれに反作用を及ぼす自然を、生まれさせている。われわれは、自分たちの環境、つまり自分たちを保護してくれる固有の家を、技術によって彫琢したがゆえに、現在あるところの人間になった。いまではもろもろの世界規模‐対象物によって形成されているこの進化の家そのものが、それ以降、あるがままの世界に作用を及ぼし、現在までのところ保護的なこの環境とあるがままの世界との驚くべき混合としての新しい自然をつくり出している。

古代や、ヒンズーや、中世のいかなる思想家が、啓蒙主義のいかなる伝道者が、近代のいかなる合理主義者が、われわれが、魔法も魔術も使うことなく、嵐を引き起こしたり、この惑星全体を温暖化させたりすることを予見しただろうか。われわれの世界規模‐対象物を前にして、またそれらによって、世界は自らを技術化し、文化化している。

概念とイメージ

それゆえ、哲学は自らの古い概念のすべてを再検討する。主体、客体〔対象〕、認識、行動……など、すべての概念は何千年にもわたって、局在性という条件のもとで構築され、さらにその局所的な切り取りによって主体－客体〔対象〕の距離が画定され、その距離に沿って認識と行動が作用してきた。この距離の度合いがもろもろの概念を条件づけてきた。分割、隣接、隔たり、尺度……、われわれの理論や実践の前提条件になっているこうした有限性は今日では崩れかけており、そこではわれわれはもっと広大な舞台へと移り、自分たちの有限性を失いつつある。全体性 totalité にかかわるかつては遠慮がちだった諸範疇(カテゴリー)は、たとえば、世界内存在 être-au-monde と同じように、客観的認識と技術的行動のなかに同時に入ってくる。これらの範疇はそれゆえ、形而上学から物理学へ、思弁から行動へ、存在論から様相論理学へ、瞑想から責任性へと移行する。

われわれは諸物に対して十分に作用を及ぼしてきたし、対象としての諸物の検証を十分に企ててきたので、今度は世界を知る、あるいは自然を発見する番である。自然というのは、通常の意味の自然では決してなく、もう一度繰り返すが、純粋に語源的意味での自然[134]である。というのも、自然はわれわれの目の前で、われわれの手中で、われわれの手によって生まれつつあり、われわれにとっても、われわれの認識とグローバル化した行動にとってもまったく新しいものとして、生まれつつあるからである。その結果生ずることとして、この新しい主体が新しい自然に作用を及ぼすや否や、この新しい自然自体が、認識や行動やまさに生き残りの条件として、新しい主体の背後に戻ってきて、主体はこの新しい自然の内に投げ込まれる。

主体―客体関係の逆転

宇宙飛行士たちが撮った写真によって、われわれは新しく生まれた地球全体を見ることができる。この地球の光景は、地球全体像の後ろ盾や基礎としてこの地球全体を想定していた、かつての知覚と何の関係もない。世界内存在は世界を目の当たりに見つめたことは決してないからだ。〈ウェブ〉やEメールによって、構築され与えられた同じ地球全体と、われわれは瞬時に交信している。われわれの技術とその排出物は、地球全体の気候や温暖化に影響を及ぼしている。われわれが地球全体に作用を及ぼすとすぐに、地球全体が変化を来たしわれわれに変化を及ぼすので、この地球の反作用の結果にわれわれの生き残りがかかっており、われわれはもはや以前と同じやり方で生きてゆくことはできない。

そのうえ、地球規模の知や行動のシステムにおいては、世界にとっても人類にとっても、つまり同じようにして形成された新しい「われわれ」にとっても、ある場所での利益が、他の場所での損害に対応するということが起こっている。たとえば、地球の温暖化が、場所によっては氷河形成として現れうるのである。局所的な行動や思考では、このことを見て取ることができない。全体的なものはしばしば、予見することの困難な、損失と利益の配分に帰着する。そんなわけで、もろもろの新しい共同体が出現し、世界世論が形成されており、どちらも同質的ではあるが、しかしモザイク模様をなしている。それゆえ、地球全体に人類全体が対応するのだが、この人類とはもはや、少なくともかつてのように抽象的で感傷的なものでも、最近のようにたかだか潜在力をもったものでもなく、現実的で程なく有効なものとなる人類、葦毛色や雑多の色をした人類である。確かにすべてがわれわれに依存しているが、しかしわれわれはこの「すべて」と「われわれ」が同時に何を意味しているのかを、わずかに理解し始めたばかりである。世界にかかわる科学と人間にかかわる科学とによって、われわれはようやく、新しい偉大な物語を再構築しつつあり、その物語はすべての人間と世界全体にかかわり、初めて真に普遍的で脱中心化したヒューマニズムが生まれる希望を与えるものである。この「われわれ」と「すべて」は役割を交換しながら相互に作用を及ぼしている。

われわれは実際、自分たちの勝利の犠牲者として、主体としての自分たちの行為の受け身的な対象物となっている。地球という客体は、パートナーを組んだ主体として、相関的に、われわれの行為に反作用を及ぼしている。国際会議において、たとえば地球の温暖化について、各国の代表が何を言うかよりも、このような認識をもつことのほうが重要になっている。このような状況は確かに新しいテクノロジーに起因しているが、しかしまた同じく、われわれの共同の方舟が、その思いもよらない反作用によって、われわれの行為と危惧のパートナーとなって出現したことに起因する。われわれの代表たちが、ますます声を大にして論じているのは、何についてなのだろうか。この地球全体についてである。かつての主体であるわれわれに支配されていた地球自身が、『自然契約』において法律上の主体となり、予見できることだが、今日において地球は政治的主体となっている。厳密科学の出であった地球が、〈歴史〉のなかに入ってくる。このこともまた人類再生 hominescence という表現によって私が意味していることである。

汚染――諸物の値段

古典的な哲学は、知や思想や行動の値段を決して計算しなかった。そうしたものはただであると決めてかかっていたからだ。哲学は恩寵と与件の軽妙な世界に住まっていた。ところが、労働が出現するや否や、すべては価格の戒厳令下に置かれる。ギリシアとローマの生まれである哲学は、奴隷制を前提としており、奴隷たちが彼らの肉体と汗によって、暇に暮らす者たちの思想や行動の自由の代価を払っていた。この代価の予測は、エデンの園の出口からすでに計算されており、痛みや労働や苦しみという問題によって計算の明細が示されている。ところで、仕事については、その効率は決して一様には上がらない。というのも、残滓や、汚物や、汚泥や、垢など、プラトンが『パルメニデス』で排除した諸対象がつねに存在するからである。(135) 奴隷や農奴が存在する限り、つまり仕事が熱機関を用いず局所的なままにとどまっている限り、価格は損得で決まる。仕事に熱機関が取り入れられるや否や、熱機関の効率性を計算に入れなくてはならない。そして、世界規模‐対象物が機能し始めるや否や、価格〔代価〕は地球規模の単位——たとえば、海面の上昇など——で計られるものになる。

この点については、様々な政策から、集団は個人のようには行動しないし、家族のようにさえ行動しないということを、われわれは学ぶことができたはずであろう。都市や国家が、少人数のグループに単純化できない集合を形づくっているのと同じように、世界は局所的な対象物と同じ位置づけをもった対象物ではない。規模を変えるということは、法則を変えることを伴う。さらにいっそう古代的な先決問題として、ある宗教的な伝統によって、地球規模におけるこのような遡及効果が示唆されている。たとえば、ノアの大洪水のような原初的な場面は、数多くの伝説のなかに見られるものだが、おそらく物理的な海進を描いたものであろうが、しかしこの場面は、鳩やオリーブの枝によって平和のことがあまりにも語られているので、われわれ人類の対立抗争が——これは海面の全面的な上昇によって示唆されているが——、この惑星と生命を全面的な危機に——生き残るように動物たちを方舟に集合させたことからも、これは予知された危機なのだが——陥れる可能性があることを、意識的に警告していると考えざるをえない。これらの場面は、犯罪や道徳上の禁制について語っているのではなく、ある種の世界の終末において、われわれは、自分たちの勝手な振る舞いしだいで、たとえば海面の上昇のような主体の対象物〔客体〕に成り下がる、ということを警告しているように思われる。

主体、客体〔対象〕、認識

諸物そのものに戻って考えてみよう。言語学者にとっても歴史学者にとってと同じように、原因が諸物に先行し、知られている最初の主体は法律の主体である。つまり、契約が認識と行為に先立つのである。客観性を際だたせるためによく使われる「物 chose」という語は、実際、ラテン語の *causa*〔原因、訴訟〕から派生しており、この語は、訴訟の争点、あるいは訴訟そのものを指す、司法固有の用語である。「物 chose」という語は、当初は、論争の争点、法廷の判決、契約の対象を指していた。「物」の認知は、合意とその対象とを同時に命名する法的な決定機関によってその物として確立された結果生ずるのである。英語の *thing* も同様に、ゲルマンの法律用語から派生している。したがって、われわれの言語においては、一つの社会的契約はつねに一つの物の出現を伴っている。物によって集団が形成されるのか、集団によって物が形成されるのか、おそらくわれわれはどちらが先立つのか決して分からないことだろう。いずれにせよ、一つの客観性が一つの集団とともに出現し、そしてこの出現は法律という条件のもとで生ずるのである。

同じように、知られている最初の主体は法律〔権利〕の主体である。それゆえ、『自然契約』においては、ほとんどもっぱらこの問題、つまり、誰が法律の主体となる権利をもつのかという問題、が扱われている。法律の歴史は、法律の主体となる権利の漸進的な普遍化を明示している。古くは、奴隷たちが〔解放されて〕法律の主体となり、次いで子供たちが法律の主体となり、はるかに遅れて、最近になって婦人たちが法律の主体になったが、この決定があまりに遅きに失したことは人類の恥となっている。男性たちの伴侶たる女性たちが、少なくとも世界の始まりから、男性たちの法的主体としてのパートナーであるべきであったことを認識するのに、かくも長い時間がかかったことを今日恥じているのと同じ恥をもって、われわれは明日には自然について、同じように論議することになるだろう。問題はすべて、まず最初に主体の地位に、次いで対象〔客体〕の地位にかかわっている。物〔対象物〕と契約を結び、物〔対象物〕との契約を守るという提案は、ある人たちには狂気の沙汰に思われた。それは、馬を上院議員にし、自然を継母にするのと同然だった。詩的な趣味か、あるいは狂気の沙汰か。私の知る限りでは、ルソーも同じような非難を受け、反対された。というのも、彼の「社会契約」は、これまで知られたあるいは知りうる〈歴史〉のなかで、いかなる人間によっても、またいかなる集団によっても、決して調印されたことがなかったからであり、しかも、この哲学者においては、この契約は社会の形成にとって必要不可欠の、あるいは先験的な条件を意味していたからである。自然に従うことによってしか、自然に命令することはできないというベーコンの有名な格言に対しても、同じような非難、誰に対して命令するのか、誰の言うことに従うのか、という非難をぶつけることができただろう。

ところで、グローバリゼーションによって、行動と認識が普遍的なものへと拡大してゆく過程において、諸対象も変化を受けている。集団的主体の対象〔客体〕的位置づけに変化が生じている、というのも、かつては能動的であったこの主体は、自分自身の諸行動が引き起こす反作用の制約によって、地球規模の受動的な対象物〔客体〕になっているからである。世界規模‐対象物の位置づけにも変化が生じている、というのも、かつては受け身的であったこの世界規模‐対象物は、いまや反作用によって自分のほうも能動的になり、かつては与件であったが、いまではわれわれの事実上のパートナーとなっているからである。いかにしてそのような状況になっているのか、私はもっと正確に示したいが、しかしその前に、主体－客体〔対象〕という中世的な組み合わせを用いては、われわれはもはや認識の場面を描くことはできない。両者の関係が変化しているのと同様に、用語そのものも変化しているからである。

この主体－客体の関係についても、同じく、法律という条件のもとで始まるとする見解以外のいかなる見解も私は知らないが、その影響力は、科学史において、少なくともグローバリゼーションという条件と同じような勢いで増大している。実際、あらゆる知は、法律的あるいは事実的決定機関のみが請け合う、合意あるいはコンセンサスの確立を要求する。教育や研究においては、試験や、コンクールや、賞や、出版などの審査員たちの前に出頭することを求められる。何であれ、それが真実であるとか、誤りであるとか、蓋然性があるとか公表される前に、また、しかじかのことが、科学の対象であるのかないのか、非－科学の対象であるのかないのか、が示される前にさえも、しかるべき決定機関が、広範な対席訴訟のもとで、それを裁定し、決定する。法律の主体は諸対象の権利を決定する。

ところで、われわれは今日、局所的な対象物の地位をはるかに凌駕する新しい対象物を考察しなくてはならない。というのも、われわれはある意味では、それが対象物であるのかないのか分かってさえいないものの対象物となっているからである。もしわれわれが世界を一つの対象物〔客体〕として扱ったならば、今度は自分たちのほうがその対象物の対象物になることを、自らに宣告することになる。この新しい状況を考察するためには、原初の法律的な行為に立ち返らなくてはならない。つまり、この新しい対象物は、一つの新しい〈契約〉によって思考のなかに出現し、この〈契約〉によってこの世界規模の新しい対象物と地球規模の新しい集団が同時に確立され、この新しい集団がこの新しい対象物を考察し、それに作用を及ぼし、この集団の議論がこの対象物を出現させ、その行動がこの対象物に反作用を起こさせ、その反作用が跳ね返り効果的に、この対象物を考察しそれに作用を及ぼしているこの集団の生き残りを条件づけている。二十年以上前から、われわれはもっぱら、この新しい対象物のみについて語り、議論し、私が自然契約と名づけたものの基礎を確立する作業をおこなっているのである。

認識と交換——与件

私は先ほど、このパートナーについて語ることを約束した。認識主体とその対象〔客体〕の関係は、交換という枠組みのなかで考察されることは決してなかった。あたかも、能動的な主体が受動的な対象〔客体〕から与えられる情報を受け取ることはすでに了解済みであるかのように。実際、哲学において与件〔与えられたもの donné〕という用語が使用されていることは、客観的世界あるいは外的世界は、与えるのみであって、その見返りに何も要求しないし何も受け取らない、ということを明示しているのである。したがって、認識主体のもつこのような関係は、寄生（パラジット）というタイトルの拙著[136]で私が研究したように、寄生関係となる。主体はすべてを取り、何も与えない。一方、対象〔客体〕はすべてを与え、何も受け取らない。それゆえ、愛想のよい〔無償の〕認識は、同じように無償の行為を重ねるのだ。世界に対する、能動的あるいは技術的な関係も、この関係を利用しており、それがすべてである。寄生かあるいは捕食か、われわれは自分たちがどのように振る舞っているのか知らないでいた。認識においては、正常で、通常で、普通に思われる行為が、交換においては、ひんしゅくを買う行為や、濫用に転化する。ところで、われわれが法律的なプロセスを理解し始めているならば、交換においてはある種の正義〔公平〕がなくてはならず、それゆえに一つの〈契約〉が必要なのである。

ところで、すべての教育は、人間の子供を、当初はそうであらざるをえない寄生者から、均衡のとれたあるいは公正な交換における共生者あるいはパートナーにすることにある。共生者は、確かに受け取りはするが、しかしそのお返しに与えなくてはならない。ある意味では、明文化されない法律を見習いで学んで、人間としての生活や市民生活へと門出するかのように、人は自分を取り巻くものとの交換の契約に署名しなくてはならないことになるだろう。残念なことに、人はたいていの場合、ほとんど本能的に寄生関係的な均衡へと再び陥ってしまう。その証拠に、贈与者の贈与が受贈者の手に渡ることはめったになく、その贈与はほとんどつねに、横取りしようと出没する寄生者の手に落ちてしまう。それゆえ、すべての教育はこの〈契約〉から始まる。したがってわれわれは、あらゆる教育の原点から自分たちの子供を教育するように、学者や、技術者や、政治家や、ユーザーを教育しなくてはならない。われわれは年をとってから、認識と行動における成人となる。今日、この新しい対象との共生の必要性によって、認識における関係は変化している。

認識の以前に交換がある。交換を公正なものにするには、〈契約〉が必要である。認識はこの法律によって始まり、この法律の法則はあらゆる法則の発見に先立つ。同様に、技術的行為は交換の法律から始まる。そうなれば、地球という世界規模 - 対象物と地球規模の主体 - 人類の共生が始まる。人類再生 hominescence のこの環から、普遍的ヒト *Homo universalis* が誕生する。

自我 ego とは誰か

大地と海、存在と関係

往時のフランスの田舎では、乗合馬車を引く馬に休憩と餌を与える必要に対応して、平均三十キロメートルくらいの距離で、人口密集地が連なっていた。フランスにおける古い県の区分は、県庁所在地、郡庁所在地、さらには小郡庁所在地以下の集落へと張り巡らされた、このネットワークの痕跡をとどめている。もっと密に張り巡らされた村道や土地の小道をたどって、農園から農園へと徒歩でゆっくり進んでゆくことも、おそらくできただろう。大きな中心都市のあいだでは、設備の整った宿駅から宿駅への旅が必要だった。同様に、地中海沿岸やヨーロッパの大西洋岸に散在する港町のあいだでは、最初は帆と櫂に頼った船旅がおこなわれ、それからスクリューと蒸気機関による船旅がおこなわれた。[137]遠く隔たったコペンハーゲンとボルドーの住民たちは、海によって近づきになった。逆に、ラ・ロッシェルからセート[138]へは、陸で隔てられているがゆえに、その住民たちは隣人として知り合うことはなかった。海路は陸で隔てられた者たちを結びつける。

宿場から宿場へ、波止場から波止場へと張り巡らされたこのようなコミュニケーション・ルートは、居住環境の地図を描くのに貢献していた。人々の分布に対する馬や帆の影響力はどれほどの時代続いたのだろうか。運搬用動物を家畜化する以前の時代や、ギルガメシュ叙事詩[139]以前の時代や、肩に櫂を担いでいるか、穀物用のスコップを担いでいるかによって、人間を見分けることをうまく教えた『オデュッセウス』以前の時代の、このような分布の痕跡をわれわれは保持しているのだろうか。運に任せて狩猟をしたり、木の実の熟す時期に応じて採集をしながら、人々がさまよっていた時代に、諸部族はどれくらいの距離を隔てて生活していたのだろうか。これらの様々なネットワークの結び目あるいは交差点は、通路上を通過する速さに応じて、絶えず変化している。実存は関係に依存しているのだ。

ハードとソフト、遅いものと速いもの

鉄道と蒸気機関が、陸上であれ海上であれ、こうした地図を再構成したが、しかし、わずかな期間にわたってにすぎなかった。というのも、上述のコミュニケーション手段が、突然、多様化したからである。技術は、馬にせよスクリューにせよ、単一の新機軸から、同時に多数の新機軸を生む方向に、単一主義から多重主義へと移行したのだ。自動車と高速道路網、プロペラ機から次いでジェット機の航空路網、電信、固定式電話と携帯電話、ラジオ、アナログテレビとデジタルテレビ、ファックス、インターネット……などが突然殺到し、今度はそれらが、重なり合い、時にはまとまって、新しいネットワークを織りなしている。したがってネットワークの集中場所が変動し、大都市は膨張し、中小都市では人口が減少する……。これについても、どのくらいの期間続くのだろうか。

なぜなら、このネットワークにおいても、改めて、ハードとソフトを区別しなくてはならないからである。砂糖や砂利は船で大量に輸送され、メッセージは光ファイバーで送られる。確かにわれわれは、建物を建てたり食卓をにぎわせるために、食糧や建築材料などハードなものの物流に従って生活していたが、

しかし同じく、つねにそれを意識していたわけではないにしても、いわゆるソフトな情報のやり取りに従って生活していた。前者は後者に対して優位を占めていた。というのも、誰もパンなしに生き延びることはできないが、隣人が何をしているかを知らずにすますことはできるからである。現代の若者たちにとっては、情報が、わらを積んだ荷車や石材の運搬車と同じような遅々とした速度と困難さで、いつも途中でどこかに紛れ込んでしまう危険にさらされながら、伝えられていた空間を理解することは困難である。第二次世界大戦後までわれわれは、どちらかといえば不均質で異方性をもった世界に生きていたのだが、そこではメッセージはまれにしか宛先に届かず、たいていの場合変形を被っていた。地平線の向こうで何が起こっているのか、われわれはまったく知らないでいた。一方、現代の家は、情報という視点においては、原則として、いわゆる等質的で等方性をもった広がりに立地している。そんなわけで、今日の歴史家は、昔でも最近でも、各人は今日と同じように出来事の全体的で、ほとんど歴史的な像をとらえることができたと考える傾向にある。それは間違いであって、情報の瞬時的な通信手段の多重主義が出現する以前には、われわれは孤立集団のなかに住み、そこで日々の糧を得ていた。〈歴史〉の共有はそれ以前ではなく、それ以後生まれたのであり、それまでは〈歴史〉は大国の専有物であった。ところで、かつてはソフトなメッセージの通信網がないがしろにされる傾向にあったと同じように、今日ではハードな道路や通路にあまり考慮が払われなくなっている。人類は今後、情報信号のみを糧とし、情報サイトを住処にするのだろうか。

さらに、重い砂利を積んでのろのろと進む平船と、電撃的な速さで伝わる軽い文字とを区別しなくてはならない。情報信号が瞬時に伝播するならば、もろもろのコミュニケーションは時間と空間という条件から解放される。つまり、住む場所はコミュニケーションとはかかわりがなくなる。明日には、われわれの住居は、空間のなかのどこへなりと無作為に、あるいは思うままに配分されることだろうし、その空間はそのうえ、重くてハードな農業の痕跡を幾分なりともすでに失っていることだろう。もろもろの関係は、その最大限と最適状態に達すれば、無条件に確立され、消え去ってしまうように思われる。そのときには、困難さと稀少さが重要であることが理解されるだろう。考え方を修正しよう。生活は、関係よりも関係の困難さに依拠していた。なぜなら関係は幾多の障壁を乗り越えてようやく結ばれていたはずだからである。山がなくなれば峠もなくなり、峠がなくなればどうして山小屋を建てる必要があるだろうか。困難な渡し場がなければ、どうして宿屋が必要だろうか。このような困難さがなくなれば、街道の峠越えに応じて、家を建て、住んだり寝たり食べたりする必要があるだろうか。私の生まれ故郷の町は、大河が丘にぶつかり湾曲した地点にまどろむように佇んでいる。水はうまく流れないのだ。これらの制約が消えたならば、われわれはもはや、局所的な場に住まなくなるのみでなく、こうした時間と空間の特異点にもまた住まなくなるだろう。

隣人

軽快で瞬時的な新しいコミュニケーションは、かつての交通や通信の網の目やその密度を変えたばかりでなく、居住可能な空間そのもの、つまり地表を変形し、明日にはおそらく、植物の根や動物の住処はその地表から追放されるだろう。ネットワークのことしか語られなくなったときには、もはやネットワークは存在せず、計測すべき距離もなく、動体が行き交う物理的な結び目や交差路もない、この新しい広がりがただ単に存在するのみである。いったいわれわれはこの広がりに、どのようにして住むのだろうか。

自分の隣人とは誰だろうか、という大きな道徳的問題のこだまを聞いていただきたい。今後は、誰を隣人と呼ぶべきなのだろうか。自分の家の玄関の前を通る人や、マンションの同じ階の向かいの住人には無関心に、私はしばしば別の半球の人と、仕事や、専門や、学んだ言語や、旅の途上で結ばれた友情に応じて、コミュニケーションをとっている。だが、いまや仕事はとりわけ、腕の長さや単純な機械の行動範囲にもはや縛られてはおらず、自宅のコンピューターのキーボードでアクセスでき、〈世界〉中に散らばっているデーター・バンクから引き出される情報に結びついている。すべてがここに横たわっている以上、もはやここはないことになる。コメディア・デラルテ(140)のなかで、月の皇帝であるアルルカンが言っているように、いたるところがここと同じなのである。

かつては、様々なネットワーク上の結び目や交差点が、空間のなかに配分され、これらの結び目や交差点による人間や、建物や、富や、情報や、銀行や、資本の集中によって空間が支配されていた。社会政治的な意味での権力は、このような集中点から放射状に広がる空間としてしか定義しえないとさえ私は考えている。ある一つの集中点へ向かって接続されている、様々な通路や交差点の部分集合の集まりが、一種の星形として浮かび上がり、この星形がこの権力の準拠点や位置や力を示している。この権力に対して闘うには、最大限と最小限の二つの戦略が開かれていた。一つは、その権力と同じように同等の星形を構築することであり、そこから生じるものが、戦争や、紛争や、論戦や、あらゆる種類の抗争である。たとえば、アテネ対スパルタ、ローマ対アルバ、フランス対ドイツ、イギリス対その諸植民地、米国対全世界、どこかの小国の王対向こう岸の専制君主……などである。別の戦略は、逆に、最も近い隣人にアクセスするための可能な限り最も小さな延長、ネットワークのうちで、関係と住居の空間のなかに完全に限定された延長、をしか切り取らずに生きることである。つまり、最低限の道筋であって星形はなく、手の届く範囲内にとどまる楽園であって権力はない。今日の新しい空間にあっては、隣人は無限定であり、住んでいる場所に応じて必然的に決められるのではなく、可能な限り拡散した範囲での、選択によって決められる。たとえば、私の隣人はフィレンツェやメルボルンに住んでいる。われわれは、自分の隣人を選ぶ自由、縁組みによる新しい隣人愛を獲得したところなのだ。なぜだろうか。

偏在的なもの――どこにでも

なぜなら、哲学者たちによる古い「ここ ici」、あるいはもっと最近では「現存在 l'être-là」、あるいは「根を下ろすこと enracinement」さえも、いまでは「どこにでも n'importe où」という語で表現されるからである。再び放浪生活をするにせよ、暇に暮らすにせよ、われわれは遊牧生活に戻ることはない。というのも、羊も馬も、小麦や野菜と同じように、自分たちの古き良き時代を終えたからであり、農業が土なしでおこなわれているのと同じように、畜産は一頭ごとに仕切られた大規模畜舎で大量飼育されているからである。われわれはまた、開花期や動物の発情期に依存していた狩猟採集の時代に戻ることもない。われわれは確かに航行している、がしかし、この「どこにでも」から動くことなく航行している。このことは古典的な安定性を定義するものではない。というのも、「ここ」とは、すなわち「どこにでも」だからである。

われわれは確かに、他者たちからの距離なしで住んでおり、とりわけ、いかなる隔たりも計測することができない。なぜならその隔たりをどの地点から計測すればよいか分からないからである。デカルトが自らの幾何学の座標を発明したとき、ゼロ点に位置するその計測の原点は、結び目や交差点にきわめてよく似ており、家の壁を建築する前に平穏な土地に穿つ基礎に、ここと我が家に、きわめてよく似ている。この抽象的な広がりは、まだ一つの穴や一種の直根を保持しており、あえて言えば農地的な、あえて書けば石工的な、あえて付け加えれば出不精者的な、根を保持している。この形式的な広がりはまだ、スガンさんのヤギのような、あの杭を準拠としている。ところが、この固定点が姿を消したとき、あらゆる準拠は消滅する。もはや紐も、固着も、執着も、愛着も、隷属もなくなる。

住むに適した空間における準拠の危機が始まったのは、どこに？　どこから？　何処に ubi? 何処から unde? という古い問題からである。われわれはいわば幾何学 géométrie のなかに住んでいたが、その単位 mètre は同時に距離と測定を意味しており、家〔地球〕と自分たちとの距離と一つの知恵を意味していた。幾何学 géométrie というエジプト的、ギリシア的、ラテン的な名前は多少なりともつねにこの「測定」を表現していた。いまではわれわれは、一種のトポロジーにおけるように、距離なしで生きている。われわれはそこに空中楼閣、あるいはユートピア的な町を築こうとしているのだろうか。われわれは、世界中の誰とも距離なしで生きているというよりも、距離というものが、測定不能で、意味をまったく失ってしまった空間に生きているのだ。とりつくべき特異点のないすべすべした広がりである。このことが恐怖を引き起こす。なぜだろうか。

自分とは誰か

なぜなら、かつての準拠においては、この固定点は、そもそも、母なる大地から、自分たちの父祖や祖国から、農園から、町から、食料の供給源から、保護集団から……立ち現れていたからである。あなたはどこの出身ですか。*Whe'er you from?* この質問は奇妙なことに「どこ」と「あなた」、*you* と *from*、「場所」と「自分」、「存在」と「そこ」、「自我」と「それが所有するウマゴヤシ畑」を同一視している。「ここ」がなければ、もはや「自我」もない、これこそが不満をこぼしている人たちが恐れていることである。かわいそうに、どこに足を踏ん張ればよいのか分からないので、もはや存在することができないと恐れているのである。あたかも、「自分」というものは、一つの空間のなかに沈み込んでいなくてはならないかのようであり、また、自分で選んだのではない部分集合に帰属していなくてはならないかのようである。「主体 sujet」という語は、このような奇妙さを、幾分か自らの内に持ち込んでいる。というのも、この語は自らについて、「下に横たわっている」[141]と言明しているからである。穴のなかに横たわっているかのように。デカルト的尺度のゼロの点に横たわっているかのように。根の下に横たわっているかのように。埋葬されて、ここにある être-là、あるいは、ここに眠る ci-gît かのように。墓のなかに横たわるかのように。石に押しつぶされて、祖先の遺骸のなかで、墓石の下に横たわるかのように。かつてわれわれを現在のような人間にした死のなかに横たわるかのように。ところで、かつては疑問の余地のなかったこの結びつきは、今日では奇妙に思われる。奇異で、悲劇的で、耐え難く、崩れたものに思われる。暴力と戦争の原因に思われる。血塗られたわれわれの基盤のように思われる。そうではない、私はもはや自分のいる場所ではないし、私の出身の場所でもないし、私がこれから行く場所でもない。というのも私はその場所を知らないからであり、別の言い方をすれば、私は誰にでもなりうるだろうからである。私は自分自身をこの結びつきから、この執着から、この束縛から解放する。「自分」はもはや、土地に縛り付けられた農奴とも混同されないし、借金の足かせを負った奴隷とも、鉄の玉を足につけられた徒刑囚とも、自分の所有地に執着する守銭奴とも、頭だけを出して地に埋められハゲタカの餌食にされる犠牲者とも混同されない。準拠のない「自分」は、固定していると同時に浮動し、変化し、揺れ動き、様々であり、〈世界〉で出会う人々に応じて玉虫色に輝き、自分にしか依存せず、何らかの帰属性という結びつきによって定義されるのでは決してなく、白い平板なトートロジーの自己同一性によってしか定義されない。そう、帰属性というこの古い関係は、きわめて奇妙で、誤った、犯罪的でさえあるものに私には思われる。なぜなら、帰属性と自己同一性を（帰属を表す∈の記号と同一性を表す≡の記号を）同等なものにすることによって、この古い関係は、確かに論理学的・数学的な誤りを犯しているばかりでなく、同じく、またとりわけ、人類に対する罪を犯すからである。というのも、あらゆる憎悪の根源である人種差別は、まさしく、君は誰か……という自己同一性と、出身を意味する場所的、家族的、性的、部族的、民族主義的、宗教的、その他の、帰属性の一つと混同することにあるからである。君は君の出身の場でしかない。そんなことはない、私は私がそうであるところのものであり、それがすべてである。私が死ぬときにのみ、あなたは私の膨大な帰属性を数えることができるだろうし、それらの交点が私の遺骸の独創性を示すことだろう。

普遍的ヒト——ノスタルジーの終焉

新しいヒューマニズムの普遍性は、単に、われわれが核エネルギーや情報信号によって全体的なものに到達する能力を得たことに起因するのみではなく、また、われわれの身体と悟性に認められる、分化全能性という意味での全能性に起因するのみでもなく、同じく、またとりわけ、いまわれわれが住んでいる広がりに起因するのである。距離のない空間は、空間のない「自分」を生じさせる。われわれはもはや幾何学にも、大地にも、尺度にも住まっておらず、計測も距離もないトポロジーに、質的な空間に住まっているのである。

このような空間は旅の苦しみを和らげる。まったく特殊なこの苦しみは、愛する者たちと別れることから生じたのだが、単にあの愛しい面影や瞳の輝きと別れるからのみではなく、慣れ親しんだ場所やそこの諸物と別れることからも生ずるのである。水夫の妻は波止場で待ち、ノルマン人の船乗りは異国の岸をさまよい、中国の売春宿で自分の姉妹と再会する。かつてのヒューマニズムはノスタルジー〔望郷の念〕で彩られていた。われわれは、遠い異国の港で、生まれ故郷を懐かしんでいただけではなく、異境の地にある人間はすべて、真の出身地であり平安の地である、失われた楽園を、天上のエルサレムを、蜜と乳の流れる谷間を、懐かしみ嘆き悲しんでいたのである。人間はホームシック〔懐郷病〕によって形成されていたわけだ。人間の実存はこうした関係のみに依存していたのだ。その証拠に、場所が「自分」を形成していた。決して必ずしも「ここ」ではなくとも、亡き母の耕した畑でもかまわない。同じくその証拠に、空間は病を生じさせる。ホームシック〔懐郷病〕は故郷とともに変化することを明示しているからだ。存在論 ontologie、ノスタルジー nostalgie〔望郷の念〕。前者は後者が詩歌でみんなに理解させることを、難しい尊大な言葉で述べている。

われわれはもはや空間の病にはかからない。あなたはどこの出身ですか。どこでも n'importe où の出身である。揚子江の出身、アマゾン川の出身、ガロンヌ川の出身、愛の女神のベッドの出身である。私は流浪し、根を下ろさない。*Whe'er you from?* 黒海と黄海の出身、紅海と青い七つの大洋の出身、無数の色合いと水の白い色をした混血のアルルカンである。私は航行している。あなたは誰なのか。私は揺れ動き、濾過され、いなくなる。みなと同じように、私は世界とその時間のなかに住んでいる。かつては誇り高く安定していたもろもろの農園や町は、大河を下って海へと達する。

他者たち

論題

コミュニケーションという出来事
現代の人間
ネットワークの終焉――普遍的な家
人類再生 hominescence の第三の環
他者たちと自我 *ego* の死

コミュニケーションという出来事

コミュニケーションがなければ、生命もない

私の身体は、つねに食物を摂取しようと努め、住処を求め、時にはパートナーを求める。細胞の多孔質の膜が、望むにせよ拒絶するにせよ、膜を開いたり閉じたりして無数の交換をおこなうのと同じように、私を保護している皮膚にはいくつもの開口部があり、そこから食物を摂取し、音や光を知覚し、寒さや臭いを感知し、排泄や交接をする。この最初のコミュニケーションがなかったならば、いかなる生き物も生き延びることはなかっただろう。生命は、バクテリアから多細胞生物の形成まで、個体からその増殖まで、それぞれの巣から、何百万もの種がまとまって競合しあう生物圏全体に至るまで、このようなコミュニケーションによって維持され、特徴づけられている。

このようにして、様々な回路を通じて生き物たちは、いわゆるハードなエネルギーとソフトな情報を、放出し、受け取り、備蓄する。というのもこれらの流量は負のエントロピーの規模を超えることはないからである。これらの機能がなかったならば、生き物たちは死に絶えることだろう。広い意味での生物学には、これらの問題を直接扱う情報信号の一般理論がまだ欠けているが、これらの問題の総体は、生物学全般にわたるものである。

コミュニケーションがなければ、社会もない

コミュニケーションが生命を維持しそれを生きながらえさせることのみに限定されるならば、私の生は上記の生物的機能に縮小されることだろう。たとえば、私が口をきく場合、私は単に食べたり、飲んだり、つがいをつくることのみを求めて口をきくわけではない。部分的には政治的動物である私は、さらに、家庭に義務を負い、仕事に義務を負い、市民の義務を負い、公共の義務を負い、人類に義務を負っている。私は教育に従事しているし、職業上の諸関係に貢献しているし、選挙で投票をすることさえもある。力による関係はできる限り避けたいが、しかし、集団はそれを義務づけ、そのようにして情報にエネルギーをつけ加えると言われている。社会を組織し、管理し、運営していかなくてはならないということは理解できる。そのためには情報だけで十分だろうか。原則的にソフトなものしか要求しないこの努力に、暴力と死を、ハードなエネルギーの交換を、付加することが本当に必要なのだろうか。社会的な関係が出現するや否や、跳ね返りのループによって、それらの関係はある種の生命的関係を担うようになる。その結果、第二の〔力の〕コミュニケーションが、第一の〔情報の〕コミュニケーションに取って代わり、時には完璧に取って代わるので、第二のものが第一のものを隠してしまう。つまり、食事や飲み物をもってくるように強い口調で命じているのは、寄生者や親分たちなのだ。そんなわけで、社会科学はコミュニケーションの生き生きとした基盤を見極めることがめったにないのである。

したがってコミュニケーションによって社会は築き上げられ、コミュニケーションがなければ、社会は消滅する。モンテスキューは政府の形態を国家の規模によるとしたが、彼はそのことによって、政府の形態が力と情報の伝播の範囲に応じて変化するということを説いているのだ。一般に膾炙しているように、諸帝国を築き上げたり、崩壊させたりするのは、書き物、馬、鉄道、帆船、電信、飛行機などのコミュニ

ケーション手段なのである。

コミュニケーションがなければ、自我もない

私は単なる諸器官の集合でもないし、社会的役割の集合でもない。確かに、身振りや言葉は、生体や集団が生き延びる助けとなる。しかし、不思議なことに、内的な言葉での一連の瞑想や、親しい友人との、政治的・排泄的なものを避けた、数多くの上品な会話によって言葉が自分を築き上げるのである。

生き物たちはエネルギーや情報を交換する。彼らはハードなものやソフトなものでコミュニケーションをしている。集団が存続するためには、おそらく情報をしか必要としないだろう。しかし、紛争や論争は情報に、おそらく不必要なエネルギーと暴力を付け加えたわけだが、そうしたエネルギーや暴力は、動物や植物にとっては、言葉を欠いているがゆえに、なしにはすませないものである。ソフトな言葉に、ハードなものが立ち現れたならば、人間は世界の不幸へと引きずり込まれてゆく。結局この第三のコミュニケーションにおいては、エネルギーが情報に屈するのだが、しかしそのときの双方のやり取りによって、エネルギーがソフトなものになるばかりでなく、情報もなおいっそうソフトなものとなる。いわゆる極上ものと同じように、ソフトのなかの極上のソフトのみが残るのである。この極上の情報は、きわめて軽やかに、敏捷に、生き生きと、光り輝いて飛翔するので、優れた賢人たちがそれを「精神」と名づけた。たとえば、その息吹が原初の水のおもてを覆っていた創世記の神の霊〔ルーアハ *ruagh*〕、キリスト教徒に七つの賜物をもたらす聖霊、ラテンの魂を生み出したあの軽妙きわまりないギリシアの息吹。いずれも、決して権力や社会的栄光を必要とせず、パンのみによらず、言葉で自らを養うよう努める。

稀で、ありそうもなく、しかしまた、第一と第二のコミュニケーションが身体と集団にとって不可欠で

あるのと同じように、自我 moi にとって不可欠な生命力に満ちたこの第三のコミュニケーションを、精神的交わり communion と名づけよう。他者から、愛していると言われる以前には、誰も生まれることはない。愛を欠いているならば、何人も生きながらえることはない。愛は実存を与え、救済をもたらす。

誰なのか？

コミュニケーション一般について語ること、とりわけ、テレビやラジオについて、言語やインターネットについて語ることは、次のような質問、つまり、個人であれ集団であれ、誰がコミュニケーションをしているのか、という質問をしないとすれば、抽象的なものにとどまったままになる。次のようないくつかの答え……たとえば、コミュニケーションがなければ死んでしまうであろう生き物たち、コミュニケーションを自らの糧としている精神……こうした答えは、あらゆるものにかかわるがゆえに、まだ同じく広範で抽象的なままである。沈黙と不明瞭さで誰が満足するのかしないのか、この二つの振る舞いに誰が利益を見出すのかを観察していただきたい。コミュニケーションは力とともに増大し、力は、時にはメッセージとともに、しばしば雑音とともに、しかしとりわけ横領とともに増大する。生き物におけると同じように、多くの社会的現象が、単純な寄生的活動によって、横領者が利益をせしめる輸送物の横取りによって、説明される。

あらゆるコミュニケーションはそれを送るものの宣伝になる。宣伝が宣伝であると自ら告げるのであれば、その宣伝は、宣伝であることを隠して宣伝に専念する番組よりも、正直で真実であると私には思われる。さらに、宣伝 publicité という語の下には、一つの強力な意味、すなわち、公共的なもの le public の本質、という意味が隠されている。誰に向けてコミュニケーションをしているのだろうか。公共的なものに向けて。その公共的なものが狭められれば狭められるほど、「私」とか「あなた」にいっそう近づく、すなわち私が先ほど名づけたソフトのなかの極上のソフトにいっそう近づく。公共的なものが広げられれば広げられるほど、権力がますます強化され、寄生者がますます増えてゆく。そこでテクノロジーが介入するようになる。ステントール[142]、チロル地方の民謡、メガホン、太鼓などの音や声は、小集団や村や谷間までしか届かない。すでに、貨幣の刻印は、横顔であれ正面であれ、国王の顔の像を広め、金貨をほしがる数多くの者たちや、金貨を蓄えるより少数の者たちに国王を認知させることを可能にしたし、カルタゴ軍がパンテレリア島[143]で巻き起こす戦火は、シシリア島やイタリア南部へアフリカの情勢を伝えた。シャップ[144]の腕木信号から、〈ウェブ〉まで、関連する公共的なもの le public は、少なくとも数の上で、増大した。たとえば、世論とか一般意志といった抽象的な概念は、したがって、実践の領域に入ってくる。つまり、テクノロジーを用いてそれらを操作しうるのである。一九六八年の五月末〔五月革命の際に〕、ソルボンヌ地区やオデオン地区や国民会議議事堂にさえにも、ほとんど警備隊は配置されていなかった。しかし政府は、フランス国営放送局には数個連隊を派遣して、デモ隊の放送局への侵入を阻止した。そこに居合わせた私は、フランス社会の意志決定者たちが、少なくとも実践上は、すでに自分たちがヘルメスの統治に服しているのを知っていることに、満足の思いをしたのだった。しかし、まさしく、誰がこの神の名を担っており、誰が日々これらのテクノロジーを手中にしているのだろうか。そして誰がそれらのテクノロジーを占有し、その地位から他の者たちを締め出しているのだろうか。この問題に対する答えほど容易なものではない。

答え

もし、言語の形で伝えられる情報を、誘惑的な雰囲気（アウラ）をもつもの、遂行的な特性をもつもの、真理としての価値をもつものの三つに分類するならば、メディアが第一分類に、行政と司法が第二分類に属し、科学は三つの分類すべてに属するだろう。これらは、どこにも対抗権力をもたないという限りにおいて、三つの至上権力であると明言しうるのではなかろうか。メディアを批判しようとすれば、メディアを使わなくてはならないし、法律や科学に逆らえば、間違いを犯したことになり、自宅に警官が踏み込むことになりかねない。あなたの生き方を変えさせることができるのは誰だろうか。ジャーナリスト、行政官、学者である。

しかし、誘惑がつねに法律と真理に勝るので、第一分類に優位権を与えよう。つまり、メディアは、政治家たちから発言権を取り上げておいて、自分は選挙の洗礼を受けない、学者たちから専門知識を取り上げておいて、自分は知識をもっていない、両親や教師たちから教育を取り上げておいて、自分は職業倫理をもたない、検事から訴追権を、弁護士から弁護権を取り上げておいて、自分は司法的資格をもたない、各人に返答を義務づける尋問を警官から取り上げておいて、自分はいかなる質問にも答える義務を負わない、このようにしてあらゆる決定者の地位に就いておいて、自分は責任をとらない、要するに、あらゆる栄光を手にして、義務も懲罰もない、あらゆる権力を手中にし、反対権力という代価を払わない、ついには、道徳からすべての背徳を狩り出し、司祭から告白を聞く務めを取り上げておいて、自分は秘密も守らず、許しも与えない。このようにして寄生者あるいは横領者が、あまねくすべての地位を奪い取ったならば、彼が、その偏在性によって、あらゆる社会的現実をでっち上げるということにならないだろうか。

何だろうか？

上述の情報の発信装置、伝達回路、記憶装置、受信装置などを、正確に分析せずに、同じように抽象化することが問題である。マラトンの戦いの使者、馬に乗ったダルタニアン[145]、人獣の蒸気機関車[146]、キュナードライン[147]の大西洋横断定期船、エアーバスなどは、ラジオや、テレビや、〈ウェブ〉やそのブラウザなどと、同じメッセージを運ぶわけでも、同じ通路を通るわけでも、同じ速さで同じ数の人々に向けられるわけでもない。それらは、人が何と言おうと、社会がそれらをつくり出すのにあずかったとしてさえも、同じ社会を結果としてもたらすわけではない。一つの因果関係の環は、跳ね返りによって、二つの原因と二つの結果を生む。様々な技術を抽象化することは、結局これらのかなり大きな相違を忘れることに通ずるが、とりわけ対象をもつことが人間の特性であること——他の生き物たちは対象をもたない——を無視する結果になり、集団が大部分において対象的な技術に依存しているということを無視する結果になる。その技術のほうは、社会がそれらの技術の出現に貢献しているとしてさえも、少なくとも今日では、いわゆる厳密科学に依存している。さらには、ソフトな科学が厳密科学に依存している。道路は女王様のメッセージを伝えるだけではなく、とりわけ、砂利を積んだダンプカーを通すのであり、それがなければ、道路の路面はぬかるみで穴だらけになることだろう。

この一世紀近くのあいだに私の経験した集団において、私の知っている著しい変化は、このいわゆる厳密科学を源として生み出されたものばかりである。新しい身体は抗菌薬と鎮痛剤によって生まれ、女性の解放はピルによって実現され、農産物加工産業は生化学によって生まれ、現代のコミュニケーション手段はエレクトロンと光ファイバーによって生まれた。西洋は、時間的にも空間的にもきわめて稀なこの長い平和を、核の恐怖以前の諸定理に負っているだろうか。人口爆発もまた、物理学と薬学にかかっている。

こんどは、これらの科学から生じたのではない倫理的問題を一つでも挙げていただきたい。いかなる政治的な決定も、同じ時代に、これらに比肩する結果をもたらすことはできなかった。政治的決定はむしろこれらの結果にブレーキをかけたほうであろう。

二十世紀に社会を変革した女性や男性を「大知識人」と呼ばなくてはならないとすれば、上述のような時代の変化の要因を知らずに、時代にほとんど「参加」しなかった哲学者たちよりもむしろ、実験室で、化学や農学や電子工学に取り組んでいた女性や男性たちを引き合いに出していただきたい。率直に言って、ジャン＝ポール・サルトルやマルロー[148]とその退行的亜流の人たちがわれわれの生活条件の何を変えたのか、私にはわからない。一方、フレミング[149]以来、身体の安寧にとって、シャノン[150]あるいはチューリング以来、人々のあいだの関係にとって、われわれは、よりよくとは言わないまでも、いままでとは違った仕方で生活するようになった。自然科学は自然や、身体や、世界を変え、時には、もろもろの文化、私の文化や他の人たちの文化をさえも変えるが、一方、社会科学は社会を記述するが社会を変えることはない。本書が、時には〈歴史〉に立ち戻る以前に、しばしば〈歴史〉の下を発掘するのは、そのようなわけである。

どのようにして？

視聴者は送信されたメッセージをどのようにして受け取るのだろうか。メッセージは選ばれた回路のなかをどのようにして循環するのだろうか。誰がメッセージを横取りするのかという問題については、すでに答えを出した。コミュニケーションについては、相対立するきわめて異なった二つの理想がある。すなわち、完璧な受信と情報管理の不在である。平等という政治的理想は、すべての人たちが聞くことができるに十分なだけ、メッセージが明瞭でなくてはならないという要求を伴う。各人は、世界や、自分の身体や、宇宙や、他者たちを理解する権利をもっている。私は子供時代から、この旗のもとで闘っている。なぜなら、政治的平等の実現は、確かに、そのことにかかっているからである。

しかし、専門家たちが実践しているようなコミュニケーションは、この受信の平等性と最大限の情報管理とを混同している。「一分十秒間で、大衆にレトロウイルスの逆転写について説明してください。明快でとりわけ具体的にお願いします。」これが、私が何十年か前から聞いている説明依頼の例である。嘘をつくことなくこのような離れ業に成功しうる者は誰もいない。知識を普及させるのではまったくなく、商品に関して人をだますのだ。平等性は、真実を述べることの禁止を意味するのではない。このことは避けることの不可能な問題を提起する。

イソップの定理の一般化

ハードなエントロピー的規模で機能する道具を技術と呼び、ソフトな情報交換を可能にする機械をテクノロジーと呼ぶとするならば、テクノロジーは、私が先ほど定義したような三種類の情報、つまり社会生活における身体と生活のための情報、個人的救済のための情報、文化的楽しみのための情報、に何をつけ加え、何を削除するのだろうか。それらをテクノロジーは変容させるのだろうか。

肯定(ウィ)でもあり、否定(ノン)でもある。イソップは、自分の寓話集を書くよりも以前の時期に、言葉〔舌〕は物事のなかで最良のものでありかつ最悪のものであると言ったものだった。確かに、言葉〔舌〕によって私は君を養うこともできれば飢えさせることもできるし、君を称賛することもできれば中傷することもできるし、そうすることによって、君をカピトリウムの丘(151)の頂に昇らせることも、タルペイアの岩場(152)から突き落とすこともできるし、君を愛していると言うことも、憎んでいると言うこともできる。基本的なコミュニケーション手段のこの二重性〔二枚舌〕は――というのもこのコミュニケーション経路は、舌〔言葉〕という、食べたり、飲んだり、接吻したり、しゃべったり、命令したりする、典型的な情報交換器官を経由するからだが――、運ばれるメッセージに対して独立している、あるいは中立であると最初のうちは見なされうる、あらゆるコミュニケーション手段に蔓延している。それゆえ、電話は生活の助けとなるが、しかしまた生活を破壊させうるのであり、いずれにせよ、助けともなれば、時には悪夢に変容することになる。ある時には、高速道路を誰も通らず、道がいつもすいていれば、それは最良の状態にあるが、ある時にはたちまち車で満ちあふれて、最悪の状態になる。われわれはインターネットで、科学や医学やナチズムやポルノも含めて、あらゆることを学ぶことができる。いかなるテクノロジーも、善悪や、真偽や、生死の手前にあるこの二重性〔二枚舌〕の論理を免れることはできない。

確かに、一般化されたこのイソップの定理の両義性はテクノロジー以外にも当てはまる。私はそれなりの代数学者になった、というのも私にテンソル解析を教えてくれた先生が、私を評価してくれたからだが、これは私が利益をつけて彼に返した計り知れない宝物である。しかし私の英語会話力はお粗末なままである、というのも、私の英語の先生が私を憎んでいたからだが、これは二倍にして私が彼女に送り返した恥辱である。対面式の教育は、テクノロジーに課せられると同じ二重性に支配される。機械以前に、また機械なしでも、すでに存在していた状況によって、機械を責めないようにしよう。「自然のもの」は良いものであり、人工のものは悪いものであると見なしたくなる誘惑を避けるようにしよう。ここでは、生きた対面教育でも、遠隔教育でも、失敗と成功は同じ程度に分有されており、その可能性も五分五分である。

テクノロジーおよび、現用のコミュニケーションとテクノロジーの関係に対する評価が、絶えず対立し、不一致であるのは、結局のところ、この二重性の論理によって説明がつく。良さそうに見えたり、悪そうに見えたりするものを、判断し決定する前に、論戦に出かける前に、観察し、説明し、理解しようではないか。ドン・キホーテが、風車に対して繰り広げる戦いは、ハイ・テクノロジーに対して怒りをぶちまける、このハイデッガー流の本の虫を、すでに舞台に登場させていたのだ。なぜなら、この時代においては、これらの風車は現代的実利主義の極みであり、大きく広げたその翼によって、すばらしい騎士道物語の空想を育んだ牧草地帯と田園地帯の風景を、醜くゆがめていたからである。

あらゆる通路は、そこを通過してゆくものに対しては無関心なままであるけれども、先ほどと同じ定理を、ハードなエネルギーの移送にも広げて当てはめることができるだろうか。もちろん当てはめることができる。というのも、道具は助けとなるが、武器は殺害の道具となるからである。いずれにせよ、生き物は、集団が国境や税関によって身を守っているように、免疫システムや様々な検問の戦略をそなえている。嘘によって、死の淵に追いやられることもありうるので、私は闇取引やペテン師を心から憎んでいる。彼らは、出入り口の純朴な警備員たちよりもはるかに有害である。しかし私は、寄生者たちと彼らの横領の二重の手口にはすっかり虜になっている。

寄生者（パラジット）

同じ二律背反が、実際、「自然なもの」であれ技術によるものであれ、あらゆるコミュニケーションの主要な横領者である寄生者に当てはまる。それぞれの関係に介入する第三者として、寄生者は住処や食糧を手に入れ、時には宿主のなかで、また宿主によって、繁殖までをも手に入れ、時には宿主を死に陥れる。情報を横領する者は、このようにして、自らを太らせ、自らを富ませる。しかし、逆に、習慣をひっくり返すことによって、寄生者は、自分が宿主と形づくっているペアに、共生関係を案出せざるをえなくさせ、新しい生き方の道を分岐させることがある。専門家たちは、ほとんど毎日のように、その例を発見している。生物学において、もしわれわれが情報信号とコミュニケーションの優れた一般理論をもっているとすれば、コミュニケーションなしには生命は存在しないということ——これは確かにわれわれみなが知っていることだが——のみでなく、もっと繊細で奥深い意味において、多種多様でつねに果断な寄生の戦略がなければ、単細胞にせよ多細胞にせよ生き物も、種も、繁殖も、系統も、発育も、進化も……存在しないということが、自明のこととして現れてくるだろう。寄生者があらゆるコミュニケーション回路にもたらす、時には致命的な切断を超えて、寄生者は時には別の回路を復活させ、そうすることによって、組織体であれ進化であれ、新しいものを助長する。寄生者は、生と死、起源と終末、交換と贈与、時間と組成、善と悪、真と偽、秩序と無秩序を手中に収めている。したがって、寄生的なやり方で振る舞わないような権力や、何らかの支配者がいるのであれば、それを見つけ出していただきたい。

三つの前線に対するテクノロジーの介入

電話でと同じように言葉によって、行動によってと同じように〈ウェブ〉上で、私は、同等のやり方で、パンの供給者という意味でのパン屋の住所も、アカデミー会員としての務めも、最愛の人のアドレスも、手に入れることができる。別の言い方をすれば、あらゆるテクノロジーが、生活上のコミュニケーション、集団のコミュニケーション、文化上のコミュニケーションに介入している。しかし、逆に、手紙は文字を読ませ、電話は声を聞くことを可能にする。このことですべてが変わる。手紙ならば嘘をつくことができるが、あまりに落ち着いた口調であったり、震え声であったりすれば、そうは口に出さなくとも、無関心とか疲れとかが見て取れる。テレビでの人物映像の客観的な正直さに、私は何度も気づいたものだが、卑劣な人間は自分の卑劣さをうまく隠せないし、殺人者の冷酷さはありありと表に出るし、誠実な態度はめったに人をだまさない。少なくとも、この点においては、真実を放映するメディアがあるのだ！ いかなるテクノロジーもこれと同等ではない。

友情のこもった対話や、細やかな愛情は——その喜びは各人のアイデンティティー確立に貢献するわけだが——、テクノロジーを免れているのだろうか。別な言い方をすれば、テクノロジーはわれわれの最良の交わりを殺すのだろうか。スターや、シャンソンや、映画や、サッカーを決して愛さなかった者は、映像の生む天性の力に驚嘆することだろう。われわれは自分たちの行為の四分の三まで、仮想的なものにとどまっているのだ。愛が、どうして電話線の上を伝わってゆかないことがあろうか。電話の成功は、少なくとも証券取引所とビジネスが、インチキと脅迫を助長すると同じ程度に、電話が愛の響きや愛の悦楽を助長することに起因するとさえ私には思われる。

したがって、テクノロジーは、それぞれその様式と、利点と、欠点に応じて、三つのジャンルのコミュニケーションにおいて補助薬となりかつ障害になるのである。テクノロジーは、コミュニケーションを、最良のものにも最悪のものにも変容させる。

両極限 les extrema

この両極限の論理を私はすでに探求した（『火、そして霧のなかの信号——ゾラ』、二九五頁—三〇三頁）[153]。最良のものと最悪のもの、神そのものとあまたの悪魔、容赦ない開発と天使のような慈善、死と生、破壊と建設、高価なものと糞便的なもの、現実と記号、存在と無……お金を高く評価しない者、金を軽蔑しない者が誰かいるだろうか。これらの両極限のあいだの包括的な隔たりに侵入しそれを埋めるものが、倫理と過ち、信仰深いものと無神論者、暴力と平和、集団的なものと個人的なもの、政治的なものと生命的なもの、理論と実践、備蓄と流量、偶然と因果、存在論と認知論……結局のところ、可能なあらゆるスペクトルである。これらの変身の総体がお金に一般的等価物の資格を与える。お金が君臨しているところでは、他の価値はない。というのもお金がすべての価値に取って代わるからである。無臭のお金は、あたかもすべての色を総和するかのように、お金がさわるものすべてを無色にする。

コミュニケーションとともに、われわれは新しい一般的等価物に手を染めたのだろうか。というのも、「自然の」ものであれテクノロジーによるものであれ、もろもろの通路や、エネルギーであれ情報であれ、流量や、たいていの場合寄生的な、もろもろの分岐点は、この多価性の論理に従うからであり、それらが織りなす網の目は、地球規模の等価性へと向かう傾向にあるからであり、この地球規模の等価性は、〈ウエブ〉上で有効な単一決済単位が世界のあらゆる貨幣に取って代わるときには、ついに達成されるだろうからである。そしてすでに、このような財が、あなたが〈ウエブ〉上で入手できる情報に応じて、高かれ安かれ値段がついていて、各人がデーター・バンクに自分の口座をもっている。お金は、より無色でより一般的な等価物を前にして、第二の地位に後退するのだろうか。われわれが情報という用語やコミュニケーションという用語に執着するのはそのようなわけなのだが、情報は意味を奪われており、かつあらゆる意味をとりうるがゆえに多価的であり、コミュニケーションはきわめて一般的であるので、すべてを意味することができるのである。

仮想的なものの無色の権力

たとえば、メディアのネットワークは今日においていかなる役割を演じているのだろうか。すでに言及した答えだが、あらゆる役割を演じている。政治的役割はもちろんだし、司法的役割はますます大きくなり、イデオロギー的・警察的役割は確かであるし、教育的役割は過剰なほどだし、娯楽的役割これはメディアの本来の役割だ、道徳的役割は日常的に……。いや、メディアはモンテスキュー的な意味での第四の権力ではなく、一般的等価物あるいはあらゆる権力の可能態(ポテンシャル)であり、分化全能性権力である。メディアは、自分が例外的に行使できない権力があれば、それを破壊しようとさえする。たとえば、科学の権力や、宗教の権力だが、これらは実際にメディアに最も近い権力であって、それというのも、これらの権力もまた、あるがままの現実についての真理を伝え広めるからである。それゆえ、メディアのネットワークは、その内的力学によって、別の現実、別の社会、新しいイデオロギー、別の教育、別の政治、等々を構築し、結局は、別の存在様式、別の真理の様式、別種のお金を構築する。メディアのネットワークは、すでにそこにある現実を表示するという役割を放棄して、メディア固有の現実を創り上げるという役割を獲得する。メディアがこの役割を獲得するのは、必ずしもメディアのもつテクノロジー的な地位や資格によってではなく、コミュニケーションの一般的等価性によってなのである。両極限の支配者であるお金とメディアという、二つの公共の場しかもはや存在せず、すべての人々がいかなる区別もなくそこに自らを見いだし、そこではすべての物が区別なく同じ価値をもつ。このとき戦いは熾烈を極め、メディアとお金のあいだで同盟が次々と結ばれるが、どちらも相手を背後からだまし討ちにしうる。生命におけると同じように、寄生者がすべてを取るのだ。

認知――真理の問題

私は自分の若い頃を思い出すのだが、その頃のある日、私は数学を捨てて文芸研究に、別の言い方をすれば、ハードを捨ててソフトに、専念したのだった。対象〔客体〕にかかわる科学から、主体にかかわる物語へのこの移行は、いまでも私のなかで息づいている。一方については、私は理解するために毎朝きつい努力をしなくてはならなかったが、他方については、私はたやすく、また直ちに理解できた。少なくとも、私はそう思っていた。この隔たりは、当時もいまも、私を驚嘆させる。金持ちと貧乏人は様々な仕方で区別されるとか、科学的発見はお金と能力〔権力〕を前提にするとかいうことを理解するのに、社会科学は大きな努力を要求しない。しかし、スーパー弦の理論をよく理解するのに苦労しない者がいるだろうか。多かれ少なかれ理解しうるこれらの真理が、社会の変革に対して同じインパクトをもつのであれば、この区別はたいした重要性をもたないことであろう。ところが、これらの真理は同じ効果をもたないばかりか、まったく異なった効果をもたらす。

平等主義的なコミュニケーション空間は、今日では、通りの空間に似ているのだが、そこでは、五十年前と同じように、誰ももはや司祭と兵士を区別しないし、労働者と学生を区別しない。私はそれを嘆いているのではなく、すべてが支払わなくてはならない代価をもっていると言いたいのだ。というのも、この同質的な公共空間は、今度は、物語や社会科学の空間のコピーとなっており、そこでは、容易に理解できるものが、真理と混同されてしまうのだ。そうであってはならない。量子力学とその存在確率にかかわる真理や、神とその偏在性にかかわる真理といった、ある種の真理は、常識とは容易に相容れない。そう、二つの空間、民主主義的理想を目指す空間と、メディアが構築する空間は、その出会いを実現した点で称賛に値することは確かだが、しかし、物語や社会科学に特有の理解状態を複写したものであり、日常的な直観の域を決して離れてはいない。ところで、私にはうまく説明できないが、しかし絶えず起こっている効果によって、きわめて容易に理解されるこれらの社会的真理は、社会そのものにほとんどインパクトを与えない。一方、たとえば、核粒子や逆転写酵素にかかわる真理のような、最も理解のむずかしい真理は、恐怖を引き起こしたり、病気の治療法を開発して、それが今度は社会に変動をもたらし、そのことによって時代を分岐させる。逆説的命題であるが、社会が変わるのは、社会的真理ではない真理によってである。主体が変わるのは、理解することの困難な、対象〔客体〕にかかわる真理によってである。なぜこれらの真理が隠されたままなのだろうか。

ところで、コミュニケーションを握っている者たちは、この隔たりを大衆の名のもとに解消しようと努めているが、彼らが想定していることとは逆に、大衆自身は、困難で残留性をもつこの隔たりを見て取り、この隔たりを理解し、それを尊重している。民衆は——私もその一人だが——実際、エリートたちよりも、もっと古風で、古くて、諸対象にもっと根を下ろしたやり方で、生き、思考している。エリートたちは、自分たちのまわりには、個人的および集団的な主体しか存在しないと考えており、すべては力との関係で解決されると考えている。彼らは「無世界論」の誤りを犯しており、これは社会が世界を免れ、世界の外で生きているとする奇妙な信念である。「すべてが可能である」、これが支配者の言葉であるが、それというのも、彼らにとってすべては支配関係のなかで展開される力にかかっているからである。支配されるものたちのほうはといえば、社会の働きのなかで、下部から率直な仕方でその働きを見て取る熟達者で、世界の創始以来、まず諸対象の必然性が存在しており、この必然性のほうが、その不可能性という制約によって、個人であれ集団であれ主体の気まぐれな可能性や偶然的な要求よりも、ずっと強いものであることを知っている。彼らは、諸対象が存在するからこそ初めて社会が存在するということを、漠然とではあるが知ってさえいる。諸対象のみがわれわれを結びつける。支配者たちは社会の風潮のなかで生き、支配される者たちは諸様相のなかで生きている。コミュニケーションのなかをさまよっているこの〈真理〉の問題は、われわれの社会の将来にとって、考えられている以上に決定的なものとなっている。というのも、主体的なものであれ集団的なものであれ〈歴史〉は、諸対象の側の急激な変化に対応して分岐するからである。

エネルギーや健康と同じくらい重要な問題に関連するいくつかの例だが、原子炉の放射性廃棄物や遺伝子組み換え生物の増加を恐れなくてはならないだろうか。もし恐れなくてはならないとすれば、実験室や原子力発電所を閉鎖しようではないか。慎重で、時には楽天的な専門家たちの見解と対立するのは、死者や病気の報道によって引き起こされる恐怖や、それによって広められる恐れや同情である。何から身を守らなくてはならないのか。何を決定しなくてはならないのか。諸個人と世論は、いくつもの交渉相手——こちらも個と集団だが——と向かい合っている。すなわち、学者たちあるいは〈科学〉、諸企業あるいは〈先端工学〉、資本家たちあるいは〈財政〉、ジャーナリストたちあるいは〈メディア〉、行政官たちあるいは〈法律〉、民衆の代表と意志決定者たちあるいは〈政策〉、などである。彼らは、個であれ全体であれ、一緒に準安定的なネットワークを形成しており、コミュニケーションでざわめきながら、いまや〈ウェブ〉上で部分的に対象化されており、そこではメッセージとノイズとが循環している。相矛盾する諸情報の捉えがたいこの渦巻きのなかで、何を信用し、誰を信頼すべきなのだろうか。そこでは〈真理〉はどうなっているのだろうか。外見とは逆に、〈真理〉についての論争は、恐ろしい亡霊のようになった神話的な諸対象を前にして、大きな恐怖の種となる報道にくらべれば、あまりおこなわれていない。しかし、このような不安の状況に、誰が利益を見出すのだろうか。新たな闇の時代が到来するのだろうか。

この〈真理〉の問題は、それにかかわる古い歴史をもう一度思い起こすことなしには、解決されえない。以下のようである。われわれの祖先の大部分は、彼らの歩んだ後の痕跡を残すことなく姿を消した。われわれが最も感謝を捧げなくてはならない者たち、トウモロコシの最初の栽培者、牛や羊の最初の飼育者、ワインや、パンや、製鉄や、アルファベットの発明者たちでさえも、死によって永遠の忘却のなかに沈んでいる。われわれは彼らの名前を知らない。彼らは、古代のギリシア人の言い伝えに従えば、決定的忘却を意味するレテ Léthé の河を渡って、地獄に赴いたのだ。半導体的なこの渡しを通過してしまえば、何人もそこから引き返すことはできない。稀ないくつかの例外、創造による二、三の例を除いてだが。すなわち、その怒りがトロイの城壁を震撼させたアキレウス、知られざる島々を冒険して回ったオデュッセウス、彼らはこの地獄の河を逆方向に再び渡ったからこそ、われわれの記憶のなかにとどまっているのだ。なぜだろうか。なぜなら運良く、天才的な詩人ホメロスが——彼自身も存在したのだろうか——彼らの勲を『イリアス』と『オデュッセイア』のなかで謳歌したからであり、かつてはすべての若者たちがその詩を暗唱していたからである。その同じギリシア人たちが、*alêthéia*〔真理〕と言うとき、彼らはこの Léthé という語を逆転させて、あるいは否定して——この接頭辞の a は「欠性辞 privatif」と呼ばれている——二人の英雄の生還を正確に表現しているのであり、その栄光がもろもろの亡霊たちをつくったのである。*alêthéia*〔真理〕は、きわめて稀にしか戻ることのできない、この地獄の河を横切っての旅と、忘却の彼方から再び見出された記憶とを記述しているのだ。ところで今日、われわれは *alêthéia* を真理と翻訳しているけれども、この語はホメロスによって謳われたこの英雄的行為をしか表現していなかったのであり、その物語はこの船乗り〔オデュッセウス〕の策略と、この戦士〔アキレウス〕の勇気とを演出していたのである。したがって、真理は、この古代の時代に知られていた最良のコミュニケーション回路のなかで獲得された栄光、学校や公共の広場で広められた叙事詩と、異ならなかったのである。

今日においては、最初の天文学者たちや、いわゆるソクラテス以前の自然学者たちや、幾何学や算術の定理を証明した者たちの努力を想像することは困難であるので、おそらく実際には戦闘も航海もしなかったであろう男たちの得た——というのも、すべての人々がそう信じるには、一人の作家がそう主張するだけで十分だったからであるが——この社会的な栄光と、それの放つ輝きによる不滅性を、観察された事実への忠実性や、正しい論証による必然性によって置き換えることはできない。その後住むことになった家に真理を戻すために払った、学者たちや哲学者たちの努力を想像することは困難である。彼らはほとんど全員、法廷に出廷したのだが、実際、すでに法廷は唯一の決定機関として、事実が確定されることを要求していたのだ。ほとんどすべての者たちが自分の有罪の宣告を聴き、多くの者たちが真理の発見の代価を、現代における死という意味で、自分たちの命で支払ったのだった。真理の証拠の遅々とした苦難の構築がおこなわれたのは、法廷においてだった。新しい真理がそこで対立したのは、古代の *alêthéia*〔真理〕、すなわち、集団的な栄光、驚異や恐怖や同情に満ちたドラマチックな出来事に支えられた、しかじかの者の偉業に対する大衆の信仰に対してであった。栄光はつねに勝利を収めるので、人々はこの稀な奇跡を、そう、ギリシアのこの真の奇跡を、惜しみなく称賛しており、そのあいだに真理は、つまり現代の科学という意味での真理は、このコミュニケーションに対して——このコミュニケーションは、今日でもそうしているのと同じように、当時もトロイ戦争の悲劇的恐怖、殺戮、略奪、暴行、猛火などを詳細に語り、遠い島々への冒険旅行の魔術的な物語を語っていたのであり、リポーターのオデュッセウスがそこであらわにしてみせたのは、怪物たちが家畜を牧場に連れて行く奇妙な光景だった——短期間のうちに勝利を勝ち取ったのだった。この比類ない偉業、すなわち栄光に対する真理の勝利を、誰か正当に称賛する者がいるだろうか。

真理の神学

似たような歴史が、宗教においても繰り広げられ、肥沃な三日月地帯に衝撃をもたらした。社会的崇拝の総体として、多神教はその神々を人間の犠牲によって創り出す。神々の栄光の光は、犠牲に捧げられた者たちを屠るための業火と、そうした殺戮の恐怖とによって、その輝きを増大させる。この血塗られた反復される歴史を、一つの青天の霹靂が断絶する。つまり、一神教がこれらの古代的な神々を偽物であると断ずるのだ。なぜなら、一神教が正当にも言うように、栄光のために人間を殺害することによって、人間は人間の姿に似せて、人間そっくりに神々をつくるからだ。多神教を逆転することによって、一神教は唯一でかつ不在の神を、人間と世界と〈真理〉の創造者としたのであり、その逆は決してないのである。それゆえ、この真理は、一神教が偽りの神々と断じた神々に対する正当な批判から生まれるのだ。唯一の、超越的で近づきがたい神に、またその神のみに、あらゆる栄誉と栄光が捧げられる。

栄光——現代とは何を意味するのか

したがって、真理は、いたるところで、つねに、栄光と対立してきた。しかし、われわれが幸運にも相続した件の二つの顕著な例外を除いて、栄光が不可避的に勝利を収める。同じ対立が続いているが、しかしもしわれわれがそのことを忘れるならば、最も貴重なものの一つであるこの相続を失う危険を冒すことになる。そう、一神教とギリシアの科学のこちら側にあって、われわれはつねに、現代の意味における〈真理〉を誰も知らなかった時代に後戻りする危険にさらされている。多くの吟唱詩人がその詩を朗唱した多重な詩人であるホメロスに代わって、また大量殺戮から生まれた数々の神々に代わって、今日では、無数のメッセンジャーが、死者の数や戦争や悲劇を伝えることによって、再び件の普遍的栄光を輝かせており、その騒音が真理を広く覆い尽くしている。なにゆえに今日そのような状況にあるのだろうか。なぜなら、この点においては何も変わっていないからであり、みなが、諸宗教やノーベル賞候補者たちさえもが、似たような栄光を獲得するために、競って自分たちの声を聞かせようと努めているからである。

栄光が社会的結びつきをつくっている。栄光が公共空間を構築し、その透明な容積のなかに、政治的なもの、メディア的なもの、司法的なもの、倫理的なものが、諸科学も社会的諸行為もごちゃ混ぜになって、加わっている。栄光のもつ結束効果が、この世界の新しい王国であるデモクラシーを維持させている。栄光は、巧妙にも唯一の神の座を占め、つまらない争いからわれわれを守るために神にしかその座を与えないという、いずれにせよきわめて慎重な教えに背いている。栄光は、情報を支配し統一するものとして高音を鳴り響かせている。論述の内容も形式も、音楽も、戦火の音もその犠牲者も問題ではなく、栄光の白い色調のけたたましい輝きのみが重要である。

もう一度問うが、現代とは何を意味するのだろうか。コミュニケーションの社会は、ホメロスの時代、あるいは多神教の時代の古代社会がそうであったように、栄光によって構築されている。いかなる声も、この単調な音調に勝ることはなく、音響的意味でのその調和が、社会的意味での調和〔合意〕をもたらすように思われる。分化し、玉虫色で、モザイク模様で、雑色で、ためらいがちで、要するに弱々しい、真理の光は、ワックスで磨かれた栄光のつやのある光のもとで姿を消す。

懐疑

デカルトが真理を求めようとしたときに用いた懐疑と同じように有効な現代の懐疑を舞台に登場させようと思うならば、この哲学者の心を揺り動かした悪しき霊が、荒れ野で断食を終えたイエスを誘惑した悪魔に似ていなくてはならないだろう。「悪魔は、世のすべての国々とその栄華〔栄光〕を見せ、『もし、ひれ伏して私を拝むならば、これをみんな与えよう』とイエスに言った。」(マタイ、第四章、八—九節) 科学、哲学、宗教は、栄光を放棄するという条件のもとでしか、〈真理〉の源や、その忍耐を要する構築者および普及者に再びなることはないだろう。科学、哲学、宗教は、再び荒れ野へと赴くことが必要である。

少なくとも四十日間、荒野にとどまらなくてはならない。というのも、全体的な理由と、局部的な理由との二つの理由でわれわれにとりついているこの栄光を、われわれはもはや決して厄介払いすることはできないだろうからである。つまり、物理的世界も、技術的世界も、政治的世界も、社会的世界も、デモクラシーの世界でさえも、栄光の音調のみで満たされているのである。われわれの誰もが、少なくとも少量の栄光の服用を必要としているのだ。知恵は、栄光の与える漠然とした励ましと、栄光がさしのべる重大な罠とに対して、忍耐強く折衝を続ける。もう一度言うが、栄光はお金に似ており、それなしでは何人も生きながらえないし、いかなる企画も構築されないが、しかしそれのまわりには死の種がまき散らされている。

真理は、討論や決闘や論争から、時には少しばかり生まれるが、しかしそれらに依拠しているのは、たいていの場合、権力と栄光である。新機軸はコミュニケーション一般からはめったに生まれず、コミュニケーションはいたるところで単調なガラス化へと向かう傾向にある。逆に、内気で、隠されがちな真の情報は、その稀少性に釣り合うかのように、孤独で沈黙した者たちのところに、よりしばしば姿を現す。差異は特異性からほとばしり出るが、しかし特異性は、全体的で独特で透明な基底のネットワークなしには姿を消してしまう。少しなりとも真理に幸いする栄光はほとんどなく、多くの栄光は真理を全面的に破壊する。

現代の人間

新しいテクノロジー

われわれの身体は、聴き、叫び、記憶する。バクテリアや、藻類や、植物や、動物は、それぞれのやり方で、自分の存在を信号で知らせ、そして逆に、相手方の信号を知覚する。エネルギーの交換はもちろんだが、このような情報の交換がなければ、いかなる生体も生きながらえることはないだろう。このようなコミュニケーションは、人間のおこなうコミュニケーションになる以前に、生き物を開かれたシステムとして特徴づけている。諸細胞は身体のなかで相互にコミュニケーションをしているし、生体は自分たちの生態的地位のなかで、相互にコミュニケーションをしている。小さな規模においては、生化学反応であり、大きな規模においては、ハリケーンや銀河もまた、無生物界の物質の領域においてエネルギーや情報を交換している。

ところで、われわれ人間は、純粋に生理学的あるいは物理学的なこれらの営みに、自分たちの身体に代わってこれらのコミュニケーション活動をすることを目的とした一連の人工物をつけ加えた。この輸送と信号授受の装備一式は、時の経過とともに変化した。ごく最近になって、電子工学のテクノロジーが、情報を受信し、それをストックあるいは保存し、送信あるいは転送することを可能にする道具全体を、さらに激変させた。
最近のこの変化は、時間、空間、および人間たち相互の関係に大きなかかわりをもっている。

時間

われわれはすでに同じ種類の激変を少なくとも二つ知っている。すなわち、文字の発明と印刷術の発明である。パピルスや紙に書かれて読まれる以前に、文字は、石や、銅板や、蠟板の上に刻まれて、肥沃な三日月地帯において、最初の諸都市の創設に貢献した。成文法――ハンムラビ法典、モーセの律法――の規則のもとに組織された大国家は、貨幣の鋳造によって、商業取引の制約を緩和し、加速させ、古代ギリシアにおいては、抽象的な学問と教育に飛躍をもたらし、同じく、まさに〈聖書〉信仰として定義しうる一神教に飛躍の契機をもたらした。さらに言うならば、今日われわれは、人間の歴史をはっきりと区別される二つの部分、先史時代と〈歴史〔有史〕〉時代に分けているが、後者はまさしく、刻印されたテクストの出現とともに始まる。われわれにまで続いている、政治的、宗教的、経済的、科学的な、大きな安定性は、それゆえ情報を取り扱うに適したもろもろの道具から生じたものである。そうした道具は〈歴史〉のなかでは、先ほど言ったように、それらの手段が〈歴史〉に与えた大きな変化――というのも文字が歴史を誕生させたからだが――に比べれば、あまり変化をしていない。

ところで、ルネッサンス時代に、最初の流れ作業と大量生産である印刷術が発明されると、イタリアの諸銀行は地中海地方における商業取引の形態を変換し、そこでは為替手形 lettres de change が貨幣に取って代わった。したがって、為替手形は最初の資本主義を始動させたのだ。書物の流通は、プロテスタントの宗教改革が説いた個人の独立を助長し、それゆえ、政治上のデモクラシーと市民権に有利に作用した。図書館での蔵書の増大は学説史の価値を下げ、記憶の負担を軽減することによって、観察者に生の事実を直視するように仕向け、そのようにして、力学的・物理学的な実験の誕生に貢献した。結局のところ、印刷された書物が、近代科学を生み出したのだ。ついには、モンテーニュ、エラスムス、ラブレー……が、これらすべての新機軸から、廃れていた教育の概念を引き出した。文字の発明と印刷術の発明という二つの変革は似通った横顔(プロフィール)をもっている。

技術とテクノロジーの異なったインパクト

情報媒体の変化――ネゲントロピー的規模の「ソフトな」テクノロジー――は、したがって、その柔軟性と、伝達の速さと、広域伝播能力によって、諸個人の振る舞いと、社会組織に、いわゆるエントロピー規模の「ハードな」技術によって引き起こされた産業革命のような革命よりも、大きな影響を与えるように思われる。力学や熱力学によって、われわれはずっと以前から、ハードな技術とその法則によって発展した正確な知識、たとえばエネルギー不変の法則や動力の効率性などを、獲得してきたが、規模と適用においてきわめてはっきりと異なる、ソフトなテクノロジーの諸法則を、われわれはまだ広く知っているわけではない。したがって、フランス語において、私は、記号すなわちロゴスを扱う人工物の総体については、英語から借用したテクノロジーという用語を用い、それを技術という用語と対立させているわけだが、技術とテクノロジーのエネルギー作用場は、係数にして十の十六乗の相違がある。

新しい例を示そう。この十年間に、優れた技能を心得た哲学者たちが、著作のなかで、書物では扱われてこなかった技術、つまり鉱山の技術、工場の技術、工房の技術について学ぶ機会を与えてくれた。事実上の観念論者たちや、唯物論者を自称する者たちさえも、たとえば自分たちが使っていた透写紙をテクノロジーと見なしていなかった。ところで、生き物の必然的な活動から生み出された、そしておそらく、もっと昔に遡って、無生物のなかでおこなわれていた交換に由来する、情報交換やその蓄積の様々なやり方は、高エネルギーが引き起こすように思われる変化よりも、目につかないが、しかしより射程の長い変化を支配している。われわれの世代は破綻を目撃したのだが、私の父の世代がヨーロッパ建設の基礎と信じていた、鉄鋼や、石炭や、溶鉱炉は、たちまちかつての風車や糸巻き車の列に加わり、スクラップになってしまった。一方コンピューターのほうは、プリンターを増産させ、古代における諸記号〔文字〕の刻印に勝利をもたらしている。一つの媒体の発明は、それに先行するものを殺すのではまったくなく、それらを活気づかせ、広めるのだ。教育を基礎にしてヨーロッパの〈共同体〉を建設したほうがよかったのだ！

われわれの〈歴史〉観のこのような修正が意味をもつとするならば、また、もっと容易に点検できることだが、新しいテクノロジーが、先行するテクノロジーを、根本的に刷新するとするならば、そのことによって、過去の二つの出来事がもたらした激変と少なくとも同程度の、激変と断絶がもたらされるものと予想しなくてはならない。

実際、経済は、〈ウェブ〉〔インターネット〕上で取引を送受信しながら、われわれの目の前で変化しており、世界共通の単一決済単位を要求する以前に、貨幣を揮発性のものにさせている。諸科学はコンピューター効果のもとですでにパラダイム転換おこなっている。都市の空間も田舎の空間もかなり急速に再布置されている。他のあらゆる宗教と直面して宗教は危機に陥っている。ある人たちは新しい法律を要求しているが、それというのも、〈ウェブ〉〔インターネット〕と〈科学〉によって、今日、数多くの無法の場があらわになっているからであり、政治が、直接苦情が持ち込まれるまで何もしない、無力な状態に陥っていることを、すべての者たちが嘆いている。先進国の社会においても、発展途上国の社会におけると同じように、ついに、青少年向けの遠隔教育が計画されている。若い世代は、ここでもまた、古い世代の者たちが新しい文化を許容せず、それに対する恨みをいだいていることが理解できないのだが、それはあたかも、書くことを拒絶し、口述による伝授を繰り返し称賛したソクラテスや、ラテン語で頭がおかしくなったとラブレーに嘲笑された中世のソルボンヌの教授たちの、こだまを聞いているかのようだ。かつての変革の輪郭が、大筋において再現されているのである。

空　間

古い世界を一言でもう一度要約するならば、われわれは集中化の支配する世界に住んでいたのだ。都市はもろもろの家族を集合させ、通りや街区や広場は、宿泊所や仕事を寄せ集め、企業は生産手段や通信手段を構築し、農園は各種の種子を蓄え、動物をつがわせ、銀行や図書館や美術館は、財貨や書物や美術作品を集積し、大学のキャンパスは実験室や寮や教室を集中させ、階段教室は学生たちを詰め込み……書物は無数の文字を並べ立て、円環の概念は無限の同心円を際だたせる……。理解力そのものや、思惟行為や、認知行為、要するに思考が、特異な地点の場合と同じように、上記のような広い意味での蓄積〔資本化〕の行動、まったく物質的で、エネルギー的かつ情報的で、食糧的かつ生命的で、人口問題的で、集団的かつ社会的で、実利的かつ金融的で、政治的かつ学問的で、記憶的かつ認知的な、蓄積〔資本化〕の行動原理に従っているということを理解するのに、私は何年も要した。自我のなかにはいくつかの観念があり、一つの観念のなかには多数の要因があり、書物のなかには何百万もの記号があり、図書館のなかには何百万冊もの蔵書があり、都市にはいくつかの図書館があり、さらにには、空間のなかにはいくつもの都市や農園や道路がある。蓄積は交換に先立ち、交換を条件づける。蓄積はメソポタミアの穀物置き場から始まったのだろうか、それともオーストラリアの原住民が何万年も前から守っている禁漁区から始まったのだろうか。それは、純粋なエネルギー技術にかかわる問題なのだろうか。

われわれは、人間となって以来、集中の場所、つまり、集落、様々な財貨の集中場所、とりわけ自分が住み、自分の住所を置く場所そのものを中心とした、極性化した空間に住んでいる。それに、あらゆる種類の通路がそれらの場所を結んでいるので、われわれはネットワーク〔網の目〕をなした空間に住んでいた。というのも建築することは、そのネットワークを形成することであり、住むことはそのネットワークを強化することであり、思考することはそのネットワークを増殖させることからなるからである。空間は蓄積し、個人は思考する、これは同じプロセスである。このような集中と循環なしには、われわれは生きながらえることはできなかったし、それは、生命や、個人や、集団や、諸実践や、理論を条件づけていたのであり、われわれは倦むことなく新しいネットワークを絶えず創り出していたのである。

そしていまやコンピューターが、ヒト化のこの環を完成させた。というのも、もしこの機械を万能機械と名づけることができるとすれば、それはまさしく集中化という名目のもとで、その称号に値するからである。コンピューターがすでに、つねに集中化をおこなっているのであるから、われわれがどうして、書物や、記号や、財貨や、学生や、仕事を集中させる必要があるだろうか。人類の発祥以来、われわれが解決に努めそのために不乱に働いてきた蓄積の問題が、現実的にのみならず、仮想的にも、その解決策を見出した。この種の問題はすべて、その条件と制約に応じて、数多くの答えが見出される。

新しいテクノロジーは、現在の集中化——私の言いたいのは、いまここにおける集積という意味だが——を古くさいものにしてしまう。コミュニケーションの高速化によって、いたるところで、随意に、全体であれ部分であれ、使用可能なものをオンラインで集中化することができる。古い機械とは逆に、新しい機械は、保存の機能を高速伝送によって置き換える。回路の総体が総合に十分対応する。われわれは諸物を蓄積するのではなく、関係を蓄積する。交換が蓄積を相対化する。資本主義を考え直さなくてはならないのだろうか。

図書館による本の蓄積が不要になり、ばかげたことになっていたまさにこの時期に、パリのセーヌ河畔に新国立図書館が建てられるのを見ながら、私は数年のあいだ冷笑したものだった。エジプトのファラオのように、貧しい人々を無視して、新国立図書館の四つの高層ビルのためにあれほどの大金をつぎ込んだフランスの政策決定者たちは、十七世紀にガリレイが木星に望遠鏡を向けて、そこに衛星を発見した時期に、天を最もよく観察するためと称して、デリーにいくつもの巨大な日時計を建設したインドのマハーラージャたちを想起させる。このインドの王侯たちは、ルネッサンス期のフィレンツェからは数千キロも離れていたのだから、自分たちの時代遅れに十分な言い訳が立つのではなかろうか。ところがエリゼ宮〔大統領官邸〕は、間違いなく耳が不自由なのだが、各人と同じように、すでに偏在的となっていた最も情報量の多い地球規模のコミュニケーション網の可能な限り最も近くに位置していたのだ。それゆえ、間違った助言を受けた大統領は、誰でも、どんなアドレスへでも、何時であろうとも、たとえ一冊の本しかなかろうとも、接続した場所にアクセスできる時代だというのに、パリに四基の巨大日時計という持参金をもたせたのだ。書物を蓄積することが何の役に立つのだろうか。

父祖伝来のこの蓄積行動は、ここ何十年かを、第二の先史時代に引き戻したのだが、そこでは、記憶は場所を必要とし、財貨は保管庫を必要とし、人間は住所を必要としていたのだ。道路網が発達すれば、諸都市は小さくなり、神経単位（ニューロン）が多くなれば多くなるほど、記憶痕跡（エングラム）は少なくなり、関係は、中世に実体と名づけられたものを駆逐して、増大する。

集中は分配に席を譲る。われわれは、ノート型パソコンや携帯電話で、商品にであれ人物にであれ、あらゆるアクセスが可能であるのだから、星座のようにはっきり定められた固定的配置はますます必要でなくなる。教育や対談は遠隔という語を冠しておこなうことができるのに、なぜ大教室での講義や、授業や、集会や、討論会は場所を定めておこなわれるのだろうか。これらの例の最たるものは、住所〔アドレス〕の例である。セル電話の電子アドレス adele[154] あるいは番号は、もはや定まった場所を識別せず、単純かつ純粋なコードもしくは数字で事足りる。世界のあらゆる地点が、ある種のこれと同等な方式を享有するならば、ここ‐いまという組み合わせは危機に陥ることになる。今日における世界で最も多読な哲学者であるハイデッガーは、人間存在を「現存在 être-là（ここにある）」と名づけたが、これは姿を消しつつある居住様式あるいは思考様式を名指したものなのだ。偏在性という神学的概念――あらゆる場所に存在するという神の能力――のほうが、墓標的な「ここにある ci-gît」よりもわれわれの可能性をよりよく表現している。

住所（アドレス）についての余談

われわれの父祖である毛皮を身につけたある狩猟民の天才的な妻が、初めて畑で麦を栽培したとき、農耕を始めたこの夫婦は食糧を豊かに実らせるこの宝の畑のそばに住居を建てた。そんなわけで、動物たちは、自分たちの巣、ねぐら、縄張り、巣穴、隠れ場から、遠く離れないのだ。

住所とは何だろうか。一つの物および語であるが、双方とも明確な根をそなえている。住居の所在の明確な告知である住所は、その住居へ向かう正しい方向 direction correcte を示していた、あるいはメッセージに宛先がその住居であることを命じていたのだった。ところでこの用語はさらに、ここに君臨し、そのことによって自分の権力の場所的境界を画定した国王に由来している。この用語は、山脈の向こう側に行かない限り変わらないと言われるこの支配権〔法律〕と国王とに由来しているのだ。郵便配達人やあらゆるメッセンジャーのみならず憲兵や裁判官も同じく、田舎であろうと都会であろうとあなたが住所を白状するや否や、国王と法律の名においてあなたに出頭を命ずることができる。もっと後で扱うが、『精神指導の規則』*Les Règles pour la direction de l'esprit*[155]でさえも、幾何学的に割り出すことのできるもろもろの場所がちりばめられ、方位や方向をそなえた空間を前提としている。住所は、住居環境、権力あるいは司法、方法と思考における正確さなど、場所の諸特徴を述べながらその豊かさを告げていたのだった。遊牧民でさえも、家畜の群れを追いながら、自分たちのテントや、小型テントや、移動式墓地のある場所を割り出すべを心得ている。Eメールの電子アドレスでさえも、重くてそう簡単に持ち運ぶことのできない装置の所在場所に関係をもっている。

ところで、携帯電話とノート型パソコンによって、初めて、アドレス〔住所〕は場所から解放された。私は単にあなたの家や、勤め先や、あるいはあの古いウマゴヤシ畑に電話をかけるだけではなく、あなたがどこをさまよっていようと、海上にいようと、マッターホルンの頂上にいようと、列車や飛行機のなかにいようと、ここから二、三歩のところにいようと、地球の裏側にいようと、あなたに電話をすることができる。発信地なしで発信元を示す数字を除いて、あなたは、私がどこから電話をかけているのか知らないまま応答し、私はあなたがどこで応答しているのかを知らない。われわれはコードからコードへと対話のやり取りをしている。つまり、空間の幾何学あるいはトポロジーは、算数あるいは数字の暗号法に席を譲るのだ。場所的なものがなくなり、いまやわれわれはグローバルな空間のなかにいる。われわれは、散歩者なのだろうか、さまよえる者なのだろうか、それとも浮浪者なのだろうか。

ところで、もし住所が、懲戒、公明性、方向〔意味〕などについてのこのような意味論的な網の目を担っているならば、住所の消滅はあらゆる規則の安定性を失わせる。ある人たちはインターネットを規制しようとしているが、彼らは、住所が国王や法律と関連しているので、場所やその宛名と同時にあらゆる法律が失われることを恐れているのである。私は、シャーウッドの森を放浪するロビン・フッドの古い物語を夢想するほうを好むが、そこでは正直な人たちが、悪代官の攻撃を恐れて、森のなかをさまよっている。そこは、各人が誰にも見張られることなく好きなようにネットサーフィンをすることのできるインターネットそのものと同じく、無法地帯なのだ。このような森が、実際に、追放された者たちや違法者たち、要するにアウトローの者たちにとって、隠れ家の役を果たしていたのである。ところで、彼らは、自分たち固有の無秩序のなかでは、自分たち自身が最後まで生き延びることができないので、結局、リーダーを決めることになる。そのリーダーの名前は、矛盾を含んだものであり、この無法地帯すなわち森そのものを想起させると同時に、当時その服装ゆえに法律屋robinと呼ばれていた法学者あるいは司法官のような服装をした男を想起させる。つまり森の法律屋Robin des Boisなのだが、これこそ、いかなる法律も通用しない場所から生まれた法律という寓意(アレゴリー)であり、この主人公の名前は裁判官の法衣を想起させるのである。この物語のタイトルの撞着語法に気づいた人がいるだろうか。社会の埒外で生きている者たちのなかで司法官は何ができるのだろうか。アウトローの者たちのなかで法律家は何ができるのだろうか。森の法律屋Robin des Bois、これこそ歴史histoireよりも真実な物語histoireの暗号化された秘密であり、その秘密は、そうとは言わずに、かつては無法地帯であった場所での新しい法律の創出を語っているのである。規則はどのようにして生まれるのだろうか、なぜ規則は日々野蛮な略奪をこととしている者たちにさえも課されるのだろうか。それは、彼らがリーダーを選んだからである。この森の法衣の伝説は、暴力から契約へと至るプロセス、ホッブズやルソーやその後継者たちが堅苦しい言葉で語っているプロセスを、生き生きと語っているのである。ティトゥス・リウィウス[156]は、後にローマ国王となるレムスとロムルス[157]が、盗賊やごろつきや浮浪者の仲間であるオオカミ－娼婦から森で生まれ、森で育ったことを語るとき、このプロセスと別の物語を語っているのではない。新しい法律はつねに無法の場から生まれる。新しい法律は、まったく新しい問題を解決しなくてはならないがゆえに、別の場所から輸入することはできないのだ。法律が踏み込むことのできない空間に、どのようにしてまっすぐに〔droit 法律的に〕入ってゆくのだろうか。

非－場所

この新しい場所をどのように特徴づけたらよいのだろうか。というのも、そこでは、集中化とその必要性、隔たりとその制約が消滅し、中心と通路によってつねに織り上げられ、つねに回復され再建されてきたネットワークの形態が消滅する、もっと適切に言えば、ネットワークのことしか話題にならないいまさにそのときに、父祖伝来のネットワークが消え去ってしまうからである。われわれはもはや格子型の空間に住んでいるのではなく、点的な準拠あるいは極性の準拠もなく距離もない質的な空間に住んでいるのである。われわれは原初の森に戻るのだろうか。そう、考え直さなくてはならないのは、空間、住居、ここ、いま、蓄積された諸対象、集団的主体……つまり哲学全体、法律、とりわけ認識行為である。もう一度、起源からたどり直して、われわれは今日、起源を再び生き、再び起源を訪れるのだが、そこでは、インターネットに関する法律を立法しようとする者たちが、どうしたらそれが達成されるのかを探し求めている。ところで、これらの仮想的な場所において、今日誰が、法律の主体、違法行為の対象、公布された規則の適用の時間－空間的諸条件、さらには、この法律が律する公衆を、定義することができるだろうか。住所もなく、国境もない、つまり非‐場所。インターネットは現在のところこのような無法地帯を展開している。非‐場所を規制する法律を制定することができるのだろうか。

不可能なものとの境界領域で、この法律が実現したと仮定すれば、この法律は、きわめて高いレベルの鋭敏さと正確さによって、われわれの行動や言辞や意図をリアル・タイムで監視しなくてはならないので、これまでの〈歴史〉のなかで最も耐え難いこの取り締まりは、これほどの隷従と相まって、コンピューターゲームのように見えることだろう。したがって、現行の法律は仮想的なインターネットに対して手をつけられないでいるが、もし法律による規制がおこなわれれば、それはすべての自由を圧殺することになるだろう。ところで森の法律屋 Robin des Bois が教えてくれることだが、無法地帯にも時には、予想もつかない新機軸が出現する泉が存在することがある。時とともに、新しい契約が、次いで新しい法律が、インターネット上でのメッセージや、交換や、慣習から出現してくることだろう。ハンムラビ法典やモーセの律法以来、かつての法律がついには文字の発明に依拠して生まれたように、新しい法律はインターネット自体に依拠することになるだろう。ほとんど証拠に値する古い記憶なのだが、コード〔法典〕という語は法律を意味すると同時に、文字そのものの諸記号や諸規則を意味している。法律が先にあって媒体を規制するのではなく、媒体から法律自体が出現してくるのである。結果と原因を混同しないようにしよう。媒体は、媒体の上に刻まれた痕跡に先立つ。帆のない蒸気船は風配図を必要としない。

認知行為――記憶の例

歴史的な時代が変わり、居住する場が変わり、法律が変わったならば、ついには人間も不変のままではいられない。蓄積行動のさらに別な解釈になるが、情報を、羊皮紙に書いたり、紙に印刷したり、電子媒体に記入することは、記憶を構築することであり、さらには集積することである。俳優は何千行もの詩句やせりふを暗記することができるのだが、われわれの祖先は今日の俳優たちに似ている。このような偉業はいまやわれわれの能力を超えている。性能のよい記憶装置が開発されるにしたがって、われわれは自分たち自身の記憶力、哲学者たちが才能と呼んでいたものを失ってゆく。本当に「失う」と言ってよいのだろうか。必ずしもそうではない。というのも、われわれの身体は、この古い才能を、様々に変化するこれらの記憶媒体に徐々に委託してゆくからである。頸椎的で主体的であったこの才能は、客体〔対象〕化され、共有化されてゆく。一つの石碑、一巻きのパピルス、一ページの紙、これらはわれわれの肉体的記憶器官の負担を軽減するに適した記憶装置である。このことは、図書館についてはすでに真実であり、人類共有の地球規模の記憶装置であり百科全書であるインターネット〔ウェブ〕については、さらにいっそう真実になりつつある。

いまから何世紀か前には、西アフリカの口承詩人、古代ギリシアの吟唱詩人、プラトンの対話篇の対話者たち、イエスの使徒たち、さらには中世のソルボンヌの神学生たちでさえも、自分たちが若いときに聴いた師の言葉や語り部の言葉を、何年も後になって、一言も漏らさずに復元することができた。知識をひけらかす筆耕による写本の誤写を免れているので、口承の伝統は、書き物による伝承よりも確実な道を提供していた。それゆえ、われわれの先人たちは、記憶力を鍛え、巧妙な記憶術の戦略を駆使していた。われわれがメモをとったり、印刷物を読むようになるにしたがって、この記憶の才能が失われたというよりも、書物やページに記憶を預けるようになったのだ。回転体の形状をなす膝蓋骨や踝の役割に代わって、車輪が生まれたと同じように、情報の蓄積は古代の認知機能の役割に代わって生まれた。生体のなかに閉じこめられて、この種の代替物を外に分泌しない動物とは逆に、われわれは自分たちの身体的性能を、それに代わって生まれた道具のなかに注ぎ込む。たくさんの記憶装置を生み出したからこそ、われわれは記憶力を失っているのである。

失うのか、獲得するのか？

われわれはここで、口承性や記憶力や概念化や、われわれの祖先にとっては貴重であったその他の多くの事柄が失われたのを嘆いている何人かの古代人および現代人の言説やテクストに立ち返って検討してみよう。

去年の雪に立ち戻るに当たって、たとえば先史時代研究家のルロワ＝グーラン(158)が描いているような、ヒト化のプロセスを躊躇なく再び舞台にのせることにしよう。彼の言うところによれば、人類の遠い祖先が、四つ足歩行からしだいに二足歩行へと立ち上がってゆくにしたがって、これはおそらく何千年も要した進化であるが、前足は運動機能を失っていった。確かにそうだろうが、しかし手はその過程で別のいくつもの能力を獲得していった。つまり、失うということは、確かに、脱分化を前提とし、それによってこの器官は徐々に、仕事や組み立てをおこなう器官、外科治療や楽器演奏をする器官、定規やコンパスを扱う器官、手品をおこなう器官……などになっていった。しかし、両方の手がこうした手の込んだ把握動作をもっぱらにするや否や、それは理解力を決定づけることになる、つまり、それまではあごの突き出ていた口が、というのも歯が前に突き出ていればロでものを捉えやすくなるからだが、今度はこの機能を失い、あごが後退し始め、顔の傾斜角度が変わった。その結果、頭の前部の空間を広げるように頭蓋骨の形が変わり、その広くなった空間で脳は前頭葉を発達させることができた……そして口が言葉をしゃべり始めた。

これらの変化の結果いくつかの消失が見られた。すなわち、二本の前足の身体を支える機能、上下のあごと唇でものをつかむ機能などだが、これらの消失とは比べものにならないほど獲得したものは大きい。すなわち、手による数多くの製作能力、様々な洗練された言語、対話、対象物などである。したがって次のように言ったほうがいいだろう、腕は身体を支えるという重苦しい義務から解放され、口はものをくわえるという疲労する役割から解放され、手は匠となり、脳は深い思考力をもつようになった。貧弱化することが、結果としてよりよい投資をもたらすならば、一つの機能の喪失はむしろその機能からの解放を意味し、新しいものの創出を意味する。

したがって、ホメロスの詩行を暗誦していた時代の次の時代に、人々の記憶力が衰えたのは、何万行もの詩句を暗記するという容赦のない苦行から、認知機能が解放された結果であり、そのときに出現したのが、抽象的で簡潔な形をした、文字の娘としての幾何学なのである。同様に、ルネッサンス期にもっと強力な消失が、当時は学説史 doxographie と呼ばれていた文献考証の押しひしぐような義務から、学者たちを解放し、彼らを突然、あるがままのものの観察へと導き、その結果、印刷術の娘である実験科学が誕生した。収支決算をするならば、利益が損失を圧倒的に上回っている、というのも、こうした状況のなかで二つの科学が生まれ、それらの科学によって、世界を理解することが可能になったからである。知ることとは、思い出すことではもはやはなく、記憶を物質化すること、記憶を諸対象に預けることであり、記憶を身体から人工物のなかへ滑り込ませて、数多くの発見・発明ができるように頭を自由にしておくことである。

モンテーニュの次のような有名な一節について論述を課せられたとき、私はモンテーニュが何を言おうとしていたのかを理解するのに長い時間を要した。「よく詰まった頭よりも、よくつくられた頭のほうが」価値がある。書物を自分たちの書庫に並べることができるようになる以前には、モンテーニュや彼の先人の学者たちは、『イリアス』やプルタルコス[159]を、『アエネイス[160]』やタキトゥス[161]を、考察するために自由に利用したいと思うならば、それらの書籍を暗記しなくてはならなかった。『エッセー』の著者は、印刷術の発明以後は、それらの書籍を調べて引用するためには、並べてある場所を憶えておきさえすればよくなった。何と経済的なことだろう！　したがって、このルネッサンスが期待する教育は、それまでいっぱいに詰まっていた頭を空にし、内容を気にかけることなく、というのも内容は書物のなかでいつでも自由に利用できるがゆえに頭に入れておく必要がないからだが、頭のよりよい形をつくってゆくことになるだろう。記憶から解放されて、よくつくられた知力は、世界と社会の諸事実のほうへと目を向け、それらを観察することになるだろう。モンテーニュは上記の警句のなかで、実際は、印刷術の発明を称賛し、そこから教育上の教訓を引き出しているのである。

　今日の子供たちは、もうろくした老人のように、昨夜テレビで見た番組をもはや覚えてさえいないのだ。この新たな記憶の喪失はいかなる広大な科学を促進するのだろうか。インターネット〔ウェブ〕上の最近のこの新しい知は、あなたはすでにそれ学ぶことができ、あるいは少なくともそれを探訪することができるのだが、新たな忘却がすでに知の形を変えた結果、生まれたものなのだ。そう、特異な諸情報であふれた世界規模の回路網をもつこの百科全書は、新たな解放の効果のもとで、パラダイムを転換させたところなのだ。われわれの認知器官は、さらにあらゆる記憶から解放されて、発明・発見のために場所を空けている。それゆえ、いまやわれわれはすっかり空になって、驚異的な未来へとゆだねられている。あらゆる引用から解放され、脚注をつけるという重苦しい義務から解放され、いまやわれわれのなすべきことは、知的になることだけに軽減されている。

機能のない人間

この長い議論はそのまま、その他の別の認知機能へと敷衍される。ポケット電卓や用途に適合した無数のソフトによって、同じく、われわれは数多くの操作的な機能から解放された。かつての想像界は、ディスプレイのきらきら輝くモザイク模様の画素が映し出す仮想的なものへと、部分的に移行している。新しいテクノロジーは、個人的で主体的なものと考えられていたかつての認知諸機能を、共同的で客体〔対象〕的なものにしている。われわれはかつての認知諸機能を失い（どうしてそれらが相変わらず残っているということになるだろうか）、新たな認知諸機能を獲得したのだ。ヒト化のプロセスそのものが、このような絶えざる横滑り、移行、喪失、……肉体的なものから車輪や道具へ、認知機能から記憶や計算や想像の媒体への尽きることのない実体変化からなっているのである。機能心理学が真実であるかのように議論することはやめにしよう。人類再生 hominescence のこのときにこの心理学は永遠に消滅する。人間悟性の頂上や暗い回廊を詳細に探求すると主張する哲学者たちは、いかなる魔法の鏡や、アルピニストや鉱夫用のヘッドランプを発明して、駆使しているというのだろうか。今日の世に生まれる人間を、ロベルト・ムージル[162]の小説『特性のない男』*l'Homme sans qualtés* をもじって、私は進んで「機能のない人間」l'homme sans facultés と名づけようと思う。

すでに引用した例をもう一度取り上げよう。少なくともガリレイ以来私の青年時代までを含めて、物理学や化学や生物学などの研究に従事する者は、実験をおこなうことによって、厳密に切り取られたしかじかの現象に対するしかじかの変項〔変量〕の影響を測定し、結局は数少ないそれらのデータから、一般的な帰結を引き出すことを目指したのだが、その帰結の理論的特性が他の数多くのケースへの適用を保証していたのだった。そこではある種の極小・極大の原理が作用していた、つまりわずかなデータによって多くの成果を得ることである。そんなわけで、わずかな数の観察から生み出された引力の法則が、〈宇宙〉に適用されるのである。観察装置や測定装置が、自動化されて、原子物理学や生化学におけるデーターを大量に増加させてこのかた、データーは莫大な数に上り、ギガのレベルからテラ〔十の十二乗〕レベルに移り、明日には十の十五乗のレベルに移行するだろう。数キロメートルの高さに積み上げられたCD-Romでもそれらのデーターを格納するのに決して十分ではなくなるだろう。これこそが、世界という図書館の一部あるいはその言語の何がしかのささやきなのである。数百程度の測定結果を拾い集める実験者と彼の記憶力に代わって、いまやデーターを刻印されエベレストほどの高さに積み上げられた対象〔客体〕的な小円盤がある。かつては記憶のためのデーター、いまでは合理的な演算処理のためのデーターである。それでは、誰がこの膨大な量の記号を操作するのだろうか。答えは、共同のプロジェクトのもとで働く、何百万もの互いに接続されたコンピューターのみが、それらのデーターを処理することができる、ということである。質問。いったい誰が新しい解答を手にするのだろうか。誰が記憶しているのだろうか。誰が書き込むのだろうか。誰が演算処理をするのだろうか。すべてのコンピューター「農園」全体がそれらをおこなうのである。すべてが、主体的なものから対象〔客体〕的なものへと移行してゆく。一つのプロジェクトが保有するコンピューター全体とそのネットワークを情報科学者たちが、古い流儀で、「農園」と呼んでほしいと私は思っている。農夫は何に専念するのだろうか。

一人称の *cogito*〔私は考える〕に、今日では、同じ動詞の二つの活用形が加わる、つまり、物理学者たちからなる二人称の *cogitamus*〔あなた方は考える〕――これは科学の社会学を扱う――、およびコンピューターの三人称 *cogitat*〔彼（それ）は考える〕である。かつての認知機能は、私、君、それ、あるいはわれわれ、あなた方、それら〔彼ら〕という三者ゲームによって、またそのなかで、中心がずらされる。われわれの言語が、少なくとも三つの主体を駆使しており、また対象〔客体〕そのものや別の人称が、今度は自分たちがそれぞれ主体の地位につくことが可能になる代名詞を駆使していることを、哲学者たちは忘れていたのだろうか。いまや、三者全員が仕事に取りかかっているのだ。今日においては、他の人たちの助けやコンピューターの助けなしに、誰が世界を考えることができるだろうか。このことを言ってしまえば、残るのは至上の権力である自我 ego にゲームからお引き取り願うことだ。私とは誰だろうか。潜在的引退者である。私はゲームをしないでいることができる。私の良心はときおり、いかなる代価を払わなくてはならなくとも、引退をするよう自分に勧める。私とは自分からの離脱である。

ルネッサンス時代と同じように、新しい科学と別の文化が生まれているのであり、その偉大な物語が一つの認知機能を生み出し、その認知機能が今度はそれらの物語を増加させ、豊かにする。このような知性の変化は何度か起こっている。それらは、たとえば幾何学という抽象的なモデルが生まれたとき、実験科学としての物理学が生まれたとき、テクノロジーが変換したときなどである。それゆえ、〈歴史〉は媒体の変化に従うのである。

聖ドゥニの斬首

猛り狂った兵士たちが、聖ドゥニを斬首したとき、首〔頭〕のない聖ドゥニはかがんで、地面に落ちた自分の首を拾い、両腕のなかに抱き上げた。この信じられない行為は、迫害者たちをも後ずさりさせた。西暦二五〇年頃に起こったとされる、パリの初代枢機卿である聖ドゥニの殉教伝説は、グレゴワール・ドゥ・トゥール[163]によってこのように伝えられている。この殉教の場面は、大時代的な画家レオン・ボナ[164]によって一八八八年に描かれており、その壁画はパリのパンテオンで見ることができる。

花を摘んだり地面から石や土塊を拾い上げてそれらを調べることはしばしばあることであり、そうした行動が前提とするのは、まずそれらのものを目で見て、それから身体をかがめたりしゃがんだりして、手で取り上げて眼に近づけることであり、それゆえ、視覚や聴覚や嗅覚や味覚や、言葉を話す舌や、選別し決定すると言われる脳の所在の場としての頭〔首〕は、全体として、最高決定機関の役を果たしている。というのも、身体をかがめ、ものを捉え、捉えたものを近づけるように命じるのは頭であると思われるからである。この決定機関、裁判官あるいは頭(かしら)を、哲学は「主体」と名づけている。それゆえ、地面に転がり、手に握られて拾い上げられるもの、手に取り主体が理解しうるもののほうは、対象〔客体〕と呼ばれる。知覚と認識の行使のこのきわめて日常的な図式を、ここで語られている斬首の場面が、見事なまでに転倒させている。というのも、拾い上げられ、検証されるべく法廷に提示される対象〔客体〕はここでは裁判官そのもの、まさしく頭(かしら)となっているからであり、それをつかみ上げた手は、頭のない決定機関にそれを提示しているからである。斬首された聖ドゥニは、いかなる聖性によって、地面に転がった自分の頭の位置を割り出すことができたのだろうか。

恐れおののいた周囲の者たちに、対象〔客体〕としてはっきり認知されていないこの対象が、突然、殺人者たちや驚愕した者たちのまなざしより高く、持ち上げられる。そう、犠牲者自身の手によって、頭(かしら)のない彼自身の遺骸の上部に持ち上げられた犠牲者の首は、なおも主体のままにとどまっているのだ。しかし、いかなる不在の首が、眼なしでその頭(かしら)を見、嗅覚なしでその臭いをかぎ、聴覚なしでその歯ぎしりの音や嘆きの声を聞き、脳なしでそれを判定し、口なしでそれを喧伝するのだろうか。首‐幽霊は、斬首されて身体から離れた現実の首を、盲目のままに、見ている。ボナが描いた、まばゆいばかりの後光の透明な輝きのなかで、裸で、空で、機能のない主体が、対象〔客体〕化された認知機能と相対しているのが、あなたには見えるだろうか。

あなたの電子装置、コンピューター、その膨大な記憶容量、その画像ディスプレイ、その高性能の演算速度、その電撃的なデーター処理能力を、誰に、あるいは何に、比較すべきであり、いっぱいに詰まり、よくつくられ、最大限の密度をもち、見事につくり上げられたいかなる頭に比較すべきであろうか。シリコンや光ファイバーを用い、ガラスやプラスチックで形づくられて対象〔客体〕化されたこれらの諸機能を前にした、あなた自身の空になった頭を、それでは、いかなる透明な光にたとえればよいのだろうか。創意に富んだ空の頭を首の上に支えながら、いまやわれわれはみな聖ドゥニになって、自分たちの前に置かれたいっぱいに詰まりよくつくり上げられた頭を、毎日手にとって使いこなしている。

失うという動詞の別の意味

身体の一部を対象に変換するというのは、人間の身体の何と不思議な能力だろうか！　われわれは、ハンマーや大槌などこぶしの形をした道具や、テコや滑車など肘の形をした道具や、虫眼鏡や望遠鏡など目の形をした道具や、次いで、何の形をしたものか見分けのつかない、諸機能を組み合わせた無数の道具や機械で、世界を満たしており、ものの長さを測る単位にプス〔親指〕、クデ〔肘から指先までの長さ〕、ブラース〔両腕を広げた長さ、尋〕……などを用いているが、それらの道具や機械が自分たちの身体からどのようにして生まれ出てきたのかを決して自問することはない。私の知る限りでは、失うという語の第二の意味で理解されたこの喪失についてのいかなる説明もなされていない。幸いなことに、神話や聖人伝が、合理的理論のこの欠落部分を補ってくれる。というのも、身体は穴のあいた古い樽のように、中身が漏れる〔失われる〕からだ。頭を失った後、それを拾い上げた枢機卿の身体と同じように、身体は自分の一部分や手足がばらばらに漏れ出て〔失われて〕ゆくがままにさせており、漏れ出た〔失われた〕ものはすぐさま技術的な対象物や代替物に実体変化をする。身体機能や生体を機械によって説明する以前に、もろもろの装置 appareils は身体から出航してゆく appareiller のだ。この絶えざるサイクルは自ずからその動力が供給される。身体が漏れる〔失われる〕唯一の動物として、人間は諸技術を生み出し、その諸技術が時間の流れのなかで人間をヒト化してゆくのである。新しいテクノロジーが次々に生まれている今日の状況は、人類再生 hominescence の契機を画しており、先に取り上げた繁殖の場合と同じように、ここでは認識〔認知〕機能を変化させている。進化する世界を身体の外に形成するこれらの漏れ〔喪失〕によって、通常のエネルギーにかかわる場合は、われわれの物理的〔身体的〕性能が、情報にかかわる場合は、われわれの認知的性能が、変容している。このことによって、生活〔生命〕にとって不可欠な交換が変化すると同時に諸個人も変化しているが、それればかりでなく、集団のなかにおけるもろもろの伝達の様態もまた変化している。

隣人の教育

情報の流量のなかで、次世代にとって最も決定的なものの一つが、一つの世代から別の世代へと伝統を伝えることだが、次の世代はもちろん前の世代に反抗するので、そのことがわれわれの将来の偶然性を、見事に増大させるのである。教育はつねに、情報の媒体が変化すると同時に変化してきたが、そのようにして、ギリシア時代の *Paideia*〔教育〕や、ルネッサンス時代の教育が、それぞれその時代に出現したのである。

今日においては、別種の集中である大学というセンターを建設するに要する投資は、その校舎や、図書館や、大教室や、実験室やレストランや、寄宿舎を建てることで、新しいテクノロジーを用いて配信される同じ教育が要する費用を何百倍も上回っている。この教育は、わずかな費用で何層倍もの効果が得られるがゆえに、というのもインターネットは言語の境界をしか知らないからだが、知識の集積場所にほとんどあるいはなかなか行き着くことのできない貧しい人々や貧しい集団に、教育の機会を与えている。それに、万人に普遍なもの l'universel に到達しないとすれば、大学 université という語は何を意味するのだろうか。

私の隣人とは誰だろうか。死の苦しみにさらされている女性や子供や男性である。彼らが苦しんでおり、私が彼らを私の聖家族の姉妹、兄弟、息子、娘と決めてかかればそれが隣人である。ところで、飢餓や、悲惨や、時には苦痛の除去が、知によって左右されるということをわれわれは知っている。危険にさらされている自分の孫や隣人たちのために、教育と財産のどちらかを選ばなくてはならないとしたら、時には堕落をもたらす財産よりも安定しており、将来に希望をもたらし、時には創造的でもある教育のほうを選ばないような人がいるだろうか。

有り余る豊かさを生む企画

今日において、その名に値する企画 projet があるとすれば、それは次のようなものである。すなわち、最も悲惨な人たちに、われわれの要求にではなく、彼らの要求に応じて、無償で解放的な——無償以上のものとなる——知識の源泉がいつでも利用できるようにすることである。無償以上のものという表現は何を意味するのだろうか。知は、何らかの財産とも、お金とも、交換とも等価ではなく、奇妙な贈与であって、その謎をわれわれはまだ少しも解いていない。つまり、もしあなたが私に、実際に、一〇ユーロあるいはパンをくれたならば、いまは私がそれらを所有しており、あなたはもはやそれらを所有していない。これが、差し引きゼロの取引である。しかし、もしあなたが私に定理や詩歌を教えてくれたならば、私はそれを自分のものとして受け取り、かつあなたもそれを保持している。したがって、足し算が引き算に取って代わるのだ。さらに言うならば、詩を朗唱したり定理を解釈することによって、あなたは必ずやそれらを自分のうちでいっそう豊かにさせる。そこから生まれるものが、いかなる交換も生み出すことのできない無限の増殖なのである。この奇跡のような有り余る豊かさの不思議の世界のなかで、われわれは隣人と実際にこの増殖を共有する、つまり、みんなが勝つゲームを共有するのである。

私がこの十年以上にわたって、あらゆる人々に、とりわけ第三・第四世界の人々に、遠隔教育を提供するために働いてきたのは、このようなわけである。人間の認知行為における新しい情勢の不可避的な教育上の帰結としての遠隔教育は、まだ存在していない地球規模の民主主義のなかでよりいっそうの平等を与えることになるだろう。というのも、今日、この民主主義という名目のもとに、最も冷酷な、エネルギー的、情報的、金融的帝国主義が隠されているからである。

ネットワークの終焉——普遍的な家

住所（アドレス）の哲学——余談の展開

場所のない住所（アドレス）はない、これが、新石器時代以来今日の朝まで続いてきた状況であるが、今朝にいたって、モバイル用コンピューターと携帯電話によってすべてが変わってしまった。adresse〔住所、アドレス〕と同族の語群に属する direction〔方向、指導〕と correction〔正確さ〕は、すでに言及したことがあるが、ラテン語の形容詞 *rectus*〔まっすぐな〕に由来しており、この語は、少なくともここでは、直線や正しい道を意味している、つまり、これらの道や線は指定された場所へと向かうのである。私は先ほど、われわれの最も古い歴史の一つを語った。すなわち、ひとたび農業と牧畜が発明されて、人間の集団が、狩猟と採集に必然的に伴う放浪生活を捨て、食糧の新しい源となる場所の近くに定住するようになると、その場所に引きこもりがちな習俗が定着し、誰であれ誰かを探すのに、住所がわかるだけで十分になった。人とその名前との密接な関係と、その人を自分の住居に結びつける関係とが相乗効果となった。このようにして人類は場所に定着するようになった。

ところで、住所 adresse という語は、先ほど言ったように、国王に由来するのだが（実際に、*rectus* という語から、すぐに *rex*〔君主〕という語が派生する）、国王は「ここ」に君臨し、彼の権力の及ぶもろもろの場所や管轄や地方の境界を画定し、そうすることによって国王の警察は拘束すべき人物の居場所をつねに見つけることができる。したがって adresse という語は次のことを際限なく繰り返している、つまり、国王は正確な correct 土地台帳の上であなたの住所の方角 direction を読み取るのだ。この同じ用語が法律とその規則のなかで再び現れる。住所 adresse という語は、その語根によって、国王的で法律的な響き、警察的で司法的な音調を帯びている。私はここでは、同族語のなかで一番近い位置にある諸語を強調しているのであって、それらの語の関係の網の目は、現用の言語のなかで adresse という用語が単独では復元できないもろもろの意味を、指し示しているのである。

近隣の人々の分散と認知的効果

しかし、住所 adresse はさらにいっそう多くのものをもたらす。自分の住所〔アドレス〕を人に知らせれば知らせるほど、より多くの人々を自分の私宅に呼び寄せることになり、この私宅は放射状に通路が延びる広場の中心に位置することになり、そこへ向かってくるいくつもの公共の通路がそこで結び合わされるようになる。したがって、出不精者たち自身でさえも、自分たちの家のなかに住み、かつ家の外に住んでおり、ここ là に住み、かつここの外 hors là に住んでいるわけである。そして、定住民と同じように、放牧民たち自身も、遊牧生活のなかで、自分たちの氏族のテントの位置や、自分たちに敵対する者たちのテントの位置を割り出しているのである。このようにして場所は、近隣のもろもろの場所の総体へと広がってゆく。少し以前には、明確なコードのいくつかの文字列によって、宛先の人の住んでいる市町村の街区が示されていた。あなたの隣人は誰だっただろうか。あなたが住所を知っている隣人の全員であった。

今度は空間から認知〔認識〕活動へと移行するが、デカルトの『精神指導の規則』*Les Règles pour la direc-*

tion de l'esprit は、同じ同族語の二つの用語を繰り返すことによって、空間の広がりとデカルト座標〔連絡先 coordonnées〕とを結びつけるデカルト的紐帯を創出する。私が正しい方向〔指導〕direction correcte と呼んだものが、農耕的な地所と警察的・司法的な権力から、技術的なアドレスと思考の正確さへと跳ね返ったのだ。居住様式、権力あるいは司法、幾何学的支えをもった方法の正しさ〔まっすぐさ〕、これらの語根が繁殖するこの場所のもつ豊かさを、現用の adresse という語は衰退させている。それゆえ、場所とか、ここという語は、われわれが考えていたよりもはるかに強く、われわれの外的および内的な行動や行為の上で、その反響を鳴り響かせているのだ。われわれは隣人を愛し、近隣から近隣へと思考をめぐらせてゆくのである。

ところで、新しいモバイルテクノロジーは、確かに、住所〔アドレス〕を初めてこの場所から引きはがした。単に場所が姿を消すだけではなく、場所は人間的、言語的な二重の意味で根を引き抜かれるのだ。つまり、この語とわれわれ自身が、根と出自を失うのである。逆説的なことだが、携帯電話を利用する人たちの大部分が、公共の場や公共交通機関のなかで、次のような言い方で相手方への通話を始める。「いま、地下鉄に乗っているのですが……」、「いま、これこれの交差点の、しかじかの場所にいるのですが……」、「いま、出勤の途中なのですが……」。これはあたかも、人々が古い習慣の慣性的な尻尾を自分たちの後ろに引きずっているかのようであり、またあたかも、まさしく市町村の街区を指し示していた文字列に取って代わった数列であるコードからコードへ通信しているにすぎないのに、なくなってしまった場所を再構築しているかのように、自分たちの通り過ぎてゆく場所が固定されて残っているかのように、事が運んでいる。

新しい世界規模‐対象物

このような新しい「状況 situation」は——私は、誤ることなしに、一つの場所 place を純粋な意味で移動 déplacement と呼ぶことができるだろうか——、あえて言うならば、検討に値する。場所がなくなり、場所から根こそぎにされたわれわれは、もはや次のような古い問いに答えることができない。「あなたはどこにいるのか。あなたはどこから話しているのか？」われわれは時には、自分たちがどこへ（*quo*〔何処へ〕）行くのか知っているが、どこを通って（*qua*〔如何に〕）行くのかつねに知っているわけではなく、自分たちがどこから（*unde*〔何処から〕）やってきたのかおそらく知っており、自分たちの位置〔立場〕（*ubi*〔何処に〕）をなりゆきに任せている。ところでこうした場所の割り出しは、われわれの思考を統御していたし、かつての確実性を保証していた。状況の分析から始めた古い哲学がいくつあっただろうか。

われわれは局所的(ローカル)なものを離れて全体的(グローバル)なものに合流するのだろうか。だが、この新しい居住環境は何を意味しているのだろうか。われわれの住処は地球全体を侵略するのだろうか。われわれは空間をあまねく占有して存在していると理解しなくてはならないのだろうか。われわれはルソー流の愛すべき散歩者になるのだろうか、パスカル式の悲壮な旅人になるのだろうか、道に迷い、根無し草になり、悲惨な状態でさまよっていると感じることになるのだろうか。国王も、法律ももはやわれわれを捕捉することはなくなるのだろうか。それゆえ、これらの新しいテクノロジーは、われわれをいままでとは違ったやり方で住まわせ、思考させることになる。

少なくとも一つの次元において、地球規模の広がりに達するようなかたちで構築された道具を、世界規模‐対象物と呼ぶならば、ノート型パソコンと携帯電話は、確かに、リアル・タイムで地球規模の空間にアクセスしているがゆえに、まさしくこれらは世界規模‐対象物である。われわれは、世界中のすべての場所と対等な点の集合と接続されて、光の速さでコミュニケーションをおこなっている。私の隣人、私の同胞とは誰だろうか。潜在的には地球人口のすべての人たちである。数においても、空間においても、時間においても、速さにおいても、これらの世界規模－対象物は、場所の外で、場所を越えて、まさしく住所〔アドレス〕をもたない〈宇宙〉に向けて、生き、思考するようにわれわれを仕向けている。

再び、法律、国王、正確さ〔正しさ〕について

ところで、住所〔アドレス〕が、方向、国王、法律、方法の正しさ、行動の公正さなどにかかわる根深い網の目を担っているとすれば、住所と空間の方向性の突然の消滅は、あらゆる規則を消去することになるのだろうか。この質問に対する解答はまだ解のないままである。というのも、まったく逆に、今後は、どこにいようとわれわれの居場所を割り出すこともまた可能になるだろうからである。最も大きな自由は、ここでのようにしばしば、最も厳しい制約という代価を、支払うことになる。犯罪者がある場所に住んでいた場合、彼は実際、あらゆる空間を横切って自分の住所の外に逃げることができ、犯罪のおこなわれた場所から遠い外国に移住してしまったので、警察がその逃亡者をもはや見つけ出せないということもあった。神のみが、目には見えない偏在性によって、カインがさまよってどこに隠れたのかを、墓の下も含めて、見つけ出す能力をもっていた。ところが今日では、その人の携帯電話の数字のコードを知ってさえいれば、彼の移動の足跡を探知するに十分である。この新しい空間において、すべての人々が神に、すなわち偏在者に、なるのだろうか。われわれは国王や法律を厄介払いしたけれども、逆に彼らは、以前よりももっと強力なもの、ほとんど神のような能力をそなえたものに、再びなるのだろうか。したがってわれわれは、すでに言ったように、注目すべき無法空間となっているインターネット〔ウェブ〕上でわれわれが

専念している諸活動が、どのようなタイプの法律を生み出す方向に向かってゆくのか、まだ分からないのである。ところで、しばしば、この無法空間で大きな変化が始まる。新しい法律が、実現可能であろうとなかろうと、またそれが出現しようとしまいと、われわれは、空間、位置、場所、居住環境、関係、蓄積された対象物、集団的主体などを考え直さなくてはならない……すなわち、思考全体、とりわけ認識、行動および倫理を、全面的に考え直さなくてはならないのである。

きわめて古い場所へと向かう住所

どのようにして考え直すのだろうか。ありそうもない伝説を語ることしかできないわれわれは、想像上の女性がどのようにして最初に農耕を発明したのかを、おそらく決して知ることはできないだろう。しかし、農業の開始に関するいくつかの痕跡が発見されて以来われわれが知っているのは、場所や、広場や、住処は、先祖代々の墓を基礎として生じてきたということである。まさしくあらゆる場所を失ったとき、追放されたカインは火も場所もないまま、どこに逃れていったのだろうか。ヴィクトール・ユゴーによれば、(165)まさしく最初の基本的な場所、場所が創始されるところ、すなわち墓地へ逃れたのである。「墓のなかに目があり、カインを見つめていた。」ジャン・ラ・フォンテーヌの『農夫とその子供たち』は、この場所の定礎の場面を文字通りにいっそう詳しく語っている。畑の土を耕すようにと子供たちに教える年老いた父親は、土の下に眠っている祖先と一体化している。彼は、まさしく自分の家において、子供たちに土を掘るように言うことによって、自分の家の定礎の土に帰ろうとしている。耕し、埋葬し、その場所を創設し、そこに住むことは、先祖伝来の同じ一つの行為を展開することである。隣人たち、場所、身体は、死へと回帰し、それが本書の環をなしている。

耕された畑を意味する、ラテン語の *pagus* という語は、上述のそうした行為と事柄を言い表しており、またインド-ヨーロッパ祖語を起源とする古い語であって、畑の境界を画定するために打ち込まれた杭や墓碑をもまた意味する。そこから墓と住居が生まれるのだが、住居は、多神教の神々あるいは農民の祖先である家の守り神と祖先の霊を囲むように建てられており、人々は神々や祖先に家と畑とを捧げ、後光のように風景を包む穏やかな平和を捧げたのだった。そして、ついには、一昨日私がこの尊敬すべき先史時代について書いていたページ *page* が捧げられるのだが、われわれは今日、*pagus* とともにそのページも捨てて、ディスプレイ画面へと移り住んだばかりなのである。住所は、法律と国王が出現するよりずっと以前に、この重々しく過重負荷した場所へと、ここにある *ci-gît*〔ここに眠る〕のなかに根を下ろしたこの *dasein*〔現存在〕へと、向かってゆくのである。

ところで今度は、上述のような場所で身体と埋葬的な行為によって始められたこの農業と、他者たちと共同のこの居住様式を熟察することによって、われわれが、場所と局所的なものの終焉、*hic* つまり「ここ・いま」の終焉を生きているということが見て取れる。想像上の天才的なこの女性が、新石器時代に、祖先の墓の上で、畑を耕すことを発明して以来、まさしく、これらの語に与えられていた意味の圏内に、われわれはもはや住んではいない。われわれは、もはや同じやり方で住んではいないし、われわれの大部分はもはやまったく耕作をしないし、もはや以前と同じ儀式で父祖を埋葬しないし、場所がどうなっているのかもはや知らない。われわれはもはや、かつてや少し以前までのように、耕地や墓地に結びつけられてどこかの場所にとどまることはない。いまやわれわれは離陸をしたところなのだ。あなたのまわりの土地を地平線に至るまで観察して、農業をないがしろにして、次の飛行機便でそそくさと本省に戻る現代の行政官たちが、どれほどまで土地を醜い状態に陥るがままにさせているか、カオス的な騒音に侵入されるがままにしているかを学んでいただきたい。風景 *paysage* は永遠に古代の *pagus* を離れ、この語が包みもっていたもろもろの意味の総体を捨てるのだ。

不死の者たちは住所をもっていない

農業と住所の終焉、場所と家の終焉、場と風景の終焉、あらゆる見かけに抗して、死の終焉を告げなくてはならないのだろうか。亡くなった者たちのかつての住処であった土を、われわれがもはや耕さなくなったとすれば、彼らの遺骸をどうすればよいのだろうか。そう、地球規模の新しい人間、海を越え陸地を越えて、いまや世界中とコミュニケーションをしている人間、地球の裏側の隣人と応答をしている人間、何千キロもの高さのオゾン層の穴まで活動を広げている人間、何百万年も続く核廃棄物の影響を後世に遺している人間、この新しい人間は、自分の軽やかな灰が、軽やかな空気のなかに溶けてしまわないうちに、実現すべき企画を一つだけもっている。不死性である。

われわれは、居住の場である土地を離れ、その下に父祖が眠る墓碑を失ったわけだが、われわれのうちで誰がゆっくりとした畝の流れを追ったことがあるだろうか、誰が *pagus*、つまり風景 *paysage* とそのかつての美しさを明確に述べることができるだろうか。われわれの飼っていた動物、いわゆる家畜も、臭いを放つ家畜小屋を放れ、彼らもまたもはや住んではいない。われわれは同じ一つの動作によって、ここに眠る *ci-gît* と住所とを忘れてしまったのだ。場所よさらば、死よさらば。前の世代の一人の哲学者、失われた文明の人類学者が、*dasein*〔現存在〕と、死すべき存在とを結びつけたのは正しかった。この死という仲間は、場所に出入りし、場所を保持し、場所を見張り、場所の境界を定め、場所を画定し、空間と時間を取り囲む。君はこの境界を越えてはならないし、この期間を過ぎてはならない。

われわれが自分たちの家と畑の基礎を定めて以来、われわれは死を肩に負ってきたのに、今日になって初めて自分たちの有限性を発見したなどと、どうして信じることができるだろうか。逆にわれわれは今日初めて、かつての場所の境界を越え、*pagus* から離陸したところなのだ。かつてはヤギのように杭につながれていたけれども、いまやわれわれの行動や仕事、能力や射程は、〈宇宙〉にまで達している。というのも、われわれの生み出した世界規模－対象物は、宇宙規模の空間に反響を鳴り響かせているからであり、隣人が初めて近隣から離陸したからである。空間的広がりについてはこのようであるが、時間についてはどうであろうか。超えることができないと見なされていたかつての時間の限界を、われわれは同じように踏み越えている。平均寿命は、われわれの先人が想像もしなかった数字で、伸びている。われわれはアポトーシス apoptose〔細胞自死〕の信号を解読することができるだろうか。われわれは枯れ葉の落ちない、奇妙な自律生体を知ることになるのだろうか。われわれに依存するものとわれわれに依存しないものという先祖伝来の分割のなかで、死は重要な位置を占めていた。今朝まで厳然たるものであった死は、陣営を変えたのだろうか。単にわれわれが一部分自分たちの健康を左右する力、したがって死の危険を左右する力を獲得したばかりでなく、それらのアポトーシスの信号がついには理解可能な言語となった暁には、われわれは自分自身で厳かな時を選ばなくてはならないのだろうか。

多くの文化が人間 homme を腐植土 humus によって定義している。つまり、土から生まれ、土から糧を得て、土に帰って、土の糧となるということである。自分たちの糧を得るために耕し、自分たちの住居をその上に建て、波乱の生涯を終えたときにはその亡骸を受け入れてくれた腐植土を、われわれはようやく離れたばかりなのである。われわれは同じように人間を離れるのだろうか。肯定(ウイ)でもあり否定(ノン)でもある。というのも、これらのすべての出来事はヒト化の決定的な契機をなしているからである。われわれは自分たちがかつてそうであったような人間ではもはやなく、われわれの子供たちが人間と考えるような人間になる。当面のあいだは、われわれは自律体であり、自分たち自身の王であり、自分たち自身の法律であり、自分たちが放浪している時間と空間のなかで、いつの日か、自由に自分たちの住所を死に引き渡すだろう。

死に対するこの新しい関係は、遠く、われわれの紀元の始まりに当たって、聖マルコが祝福した（マルコ、第十六章、六―七節）、死に対する勝利に由来する。聖女たち、香油の壺を抱えたマグダラのマリア、ヤコブの母マリア、サロメは、日が昇るとすぐに墓に行った。石がすでにわきへ転がしてあり、空になった墓の前、その入り口に、白い衣を着た若者が座っていた。「あの方は復活なさった」と彼は彼女たちに言った。「あの方はここにはおられない。ご覧なさい。ここがあの方をお納めした場所である。」Non est *hic, ecce lucus ubi* posuerunt eum. 空の場、もはや場所はない。すでに、空間と時間にとって死が欠けていた。あなた方は、この人間の息子をいたるところで、つねに別の場所で見出すだろう。これこそすべての人間のために交付された非‐場所の聖令であり、住所もなく、無実を証明されて、われわれは救われたのだ。死から救われただろうか。

風景と、場所の代価

場所から非‐場所への、局部的（ローカル）なものから全体的（グローバル）なものへの、ウマゴヤシ畑から世界の地平への、いかなる言語においてもその名をもたないものが消え去った墓から、あらゆる方角へ風でまき散らされた灰への、近親者から隣人への……かなり突然のこの移行の結果、われわれの父祖が景色 paysage と呼び、*pagus* の広がりと理解されてきたもの、つまり、耕作された一区画の畑のまわりに、人間と家畜の力に応じて、様々な方法で栽培される雑多の作物畑が展開することで築き上げられてきた風景が、われわれの周囲から姿を消すことになる。あまり愛想のよくない土地柄になりがちな、雑多な形と無数の色合いの要素を縫い合わせたこのボロ着のような風景が、山地や砂漠や湖沼地帯を除いて、農業と相性のよいユーラシア大陸、アフリカ大陸、ラテンアメリカ大陸の寄せ木細工模様を、長きにわたって形づくってきた。私は以前に、*pagus* という用語そのものから、女、男、仕事、道具、法律、儀式、平和、要するに人類学的な諸行動の総体を引き出そうと試みたが、そうした諸行動の総体から風景の穏やかな美しさが生み出されるのであり、呑み込まれてしまったそれらの場所で生き、額に汗して働いた者のみがいまでも作曲することのできる葬送歌が生み出されるのである。正統な農民であるポッター[166]とロイスダール[167]は、牛や川などのある風景を描くことによって、自分たちの国土の穏やかな恍惚を表現したが、そのころ彼らのまわりでは、いわゆる古典主義時代の歴史に頻発する戦争が、殺戮と醜さとカオス状態を繰り広げていたのだった。

新石器時代以来ゆっくりと築き上げられてきたこの風景が最初に姿を消したのは、原価計算と収益率向上の要請によって農民たちの入植を排除する動きと結びついた連携事業によって、雑木林や生け垣が切り払われ、小さく区画された *pagus* のかつての境界であった溝が埋め立てられたときであった。丘や小谷が均され、かつての風景を永遠に単調な埋め土で覆い、地平線まで広がるぎこちない広大な面積に、唖然とするような色合いのトウモロコシもしくはモロコシの単作栽培がおこなわれる。トラクターによる作業上の要請による、これらの平坦地の規模の拡大によって、耕作地が増えるとともに農村の人口密度は減少している。景色が呑み込まれると同時に、農民たちはいまでは、孤独と単独生活を運命づけられている。

第二には、風景は都会的な流儀に帰せられている。というのも　都会の人たちが、自分の言っていることを真には理解せずに、絶えず話題にするこの風景は、農民文化を前提としながら、思考や、人間の近親性や、行動や、美しさの、農業的な枠組みとして残されているからである。農民文化が支配的であった頃にも、田園風景の海のような広がりのなかに、村とかシテ cité とか呼ばれる稀な島々が確かに存在しており、そこには政治的な支配者たちが住んでいたが、彼らは権力を握っていたとはいえ、食べてゆくためにまだこの景色を必要としており、彼らの居住環境はこの景色のなかに散らばって沈んでいた。ところが、私が描いている人類再生 hominescence のこの突然の衝撃によって、この状況は一八〇度逆転されている。都市は農耕空間を呑み込み、そこに広がっているというよりもむしろ、この動詞の意味さえも忘れて、そこを侵略している。都市は、文字通りに、農耕空間を政治化している。そう、ポッターとロイスダールのような農民たちは、単に政治の外に生きていたばかりではなく、また結局のところ同語反復になるが、シテに住んでいなかったばかりではなく、同じく、またとりわけ、〈歴史〉の外に生きていたのである。この歴史の発明者であり、政治に強い都市の住民たちは——少なくとも西洋の都市だが、というのも私は自分の経験をしか語れないからだが——、当時はまだ食べてゆかなくてはならなかった。ところが今日では都市の住民たちは、食物にかんする法規を制定し、無菌で危険がなく、産地も味もない、安い食糧を大量に供給させている。

静寂の諸ページ

彼らはきわめて厳密に法規を制定しているので、彼らの書きもので空間は覆い尽くされている。かつてと少し以前までののどかな風景は、もろもろの *pagus* で織りなされており、音もなく声もない二重の静けさを保っていたが、時には、稀なことだが、馬のいななきや、犬の吠え声や、子供たちの騒ぎ声や、晩鐘の鐘の音がその静けさを破るのだった。そこではとりわけ書き物は見当たらなかった。また、何らかの会話の声、子供の叫び声、牛の鳴き声など、隣近所の物音しか聞こえなかった。書き物を知らない人々のまわりには無音の空間がみなぎっていた。書かれたテクストはまだ世界を汚染しておらず、商店の店頭や、業者の看板など、都市にしか座を占めていなかった。いまでは、書き物のテクストは、踝の高さから山々の頂までの空間をその糞便で汚し、目はもはや起伏の形状も、夜明けの空の色合いも知覚することができない。というのも、読むという抗いがたい引力に引きつけられて、目は次々と送られてくる、空虚なメッセージや大げさな宣伝を読むことに隷従しているからである。われわれがもはや本を読まなくなったときに、世界全体がウェブページに入り込んでくる。農民がもはや風景を丹念に彫琢しなくなったときに、支配力をもつ書き物が、自分が空間に対しておこなっている害悪を見ることを禁止し、そこから目をそらせることを強制する。絶え間ないテクストの文字に吸い寄せられて、われわれは形状も色彩も知覚できないでいる。かくも美しい自分の国であるフランスが、醜悪な色に彩られた巨大な光の文字で飾られたアメリカの通りを真似ることに同意するのを見る以前には、文字による〔文字通りの〕醜さがどこまで達しうるのかを、私は予測していなかった。*pagus* なしだがしかしページ画面をそなえたこの醜さの蔓延は、都市から出発して、都市の玄関を破壊し、それ以後最悪の破壊に没頭し、いまや残された田舎を侵略している。さらには、文字の媒体である平たい画面に都合のよいように、ものの形状や凹凸は三次元を失っている。これらの新しい支配階級の無教養の証拠として、騒音を出す汚物は、さらにディスプレイ型のゴミ箱を伴っている。いまから一世紀前にメリメ(168)が語ったところによれば、いまもなお正当な名前で呼ばれているコート・ダジュール〔紺碧海岸〕を列車で通過する際に、景色から発散される強い香水のために、婦人たちは車室のなかで失神したとのことである。

しだいに暮れてゆく微妙な夕暮れの光を知覚する目を電灯が忘れさせたと同じように、もろもろのエンジンは、耳と鼻からその繊細な機能を排除した。排気ガスや有毒ガスによって、植物が発する小さな音のメッセージや芳香は、根絶されてしまった。都市の経済は、ホモ・サピエンスの五感を麻痺させてしまったのだが、この用語の忘れられた解釈によれば、高尚な趣味のヒトと訳されることが明示されている。感覚を押し殺され、この趣味のヒトは死に瀕して、ホモ・クラリナンス *Homo clarinance* に席を譲り渡すのだが、彼は、牛が頸に鈴を結びつけているように、世界の音楽にイヤホーンで接続されて、エンジンの不愉快な音を避けている。今度は、嵐がこの死んだ風景の上を吹き荒れたとすれば、幹や枝のもつれ合った森を一掃した代価を誰も支払うことはできない。農民たちの悲惨な状態によって、都市の人々がより安い食べ物を入手することが可能になっているのであれば、農民のこのような隷属状態によって生きている都市の人々は、都市での給料を犠牲にしてまで、風景の働きの代価を支払おうとはしないのであり、このことによってさらにもう一度、農民 paysan なしには風景 paysage がないことを認めることになる。それゆえ、国 pays という名にもはや権利をもたない国においては、何千年にもわたる農民たちの丹念な営みによって秩序や静けさや美しさが根づいてきた場所の上にさえも、カオス的な無秩序が地歩を固めている。[169]

これが、局所的(ローカル)なものから全体的(グローバル)なものへの近頃起こった移行の、高い代価、すなわち、広範に広がっていたかつての諸場所が負った致命傷である。勝者たちの行為の代価を払うのは、つねに敗者たちである。誰もこれらの傷の手当てをしないだろう、というのも、政策決定者たちは、これらの局所的(ローカル)な場所が受けている痛みを理解するに、というよりも、感じ取るにさえも、十分な五感をもはや持ち合わせていないからである。彼らは全体的(グローバル)なものしか目に入らない。彼らが、時々飛行機やヘリコプターでこの破局の舞台の上を飛び回る勇姿を、あなた方のディスプレイ上でご覧いただきたい。そうすればカメラが、今度はあなた方に、彼らがそこへ行って見たものを、見せてくれるだろう。国家試験をパスしたキャリア行政官たちと、彼らに付き随って、引き出しの中にしまわれるだけの報告書を書かされる部下の下級官吏たちが見たものを。

誰も場所の上に住んでおらず、誰ももはや場所の内に住んではいない。一人の人間の力〔権力〕は、数と移動の距離とで計られる。その人間はたちまちのうちにエンジンの轟音のなかで空間を占拠する。一人の人間の栄光はその人間が出す騒音によって計られるのだが、この表現はもはや比喩的な意味で理解されるのではなく、本来の意味で理解されなくてはならない。それゆえ、その人間の権力は、その人間が自分の後ろに引きずっている汚物の量で——気体的、音響的、文字的なあらゆる汚染をそこに含めて——計られる。ある種の動物が尿でマーキングをして自分の住処を画定するように、権力はこれらの汚物で全体的(グローバル)な空間を占有する。この都市的な侵略は、風景の広がりの終焉と呼応しており、この苦悶は当の人類再生 hominescence が、世論を変え、指導者たちを変えるまで続くことになるだろう。

自然契約への回帰

どのようにして変えるのだろうか。それは、いつか私が〈第三の知恵〉と名づけた、根気を要する前代未聞の政治的・社会的教育によってしか、実現されないだろう。都市に限ることができず、都市に限ってはならないもの、つまり世界規模の空間への都市の爆発的広がりを考慮に入れない仕事や、思考や、行為や、行動を政治と名づけることを、おそらく、やめなくてはならないことになるだろう。地球上の人間の九割が飢えで死ぬ状況になったときや、水が枯渇し、空気が呼吸不能なものになったときや、われわれの工業生産物が地球規模の温暖化を生じさせたときには、政治的決定は、科学技術の専門家たちの助けを借りなくてはならないし、巣箱のような仲間内の集団のなかだけの影響力を超え出たものでなくてはならない。学問の側でも、地理学なしの社会学も、気象学なしの経済学も、もはや十分ではない。要するに、人文科学の知はいわゆる厳密科学と合流して、今日の危険なゲームを理解し、管理しなくてはならないのだが、そのゲームでは二つのチームが相対しているのではなく、二つのパートナーの存続や対立の基盤そのものが賭けられている。つまり、あらゆる戦争は地球の上で起こり、地球への加害となるからだ。第三の知恵は、したがって、自らの知と、自らの行為や行動とを均衡させる。フランス語による哲学においては、このような均衡を示唆する古い文献がある、というのもこの哲学においては、かつて、ルソーの徒とモンテスキューの徒が互いに論陣を張り、彼らの諸作品は風土や気候、要するに世界を考慮に入れ、さらには場所、今日における空間を考慮に入れていたからである。そこでは、人間たちだけが住んでいるのではなく、バクテリアまで数に入れないとしても、人間は動物や植物のなかで生きており……また、土や、空気や、火や、水といった無生物の量体のなかで生きている。哲学や教育や、とりわけ政治において、無世界論は今日、人間たち自身にとって危険なものとなっている。世界に人間だけが存在すると考えて生き続けるならば、世界それ自体が、人間たちからすべての生命を奪い取るということになりかねない。人間たちの主体としての行為の跳ね返りによって、突然人間たちが受動的な対象〔客体〕に変容し、世界の力に従属させられ、すでに述べたループの環に従って、世界がこの跳ね返り作用の主体となる。このことから私の提唱する一風変わった〈自然契約〉が生まれるのだが、この契約はいたるところで読み取り可能であるにもかかわらず、ほとんど理解されていない。しかし、どのようにしてこの契約を読み、それに署名をしたらよいのだろうか。

この〈契約〉をどこで、どのように読むのか?

農民たちの営みを土地の上に描き、彫り入れ、印刷した陰影である風景は、農耕者たちが、最初の飼いならし以来、土地のもろもろの場所と交わし、それらの場所の上に、絶えず署名し、記してきた契約の痕をとどめている。風景はこの契約を行の形で、つまり、生け垣、溝、畝、ブドウ畑の畝棚によって……、句読点の形で、つまり、ぽつんと立った一本の木、湿地、境界を示す井戸や杭によって……、ページの形で、つまり、きわめて適切な名前であるが、*pagus* それ自体によって、書き記している。このような言い方をしても、これは、あなた方が詩的なという用語で軽蔑している、比喩やイメージなどではなく、具体的な表現なのである。というのも、いかな放浪者であれ、旅人であれ、散歩者であれ、その者の文化や言語がどのようなものであれ、原野と耕作された田畑とを区別することができる。したがってこの者は、たとえこの者が、*pagus* の娘であるページ page の上で何も学んだことがなかったとしてさえも、また鋤の娘であるペンで書かれたものを、畝の娘である行を追って、何も読んだことがなかったとしてさえも、言語なしの、文盲とさえいえる、この契約を、たちどころに解読し、読み取ることができるのである。というのも、すべての人々は、耕作地のなかに、風や、急流や、火山や、氷河が土地の上に刻みつけた文字、人間の介在のない、自然の文字を模倣した最初の文字を見、読み取るからであり、各人は、風景の上に、図柄や表示、というよりも、この最初の契約の記号や署名を見出し、読み取るからであって、この契約は、中国やマレーシアなどの水田のなかに、あまたのアジアの言語で起草され、ポー川やガロンヌ川流域の平野の畑作地にインド-ヨーロッパ語族の言語で認められており、ペルーやボリビアの高原地帯にいくつかのアメリカ先住民の言語で記されている。契約という意味では一つだが、その語尾変化においては多種多様なこれらの景色が姿を消すにつれて、このようにして書き記され、今では姿を消した農民たちによって絶えず再調印されてきたこの契約は、もはや更新されれず、われわれはそれに代わって新しい構想、全体的なあるいは自然上の契約の構想を立てており、この契約は、今度は、目下のところ、オゾンホールや、南極の氷原の分断化や、アルプスの氷河の後退や、海面のゆっくりとした上昇などの、負の形で刻まれている。したがってわれわれは、いつの日か、違反すれば死滅の刑を受ける覚悟で、清書で認めなくてはならない契約の下書きを目にしているのである。

それゆえ、また少なくとも、この〈自然契約〉は、その祖先であり、それ自体はかくも称賛された同じく仮想的な〈社会契約〉に比べて、次のような利点をもっている。つまり、誰であろうと、未開人や文字を読めない人たちでさえも、世界の空間のなかでこの契約を読むことができ、解読することができること。また、大変目につきやすく、きわめて明らかであるので、それを理解するためには本の中で大いに勉強する必要はないこと。社会契約と同じく超越的だが、しかし具体的であること、というのも、この契約は、物理的な空間のなかに提示されており、人々に理解されるようになりつつあり、文字そのものの起源に横たわっているからである。二次的言語とはいえあらゆる文字言語の出現以前で、かつまた、自然の要素が自然の要素の上に刻みつけた様々な痕跡や印——大河が地上に刻んだ河床、雨水の掘った溝、氷蝕による岩の切れ込み、クレバス、溶岩の堆積、浸食による砂の堆積、化石の堆積、などの記憶装置——以後に、上述の契約以上に読み取りやすいテクストの存在を想像できるだろうか。したがって、われわれの文字は、第三世代として生まれたにすぎない、というのも、諸物そのものもわれわれと同じように、諸物どうしのあいだで、書き込みをしているのであって、それは、われわれが何かを書くとき、〔ペンであれ筆であれ〕何か物を用いて、〔紙であれパピルスであれ〕何か物の上に書かなくてはならないのと同じことである。

それゆえ、農業の原初的なテクストのなかに、そこにはそのグランドデザインが残されているのだが、手動の道具で、近所の手助けを借りながら家族総出で耕された土地の上に、目に見え、読み取ることのできる、このかつての契約の古いテクストを見て、読み取っていただきたい。それは、書き込まれたページであり、描かれた風景であり、地面の上へのもろもろの局所的な場所の広がりである。今度は、少なくとも、私が先ほど新しい契約の下書きと言ったもの、つまりわれわれの世界規模 - 対象物と人間の全人口によってこの惑星の容量いっぱいに書き入れられているものを、解読していただきたい。そしてできれば、光ファイバー網、あるいは新しいネットワークが書き入れている下書きをも解読していただきたい。一つのテクストから別のテクストへの移行によって、つまり、われわれと、規模を変えた環境という、二人のパートナーのあいだで交わされた異なった契約によって、人間と世界との関係が変換したのだ。これらの段階のそれぞれは、このようにしてヒト化のプロセスの新しい行程を地球の上に確実に書き記している。

私は人類再生 hominescence のこの契機を何もでっち上げてはいない。というのも、あなた方のそれぞれが、われわれの惑星の表情そのものの上に、それを読み取ることができたし、現に読み取ることができるし、これからも読み取ることができるだろうからである。「そして、あなたは地の面(おもて)を新たにさせる」(詩編、第一〇四章、三〇節)。

知、治療、法律

集中化された古い空間においては、生徒や学生、病人やけが人、市民や住民は、日常生活の三つの例だが、知や治療や法律の恩恵に浴するためには、目的に合った中心にすべてが集積されている、学校や、病院や、役所に出向かなくてはならなかった。都市や港から発して再びそこに戻ってくるこれらの中心と道は、一つのあるいはいくつかの網の目を形成しており、その様々な図柄は、確かに、野性的な地表を覆い、それを人間的なものにしていた。つまり、*pagus* のぼろ着、地方道や公道、海路や空路、郵便網や電信網……などからなる格子を形成していた。

ところで、最近になってもまだ、先ほど取り上げた三例の利用者たちは相変わらず、また少なくとも、自分たちのコンピューターの据え付けられている場所まで行かなくてはならず、それは非中心化されてはいるものの、まだ固定されていて、今度はコンピューターのほうが、中心あるいは中心の中継装置の機能を担っていた。結局それは、確かに、より緻密で、より信頼ができ、より速くはあるが、しかし同じ形の別の中心を結んだ網の目でしかなかった。人間が世界を占有して以来何も変わってはいなかったのだ。インターネットさえも、まだ容易には教育や、医療や市民サービスに適用されてはいなかった。拠点が残されている限り、学生や患者や国民たちは、教育や、治療や、サービス一般を受けるためには、その固定した中心に、少なくとも情報機器の据えつけてある場所に、相変わらず馳せ参じなくてはならなかった。したがって、昨日までは、空間は、利用者の利益の観点ではなく、源泉の観点から布置されているにすぎず、それらの源泉は相変わらず、コンピューターの据えつけられている場所に結びつけられており、それらの場所はけなげにも新しいテクノロジーになおも抵抗していたのだが、それもちゃんとした理由がないわけではなかった。というのも、ディスプレイやハードディスクは重すぎて、壁や道と同じくらいに、ほとんど動かすことができず、まだあまり適応性に優れず、相変わらず障害や遮断を克服できないでいた。別な言い方をすれば、これらの道具は、困難で輸送容量の小さな道によって、地点から地点へと結ばれた網の目を形成していた。英語の *web* という用語は、全体に張り巡らされたクモの巣そのものを意味しており、その上では、恐るべき捕食者がそこを通るすべての生き物に目を光らせている。同意するか？　と。

ところで、たとえば第三世代の携帯電話は、必要に応じた移動性をもち、空間のいたるところで利用できるので、高密度で連続的な通信圏域の広がりが保証されている。この点が、決定的な相違であって、少なくとも原則として、個人がすべてにアクセスできないよう場所はもはやない。どこであれ、学生が旅行をしていようと、患者が発作や事故に見舞われようと、市民が投票を望もうと、これら三者がどこにいようとも、彼らはみな、必要な知にアクセスできるし、必要な治療にアクセスできるし、投票所や役所や法律にアクセスできる。知性や身体や集団にもろもろのサービスを提供する情報の流れが、それらの情報によって教育を受けたり、治療を受けたり、行政サービスを受けたりする人々のところへ実際に赴くというならば、双方向的に、それらの人々のほうもまた、どこであろうと駆けつけることができるようになっていなくてはならない。明日には、もろもろの新しい道が創出されなくてはならないし、それらがさらに改良され続けなくてはならないのだが、それほど、われわれは自分たちのテクノロジーに、まだ実現するに至っていない高性能の実現を求めているのである。可動性が空間を変容させる。

身体

結局、ようやく一昨日、教師は生徒たちの前にスクリーンを置いたわけだが、スクリーンを見る生徒たちは必然的に教師に背を向けることになった。彼らは、教育にとってきわめて重要な、身体的なふれ合いを失ったのだった。各生徒がモバイル型の端末機を手にするや否や、生徒たちは向き直り、教師と向かい合い、教師は再び生徒たちの顔を見ることになる。対話が再び交わされるようになる。顔、背中、手、身体全体が姿勢を変える。ジャン＝ルイ・ガセー[170]が明敏に指摘したように、書物を読むことは、乗り物の乗客にたとえられるような、受け身的な姿勢を身体に与える。モンテーニュなりフローベールなりの作家が乗り物を運転し、私は彼らに乗せてもらうことを選んだわけだ。逆に、コンピューターに向かった身体は、少し前屈みになって、注意深く反応する運転手そのものの姿勢をとる。私が著者に取って代わるのだ。受動性を非難して新しいテクノロジーを断罪する人たちは、新しいテクノロジーをまったく利用したことがないのだ。利用したことがあれば、彼らの背骨が、そのような愚かな非難を禁じたことだろうに。背をかがめたまま、身体の正面とディスプレイの画面に限定される、ほとんどナルシス的な、私的局在性に閉じこもる問題が残されている。世界中と接続されていると主張しながら、しかしわれわれは近隣に無関心に自分自身のなかに閉じこもっている。そんなわけで、地上で最も不幸な人々の擁護者が、時として、自分の隣人たちを無視することになる。われわれはもはや自分たちの隣人を見ていないのだ。

　私はもう一度、第三世代の携帯電話の例を取り上げることにする。この新しい道具は、私が立っていようと、座っていようと、歩いていてさえも、操作に手のひらと十本の指しか必要としないので、私の身体は解放されている。読むことにとってとまでは言わないが、少なくとも手にとって、人間工学的に経済的なこの道具は、もはや身体全体を動員することはない。私はもはや、ディスプレイ画面と眼をもたない背中とで形成される孤高の塔に閉じこもっているのではない。携帯電話の操作に少し気を取られているとはいえ、私は目を周囲からそらしてしまうことはない。ここまでのところだけでは、携帯電話に関しては何も新しいことはない。しかし、さらに、携帯電話がインターネット〔ウェブ〕に接続されることによって、少なくとも原則的には、私は世界のあらゆる百科全書、つまり、情報、ゲーム、音楽、治療、法律、役所、諸科学、画像、風景などにアクセスすることができる。ところで、フランス語を日常的に話している人たちでさえも、いま **maintenant**[171]、すなわち **tenir en main**〔手中に収める〕という語が何を意味するのか、ずっと以前から忘れてしまっている。あらゆる英知が、英知について語らせて以来、称賛している、現在、いま、消え去ってゆく時間のこの一断片、稀なるこの瞬間、それを私の言語は手中に収めていると言う。おそらく、私は現在をしか、自分の隣人をしか、いまここにいる最も身近な女(ひと)をしか、決して手中に収めなかったのだ。われわれはもっと適切で、もっと簡潔で、もっと具体的な語を使用しているのに、なぜリアル・タイムで en temps réel という語をつくらなくてはならないのだろうか。ＵＭＴＳ(172)システムによって、全体的なものが、全面的に、あらゆる人に対して、可能なあらゆる場所で、映し出される。いまや各人が、世界を手中に収めている……。

　手は、脱分化して、平手打ちをしたり、愛撫したり、果物の皮をむいたり、ものを取ったりするし、道具の柄や取っ手で、手に取る働きや仕事をいっそう効果的にし、たたいたり、切ったり、裁断したり、操縦したりし……農業的でもあり、産業的でもあり、職人的でもあり、外科的でもあり、ピアニスト的でもあり……作家的でもあり、また同じく腕木信号的でもある、というのも、手は、聾唖者に見られるように、呼びかけたり手話をしたりするからである。鋤から自動車のハンドルに至るまで、エネルギーにとって万能な器官である手は、それゆえ、ペンからコンピューターへと向けて、情報的道具の橋渡しをする。ここに見られる進化の傑作の一つを称賛願いたい。使用可能なメディアを総和することによって、また同じくエネルギーとの橋渡しをすることによって、というのも、いかなる駆動装置をも遠隔操作で作動させることができるからであるが、ＵＭＴＳシステムは、少なくともわれわれの計画においては、情報の万能機械という資格を達成している。この装置を、人間の巧妙さのあるいは脱ダーウィン的進化の傑作と呼んでいただきたい。周知の新機軸の行為、すなわちＵＭＴＳシステムを手中に収めることは、それゆえ、万能の器官と万能の道具を接続することからなっているのだ。生命と技術は、ともに分化全能性へと向かう。

世界への関係再考——ネットワークの終焉

総決算をすれば、身体の行動が変わるとき、不連続なものを離れて連続的なものにアクセスするとき、固定性を離れて移動性に移るとき、顔の見えない様式から、顔の見える様式に移るとき、身体そのものも空間を取り替える。新しい学生、新しい患者、新しい市民として、われわれはもはや同じ住処に住んでいるのではない。これは確かに、新たな世界の占有にかかわる問題である。昨日はまだ、しかじかの者が、自分の家から、少なくとも仮想的に、仲間たちの全体にアクセスできる恩恵に浴していた。彼らは、自分たちが謳歌していた普遍化に向けて、まだ踏破しなくてはならない膨大な距離が残されていることを知らないでいた。可動性がさらにこの状況を変えた。自分の家が、いたるところに配分されることになる。固定式のコンピューターや電話は、アドレスを場所から切り離していなかったし、空間を集中化から切り離していなかった。いまでは、源泉と端末が連続的な空間のなかに広がっている。われわれがいたるところに住むことができるというだけではなく、いたるところで自分の家にいるのと同じサービスを受けることができるのである。

モバイルテクノロジーによって、私が冒頭に挙げた——また人間の行く末をあれほど不安にさせた——場所にかかわる四つの質問が理解できないものになっている。というのも、このテクノロジーが、ネットワークの形態そのもの、容量の小さなサイトと通信速度の遅い回路からなる、クモの巣、〈ウェブ〉、網の目、布地、織物の形態そのものを解消するからである。残されるのは、地点が絶えず溶解してゆく地図である。私がどこにいようと、どこから来ようと、どこへ行こうと、どの場所を通ろうと、その地点をもはや区別できない。ネットワークしか話題にならないまさにそのときに、それらの地点は直接接続一般となって溶解する。われわれはいまや、計測可能な距離のない空間に住んでいる。かつては抽象的な科学であったトポロジー〔位相論〕は、われわれの居住空間である世界を最も具体的に描いている。いまでは、われわれの家は、土地の計測幾何法を前提とし、計測しうる距離をそなえ、場所にかかわる四つの質問を可能にする、幾何学的な空間に構築されているのではなく、どの地点からもどの地点に対しても距離計測不可能な、位相空間に構築されているのである。

書かれたものと口頭のもの——媒体の変化の賭け金

この新しい空間を、メッセージが循環する。いかなる形態で循環するのだろうか。われわれの父祖の時代には手紙を送ったが、われわれは電話で話す。先の主要な二つの革命は、蓄積することや送ることや受け取ることを可能にする媒体の上に情報を載せていたのであるから、確かに文字にかかわっていた。この二つの革命は、音声を後ろに置き去り、書き物という新しい段階が、口頭の段階をつねに時代遅れで原初的なものであると決めてかかっているかのように、革命によってもたらされた新機軸に決して音声を結びつけなかった。ところが、現代の革命は、逆に、まさしく空間の変容という理由によって、書き物と口頭のものを、新しい思いもよらない形で総合して、結びつけている。

貨幣についても知られているように、軽さと可動性の増進法則があらゆる情報にも波及する。大理石から軽やかなページへ、文字の新しい媒体は、軽やかで可動性に富む音声伝達と同じ次元を獲得する。文字の新しい媒体は、音声伝達の固有の領域においてさえも、音声を凌駕する。つまり、ページという情報媒体の循環と同時に、情報の循環が始まるのだ。だがさらに、文字の媒体は、音声には達成できない蓄積という営為を確立する。口頭による伝達は、身体と主体の記憶にしか依存せず、それゆえこの身体という段階に結びついているのが口頭伝達の「特性」である。口頭による言葉は、その源である口とともに移動し、死すべき人間の肉体によってしか、また肉体のなかにしか蓄積されないが、一方文字のほうは二つの利点をもっている、すなわち、文字は媒体の上に書き残され、書き手や受取り手の死を越えて、移動し集中化される。これは、新しい装備であり、中心と通路によって形成される別の網の目である。書物は口承伝達を葬り去る。

ところが、今日われわれは、書き物の博物館学的な利点を少しも失うことなく、新たに口承文化のなかに生きている。距離が人間の経験の基礎をなしている限り、書き物は口承に勝る。距離計測不能な空間のなかで、遠いものが、消え去って、自分に接するほどまでに近づくや否や、口頭伝達は優位を取り戻す。というのも、誰であれ、その人がどこにいようとも、その人は私の声を聞くことができるし、私がどこを通っていようとも、その人は私に話しかけることができるからである。隔離のない空間のなかで、われわれはどうして天使やメッセージやメッセンジャーのために通路や馬を必要とするだろうか、網の目を必要とするだろうか。新しい位相空間によって可能になった偏在性が、口承性を回帰させる。われわれが、偏在する音楽や大洋のかなたでささやかれた甘美な声を聞くことができるのは、この明白な事実によるものである。

しかしながら、コンピューターの登場は文字にとって安心できる利点をもたらした、というのもコンピューターは自宅に印刷機をもたらしたからである。しかし文字は待たなくてはならない、つまり、文字を刻み込んだり、印刷したり、複写したり、送信したり、受信したり、解読したり、読んだりする以前に、文字を学ばなくてはならない——口のきけない人よりも文字の読めない人のほうが多いのだ。文字は即興性が少ないぶん、伝達を遅らせる。われわれは、〈光明〔啓蒙〕〉の時代に、その輝きに浴して生きているというよりも、光の電撃的な伝播によって情報を得ながら、光の速さの時代に生きているのである。

したがって、携帯電話は、重さや電線という足かせから最近解放されて、音声に再び優位性を与えている。世界のどの地点へもメッセージが到達する状況にあるばかりでなく、この状況はさらに、吟唱詩人や吟遊詩人の時代のように、発信源の可動性ももたらしている。それゆえ、口頭の発信源は、文字では達成できない、リアル・タイムでのアクセスをおこなっている。口頭伝達の主要な利点である、いま性 le maintenant は、文字による待ちを消去している。音声が再び勝利を収めたところである。さらには、仮に書き物が口頭伝達より高くつき、書かれた言葉が話される言葉よりも高くつくとするならば、対話やデモクラシーや自由は、書かれたものよりも話されるもののほうでより大きな実現可能性をもつことになり、平等性が回復される。人間の不平等は、ある者たちが読み書きができ、他の圧倒的多数の者たちが読み書きができないことに起因すると、いかなる作家があえて書いただろうか。自由と平等は身体によって、つまりあらゆる人間は言葉を話すという平等な事実によって、決定される。読み書きのできる者ははるかに少数である。

さらには、文字が出現したとき、文字は、話されている言葉を固定する——盗む？——役割をもった。『イリアス』、プラトンの『対話篇』、『福音書』、『形而上学』は、ホメロス以前の口承詩や、ソクラテスをめぐる討論や、イエス・キリストのたとえ話や、アリストテレスの講義を書き写したものである。フローベール自身も自らの「満腔の叫び gueuloir」を文体に変換したのであり、ジャーナリストも翌朝発行される新聞の記事を前夜に口述して書き取らせる。そのとき、声は書き物の奴隷となり、今朝まで奴隷のままであったのだが、そこでは読むことそれ自体も、その音声的あるいは無声の源をつねに印刷されたページから得ていた。テクノロジーの革命はこの奉仕の関係を逆転させる、すなわち、いまでは書き物は話される言葉と対等になり、時には話される言葉に奉仕する。書き物はマイクの上や、われわれの新しいページである小さなディスプレイの上に掲げられる。かつてはわれわれの足の下に横たわっていた *pagus* のこの子孫を、いつの日かわれわれが手にもって、自分たちの口と耳にあてがうとは、誰が予想しただろうか。われわれは、口承の文化的伝統のなかで蔑視されていたものに向かって後戻りしているのではなく、かつてのまた最近までの文化が基礎を置いていた総論、不公正そのもの、少なくとも不平等——そこでは、書き物がはるかに口頭伝達に勝っており、したがって何人かの者たちが他の大部分の者たちに勝っていたのだが——を覆すのである。時間的な勝利が形勢を逆転させるのだ。デモクラシーの愛好者でこのことを喜ばない者がいるだろうか。

ヒト化〔人類進化〕の諸段階

ホモ・サピエンスによる世界空間の様々な占有の仕方を（ごく）おおざっぱに描くには、大変特徴の際立ったいくつもの段階を区別する必要があるだろう。ホモ・サピエンスが東アフリカに住み着いた段階、ヨーロッパに展開する前に、紅海を渡った段階、オーストラリア原住民になる前にチモール海峡を越えた段階、アメリカ大陸で人口を増やす前にベーリング海を渡った段階、最近の人口爆発の段階、等々である。この漸進的な進入のなかで、あちこちに、多かれ少なかれ固定した、よかれ悪しかれ互いに結びついた、施設、様々な中心とあらゆる種類の道路などが築かれている。これらの道路はあまりにしばしば寸断されるので、同じようにしばしば彼らは互いを忘れてしまった。ほとんど信頼性のないあまたの網の目が形成され、それが、今日の莫大な数の連結に至るまで増え続けている。この格子模様の形態そのものが、それゆえ発祥以来の人類による地球の占有を描き出しており、それはつねにもろもろの中心地と相互の距離によって進展している。別の言い方をすれば、人類の世界への進入は、ずっと以前からこの種の形態をとっており、この非連続な図柄は、変化しながらも不変であり、そこではもろもろの場所は隔たりによって互いに分離されている。このような人口の増加は、もちろん、空間的な連続体をなすような密度に達することもないし、あらゆる大きさの、あらゆる距離にわたっての、全面的消滅に達することもない。ところで、われわれは、少なくとも仮想的に、離散的〔非連続的〕なものから連続的なものへと移行しつつある、というのもいまではあらゆるところに可能なコミュニケーションの局があるからである。そこから無限の道が発し、無限の道を受け入れ、かつその道程の長さが消去されないような、いかなる場所も世界にもはや存在しない。メッセージがそこを通過しないとすれば、われわれはメッセージを別なやり方で運ぶことになろう。

人類再生 hominescence の契機としてでないとしたら、この状況をどのように特徴づけることができるだろうか。もう一度繰り返すが、一つの時代が終わるや否や、新しいものが生まれるが、前の時代がより長く続けば続いただけその新しさはより決定的なものとなる。われわれと空間および時間との関係、ここおよびいまとの関係、現存在 être-là との関係が、いまや何らかの形で変容する。密度 densité という用語もまたトポロジー〔位相論〕が濃密な空間に対して与える意味をもつことになる。風景は、無数の通路網とあまたの種類の文字を刻むことによって、〈自然契約〉を認めていたのだ。われわれはいまや、地の面に仮想的な契約、白い地図を描いている。

距離について

人間の根源的経験はそれゆえ、人間の出現以来ずっと距離の経験であり、距離がわれわれを旅するヒト *Homo viator* にしたのであり、アフリカを出て〈世界〉に広がることになったのである。しかしわれわれはなぜ、このように抗いがたく、このように遠くまで移動したのだろうか。今日では仮想的なものに移行しているこの気の遠くなるような旅は、いかなる方向に向かって始められたのだろうか。いかなる抗いがたい魅力が、かなたからわれわれを引きつけたのだろうか。この欲望は、われわれをどこに向けて駆り立てたのだろうか。どのような方向に〔どのような意味で〕。誕生によって胎内から追われ、離乳によって母の胸から追われ、成人して生家から追われ、仕事のために生地を離れ、失恋によって幸せを失い、要するに根源的な場所から追い出され、しばしば望郷の念にさいなまれながら、われわれは食糧の源を得ようと努め、友達や愛する男や女を求め、強者たちとのあいだに遠い距離を置いてきた。最も重要な経験は依然として別離の経験であり、家族の住処からの、遠くのお姫様からの、失われた楽園からの、別離の不幸であり、和合の幸福は不可能なままである。この世の最高の英知は、隣人を愛することであり、近隣関係を築くことであり、それゆえ最も近い距離をはかり知ることである。適切な名であるが、世界のあらゆる教育は子供を、旅の最終目的地、あるいは手ほどきの最終目的地へと導いてゆく。距離は、人類学や、人類の長い先史時代や、旅の冒険や、あてどなくさまよう人間の偶然的な本性を、基礎づけている。こうした移動の総体がなければ、人間の経験はない。哲学は英知への距離を測る学問である。

われわれの言語は、このことの証拠を提供してくれる。というのも経験 expérience という用語自体が、インド－ヨーロッパ祖語の *per* から派生したものであり、この語は目的の場所へ向かう行程の空間に残された痕跡を意味しており、いまではわれわれはその場所から引き離されていることを示しているからである。われわれは自分たちの運命の一部を所有しているが、別の部分がひどく不足している。このような不均衡な状態にあるわれわれの存在は、遠く離れたところにあるこの不足した部分を探索することからなっており、それを欲しがり、それに飢え、それを渇望し、それを見つけ出そうと駆り立てられているのである。存在あるいは運命にかかわる諸問題は、場所からのこの隔たりにかかわる諸問題から結果として生ずるのであり、それはあたかも、文字通りに距離空間であるこの空間が、われわれの文明、文化、形而上学、宗教を条件づけているかのようであり、人類が自らに課していた最も深遠な諸問題の下に、超越論的幾何学、つまり地上のもろもろの寸法を測るに適した基礎的な網の目が存在するかのようである。郷愁が絶えずわれわれを駆り立てている。したがって、不死性を求めて旅に出たギルガメシュの叙事詩で始まり、オデュッセウスの地中海での放浪によって続けられた西洋の特異な時間は、人類学一般へと向かって流れている。というのも、全人類は全世界への移動とともに猿から枝分かれしたことを、われわれは知っているからである。ところで、これらの具体的な旅は、教育の伝統のなかで再び続けられ、多少なりとも悲壮な形而上学にもまた反映されており、そこでは人間は方向を探求している。この方向は、距離のない空間のなかで考えることができるだろうか。この経験に一度もさいなまれなかった者がいるだろうか。恋の詩のなかでこの経験を苦悩の表現でつづらなかった者がいるだろうか。愛の主体たる神と自分たちとのあいだの超越的な無限の距離を測るために、それらの経験を集大成した者たちさえもいる。

反歌

そう、網の目を生み出し、方向を与える、この幾何学的な基本的な布地を、われわれの最新のテクノロジーは破壊している。いまやわれわれが距離のない位相空間に住んでいることが、われわれの運命を変え、哲学を変えているが、しかしそれ以前に人類学を変えている。というのもわれわれはもはや以前と同じ人類ではないからである。われわれはもはや同じやり方で一緒に住んでいるのではない。それゆえ、細部において社会的諸機能が変化している。しかしとりわけ、同類のみを互いに愛せという残酷な――というのもこれは排除と軋轢を生み出すからだが——局所的な法、つまり家族、血統、国とその景色、地域とその住所、要するに空間的な近接性という距離の欠如の上で閉じられた、局所的な法に取って代わって、他者たちをも互いに愛せという全体的な法——というのも、この新しい濃密な空間において達成された「遠近相即」は他性の頂点にも及びうるからだが——が登場するのだろうか。

実存 existence という用語が、いつの日かわれわれを、かくも長期にわたる旅や移動に駆り立てるこの均衡からの隔たりを、まさしく意味しているとすれば、われわれはもはや同じ実存を生きているのではない。ただし一つだけ区別されるものを除いてである。つまり、距離の不在はメッセージにかかわっているのであり、まだ身体のすべての機能にかかわっているわけではないのである。われわれは最愛の身体を除いて、すべてにアクセスしているのだ。人類学全体が変わったとしても、しかしこの変化は欲望の諸行為までは及ばず、それらは元のままであり、それらの諸行為は、特異なものであると同時に、その神秘的な総和のなかに統合されている。確かにすべては変化しているが、しかし愛からの隔たりは元のままに残されている。ラテン語の *honor* とフランス語の honneur〔名誉〕、同じく *horror* と horreur〔恐怖〕……これらの語に見られるように、フランス語はラテン語の *-or* で終わる語を、-eur で終わる語に翻訳しているが、一つだけ注目すべき例外があり、それは *amor* と amour〔愛〕であり、この語の語尾は南仏の吟遊詩人がその起源であることを示している。これらの詩人‐音楽家たちは、私の生まれ故郷の方言であるオック語を話していたのだが、この方言においては、-eur で終わる語はほとんどない。この地方の出身であることの誇りのかけらが私に残っているとすれば、私はそれを自分の祖先である吟遊詩人たちに負っており、彼らの才能によってこの愛という語とその事柄が創始されたのであって、哲学の半分は愛にかかわっている。ところでこの愛はつねに、仮想的なものとして、私の隣人である遠くのお姫様へと向かって行くのである。

人類再生 hominescence の第三の環

告発と報道

再び倫理を検討してみよう。私の若い頃には、隣人を告発する者は、卑劣な者と見なされていた。このような卑劣な者は危険な者と同じように、もはやつき合ってもらえないのだった。その何十年か後には、私的なものにせよ公的なものにせよ、何らかのスキャンダルを大々的に告発しないような者は、誰も才能ある者とは見なされないようになった。昨日は不道徳であったことが、いまでは道徳にかなったことなるわけだが、このいわゆるガラス張りは、しかしながら、嘘であれ本当であれ、隠された不法行為を暴くという同じ行為に由来している。唯一の変化は規模の変化がかかわるものであり、前者の場合は何人かの大人げない者たちにしか関係しないが、後者の場合は何百万人もの市民にかかわりがある。

告発は、訴訟に先立つどころか、訴訟に取って代わり、迅速に処罰する。あるフランスの首相が、メディアの中傷的なキャンペーンが原因で自殺するとしよう。このように辱めを受ければ、どれほどの現代人が彼と同じように振る舞うことだろうか。多くの者たちがそうするだろうし、私もたぶんそうするだろうし、告発者たちだって自分が告発されれば同じだろう。新聞や、ラジオや、テレビや、インターネットで告発することは、無数の人々を糾合することになるので、告発がリンチに変質することが避けられない。

これは、後退的で、古代的な振る舞いであり、単に多数の人たちにとって正義だと思われるにすぎない。告発された者はまず初めに罪人と見なされ、それからその人自身の目にも罪人に見えてくる。彼の罪状は、犯罪や違法行為を取り扱う客観的な機関の裁定に基づくものではなく、たちまち全員一致となって、告発された者を処断する群衆の意見なのである。

大衆

というのも、真実は二つの方法によって決定される、つまり事実そのものによって決定される場合と、合意によって決定される場合があるからである。ところで、科学や哲学が真理の発見に専念するときそうするように、法廷は犯罪者を見つけ出そうとするとき、熱狂した大衆の、声高で、拙速な納得を避け、選ばれた陪審員たちによる、事件そのものについての、冷静で十分時間をかけた審理を組織する。そうすれば、真実は、もはや納得する人々の数に依拠するものでもなく、悪くすれば危険で、少なくとも惰性的な、合意に依拠するものでもなく、経験や、明確な事実や、証言や、証明に依拠するものとなる。しかしながら、再び集団的な作用が、これらの訴訟に威力を及ぼしているのではなかろうか。

現今はやっている告発をことさら糾弾するのではさらさらなく、――私が告発したなどということになりませんように――、私の考えていることは単に、新しいコミュニケーション技術が無数の人々に直接働きかけることを可能にし、すべてがこの無数の人々に物理的に依存する状況になっているということであり、この新しい状況は、社会的、政治的、司法的な影響をもたらさずにはすまないということであり、いかなる影響をもたらすのか、その解明が待たれているということである。

社会的な機械——無数の人々

教育者や講演者たちが知っているように、話の仕方や内容は話を聞く人の人数によって変わってくる。講演者は、十人に話す場合、五十人に話す場合、二百人に話す場合、千人に話す場合などに、同じやり方で聴衆に話しかけることはない。各段階ごとに、発せられるメッセージの性質、伝達の正確度、受信の容易さが変わってくる。たとえば、一種の棒状のものの一方の端を手にもっていると想定していただきたい。それが短い場合は、それを用いて正確に字を書いたり図を描いたりすることができるだろうし、土や木を細かく切り分けることができるだろう。その棒が長くなればなるほど、その動きはより正確さに欠けてくる。もっとずっと長くなれば、その棒は自律的な振動をもつようになり、そのゆっくりとした広範な振動は手のコントロールを超えるようになる。柄の端をもっているあなたがそれを操作する難易度は長さに応じて変化する。集団や群衆についても同じであり、立っていようと座っていようと、その総数に応じてあなたとの距離は変化する。ここでは、先ほどの棒状のものは、社会的道具となり、その長さが延びるにしたがって、実際に、ますます制御がむずかしくなる。そしてこのような状況は、ある種の限界を超えて、あらゆる操作の可能性が失われるまで、進行する。ところで、初めて広域メディアがそうした限界を超える状況になっている。というのも、新しい回路が、無数の人々に直接アクセスすることを可能にしているからである。一人の政治家が何百万人もの市民を前にして演説するということは決してなかったし、また同様に、劇場の俳優も、重罪裁判所の弁護士も、教師も、このように膨大な数の聴衆や視聴者に向けて話したことはなかった。学問上、宗教上、司法上の公的な言葉の能力が、相手にする人々の数に応じてこれらの段階に適応するとすれば、その規模の変化はいまやレトリックの経験を超え、われわれが制御することのむずかしい別のレベルに達している。

前世紀の中頃まで、われわれは、中傷文を除けば、社会的な道具、つまり集団を「操作する」に適した機械としては、集団に直接接する生身の演説しか知らなかった。それに、言語や、声や、雄弁や、言葉の影響力にとっての機械〔機構〕について、誰も語ることはできなかった。演説者は自分の身体で満足しなくてはならなかったし、ホールを自分の「声量」[173]で「掌握」しなくてはならなかった。それゆえ、演説する場所の重要性が生ずる。演説者はアレオパゴスの丘の前で、軍事的な演説は船嘴演壇で、扇動家は教会の説教壇やソルボンヌの教壇で、司法上の弁論や、選挙キャンペーンは……。場所から場所へと時代によって、発信源や発信内容は変わるが、受信者の規模は不変のままであった。

現象の規模が変わるとき、どの程度までに現象の性質やその法則が変わるのか、われわれは決して知ってはいない。量の増大が質の変化を伴わないことは滅多にないのに、われわれは量を軽蔑していた。例を示そう。砂糖菓子製造の職人が、お祭り用に氷砂糖でエッフェル塔の形をした菓子を作るとき、もしその砂糖菓子が二メートルの高さを超えれば崩れてしまうだろう。塔の形を保つためには、材料を変えなくてはならず、鉄鋼の使用へと移らなくてはならないだろう。同じように、カエルがウシの大きさに膨れるためには、もし生き残りたいと思うならば、ウシそのものにならなくてはならないだろうし、破裂せずにカエルという両生類のままであり続けることはできず、生物体が無事であるためにはカエルの形態に突然変異が起こらなくてはならないだろう。そんなわけで、私は、二十人とか五十人の学生にいくつかの高度に複雑な教科をそつなく説明することができる。百人を超えれば、私は話を要約し、話がより粗雑になるだろう。千人を超えれば、私の言説はさらに繊細さを失うだろう。しかし、数百万人以上の規模となり、その上、目の前にはいない聴衆に対しては、いかなる演説者が、その法則を知りそれを制御できるだろうか、またその場合なぜレトリックが存在しないのだろうか。第一のケースにおいては、私は集団に働きかけているというよりも、聞く人の理解力に働きかけている。その局所的な人数ゆえに、私の講義によって、おそらく社会的なものは変化せず、不変のままであろう。しかし第二のケースにおいては、れっきとした社会にかかわっており、何らかの少数の集まりではもはやなく、大規模(グローバル)な集団にかかわっている。それゆえ、無数の人々と接することによって、新しいテクノロジーは、紛れもない集団をすでにつくり出している。社会的なものに直接話しかける、この表現は何を意味しているのだろうか。この仕事はどのようなものから成り立っているのだろうか。

音声の機器――社会的な二つの環

いまでは機械が問題となっており、以前は制度が問題となっていた。実際、都市を探訪していただきたい。たとえば、西暦紀元前五世紀のアテネやクニドス(174)の遺跡、十九世紀のウイーンやヘルシンキ、第二帝政時代のパリ、今日の東京やリオデジャネイロなどを。元老院、「国会」、「投票」場、劇場、オペラ座、証券取引所、公設競売場、裁判所、礼拝堂、教会、寺院、教室、学校、大学キャンパス、公共広場、アゴラの広場、市場、カフェ、さらには間仕切り、窓口の小窓……これらは声のために考案され、つくられ、組織された施設である。ある者たちはそこから政治に向けて言葉を活用し、別の者たちは商取引や金融取引に向けて言葉を活用し、さらに別の者たちは、法律や司法、文化、教育、宗教に向けて言葉を活用する。舞台や階段席やオーケストラ席などの劇場の建築は、集まった者たちが互いに弁舌を交わすのを見ることを可能にし、レトリックを駆使した雄弁がよく響き、全員がそれを聴きそれに応答することを可能にするような形態をとっている。この形態は、国会議事堂から円形臨床教室まで、大聖堂から裁判所に至るまで、ほとんど変わっていない。もっとも、告解室や、行政機関や銀行の窓口は、ひそひそ声がいっそう内密な対話へと導かれるような形態をとっているのを除いてのことだが。これらの多様でかつ類似した建物の内で、社会が声を国会審議や投票や競売の形に組織するのだろうか、それとも、声そのものが社会を組織するのだろうか。この議論をうまく切り抜けるには、逆もまた真の因果の環を援用すればよい。

声の効力は、それのもつ意味から直接に生じたのではなく、その響きの良さから生じた。つまり、音楽性、声の張り、リズム、旋律的な雰囲気などが、まず聴衆を引きつけ、それから、生き生きとしたチェロのような声の魔術で聴衆を虜にして、さらにいっそう魅了したのだった。雄弁の時代の雄弁家は、聴衆たちに感動の斜面をゆっくりとよじ登るように仕向け、感動がしだいに群衆のなかに広まり、すばらしいまでに膨れあがると、群衆を感動の絶頂へと持ち上げ、恍惚となった彼らにその頂上から到達しえぬ地平を望観させ、そこから陶酔した注視と静寂の窪みへの下降によって、相反する討論に迷わされていた古代の集団を、突然新しい絆によって結び合わせ、別の世界へと着陸させるのだった。音響的調和という意味での合意が、少なくとも一時的な社会契約を神秘的にもたらすのだった。感動の波の広がりは、それゆえ、追悼の意や、計画的外交政策から生ずる平和の希望や、哀れにも罪に問われた者の無実や、思弁的な分析の奥深さから、独立しているように思われる。というのも、儀式の弁舌にとっても、投票の弁舌にとっても、判決の弁舌にとっても、講義の弁舌にとっても、施設の建築的な形態はほとんど変わらないからである。法廷や劇場におけるこれらの声のための仕組みは、まず最初に、熱気と数を獲得し、音波の飛翔と干渉を獲得するようにできている。上述の諸施設は、音響機器として、それら自体局所的な道具として建築されている、というのも、人間の声の小ささによって、建築家たちはそれらの施設を、しかじかの場所にはっきりと限定され閉鎖されたものにすることを余儀なくされているからである。古代のループの環は、オーケストラ席や円形階段教室と同じように丸いのであって、社会がこれらの起動（モーター）の神殿をつくり、それらの起動（モーター）の神殿が社会をつくり上げるのである。

ところで、アレオパゴスとアクロポリスのあいだに位置し、人々がびっしり集まって集会を開いた古代アテネのプニュクス(175)から、現代の国会に至るまで、実際に、上述のような局所性はほとんど変わっていない。人間の声の届く範囲は、三千年間ほとんど変わっていないのだ。ところが、われわれが身体の進化を技術的な諸対象に向けて出航させ、最初はマイクが、それから、そのほかの多くのメディアが、人々のつながりを何百万人、さらには何億人にも広げ、かつては閉じられていたこれらの場所を、思いもよらない巨大な規模へと爆発させている。声はもはや荒野で叫ぶのではなく、目の前にはいない膨大な人々に向けて発せられる。今度は、人類再生 hominescence の新しいループの環であり、社会が——だが、どのような社会かわれわれは知っているのだろうか？——これらのテクノロジーをつくり出し、それらのテクノロジーの射程は社会を超えて、人間共同体全体に達する。これらのテクノロジーが社会をつくるのだろうか。いずれにせよ、人類再生のこの新しい衝撃は、明日には、ヒューマニズムを再定義することを余儀なくさせるだろう。

確かに、しばらくのあいだ、書物が社会的道具として声に取って代わっていた。というのも、書物は、声が到達できない数多くの人々にまで到達していたからである。文字の発明以来、また印刷物が広められて以後、法律や政治、経済や宗教、科学や教育に対する文字の絶大な影響は、このことに起因する。このことを、ヴィクトール・ユゴーは、自分の小説『ノートル・ダム・ド・パリ』を前にして書いている。こちらがそちらを殺すだろう、この本がこの建造物を殺すだろう。なぜなら、その建物は声を組織するが、書き物はそれを地の果てまでも広めるからである。文字どおり予言的なこの予想は、しかし誤っている。というのも、いかなるメディアもその先任者を「殺す」ことはないからだが、それが証拠に、この建物は持続しており、哲学者が今日再び声を取り上げている。こちらは、そちらを越えてゆくだろう、万能の社会的道具は——われわれはその誕生に立ち会っているのだが——その先行者の性能の総体を総和しそれを凌駕している。

準 - 対象物、世界規模 - 対象物、社会的機械

思い起こしていただきたいが、手から手へと渡されてゆくあのコイン状のもの、子供たちが「ボワ - マダムの白イタチ」の歌を歌いながら、円陣を組んで綱をもち、手から手へ素早く回す綱に通した環を、あるいは二つのチームが一つのボールをめぐって争うゲームのボールを、準 - 対象物と呼ぶことにしようと思う。この平和のパイプ、あるいはこれらの貨幣……は、ひとつの集団に属する主体たちのあいだで確立される関係、あるいは消滅するかもしれない関係を、描き出しているのである。これこそすでに一つの社会的道具である。手のひらから手のひらへと渡されながら、これらの準 - 対象物は、隣の人から隣の人へと局所的に走り回ることによって、集団の構築に貢献している。ゲーム的な観点から、演劇的な観点へと移行するならば、それはしたがって、ボールから言葉へ、コインから意味へと移行することになる。しかしわれわれは、もはや何人かの個人ではなく、膨大な数の人々に一挙に働きかけるに適した道具、というよりも機械を、自由に使いこなしたことは決してなかった。膨大な人間集団を掌握する、あるいは彼らに声を聞かせるために、現代の暴君たちやテレビは、電撃的な伝播力を有する暴力を自由に使いこなしている。暴力が端的に社会的道具として通りうることを、すでに誰かが指摘しただろうか。

繰り返しになるが、核爆弾や、核廃棄物や、インターネット〔ウェブ〕それ自体を、世界規模 - 対象物と呼ぶことにしよう。というのも、それらのもののもつ次元の一つ、物理的、エネルギー的、時間的、空

間的な次元の一つが、世界規模の次元に達しているからである。世界全体に作用を及ぼすことに適合した道具あるいは機械を、われわれは以前には決してつくらなかった。ところが、今日ではわれわれは、オゾンホールを変化させることができるし、この惑星をゆっくりと温暖化させるに十分なガス廃棄物を放散することができる。これらの世界規模‐対象物が、諸物に働きかけるに適した厳密な意味での道具や機械の地位を捨てて、メディア一般と同じように、準‐対象物となるとき、それらの世界規模‐対象物は社会的機械に変容する。

準‐対象物プラス世界規模‐対象物は、社会的道具に等しい。UMTSシステムに乗って、インターネットは、現実に世界の空間を占有しており、まったく仮想的にすべての人間を占有している。この統合効果は、無生物にかかわるのみではなく、同じくまた同時に、社会的行為者たちにもかかわっている。「われわれ」はいまや、世界に作用を及ぼす機械ばかりでなく、また同じく、人類全体に作用を及ぼす機械を構築している。「われわれ」とはすなわち、準‐対象物‐人類である。私が先ほど描いた環は、包括的に、機械の総体、ロゴス *logos* 付きの技術 technique、つまりテクノ‐ロジー techno-logies になっている。われわれはこのように巨大な規模から何らかの成果を引き出したのだろうか。このようなケースにおいて、作用を及ぼす travailler という動詞や、技術 technique や機械 machine という名詞に取って代わるような用語および動詞はないものかと、私は思いめぐらしている。というのも、別の用途のために定義されてきた古い用語を使用していると、往々にして誤りに引きずり込まれることになるからである。

物そのものと合意

ところで、真理〔真実〕は、物そのものの明白性によって確立される場合と、無数の人々の意見あるいは選ばれた専門家の意見に基づいて確立される場合がある。われわれはその真理〔真実〕が普遍的なものであるとか、あるいは必然的なものであるとか言うことを躊躇するのだが、それほど両者は結びついている。このような考えは、新しい社会的機械を連想させる。たとえば、テレビなどで報道される、犯罪や、戦争や、スキャンダルや、破局的状況などについてのルポルタージュを、読んだり、聞いたり、見たりしてみよう。そこには、平和や、美徳や、正義や、幸福にかかわるものはほとんどない。そこでわれわれがはっきりと目にするものは、被害を受けた人々や、火山の溶岩で灰燼に帰した風景や、ハリケーンや爆撃に見舞われて廃墟となった都市などである。われわれは物そのものを見るのだ。最も明白な真実は、まぎれもなく目に明らかとなる、というのも、そこで示された明白性は意見にかかわるものでも、合意にかかわるものでもないからである。

しかしながら、これらの映像が広範な視聴者の関心を引く可能性がまったくなければ、それらの映像は決して報道されないだろう。それらの映像がテレビ画面に映し出される可能性は、フランスでは〈視聴率自動測定システム〉と言われる機械によって計られる視聴率に応じて増減する。同様に、ウェブサイトもアクセスの件数よって評価が定まる。重要なのは、メッセージ‐アクセス件数、映像‐視聴率であり、まさに先ほど私が準‐対象物という語で言おうとしたところのものである。われわれがこれらの数や率に関心をもてばもつほど、われわれは物そのものをいっそう見なくなり、この広範で数値化可能な視聴率を構成している人々が、ここでは仮想的に、手から手へと回しているコインのほうをいっそう見るようになるのである。別の言い方をすれば、われわれは、報道されるこれらの犯罪や、スキャンダルや、戦争や、破局的状況を介して、〈視聴率自動測定システム〉を見ているのである。われわれは物そのものを見ているというよりも、われわれを集団として繋ぎ合わせている動機を見ているのである。一般に、集団の興味が集中するところのものを、われわれは見ているのである。

ところで、学者たちはアリストテレス以来、その他の人々は、最も古代の諸神話が、猟奇劇場にふさわしいような残酷な物語を語って以来、誰もが知っているように、大衆〔集団〕というものは、おもしろみのない平和や、無味無臭な美徳や、無邪気な善良さや、ばからしいほど能天気な幸福には、まったく関心を払わず、暴力や、恐ろしいものや、悲惨なものが大好きであり、アリストテレスが言ったように、犯罪者、犠牲者、殺人者、懲罰者、要するに死体が大好きなのである。それゆえわれわれは、自分たちが一緒に生きるようになって以来、まったく単純に、また愚かにも繰り返し繰り返し、自分たちの好みのものを見ているのであり、それが大衆〔集団〕を一緒にくっつけている古代からの糊なのである。メディアは、休みなく、この世で最も古い同じニュースを繰り返している。すなわち、犯罪、戦争、破局的状況、死、殺人、死体、告発すべきあるいはリンチにかけるべき責任者などである。われわれは、この上なく陰鬱なやり方で、この契約が言明されるのを、見たり聞いたりしている。テレビをつければ、この社会契約を仮想的にリアル・タイムで見ることになる。もう一度テレビをつけることによって、この契約は再び署名され、更新される。ルソーは、彼の〈社会契約〉が、テレビという具体的な光に照らし出され、これらの機械のなかに現れて、具現化されるとは夢想だにしなかったことだろう。ところで、われわれの見聞きする対象は、満場一致という同じ準‐対象物から——私は一般意志からと言おうとしていたのだが——絶えずエネルギーの供給を受けて、仮想的で包括的な投票所として機能している。もろもろのメディアが、ジャン＝ジャックよりもアリストテレスのほうをよく読んでいることに誰も驚かないばかりでなく、メディアのメッセージが上述の、満場一致の意志という最も古風な魅力の井戸——つまり殺人と死体——から発せられているということに誰も驚く者はいないだろう。世界の創始以来、人間の犠牲以上に、われわれを一緒にくっつけるものはない。あらゆるイメージが人間の犠牲に回帰するのだが、それは、集団をくっつける古いセメントであり、多神教のあまたの栄光の神々を製造する古い機械である。

補足的な別の環――物そのものの外観をとりながらも、重要であるのは物よりも実は合意である。暴力は言葉よりも強い効力をもつ。暴力は、普遍的であり、翻訳を必要とせず、意味以前に、意味なしで、われわれ全員を魅了する。

神話と始まり

われわれが生きているのは、帆でも蒸気でも航行できるような、技術的なあらゆる過渡期と同じような非常におもしろい時代であり、そこでは新しい機械が、容易にお払い箱になるはずの古いモーターをいまだに用いて、作動しているのである。実際、集団をくっつけておくために、われわれはかつて、また最近まで、暴力を必要としていた。というのも暴力は伝染性をもち、関係が結ばれる速さと推移性を最適化するからであり、この世で最も容易に伝播するからである。暴力は暴力から生まれ、とどまることなく自分自身から生まれ続けるのであり、自ずから増殖するがゆえに悪魔的な環である。このほとんど自動的な解析的拡大が――それがために戦火が燃え広がり、猛威をふるっていたのだが――、何らかの局所的な準‐対象物に、ある種の統合化を確保することを可能にしていたのである。

ところが、現代のテクノロジーは直接的に結果へと到達する。つまり、かつての糊である件の人間による人間への暴力を必要とせずに、全員一致をつくり出す。そうするためには、ヘルツ波、光ファイバー、画素などの技術で十分なのである。それゆえ、あたかも、われわれは目的を達することはできるけれども、失敗することを大変恐れているので、場合によってはいつでも、これらの機械を使っていなかった時代に戻って、かつてのやり方を用いる用意があるかのように、すべてが運んでいる。蒸気機関の場合は、穏やかな海を二五ノットの速度で航行することが可能だが、風力に頼る場合は、〇・五ノットの速度を取り戻すのに、船首三角帆から、船尾スパンカーまですべての帆を広げなくてはならない。われわれは、最新の効率の高い技術を享受しているが、それらの技術を原初的な神話で満たしているのだ。われわれはそれらの神話を排除することができないのだろうか。その意図、あるいは愚かしさを告発しなくてはならないのだろうか。どちらでもなく——私が告発したなどということになりませんように——それは単に過渡期の通常の状態であり、局面が変わる際の正常の進行状況である。新しい機械は、確かに、無数の人々、つまり集団に向けて直接働きかける。そのことによって集団は、あたかもいままさに構築され始めているかのように、再構築される。われわれが生きているのは、この新しい出来事がいままさに生まれつつある状態のなかにである。新しいテクノロジーは、確かに、社会的新機軸に有利に作用し、社会的新機軸は新しいテクノロジーに反作用を及ぼす。この生まれつつある始動の瞬間が、最も古い諸神話、開闢の偉大な物語を再出現させるとしても、さして思いもよらないことが何かあるだろうか。明日にはどのようにして、これらの古い習慣を捨て、帆なしですませることを学び、不吉な暴力を放棄すべきなのだろうか。

神話、手、道具

社会学は、ここでは理論と観察を離れ、実践的で、技術的で、実験的なものとなる。これらの社会的機械を操縦する者はすべて、集団に対してたとえば、行けと言う、すると集団は行く、来いと言う、すると集団は来る、一緒に残れと言う、すると集団は一緒に残る、支払えと言う、すると集団は支払う、与えよと言う、すると集団は与える、黙れと言う、すると集団は黙る、自分は正義と真実を語っていると言う、すると集団はそれを信じる、あるいは少なくとも信じているかのように振る舞う。これこそが社会的道具であり、これはかつて社会的ゲームと名づけられたようなものでは決してなく、むしろ木や鉄に対して用いる道具のようなものである。というのも、これらの機械は、実際、社会的絆に対して「作用を及ぼす」からである。それゆえ、政治はこのような状況によって様変わりしている。これらの技術は、社会的諸現象に対して能動的な支配力をもち、政治家に対して優位に立っている。このような状況によって、今度は、法律や祭礼が様変わりしているのだが、それというのもこれらの技術は犠牲者と神々をつくり出すからである。いかなる哲学者が、たとえ最近の哲学者であってさえも、政治や、倫理や、宗教をつくり出すのに適合した機械が、いつの日か存在しうると考えたことだろうか。巧みなるヒト *Homo faber* が、政治的ヒト *Homo politicus* をつくり上げると考えただろうか。情報通信機器があらゆる場所を占めると考えただろうか。

たとえば、政治家や行政官は、どのようにして集団に指図をするだろうか。操作を意味するこの動詞は、私の言ったように、手に関係している。だが、それはどのような手であり、誰の手であるのだろうか。そのことはわれわれには決して分からなかった。というのも、アダム・スミスが、かの見えざる手について語ったからであり、プラトンが、同じように、指にはめた指輪によって目をくらませ、臣下たちの前で姿を見えなくするギュゲス王(176)について語り、そうすることによってスミスの見えざる手を先取りしていたからである。その手と指の上に、時には、目に見え触知できる鉄の手袋が現れる。権力は社会を恐れおののかせて支配する。悪い兆候である。このような警察的、兵隊的な力を示す者は、自分がいかにして、なにゆえに統治するのかがわかっていないことを認めているのだ。というのも、彼は、自分の地位を保持するために、暴力的なものであれ法的なものであれ、死に訴えることしか知らないからである。市場を秩序づける見えざる手の不可視性、指輪をはめた指および王の身体そのものの不可視性がはからずも示しているのは、社会の構成員の本質的な無知、あえて言うならば、この不可視性によって見て取れるようになった、一種の集団的蒙昧である。時には、言葉や、また同じく音楽や、しかじかの者のカリスマ性が、この痛ましい大衆を動かしていたが、しかしとりわけ暴力と死が動かしていたのだった。これが、人間の諸神話の一大製造所であり、その上に制度が基礎を置く光の射さないあの暗い井戸である。この無知の穴を隠す王座の上に権力は座を占める。

三千人を超える人々に私が話そうとするとき、私は、半ば盲目になって、狭い人間の地平しか見えない。私の弱い声は、そこまでほとんど届かない。その声がマイクの助けを借りるならば、これこそ最初の社会的道具であり、マイクを握る手はついに目に見えるものとなる。そこで、手と声は、群衆の反応をうまくもってゆこうとする。次いで、ラジオ放送、テレビ画面、インターネット〔ウェブ〕が、われわれが人間となって以来到達できないままになっていたもの、無数の人々がうごめいているあの暗い穴に到達し、そこから抗いがたく暴力や、権力や、祭式や、神話が出現する。このような規模、巨大なエネルギーが流れ出るこの膨大な数を、いかにして制御したらよいのだろうか。そう、これらの新しいテクノロジーは、今日においてもまだ諸神話の影響力のもとにある。これらのテクノロジーが神話と同時に神々や犠牲者をつくり上げ、そうすることによってわれわれの物語の始まりに、つまり社会的諸現象の始まりの時へとわれわれを連れ戻すのだが、その時代には、集団に働きかけるに適したあらゆる機械もなく、ましてや手動の道具もなく、それらがないがゆえにそうした機械や道具のことも当然知らないままに、神話や政治が発明されていたのだった。

いまやわれわれはそれらの道具を用いているが、しかしわれわれはまだそのテクノロジー――この語の古い意味での用法、つまりそれを利用する方法――を知らないでいる。それゆえ、それらの道具や機械のなす愚かな神格化や、日々つくり出される神々や、絶えず再現される粗野な犯罪や、そうした文化の粗野な残酷さ、絶えざる告発の文化そのもの、を告発しないようにしよう。というのも、これらの現におこなわれていることのすべては、単なる起源への沈潜をはからずも表しているにすぎず、そしてその起源がまさに起こっているからであり、初めて、労働者の手が姿を現し、社会的諸現象に働きかけ、それらを再構築し、最も伝統的な意味において、それらに情報を与えている〔形づくっている〕からである。新しい政治哲学が欠けているので、われわれはこの始まりに糊でくっつけられて、その周辺でまだ足をとられたままでいる。ニーチェは、西洋がもはや神話をつくり出すすべを知らないことを嘆いたが、何という時代に逆行した考察だろう。現代の神話は、目をくらませるほど明白に、その絶えざる暴力によって、あらゆる神話の起源そのものを目の当たりにさせているのである。

他者たちと自我 *ego* の死

ところで、「私 je」と言うすべを心得ていて、それを言うことのできる自律的な人物たちを、われわれは再創造しているのだろうか。もはや誰も理解しない件のラテン語におけるこの語を、現代人が用いたり、好んだり、もてはやしたりすればするほど、この語の本来の意味はますます理解されなくなる。しかじかの者が並はずれた *ego* に恵まれていると言われるとき、その者は、声の響きや、心の広さや、時には身体の大きさで空間を満たす者であり、また別のケースでは、そうした特性をそなえて、人々や人間関係を政治的に思うままに操ると見なされる者である。この二つのサンプルにおいて「私 je」は、「われわれ nous」を意味している、というのも、双方のケースとも重要であるのは、栄光であり、劇場であり、誇示であるからである。他者たちなしでは、この貧弱な *ego* はしぼんでしまうのである。

これとは逆に、聖アウグスティヌスの神に恍惚となった主体や、モンテーニュの愛すべき流暢な主体や、デカルトの省察的な主体や、ルソーの自己満足的な主体や、パスカルが結局は嫌悪すべきものと判断した、あるいは判断したであろう「自我 moi」など、告解の手引き書が取り扱っていたような主体は、個人的な救済へと向かう傾向をもち、キリスト教的伝統の影響下や、ラテン語系哲学の影響下にあるこれらすべて(177)の *ego* は、祈りの場や、暖炉部屋や、書斎や、ポール・ロワイヤル修道院や、サン・ピエール島に引き籠る。要するに、隠遁者たちにならって、たとえば、よく知られた宮廷人であったがシャルトル会修道僧となって隠遁したランセ[178]にならって、一種の隠遁地に閉じ籠るのである。これらの者たちにとって、社会的空間は非 - 自我 *non-ego* となるのであり、これは単に隠遁地の外の虚栄のざわめく場と見なされるのみではなく、さらに、人格の発展にとって危険な場と見なされるようになるのである。

われわれの文化の偉大な諸作品は、世間から隔たった隠遁の場で養育されたこの *ego* から、自我 moi と同じように脆弱なこの *ego* から、生まれたのである。世間の評判で膨れあがった空虚で空しい *ego* か、さもなければ、そのようなことを避けて生きる *ego* かのどちらかである。これこそが現代における二つの「自我 mois」である。

真理〔真実〕

戦争の喧噪と猛威を避けて、一種の独房のなかに避難したデカルトは、静寂と孤独のなかで、真理の主体としての *ego* を発見する。この主体は、思考の基礎に横たわっているのみではなく、実存そのものと真理の陳述の基礎にも横たわっているのである。この発見は、「自我 moi」とのあいだの三者の対話の形でおこなわれるのだが、その対話の相手はまさに、悪魔的な誘惑者である悪しき霊、および、真理の保護者であり、最後の審級であり、永遠の真理の創造者としての神である。

この自我 moi と同じように脆弱な、現代科学の偉大なる諸真理は、これと同じような避難のなかから生まれた。社会的空間は、私の知る限り、これらの諸真理に有利に働かなかった。有罪を宣告されたガリレイにも、オランダに亡命したデカルトにも、投石の仕打ちを受けたスピノザにも、忘れ去られたメンデルにも、アドリア海沿岸のトリエステで自ら死を選んだボルツマン[179]にも、行方不明になったマヨラナ[180]にも、イギリスを救った後、イギリスの法律によって自殺に追い込まれたチューリングにも、社会的空間は有利に働かなかったのだ。今日においても、ノーベル賞受賞者の五分の四は、彼らの同僚の審査委員たちから、研究プロジェクトの採択を拒絶された後に、結局最後にはこの賞をもらっており、最初は断罪され、最終的に栄冠を勝ち得ているのである。これらの不幸な出来事は、おそらく一紀元前まで遡ることができるだろうが、その紀元もおそらく終わっているが、そこでは古典学が描いた主体と科学の主体は同一のものであった。というのも、古典学と科学の相違を誰も確定できなかったからだが、しかし公的な行為と私的生活の相違は誰もが見分けていた。

ところで、今日においては、真理は逆に公開の激しい論争から生まれるとされており、そこでは、競技場や、劇場や、戦場におけると同じように、弁証法的な対決は一方の勝利と、他方の敗北によって終わる。それゆえ、真理の基礎は、高い壁によって社会の喧噪から保護された、自我 moi の孤独な瞑想から離れ、逆に、その猛威そのものおよび勝利の月桂冠と手を組むのである。ソクラテス以前の哲学者たちによる物理学の創始以前には、最も古い真理である古代ギリシアの *alētheia* は、思い出していただきたいが、同じく社会的栄光を意味していたのだが、その栄光は、自分たちを称揚してくれる有名な詩人を見つけるチャンスに恵まれた者たちの武勲によって獲得されたのだった。真理は名誉と混同されていたのだ。あらゆる種類の訴訟や有罪判決――ガリレイの有罪判決はそのこだまの繰り返しなのだが――に敢然と立ち向かい、栄光とは逆の真理、すなわちあらゆる論争から独立した真理、訴訟や判決を沈黙させさえする真理、を定義づけることによって、ソクラテス以前の哲学者たちは、物理学を発見したのである。

論争、勝利はどこにあるのか？

生気論対機械論の論争は、前世紀に生気論の敗北によって終結した。機械論は勝利を収めた。本当だろうか！ というのも、チューリング機械のような機械は、今日では知ってのように、生き物の繁殖や発育のために一役買っており、デカルトやラ・メトリーが用いていた機械とは大変違うので、それらが同じ名前で呼ばれることに人々は驚くほどである。生気論と渡り合った機械論は、敗者と同じように姿を消したのだ。ジョフロワ・サンティレール[181]対キュヴィエ[182]の論争も、キュヴィエの勝利で幕を下ろした。ところが、生化学者たちがホメオボックス[183]の存在を突き止めて以来、ジョフロワはきわめて健康な姿でよみがえった。生物の体制の全体設計という考え方が復活したのだ。パストゥール対プーシェ[184]の論争は、プーシェの惨敗に終わった。今日誰があえて生物の自然発生説を唱えるだろうか。すべての人々が、というのが答えである。というのも、生化学者たちは、少々金属的な化学的要素からどのようにして最初のＤＮＡが構築されたのかを、まさしく、探求しているからである。そう、生き物そのものを形づくっているこの酸あるいはリボ核酸を除けば、すべての生き物は、生き物から生まれる。ゼンメルヴァイスに対する全ヨーロッパの同僚医師による排斥は、絶望のなかでの彼の死によって終結した。彼の死の数年後、彼が産科医たちに手を洗うように義務づけたことは正しかったこと、彼を排斥した勝利者たちは不正な犯罪的な振る舞いをおこなったことが、パストゥールによって証明された。この悲喜劇的なリストをさらに延長しなくてはならないだろうか。

真理は大衆的な評判によって生まれ発達するのだろうか、それとも、このような喧噪を避けることによって発展するのだろうか。ここには、矛盾するように思われる二つの真理が見られる。おそらくこの二つを両立させることができるだろう、というのもこの二つは時間的に引き続いて生じているからである。孤独な者たちの直感的で稀な学問〔科学〕の後に続いて、何人もが集まって、世界中に散らばったいくつもの研究施設のなかで、同じ事を探求する学問〔科学〕が生まれる。当初の個的主体の後に、相互的で集団的な「われわれ」が続く。そんなわけで、誰が熱核爆弾をつくったのだろうか、誰がヒトゲノムの解読を完成することになるのだろうか。きわめて共通的な真理に対する集団的主体は、どの集団も対等であるので、別の場所で、別の機会に、同じくその真理に到達するということがあったかもしれない。したがって、その真理の発見者に名を連ねる者たちの数が変わってくる。現代のネットワークは、こうしたケースを増加させ、集団的発見者〔発明者〕を増加させている。しかし、インターネット〔ウェブ〕によって巨大な頭脳として結びあわされた多数の思索家たちが、より強力な一つの思索家を形成すると単純に断言することはできない。並足で行進する五十人の衛兵が、一人で巡邏する衛兵よりも、五十倍速く進むとは言えない。長い行程のなかでは、彼らは押し合いへし合いになって行進が止まってしまう可能性も大である。真理が突き止められる確率を向上させるためには、まったく別の制御条件が必要である。それに、そうした制御条件が存在しているときでさえも、真理を取り逃がすことはありうる。

存在〔実存〕existence

しかし真理以前に、存在そのものが問題となる。われ思う、ゆえにわれ在り。他のすべての問題ではきわめて対立しているのに、この問題ではほとんどすべての哲学の学派が例外的に合意していると断言できるほどだが、社会的生活は外見によって営まれ、仮面や、嘘や、漠然とした影や、はかない権力を後ろに引きずっているということを教えない哲学があるだろうか。国王の助言者となった哲学の巨匠たちの長いリストを見てさえも、プラトンからセネカに至るまで、ヴォルテールから何人かの私と同時代の哲学者たちに至るまで、みな最後には嫌気がさして、社会的生活から逃れたのだった。それはあたかも、公的な生活は取り返しのつかないほどに存在〔実存〕を引き裂くかのようであり、そこでは連帯性さえも失われてしまうかのようであり、虚栄の市の外で自己形成をおこなうという先決条件のもとでしか、われわれは他者との生き生きとした関係を構築できないかのようである。他者との最も真実な関係である愛の祈願は、私的な場で息づき育成する。社会学は、社会という劇場を対象とする。

　この確信とは逆に、現代の *ego* は、修道院的な囲いの外の、また窓のないモナドの外の、かつてのいわゆる社交界的関係のなかでしか、またそれによってしか構築されない。かつて敗北したものが勝利を収めて戻ってくるわけだが、それはあたかも、他者たちのみが自我 moi に対して、その正当な存在と育成と発展を保証することができるかのようである。現代における多数のコミュニケーション手段は、おそらく、この新しい力関係の原因になっており、その結果、*cogito ergo sum*〔われ思う、ゆえにわれ在り〕の一人称に対して、放射状に伸びるネットワークの中心であり、いっそう数多くの道がそこから発しそこに到達しているだけにいっそう密な交差点である自我 moi が対立している。たとえば、ライプニッツにおいては、孤独なモナドが、到達すること能わず求めていたものは、神のみが保証することのできる関係であるのに対して、今日においては関係が存在〔実存〕に先立ち、関係が存在を保証し、基礎づけ、展開させ、豊かにする。修道院のなかに閉じ籠り、あるいは、風のままにビエンヌ湖を漂うジャン゠ジャックのように平船の船底に横たわり[185]、自分固有の本源的存在を感じ取ろうとするのか、さもなければ、「私の称える神によって、鳴り響くこだまのようにすべての中心に置かれ、言葉に満ちあふれた私の魂」が、関係によって鳴り響くのか、そのどちらかである。ここには相矛盾するように思われる二つの存在があるが、しかしその一方はおそらく、さらにもう一方の後に続くことになる、それはあたかも、こだまの妖精がナルシスに取って代わったかのようであり、聴覚が視覚に取って代わったかのようである。「私」は無為の時間のおかげで生きている。しかし今日、気晴らしのない時間の退屈さに不平を漏らさない者がいるだろうか。ブレーズ・パスカルは、世界の不幸に身をさらすことができないので部屋の中にとどまるすべを心得ていなくてはならなかったが、彼がその部屋を描いたとき、彼は私的生活について、この無為の時間について語っており、そこから、静寂と時には退屈のなかで、良心の声と名づけられた、時々とぎれがちの、あの小さな音が立ち現れたのだった。かつては切り離されていた、私の部屋、私の私的な空間、わが家が、音楽が鳴りやまず、ラジオや、電話や、Eメールや、テレビや、ファックスや、私が社会的万能機と名づけたUMTSシステムをそなえた公共空間に変わってしまったならば、あの弱々しいささやきをどこで聞いたらよいのだろうか。外的生活がそこに入ってきて、わが家と私的空間を破壊する。この静寂の部屋の中でしか形成されなかった「私」が、いまでは、集団の喧噪や、政治的狂騒や、権威的宣伝や、強制的コミュニケーションの貫徹する市場となっている。「私」は「われわれ」のために死に瀕している。

統辞法と接続法

愛他的で、繊細で、感受性豊かな女性たち、マルグリット・ド・ナヴァール[186]や、ラ・ファイエット夫人[187]や、セヴィニェ夫人[188]や、ポルトガルの修道女……あるいは利己的な男たち、アドルフ[189]や、ドミニック[190]……の書いたり語ったりした言葉を、あなたは憶えているだろうか。両者ともこの「私」の天分に恵まれていた。いまでは聞かれなくなり、読まれなくさえなっている彼らの文体は、繊細な統辞法に満ちており、そこでは意思を表す動詞に続く従属節のなかで、接続法現在および過去や時には接続法半過去が用いられていた。いまでは稀にしか用いられなくなったこの「時制」が、主観的なものを語っていたのだ。造形美的な心の奥の襞を展開させたような多様な音調によって織り上げられるテクストは、様々に分岐して、純朴な不器用さや、嘘も辞さない巧妙さや、善意や悪意、芝居がかった愛や崇高な愛を、カルメル山への登攀と同じように多様に分化した風景などによくなじんで表現していた。接続法－主観的なものは、魂を、いまでは無為の時間と呼ばれる待ちの時間を、長さ、広さ、高さにおいて引き延ばしていたのだ。「リアル・タイム」はこうした時間の量体を無に帰せしめる。距離の消滅は、このゆっくりとした待ちを精神的な病のほうに投げやったところであり、じっと注意をこらすことで魂の襞が刻まれていた時代の記憶を消し去ってしまっている。われわれの言語はその統辞法を近頃失ったところであり、したがって、その愛の国の地図(191)、つまり「君」の地形測量によって豊かにされる「私」の容量や起伏や次元を失ったところである。「われわれ」はコミュニケーションをおこなっているが、しかし短縮されたメッセージでおこなっているのだ。私はここで動詞の主語を強調しているのだが、この「われわれ」は、先が折れてしまったかつての「私」の代替物となっている。われわれはもはや接続法には従わないのである。

関係は存在に先立つ。これこそ私の哲学のキー・ワードであって、私はコミュニケーションのことしか決して語らなかったし、決して意識を描こうとはしなかったし、その鍵をもってもいないので、意識の奥義に入り込もうと望んだこともない。その鍵を自由に使いこなすと主張する人たちは私には手品師に思われたものだった。私は魂を、言葉のなかに紛れ込んで持続し、それゆえ痕跡を残す、造形的な潜在能力として考えることにしている。したがって、ネットワークを増殖させ、メッセージを骨格だけに縮減し、*ego*を「われわれ」のこだまで置き換えるならば、ヒトという種の生物学的進化が、われわれを隣人のない昆虫の社会へと、つまり、シロアリやクロアリやミツバチの社会へと、導いてゆく危険があり、このことは、世界人口の増加や、経済のグローバル化や、人工生殖が上述のプロセスを加速させているだけになおさらである。卵子と精液の中央銀行が女王蜂や女王アリに取って代わり、われわれは普遍的ネットワークの構築のために働き蜂になってもっぱら働くこととなるだろう。ありうべきこの転落を、いかなる力学によって立て直すべきだろうか。

私の言語は、コミュニケーションの道具に帰せられてしまうことは決してない。実際、自分は誰なのかと自分自身に言う以前には、私は誰なのだろうか。静寂と見紛うこの内心の声——たとえ幼児の私が、自分の母語となる言葉からその声を借りてきたとしてさえも——、私を築き上げるこの内心の声がなかったならば、私は誰だろうか。暗くて無言の門から物音が立ちのぼり、この暗雑音の上に一つの持続したざわめきが立ち現れ、このざわめきから何らかの原初の音楽、リズム、歌がほとばしり出て、この音楽の上に最初のもぐもぐ言う言葉が立ち現れる、そのような一つの出現でないとしたら、私は誰だろうか。一枚一枚のもろいカードがこの暗くて無言の門あるいは内心の奥義を守るとか援護するとか自称している、トランプで組み立てた件の城〔砂上の楼閣〕でないとしたら、私は誰だろうか。私は自分の一生にわたって沈黙し、この沈黙を隠すためにしか口を開かなかったのであり、私の著作はこの避難壕の上に吊り下げられる丸天井を築いているのである。

幸　福

昨年の七月に亡くなった私の友人宅の玄関には、あまりぱっとしない色合いのモザイクが飾られていて、そこには、相変わらず同じ死語で *Beata solitudo, sola beatitudo*（「平穏なる孤独、唯一の至福」）という文字を読み取ることができる。自分の集団的な生活に嫌気がさして隠棲した彼は、ラ・フォンテーヌが『寓話』を、ついには至高の富と価値づけされた私的生活を称えて終えているように、孤独を称えて自分の生涯を終えたのだった。私の幼年期には、民衆自体が修道士や哲学者たちについての諺を伝えており、彼らは通常の欲求を超越しているがゆえに自己充足的であり、効果的な幸福を得ていると見なされていた。今日ではわれわれは逆に、あらゆる関係を失った者たちの孤独な不幸を声高に訴えている。われわれは彼らを、排除された者と見なし、時には病人と見なし、いずれにせよ絶望した者たちと見なしている。

同様に今日、〈行政〉は自分たちの臣民に行政的なやり方で生きるように強制しており、隠棲した孤独な生き方は集団によってまったく不可能にされたかのようにすべての事が運んでいる。政治が、集団に働きかけ集団を変容させる力をもはや手にしなくなっているちょうどそのときに、個人の私的生活がすっかり政治的になっている。社会あるいは公共的なものが、社会的なあるいは公共的な仕方で生きるように仕向け、関係のネットワークが、関係なしで生きることを不可能にし、共同で獲得される真理が、孤独な研究者に突然ひらめく真理を排除し、恍惚の境にある身体や魂-モナドは病気と見なされている。要するに、真理や存在者や幸福にとって、ego はいままさに死んだところなのだ。ego が引き合いに出されるとしても、失われた文化の証人である一つの影としてしか語られない。デカルトは死に、「私は自分を関係づける、ゆえに私は存在する」という命題しかわれわれには残されていない。関係は、あらゆる実存 existence に先立つ。

モンテーニュの ego と私の ego

またしても、このことは昨日に始まったことではない。モンテーニュを、彼の言っていることよりも彼のおこなっていることによって、信じていただきたい。自分のことしか語らないという彼の述懐を聞いても、にっこりと微笑んで聞き流していただきたい。というのも、彼は何ページにもわたって、プルタルコスや、タキトゥスや、ルクレチウスや、ウィルギリウスや、エピクロスや、ソクラテス……を引用し、自分の隣人たちであるパリの人たちやボルドーの人たちを引き合いに出し、さらにまたとりわけアメリカ・インディアンを引き合いに出しているからである。彼の言うことによく耳を澄ませていただきたいが、彼がアレクサンダー大王の遠征やディオゲネスの樽[192]のことを語るとき、彼は、高慢で、清純で、空腹で、冷やかし好きの大将であり乞食なのである。彼の称える神によって、鳴り響くこだまのようにすべての中心に置かれ、言葉に満ちあふれた彼の魂は、この葡萄酒の名産地の名士にして、この港町の市長職を望んだ人物の魂ではなかった。そう、あえて言うならば、モンテーニュが享受していた魂は、あなた方や私の魂と同じように、混ざり合い、玉虫色で、虎斑模様がつき、星模様が散りばめられた魂であり、その魂は、峻厳な者や、大食漢や、好色漢や、孤独な者や、連帯した者や、残忍な者や、快活な者や、放浪好きの者や、出不精者や、敬虔な者や、無神論者などを、休むことなく映し出しているのである。同時にまたあらゆる関係のもとで、人は、出会った人たちや、出会い可能な人たちの総体でないことがどうしてありえようか。そういうことがありうるとしたら、それは私には決して理解できないことだった。そう、私は、固定した点としての私ではなく、可能な隣人たちの雲状の集合である。流動的で、つかの間で、多様な私の自己同一性（アイデンティティー）は、可能なものとかかわりがあるのであって、存在 être を対象とする存在論とも、空間的で排他的で唯我独尊的な同一性原理とも何のかかわりもない。そう、関係は存在 être に先立つのであり、私とは私の隣人である。

二つのタイプの *ego* の現在における共存

ここでもまた、生物学的意味での進化、あるいは人類再生 hominescence のプロセスのまさしく一つの段階が問題となる。二つの時代が相互に続いており、そのうちの一つはおそらくキリスト教とともに始まった。この宗教は、個人の魂の救済を提唱し、したがってそこでは、人格そのものへの信頼が求められるのだが、この人格は、都市や民族にすべての基盤を置いた先行の諸宗教の知らなかったものであり、そこでは新しい審級が創始されるのである。この *ego* はまさしく、古代ギリシアにおいてもローマにおいても、漠然としか知られていなかった。というのも、「汝自身を知れ」[193]というソクラテスの有名な格言も、自らの限界をわきまえるよう促すにすぎないからである。キリスト教の信仰宣言 credo は、書かれていないこの一人称代名詞で始まる、つまり（*ego*）*credo*〔私は信ずる〕なのである。キリスト教は神聖なものによって結び合わされた集団を捨てると同時に、オーギュスト・コントが証明したように、世間の呪縛も放棄するが、しかしとりわけ、集団の紐帯としての宗教者を捨て、最初から、孤独な魂に訴えかけ、その宿命を直視し、魂の永遠の救済を訴えかけるのである。

それゆえ、現代における「私 *je*」の死は、単に、モンテーニュや『ドミニック』の薫陶を受けたヨーロッパ文化に対してのみならず、キリスト教に対して、恐るべき衝撃をもたらしており、この衝撃は、私的な領域をキリスト教が今日になって取り入れたと信ずるふりをしてみたとて同じである。というのも、個人的領域を創始したのがまさにキリスト教だからである。諸宗教は、仲間同士の接着剤という古代的な状態に戻っている、というよりも、集団的な強力な糊としての原理主義の形で拡大しており、そこから、かつての時代のように、集団を敵対させる戦争が生じている。このような奇妙な退行に直面して、あまりに現代的なキリスト教は、再び理解されにくいものとなっている。キリスト教は個人的魂と時間を超えたその運命に訴えかけるので、仲間内の接着剤と解されるあらゆる原理主義を徹底的に批判する。「私 *je*」の終焉は、ついには、キリスト教の文化におそらく致命的な傷を負わせるものだが、それというのも、この文化の普遍主義は、逆境にあっても順境にあっても、その輝きと創造性を、個人の権利に至るまで、この実存的な審級に負っているからである。

稀になったとはいえ、まだ私的な *ego* をそなえた男性や女性たちが、公共的な *ego* をそなえた現代人の群衆と共存している。別な風に形成された、あるいは互いに相手にはない器官をもった、これらの二種類の人たちは、お互いのあいだでどのように理解し合うのだろうか。進化の末には、ホモ・サピエンスがネアンデルタール人と共存していた時代のように、どちらがどちらを絶滅させるのだろうか。よりよく適応した者のほうに賭けるのがよろしい。あなたが賭けるのは、あらゆる状況において勝利を収めるように武装した者たちのほうだろうか、それとも、難破の際には避難所の恩恵に浴する者たちのほうだろうか。前者は、ようやく半世紀前から支配的になった平和のなかで生まれたが、戦争に耐えた経験がないがゆえに戦争を好んでいる。しかし、つねに前者が勝つだろうか。勝つことを求める者は、敗北したときにはどのようにして生き延びるのだろうか。人生には、安楽よりも障害のほうが多く、完全な喜びよりも苦しみのほうが多く、勝利よりも失敗のほうが多く、愛の成就よりも失恋のほうが多いのであるから、私は *je* の復興のほうに賭けよう。しかし、騒音があまねく君臨している時代に、いかにして静寂の殿堂を築いたらよいのだろうか。

直観が生まれるときには、その甘美な疾風を聴き取るためにはこの上ない静寂を必要とするので、デスバレー(194)の最も低い窪みや、正午の太陽のもとで陽炎に揺らめくオガール山地(195)の赤い岩山の頂や、カラハリ砂漠や、ゴビ砂漠や、アタカマ砂漠(196)といえども、それを聴き取るには、あまりにも大きな騒音を響かせすぎているほどであり、ほんのわずかなざわめきでもそれをかき消してしまうのである。これこそが、創造、とりわけ芸術的な創造や、聞くことそのものや、待つことや、他者への注目や、内密性にかかわる、沈黙の秘密なのである。絶えざるコミュニケーションの暗雑音に捧げられたこの世界、人格と呼ばれていたものを破壊することによって集団を構築する危険を帯びたこの世界で、生き延びることを可能にしてくれるのは、この読み解くことの困難な謎に満ちた恥じらいの静寂と穏やかさなのである。

暖炉部屋に籠って、方法的懐疑にふけったデカルトと同じように、*je* は私をしばしば世界から切断する。それゆえ、新しいテクノロジーによる教育は、切断の教育と、離脱の倫理によって完成される。未来は瞑想的な領域に属する。新しい修道院世代を創始する者が、昆虫の社会へ進化する転落からわれわれを救ってくれるだろう。修道院 monastère という語は、[197]孤独な者たちと、連帯した者たちとの逆説的な結合を意味している。われわれは一人の聖ベネディクトゥスを必要とするだろうし、新しい自我 moi と別の隣人たちを必要とするだろう。

平和

歴史への移行

三柱の神々、すなわちユピテルとマルスとクイリーヌスが、伝統的なインド＝ヨーロッパ社会を支配しており、この社会はそれらの神々に対応する三つの集団によって形成され、それぞれの集団は、宗教的儀式、戦争、生産に専念している。ジョルジュ・デュメジル[198]によってこのように分類された古代社会は、中世においても再び見られ、最近の時代まで継続している。この長い伝統はいつ姿を消すのだろうか。

私は、労働の庇護者であるクイリーヌスの終焉について述べたが、この神は農業の庇護者でないことは確かだが、しかし父祖伝来の植物種や動物種の馴化と結びついたある種の文化的モデルの庇護者である。多くの者が、これらの三神の第一神であるユピテルの庇護を希望しているように思われるが、それは私が危ぶんでいる唯一のことである。というのも、文字が発明された当初の一神教や印刷術発明の娘である宗教改革と同じように、記号とコミュニケーションの激増は、宗教的なタイプのプロセスを再起動しうるにすぎないからである。アダムとイヴ以来初めて、生活と生殖の仕方が変化しているのだから、われわれの諸象徴も変容を来している。
甘い期待を抱きながら、私はここでマルスの死を、騎馬兵や歩兵や戦士の守護神であり、戦場での死の神であるマルスの死を描くことにしたい。

戦争の環

私はまもなく、実際に、すべての社会集団の日常の視界を戦争が覆い尽くしていたことを身体で記憶して知っている者たちの、最後の生き残りの一人となるだろう。私の文化は、トロイの落城、アベルの殺害、ローマの野卑な兵士に囲まれたイエス・キリストの受苦に遡る。私の短い生涯について言うならば、スペイン内戦から一九三九年―一九四五年の世界戦争の頃に物心がつき、インドシナ戦争からアルジェリア戦争の頃にかけて成長した。死骸のなかで生きてきた私が平和を知ったのは、ずっと年配になってからである。

政治的指導者たちは、前の戦争が自分たちの国に加えた甚大な傷跡を思い、避けることのできない次の戦争の準備を急ぎながら〈歴史〉を生きてきた。彼らは、果てしなく繰り返されるこの戦争の継起に、いかなる休止も知らなかった。彼らは、差し迫った絶えざる紛争の脅威をよりどころにすることによってしか、帝国であれ民主主義国であれ、国を指揮することはできなかった。彼らは結局、この冷酷なシーソーゲームによってしか存在できなかった。国家は戦争によって生まれ、つねに戦争によってより強固となった。最初は、国家は略奪戦争によって、つまり、もてる者たちを殺して彼らの富を略奪することによって、自らの富を獲得した。もつためには取ることが不可欠だった。あらゆる資産は盗みから生まれ、盗みは暴力から生まれた。歴史家たちの言うところによれば、国家が税金を考え出したのは、戦争をする手段をかき集めるためだった。きわめて稀な平和時にもこの課税はそのまま続いた。エリートから動物へ、要するにグンカンドリであるにせよネズミであるにせよ、寄生生物であるにせよ捕食動物であるにせよ、ホモ－撲滅者 *Homo terminator* たる人間は、すべての生き物がすべての生き物に対抗するかのように、自分の同類たちに対して行動するわけだが、しかしそれにしても、種内の殺戮を無上の喜びとする稀なる動物である。

戦争が国家をつくり、国家が戦争をし、戦争が〈歴史〉をつくり、〈歴史〉が戦争を生み、戦争が人間をつくり、人間が戦争をする。これこそ、螺旋形のあまたの環をそなえた教理問答であり、デスマッチや、戦闘や、殴り合いや、論争にそなえて鎧をまとったわれわれのあらゆる哲学が教える入門書であって、これは、単に正常であると考えられているのみでなく、刷新と知識のための唯一の原動力であると考えられている。戦争なしには国家はなく、哲学もなく、なおさら人間はなく、発明も進歩もない。経済競争から、スポーツの対抗試合まで、哲学も含めて、文化的な人材育成はすべて、別の方法で継続される戦争と見なされている。この血なまぐさい文明は、恒久平和の企図をユートピア的夢幻として軽蔑している。そこでは口論が観念的な高邁さと威厳を身にまとい、平和が純粋主義として侮蔑されている。誰も善意をもって〈歴史〉をつくらないし書かない。戦争の理由と大義を決して探求してはならない、戦争は理由と大義に取って代わるからである。

もし状況が反転すれば?

ところで、ここ十数年のあいだ、私は自分の後の世代が、身をもって体験したにせよしないにせよ、大砲や、爆撃や、空襲警報や、飢えや、塹壕のなかの死体や、泥に混じった血や内臓の経験によって、私の世代と異なっていることにしばしば思いをいたしてきた。なぜなら、非業の死やその悲しみは、急速に、私が教えている学生たちの世代の世界観や、日常の振る舞いや、倫理とかかわりがなくなったからである。戦争が私の背中を押し、私の見通しを規定してきた。始まりと終わりは時間には通常のことであっても、戦争には始まりと終わりをもはや見通すことはできなかった。次の戦争が、準備もなくいきなり彼らを捉えたときには、彼らはいったいどうなるのだろうか、と私はつぶやいたものだった。戦争の極限的な状況のなかを、彼らは生き延びることができるのだろうか。たとえ銃後にいたとしてさえも、かつての戦闘員であるレーガン大統領〔米〕や、ミッテラン大統領〔仏〕や、コール首相〔独〕の年代と、このような生々しい記憶をもたないブレア首相〔英〕や、シュレーダー首相〔独〕や、クリントン大統領〔米〕や、ジョスパン首相〔仏〕の世代との断絶は、次の点に認められる。すなわち、平和の静けさのなかで後を継いだばかりの新しい世代は、書物や映画などのいくつかの証言によってしか戦争を知らず、われわれがすんでのところで死ぬところであった時代、またそれゆえにわれわれが語ることのない時代の認識について、きわめて多くの誤りを犯しているという点である。われわれの記憶、それは彼らの歴史観のなかには決して認められないものである。

この世界戦争のない状況は、いわゆる先進国、つまり、それらの国の力や、科学や、高度で高尚な文化のゆえに、この惑星の全般にわたる自分の国以外の場所で、少なくとも武器を売りつけることによって、暴力を暴発させることのできる国々のみにかかわるものである。これらの国々にとって、またこれらの国々のあいだでは、この休戦状態は、いわゆる冷たい戦争という虚勢の張り合いを除けば、西洋では一九四五年から続いている。二つの超大国が膨大な武力で武装して、相対峙したこの冷たい戦争は、一方の内部崩壊と、ベルリンの壁の平和裏の崩壊によって、もう一方の内部崩壊までのあいだ、とりあえず終結している。他の場所ではいたる所で、しばしばそれらの先進国によって臆面もなく維持された無数の紛争が、何千年も前からの戦争論理と残虐行為を繰り広げているが、それらの先進国のほうは、距離的な隔たりをいいことに、良心のやましさも感ぜずに、自分たちの引き起こす光景を遠くから見物している。ところで、このように限定されたものであるとしてさえも、現今のこの平和は、稀に見る例外として生じている。人類のある一部分が、これほどの長い期間にわたって大きな戦争のない状況に恵まれたことがあるだろうか。決してない。いわゆる先進国といわれる国々でのこの平和な状況はまもなく六十年になるが、かつての諸世紀においては、たとえば十七世紀のヨーロッパでは、七年間の平和の持続を数えるにすぎない。この超‐逆説的な状況を、ローマ帝国支配による平和 *Pax romana* や、エジプトのファラオや中国の皇帝の意図に反した戦争のない沈滞の時代に比較することができるかどうか、私は疑わしく思っているのだが、これら三つのケースとも、帝国を治めたのは専制君主であり、そこではヒエラルキーの維持の必要から、専制君主による大量処刑が必然的にもたらされたのだった。われわれは死火山の時代に生きているのだろうか。テクトニクスプレート理論に類するいかなる理論が、この特異な時代を説明しうるのだろうか。

マルスがいなくなった場合、いかなる結果が生ずるのか？

われわれは戦争の終焉に向かっているのだろうか。いまや、わが国の職業軍人たちは、外国で戦争をするというよりも、他の者たちが戦争をするのを阻止しようと全力を尽くしている。彼らは自分の職業とは逆のことを実行しなくてはならないのだ。さらに、メディアによる戦闘の報道が、戦争によって得られる利益を一八〇度逆転させた。負けたほうは爆撃によって二十万人もの死者を出し、勝利した軍隊は二十人ほどの事故的な死者の損害のみという全面勝利を、たとえ最初はそれが「正義の」戦争と思われたとしてさえも、現代の世界は大量虐殺として感じ取る。弁証法が逆転する、つまり、われわれはもはや勝者の時代を生きているのではなく、犠牲者たちの時代を生きているのだ。少なくともこの点における進歩を、誰が否定できるだろうか。

仮に、西洋の哲学者たちが、自分たちが尊敬し講釈してきた伝統に合致した行動を取るならば、戦争の原動力がなくなった場合、穏やかな自分たちの国に、戦争の原動力にふさわしい人間がまだいるかどうか、またこの奇妙な休止期間のあいだに何であれ原動力になるものを考案できないものか自問しなくてはならなかっただろう。しかしながら、この数十年のあいだに、科学は、これらの国々がこれまでまったく知らなかったような速度で進歩している。あらゆる種類の弁証法の逆の例として、平和は引き延ばす原動力を含んでいるのだろうか。その上、半世紀にわたるこの同じ休止期間のあいだに、冷たい戦争の強迫観念や非植民地化という躓きにもかかわらず、上述のいわゆる先進国は巨大な富を生産した。さらには、地球人口は以前とはまったく異なった数になっている。局所的な数多くの紛争にもかかわらず、この平和は人口爆発を伴っている。

カント以上に、ポリシネル(199)その人が「恒久平和」から生まれる計り知れない豊穣性の公然の秘密を握っていた、つまり、破壊してはならないということだったのだ。そのことで十分だろうか。

客観的な第一の理由――爆弾

このように長い平和はいったいどうして生じたのだろうか。おそらく、大量虐殺 holocauste という語の語源的、宗教的意味、つまり火による全人類の完全な焼き殺しという意味での holocauste の危険を、ヒロシマの原子爆弾の炸裂や度重なる原水爆実験から、素早く読み取ったからだろう。戦争が、歴史的諸社会の越えることのできない地平として強いられたとするならば、これらの武器のエネルギーの力が、突然その閃光によって、この地平を全幅にわたって埋め尽くすのだ。存在しうる世界中の紛争のすべてを、その威力と効果で越えるこのエネルギーの力は、それらの紛争を累計したものさえも超えている。過去の歴史上の戦争を累計することによって、このエネルギーの力は、戦争の原動力をストップさせている。したがって、学者や政治家たちが着想し開発し、何度も実験し、二度だけ実戦に用いたこの悪魔的な発明物は、彼らが当初もくろんだ結果とは逆の結果を生んでいる。こうした累計をはるかに凌駕することによって、この発明物は、可能なあらゆる戦争に一挙に打ち勝つのだ。それゆえ、戦争の秘密は、人類とおそらく人類の住むこの惑星の、完全な根こそぎと消滅のなかに横たわっており、この地平は、いまでは誰もが、ひとたび世界戦争が起これば乗り越え可能と見なしている地平なのである。*Si vis pacem perpetuam, para bellum totale*（「もし汝が恒久平和を欲するならば、全面戦争を用意せよ」[200]）。さらには、仮想的な全面破壊を用意せよ。

いたるところで引き合いに出されるこの理由を、私はしばしば疑うことがある。戦争とその死者から帰納されたわれわれの古代的で悲劇的な文化は、おそらく、戦争を権威あるものと見なすように仕向ける。平和は戦争によって生まれ、生は死から生まれ、発明は破壊から出現し、恒久平和は最大限の暴力から出現する、これがつねに回帰してくる、狂信者のいつもの同じ教理問答である。この教理問答が戦士の腕を取って導き、政治の場をデザインし、歴史の解釈を曲げ、哲学者の理性を色づけする。平和は、逆に、あらゆる生物に共通の経験に根ざした、まさにイデオロギーと名づけなくてはならないものを忘れるという条件のもとで、確立されるのだろうか。このわずか何十年かのあいだに、個人にせよ集団にせよ、われわれは撲滅者 *terminator* としての長いキャリアを終結させるのだろうか。われわれは、単にイデアあるいはイデオロギーを変えるのみではなく、生命の概念を変えるのだろうか。生命そのものが変容するのだろうか。そのとおりである。

人類再生 hominescence に起因する理由

というのも、この第一の理由は、本書の冒頭で私が新しい死と名づけたものに回付されるからである。確かに、人類は決して自分自身の根絶に直面したことはないし、もちろん、それを企画したことも、プログラムしたこともない。これまで知られていなかったこの敷居を前にして、人類は、突然立ちすくんでいるのである。そう、この出来事は、一つの長い時代、まさしくヒト化の時代を閉じるのであるが、このヒト化の時代は、人類が個体の死を意識したときに始まったと考えることができる。死を取り替えることは、時代を取り替えることであり、このヒト化時代の終焉は、われわれを別の時代へと投げ入れるのである。

ところで、同じ広がりと同じ深さをもつ別の新しさが、この新しい時代を生きるということがたまたまあるのだが、それは身体にかかわるもので、自らに対する関係、土に対する関係、世界に対する関係、他者たちに対する関係における身体の新しさである。したがって、平均寿命が二倍に延びたならば、戦場の英雄となりうる候補者は、まだ十分に人生を楽しめるのにそれを台無しにすることをそう易々と受け入れるだろうか。この長い人生にわたって、苦痛が減少しているのに、彼は、わざわざ願をかけてまで苦痛を呼び寄せるだろうか。あらゆる戦争を、天然痘撲滅と同じように精力を傾けて、根絶すべき集団的な病弊だと、彼は考えないだろうか。耕作されてきた狭い田畑の経済的価値が下がって、農業生産が国民総生産の五パーセントを下回るまでになったとき、これほど貴重になった人生を田畑の犠牲に捧げるほどまでに、田畑とその収穫を彼は守るだろうか。世界規模 - 対象物によって、家の壁が世界の地平にまで広がったとき、祭壇と家の暖炉 foyers domestique のために *pro aris et focis*〔神壇と爐邊のために、宗教と故国のために〕[201]、死闘を演ずる覚悟を彼はもつだろうか。いまでは家畜の飼いならし domestication が消滅しているだけになおさらのことだ。国境が消え、「鳥」のことを oiseau と言う者が、それを *Vogel* と言う者や、*bird* と言う者や、*uccelo* と言う者や、*passajo* と言う者たちと、毎日コミュニケーションをしているときに、同じ言葉を話さないからとか、同じ神に祈らないからという理由で、彼はその者たちを激しく憎むだろうか。

したがって、人類再生 hominescence のこの時代のすべての構成要素が結集して、あらゆる戦争に吐き気を催し、あらゆる種類の死刑廃止のためにのみ闘うような、思いもよらない主人公を育て上げることだろう。平和を愛するこの新しい女性や男性が、本書の各章から生まれてくることだろう。

第二の爆弾

ニューメキシコ州の砂漠地帯のロス・アラモスの近郊に、知ってのように、マンハッタン計画によって、当時の物理学者のエリートたちが集められ、知の世界的な花形スターになろうとしていた者たち、そして実際にそうなった者たちに、よりいっそう大きな栄誉が与えられた。その地で準備されたものは、新しい天才たちをスターダムに乗せることと同時に、科学者たちの良心にとって残酷な、科学技術の人類に対する罪であった。このようにして、ヒロシマ以来、科学と社会との関係は、もはや以前と同じようにはうまく行かなくなったのである。

その上、一九三〇年代から一九六〇年代にかけて、第二の爆弾が長い期間にわたって爆発したのだが、それは厳密科学には何も負っておらず、すべてを社会組織とその政府およびイデオロギーに負っていたのであった。したがって、この世紀は二つの虐殺者、ひとつは科学技術的な虐殺者、もう一つはとりわけ政治的な虐殺者を、同時並行的に知ることとなったのである。ドイツではナチが、スペインではフランコ派が、ロシアではヴォルシェビキが、中国では毛沢東主義者が、カンボジアでは……これらの全体主義体制が、何千万人もの規模で、科学技術の罪以上に、人間を殺したのだった。第二次世界大戦の終結は、これらの事実を完全にはやめさせえなかった。

なぜなら、前者よりも後者のほうが、西洋の良心の痛みにはるかに大きく響いているからであり、それはあたかも、しかるべき諸集団が自らに責任があると考えていた残虐行為の記憶に、突然不可避的な形で、集団の犯した罪状を突きつけられたかのようである。もちろんわれわれは、エネルギー方程式や光の速度に対して何もすることができなかった。しかし一方、自分たちの社会の病魔に対しては、もっと断固とした態度で闘うことができたはずであるし、その病魔の進行の度合いはわれわれの行動と一般意志しだいだからである。古代ローマの兵士たちが、サルジニア島を去るとき、自分たちの後に一人として生きた島民を残さなかったこと、ユリウス・カエサルがガリアにおいて、森や堀のなかにうち捨てられた何人かの老人や子供たちを除いて、男も女もすべての成人を、われわれが自分たちの祖先と呼んでいる者たちの言語がすっかり失われるほどまでに、殺害し尽くしたこと、聖王ルイ九世がフランス南西部のカタリ派の異端教徒たちを、私の家族がその人たちの悲しい調べ（カンティレーナ）の一つをうる憶えにしか保存していないほどまでに、完璧に根絶したこと、寛大なるイギリス人たちが、インド人たちや、ホッテントット人や、ズールー族を、何十万人もの規模で大量虐殺することによって、恥ずべき栄光を勝ち取り、オーストラリアの準‐強制収容所で恥の上塗りをしたこと、われわれはこうしたことを、時間的空間的な隔たりによって――忘却と人種主義によってと言いたいのだが――ぼやけているがゆえに、大目に見ていた……しかし、ライバルの国々の称賛を得るほどまでに西洋の文化と科学の先頭に位置していた隣の国が、数週間のあいだに大虐殺

Shoahの側に転落したこと、少なくともわが国において、何人かの哲学者たちが、スターリンから毛沢東やポルポトに至るまでの三十年以上にわたって、三、四の全体主義体制に対する支持をやめなかったこと、このような流行病から、われわれはいったい立ち直ることができるのだろうか。

　われわれの言語において、宗教 religion という語が集団を結び合わせている絆の総体を意味しているように、われわれは今日、心につきまとって離れないこの記憶によって一緒に結びあわされている。無神論の外観のもとで、われわれは黙って世俗的な宗教を実践しており、その考え方はいつも変わらず原罪的な考え方であって、暴力をふるうにせよ、暴力を悔やむにせよ、根絶しえない暴力が、われわれの一挙手一投足について回っており、その猛威とうまくつきあうにはどうすればよいのだろうか。先端科学も、高尚な音楽も、深遠な学問とされる哲学も、われわれを暴力から免れさせてくれない。このような暴力はもうごめんだ！　このような犯罪行為をわれわれは経験したことがあっただろうか。このような犯罪行為は罪や過ちよりも重大であるので根絶しなくてはならないという声を、私はいたるところで耳にする。しかしながら、犠牲者たちのうちで誰か、ユリウス・カエサルや、ナポレオンや、キッチナー[202]や、レーニンや、ナチズムの秘密警察がこのような死刑執行を始める前に、神の劫火によって骨まで焼き尽くされることを望まなかった者がいるだろうか。何千年かかっても消し止めることのできなかったこの暴力を、いままでとは別のやり方で、どのようにして廃絶すればよいだろうか。

対比——死刑の廃止

　平和の概念はいくつか可能であろうが、そのうちの一つは、平和とはまさに集団的な死刑の廃止であると定義づけることからなるであろう。というのも、この集団的死刑は、志願した兵士であれ意に反して徴兵された兵士であれ、あらゆる兵士の頭上につり下げられており、一般化して言えば、宣戦を布告する者たちは、自分たちの子供たち全員に若死を宣告することであるから、集団的死刑はこの子供たちの頭上にもつり下げられていることになるからである。したがって、死刑の廃止は、個人に対しては通常の意味での死刑の廃止であるが、集団に対しては、平和と同じ役割を果たすことになる。汝、決して殺すべからず。いかなる個人も、いかなる集団も、誰に対してであれ死を与える権利をもたない。それゆえ、汝、自分の子供たちをもはや殺すべからず。

婦人への参政権付与の場合と同じように遅きに失した恥ずかしい日付であるが、わが国は、法務大臣ロベール・バダンテール――彼が称えられんことを――の指揮のもと九年にわたる政治的、司法的行動の後、一九八一年に死刑を廃止した。現実のこの決定は、イエス・キリストの受苦によって示唆されるもう一つの仮想的な決定の二千年後になって、ようやく広まっている。キリスト教徒たちの言うところによれば、キリストは世界のもろもろの罪を贖うために死んだのであり、彼らにとっては、十字架上のキリストの犠牲は、あらゆる時代の最後の死刑であり、何千年にもわたる〈子〉の殺害の廃止である。彼の神性、さらには彼の永遠性は、〈歴史〉の暴力の総体を一身に負ったことに見合うものである。キリストのメッセージと、まだ局所的とはいえその実行とのあいだには二千年の隔たりがあるが、その二千年の隔たりを歴史の動きの遅さと見なすことができよう。さらには、人類再生 hominescence 以後の新しい平均寿命は、今後は何人も、何物も、自然死以前には、生命を奪うことはできないということから推計される。これがおそらく、科学技術の爆弾と社会の爆弾によって課せられた問題に対して、現代人の何人かが見出した基本的な答えであろう。これに対して、電気椅子で身体を引きつらせることをいまだに享楽している国は、文明国と言えるのだろうか。

今度は、生命が実験室や法廷において再び定義し直されるまでのあいだ、今日における死のもろもろの変化、つまり、私が本書の冒頭で描いたような死、集団的な死と個人的な死、全体的な死とアトム的な死、誰の目にも明らかな死と細胞の死滅によって細胞のなかに読み取られる死、平和主義的な死と司法的な死、こうした死のあいだの正確な対応関係を観察してみよう。死の人類学は、徐々に変化して、別の文化に席を譲りつつあるのだろうか。つまり、復興した文化よりもさらにいっそうめざましく再生しつつある文化に、先行のあらゆる文化とはまったく異なった文化に、その相違は、ギリシア文化とエジプト文化の相違よりも大きく、現代の文化と古代文化の相違よりも大きく、歴史時代と先史時代の相違よりも大きい、そのような文化に席を譲りつつあるのだろうか。同じ死を死なない者たちは、もはや同じ生を生きないし、同じ考え方をしないし、同じ世界や対象を見ないのである。自らの子供たちの死を、いまだに公然と楽しんでいるのは誰なのだろうか。戦争をどのように定義すればよいのだろうか。次に続く世代を、絶滅に至るまで互いに闘わせるということ、少なくともこの点では、交戦諸国は全面的に合意しているわけだから、交戦諸国のこのような明確な決定によって戦争を定義すべきであろう。戦争とはすなわち何千年にもわたる子の殺害である。

あなた方の安全のために……危険の終焉か？

予防の論理と安全計算の重要性の増大は、西洋社会が非業の死をますます許容しなくなる強い傾向と、人命の値段がほとんど無際限になっていることとによって推し量られる。生命の価値をどのようにして見積もるのだろうか。人の言うところによれば、失われた聖なるものは、なくなったと思われるまさしくその場所に戻ってくる。聖なるものは、かつては、人間の犠牲によって生まれたが、今日では聖なるものは死の危険さえも禁じている。十九世紀に、イギリスは制海権を握るために、日に二、三隻の艦船の難破に敢然と耐えたのだが、この国は競争相手の死を、自国の子供たちの死によって支払ったのだ。権力の座にあることは、自分の身を危害にさらすことだが、その権力の座を守るために、暴君たちは見知らぬ者や側近を殺したのだった。今日では、不治の病による死でさえも、死というスキャンダルに誰が耐えられるだろうか。われわれは自分たちの最も有効な同盟者である医者や、外科医や、麻酔医をも、われわれの健康を保証する義務を果たしていないとして、時には法廷に告訴している。人の命は、私の若い頃でさえも、偶然的なものであり、運であり、つきの善し悪しであり、冒険であり、その不確実性は栄光か破滅かを賭けるに値すると見なされていたのだが、いまでは、当然与えられるべきものとなり、権利となっている。このような状況が、たとえまだ記憶に新しい重大な罪の結果として生じたものであり、再び出現した原罪から生じたものであるとしてさえも、誰がこの進歩を否定するだろうか。

この対比を続けよう。技術によって、危険を最小化し、予防的な世界を構築することによって、法律や、〈行政〉や、倫理は、船員や、ダム建設の作業員や、流れ作業労働者や、旅行者や、老人に対する、ある種の死刑を廃止するように要求している。あなたの祖父の時代の冒険小説を読んでいただきたい、そこでは、錨の巻き上げ機の逆動で十人の水夫が死んでも、一言の悔やみも憐憫もなく、別の十人の水夫を補充して、船とテクストは航行を続けてゆく。その何十年か後には、エール・フランスは、それまでいかなる大惨事もなかったコンコルドの運航を、最初の事故でやめている。専門家たちは、機長や船長を告発する前に、ブラック・ボックスの回収に努める。その結果、沈没や墜落事故があった場合に、船長や機長が自殺する件数が少なくなっている。責任はこの道具のなかに横たわっており、この道具はきわめて新しいので、司法哲学・倫理哲学に何ページもの書き換えを要求することになるだろうし、今後は責任によって機長や船長の生命が危険にさらされることのないように、したがって責任を存在〔実存〕のなかに求めるのではなく、物のなかに求めるように要求するだろう。責任者たちの頭上を漂っていた死刑が、新たに廃止される。

結局は、銃弾で倒れた死体よりも、事故にあった車や飛行機の残骸のなかに横たわる死体のほうがわれわれにとってまだしも耐えやすい。諸対象との不慮の関係が、主体間の殺し合いの関係に取って代わる。人間関係のこのような漸進的な客体化は、まもなく、変化の変数として明らかになるだろう。

公的・政治的な暴力

絶えず現前している戦争という地平を視野に入れる――そこでは同盟国も敵対国も、少なくとも、自分たちの国の若者たちを大量に死に追いやることの必要性については合意しているわけだが――ことなしに、諸国間の関係を考えることも、ましてや実地に移すこともできなかったと同じように、階級間の力関係と生まれつつある社会的暴力を肌身で感じ取りそのバランスをとることなしに、誰も政治〔政策〕を考えることも実行することもできなかった。政治家は、身体を張った雄弁によって、興奮した集団を手なずけ、激高した利害の対立を調停するすべを身につけていなくてはならなかった。火のついた群衆の前に身をさらし、肉体的な勇気をふるわざるをえないがゆえに、潜在的な犠牲者であった政治家は、自分の命の危険を冒していたのであり、個人的な死が彼の頭上を徘徊していたのである。したがって、いわゆるカリスマは、恐怖と勇気と喜劇の混じり合った一種の後光で輝いているのだ。ところで、今日の集団は、もう一度、この潜在的なあるいは現実の死刑を廃止する。ケネディー大統領の暗殺や法王に対する加害は、マフィアの暴力と同じように耐え難い先史時代の回帰を示すものである。また同じく、ストライキ参加者に警官隊が銃火を浴びせることを誰が容認するだろうか。階級闘争に対する死刑の廃止。

それゆえ、社会の創始以来、暴力が政治に与えていた現実の厚みを、国内政治もまた失っている。カピトリウムの丘は、近くのタルペイアの岩場が、その奈落によって専制君主の命を絶えず脅かしていただけに、いっそう居丈高に支配力を誇示していたのだ。専制君主は、自分の玉座の威厳を、群衆が彼を突き落とすかもしれない目もくらむような断崖の恐ろしさから引き出していたのだ。最も古代的な死刑の一つである王もしくは首長の死刑をもまた、われわれは廃止したのだろうか。そのとおりである。というのも、逆もまた真であり、政治はこのような社会的暴力が弱まる場や時を避けるからである。非難を浴びたわれわれの代表者たちが、「責任はある、しかし罪を犯してはいない」と弁明するとき、彼らはまさしく代表制の危機をわきまえているのである。政治の場における闘争の古い論理に対して、代表制は危険なしに、またそれゆえ信頼性も、偉大さもなしに作動する。死の勇気を示さないような、これらの見え透いた操り人形たちに権力を授けておいて何の役に立つのかと、われわれの古いイデオロギーが、密かにわれわれの内で繰り返しているのだ。しかし、われわれ自身が是が非でも自分たちの安全を求めているとき、われわれの代表者たちが、われわれと同じように、自分たちの安全を求めないことがどうしてあるだろうか。われわれが自分たちに似た代表者をもたないということがどうしてあるだろうか。インターネットを用いて協議をおこなう、仲介者なしの直接民主制もまた、平和から生まれることになるだろう。

このことに起因するのが、かつては「ハード」であった国家の衰退と、さらにそれ以上の政治の衰退であり、この衰退は三つの権力にとって有利に働いており、それら三つの権力は、「ソフトな」言説の主要な三つの構成要素を握り、それゆえいかなる反対権力もないよりいっそうソフトな場を分有している。つまり、この三つの権力とは、言葉とイメージによる誘惑を掌握するメディアと、〈真理〉の価値を掌握する科学と、言葉の遂行的機能を掌握する司法および〈行政〉である。

ソフトなコミュニケーション――想像的なものによる均衡の回復

コミュニケーションの言説からもまた、論争的な関係の低減が、同じような正確さで推し量られる。二人ほどの軽傷者が出た路上での騒動を嘆く者たちは、何百万人もが殺害された世界戦争や全体主義体制の記憶を失ったのだろうか。このような暴力がいたるところで猛威をふるっているときには、この暴力が人々の話題になったという記憶が私にはない。問題として取り上げられるには、その暴力が収まらなくてはならない。この「ハードな」暴力の衰微が、おそらくしだいに厳しくなってゆく「ソフトな」暴力を条件づけてさえいる。リスクゼロの生贄という新時代と、コミュニケーションの新時代とを併置〔比較検討〕しなくてはならない。コミュニケーションが暴力的攻撃性のない正確な政治的情報を広めるというよりも、政治的暴力性の低減傾向が、改めて、あらゆる種類のメッセージの伝播を条件づけている。あたかも、現代の西洋の人間は、個人であれ集団であれ、三重に保護されているかのようにすべての事態が進んでおり、第一の保護は諸対象物への責任の移行、第二の保護は、密度の高い諸信号の壁、つまりソフトなものを可能にするハードな技術と、自己増殖をするソフトなものによって、第三の保護は、死をもたらす行動を別の国々へ輸出してしまったことによってである。

集団における暴力は、エネルギー定数に類似した定数に従うと私は長いあいだ想定していた。力学と熱力学が、その厳密な諸真理の基盤を、〈宇宙〉における安定した力の量に置いているのと同じように、政治は、集団における暴力の恒常的な量に基礎を置いているのだろうか。私はもちろんこのことを証明することはできないが、自分がこの悲観的な考え方を忘れることを好んでいるとしてさえも、私は、あたかも自分がこの考え方を証明することができ、そうすることによって平和をよりよく理解し、準備し、永続させるよう努めようとしているかのように、生きかつ考えている。このような定数が保持されていると考えることによって、テレビ、小説、映画など様々なメディアにおいて、ますます攻撃性を増している諸表象が、何千年も前から流血に飢えてきた社会に、満たされざる渇望への代替物、つまり、もはや冒すことのできなくなった死の危険や、かつて名誉の戦死と言われたぼろぼろの死骸を前にした勝利の凱歌の代替物を、提供していると考えることができる。遠国での戦争、大量虐殺、殺人、大惨事、事故などが、かつてと似たような死体でもって、新聞やラジオやテレビなどのジャーナリズムを満たしているが、それは、血塗られた古い世界を、「ニュース〔新しさ〕」と混同しているのであり、古いものの単調な繰り返しにすぎない。そう、カインとアベル[203]以来、何か新しいものがあるのだろうか。ほとんどすべての映画のヒーローは、何を演じているだろうか。彼らは手に武器を執り、時には罰し、つねに殺している。知識人はといえば、派手に憤慨して見せ、死体の山について解説するが、彼は人道主義的な大義を掲げて、誇らしげに進んでいるのだろうか、あるいはアナウンサーや俳優や番組と同じように、恐怖と同情によって自己宣伝をしているのだろうか。メディア界は殺人や戦争を報道することによって、それらを減少させることに貢献していると主張して自慢の体である。実際には、このような映像報道は、最も古い論理をくすぐることによって視聴者を増大させている、というのも、アリストテレスが、恐怖と同情は悲劇の最良の原動力であると言っているからである。中世以来、テレビ・ラジオのキャスターや、番組製作責任者はみな、ずっとアリストテレスの弟子だということなのだ。メディアは、現代社会では稀になった、死刑を廃止しない組織の一つであり続けている。このことから、メディアの古代的で多神教的な栄光と巨大な力とが生ずるのである。

解説者ならぬ創作者としてのメディア

メディアは、歴史的な現実や社会的な現実を、多少のゆがみは避けられないとしてさえも、解説するというのではまったくなく、潜在的な野獣であるわれわれが、現実よりも現実だと信じやすい現実を創り出している。暴力から死へと連なるこの見世物は、まさにテレビが家庭に入ってきて以来われわれが平和に暮らしているということを忘れさせ、それ以後われわれの家庭をいたるところで戦争によって包囲している。それゆえ、このページに書いてあることや私の論証を、誰も真の意味では理解しないことだろう。西洋はこのような憂愁のヴェールに包まれているので、もろもろの書物や論説も、例外的に平和の持続しているこの時代に、これらの暗い影ばかりを繰り返し再現している。これらの複製者たちによって製作される暗い仮想世界は、日常の明白な外観よりもはるかに勝っており、もはやその仮想世界そのものにしか存在論は存在しない。しかし、この暗がりが覆っているのは、空白の現実に生きている特権者たちの像である。裕福な家庭の子供たちのほうが、日頃暴力に苦しめられている貧しい家庭の子供よりも、暴力を享楽している。悲惨な者たちは善意を愛し、裕福な者たちは、時には知的な批判の名のもとに、悪意を養っている。

しかし、逆に、画像でしか犯罪を見ないことに不平を言う者が誰かいるだろうか。結局のところ、確かに、年に何頭かの雄牛が殺される闘牛のほうが、剣闘士たちの殺し合いを見て楽しむよりもましなのであり、ホラティウス三兄弟(204)とクリアケス三兄弟の決闘のほうが、全面戦争で大量の死者を出すよりましなのであり、サッカーやラグビーで選手たちが、丸いボールにせよ楕円のボールにせよ、ボールを蹴ったり、あるいは、審判のコントロールのもとで、何発かの殴り合いをするほうが、流血を見る本当の決闘よりもましなのであり、さらには、朱色に色づけされた液体が大量に流れる戦場から、端役たちが撮影の後で起きあがってくる、形だけの見世物のほうがましなのである。この社会的進歩を否定する者がいるだろうか。死刑廃止への全般的な傾向を否定する者がいるだろうか。

英雄の死と生き残り

破壊の見世物と見なされ、倫理的に放映中止が要請されている、他国での生々しい戦争場面は別にしてだが、戦争を直接経験したことのない世代が三代続いたのを、われわれはいままでに見たことがあるだろうか。これらの直接体験は子供たちに伝えられる。かつて、私たちが育てられた時代には、極限の戦乱の場での生き残りの秘訣を教えられたものだったし、文化を吸収し始めるとすぐに、ホメロスやプルタルコスやタキトゥスやコルネイユ[205]の作品のなかで、ホッブズやヘーゲルの著作に引き継がれた、英雄的行為を学んだものだった。戦場で剣を振るう英雄は手本であり続けていたのだ。こうした空威張りをする者たちの無益な流血の場面を、誰がいまだに心から称賛するだろうか。英雄の終焉のなかに、文学の衰退の、突き止めることのできない原因を見出さなくてはならないのだろうか。こうした鳴り物入りの宣伝が廃れたことを喜ぼうではないか。この古いやり方は、急速にハリウッドへと向かった商業映画シリーズのなかの、見かけ倒しの英雄によってしか支えられていない。われわれは、空威張りをする殺人者であるアキレウスやル・シッド[206]の武勲を廃止し、逆に英雄－犠牲者であるユダヤ人あるいはキリストに栄光を与える。

二つの勇気を区別しよう。なぜならまだ一人の英雄が残っているからである。女性が生命を与え保護する性であるとすれば、ある種の男性は、間違いなく、また何人かの女性も、いまもなお死と直接に対決する必要がある。なぜだろうか。私にはわからないが、しかし私はそのことを次のように考えている。生命と価値を混同してはならない。価値は生命によって見積もられるにすぎない。生命の価値は次のような問いで見積もられる。誰のため、何のためであれば、あなたは生命を捨てることができるだろうか。それゆえむしろ、死の価値と言ったほうがよいだろう。ここで問題となるのは、殺すこと――これは肉食動物と同じ欲望による下劣な権力を得るだけの行動である――ではなく、危険な対象物に直接立ち向かうことなのである。つまり、遠洋や高山、極地や砂漠、また同じく、孤独や、排除や、自立生活や、思想の自由や、われわれすべての人間に共通な身体的限界を試すのに適したあらゆる客観的な障害に立ち向かうことである。この人間特有の勇気がなかったならば、人類の挑戦はない。それゆえ、私は博物学者たちが知っていることや言っていることを反転させる。つまり、動物はお互いに殺し合い、そのようにして、進化を永続させる。もはや殺さないものは、殺さないことによって、別の時間、人間的時間を推進させる。英雄の終焉は、人類再生 hominescence のプロセスにおいて崇高な位置を占めるのだろうか。

死を前にして二つの勇敢さがある。一つは、ヒヒや、アイベックスや、キャプテン・フラカッスや、大法螺吹きの勇敢さで、その自慢話は観客を幻惑させる。虚言癖の種族はそう簡単にはなくならない。厳しい人生の逆境がすでにあなたに厳しさを教えなくなったとき、氷河上での悪天候や、切り立った断崖の下や、荒れた広い大洋を横断する際に、第二の勇気が生じてくる。したがって、最初の旅人は、家庭を離れ、深い森を通り抜け、高い山脈をこえ、海を渡り、そうすることによって、動物の狩りの再生をするにすぎない殺人者よりも確実に、人類をその固有の歴史のなかに投入した。最初の旅人は世界の諸対象に立ち向かったのである。彼はおそらく、何のために、誰のためにそうするのかを知っていた。しかし、不意に起こる争乱のさなかにもまた、別の勇気がつねに戻ってくるのだが、それは、殺す勇気に代わって、殺し合いをやめさせるために仲裁をする勇気であり、また復讐をしないように自己を抑制する勇気である。恐怖からしか人は決して他者を殺害しない。空威張りをする者は、大演説や大きな身振りに専念するが、それというのも彼は腹の底では恐怖に怯えているからである。真の英雄は暴力を用いずに諸状況や諸対象に立ち向かう。孤独にもまた立ち向かう。

客観的な原因——対象

平和の到来とその持続の主要な原因は、われわれが対象に与えている人類再生 hominescence における位置に存する。消費の増大によって、われわれのまわりを洪水のように流れている物品の急増のなかに、この長い平和の原動力があるのではなかろうか。それはあたかも、諸対象からなるこの新しい世界に、主体同士の暴力を移してしまったかのようである。かつては、また最近まで、われわれはこの暴力を隣人に移すことしか知らなかったのだ。私はこの解決策に心を引かれている。鉄のカーテンの崩壊以前に、ソ連からアメリカにやってきた旅行者たちがデパートに入って気絶するのを私は見たことがある。彼らの身体は欲望のこのような全面的解禁に耐えられなかったのである。

かつての血塗られた教理問答とそれがもたらす行動は、確かに、もっぱら主体同士の関係のみの哲学を前提としている、あるいはそれを生み出しており、戦争の哲学はその哲学に依拠している。つまり、諸対象は独立して存在しているのではなく、何らかの主体に把握されて初めて存在するのである。幼年時代以来、われわれはしかじかの物を、その物をもっている人との関係を理由にしか、その物を望んだり欲しがったりしなかった。物事は原因から生ずる、と言語はわれわれに教える。つまり、これら二つの語の前のものは後のものから生ずる。それゆえ最初に守るべきは原因であり、原因について意見が異なる場合は、法廷に提訴すべきであって、諸物は、討論や、闘争や、戦争や、訴訟の後に獲得された決定に依存しているのである。客観性は決着をつけるべき係争の結果として生ずるのだ。

このような比較あるいは嫉妬の関係によって欲望や価値が見積もられる。原初の楽園において、誘惑者はリンゴをおいしいものとして描いたのではない。というのも、エデンの園のわれわれの祖先はおいしい料理に飽食していたからであり、彼らにリンゴを食べたいと思わせたのは、それを食べれば神のようになるという示唆だからである。問題なのは果物ではなく、〈他者〉への挑戦であり、彼の偉大さと彼の力とに対する挑戦である。物が問題なのではなく、関係が問題なのである。世界のすべての不幸、世界のすべての暴力は、比較から生ずる。このように、対象は主体的なものにこれほど混ざり合っているので、豊かさということを、この対象－主体として、この準－対象物として理解しなくてはならない。つまり、権力の賭け金、崇拝の的の物神、欲望をそそる商品である。あらゆる物は、この三つを混ぜ合わせている。それゆえ、客観的存在はいまだになく、主体間の関係があるのみである。ところが、われわれの安全概念は、ますます個人の保護へと向かい、われわれはますます諸物を生産するようになっている。われわれは、最も古いこれら二項の関係を逆転させている。

政治的動物

たとえば、ディンゴや、トラや、チンパンジーが、狩りや採集の後、どのように食べるかを観察していただきたい。ボスよりも前に、誰も、いかなるかけらも口にしない。ボスが、ボスのみが、自分が食べた後に誰が食べるのか、その次には誰が食べるのかを決定する。この権力と暴力の連続が、彼らの社会をつくっている。社会的なものは、この連続によって、ヒエラルキー化されている。次の者から次の者へと渡されてゆく対象物の役割を果たしている獲物あるいはバナナは、ここでは、ヒエラルキーのおかげ、あるいはその力によってしか存在していない。重要なことは、ボスが、手に入れることや食べることを、しかじかの者に指名したり、次の者に許したりすることだけである。欲望は、順序のなかでの待ち時間とともに増大し、可能なあらゆるけんかを生じさせるが、それはたちまちボスの力によって粉砕されてしまう。ボスは、欲望の炎をよりよく消すために、欲望に火をつける。同じように、トロイを包囲したギリシア軍の最高司令官であるアガメムノンは、自らの指揮によって、ねたみ深いギリシア軍の小王たちに、敵から分捕った戦利品を分配するのだが、その利害対立が、トロイ攻略に先立つ内紛に火をつけ、トロイ戦争そのものもまた、ヘレネ[209]に恋した二人の小王の敵対関係によって説明される。ヘレネ、戦利品－浮気女、戦争の原因、美しい物、対象－主体。

　動物たちと、その直接の後継者たる人間たちは、純粋な間主体性のなかに、排他的な政治のなかに閉じ籠っており、政治のなかに組み入れられて相互の恨みによって価値のつり上げられた物だけを除いて、対象物をもっていない。獲物のうま味、ヘレネの美貌、戦利品の金銀は、この欲望の炎によってしか輝きを発しない。政治あるいは権力関係を、この暴力の調整および暴力の法則の独占と理解していただきたい。政治を分有する、あるいは占有する者たちのみが、存在を定義し諸対象の価値を決定する。関係的戦略が、対象にかかわる行動に先立つ。ヒトの進化において、間主体的なものについての知と実践および間主体的な戦略が、あらゆる対象的な知と実践に先立つ。つまり、社会科学が厳密科学に先立つのだ。政治が増大すればするほど、対象は少なくなる。逆に、対象的なものが増えるときには、政治は減少する。敵対関係が強まれば強まるほど、対象は減少する。対象的な存在が生ずるときには、戦争は下火になるのだろうか。そうである。

人間、対象的な動物

いや、われわれは政治的な動物ではない。そう、動物たちはといえば、彼らはずっと政治的なままであるが、われわれのほうは、長いこと彼らの後塵を拝していたが、徐々に対象的な動物になってきている。しかるべき対象はわれわれに動物性を捨てさせ、人類再生 hominescence を進行させる。間主体性のなかに閉じ籠り、共同進化の檻のなかにとどまったままの動物たちは、対象をもっておらず、単に生活世界 *Lebenswelt*、つまり、住処と獲物という生命に必須の世界をもっているだけである。それゆえ彼らは闘争の時間のなかに閉じこめられているわけだが、その死に連なる残酷性をダーウィンその人も嘆いたものだった。誰が最初に、住処の境界を定め、ここは自分のものだと言ったのだろうか。あらゆる生物がそう言ったのであり、それは何百万年も前のことである。この振る舞いの継続が、その境界を防衛することによって、古代的な共同進化を永続させている。それゆえ、われわれは長きにわたって政治的動物であったし、またいまだにしばしば政治的な動物であり続けているのであり、アガメムノンの徒や、アイアスの徒や、アキレウスの徒などの小専制君主たちが、動物の系譜にきわめて近い戦士たちに囲まれて、欲望をむき出しにして剣を抜くのである。われわれはトラの系譜からそう易々と抜け出したのではない。この系譜は、トロイ戦争のずっと以前に始まったのであり、おそらく東アフリカでの人類の出現――このことについてはわれわれはまだ何も知ってはいないけれども――以来、ヒロシマでの原爆の炸裂まで続いたのだが、このことについてもまた、この最後の準-対象物が――最後というのは、地平をあまねく覆うからだが――、ついには世界規模-対象物として、動物的闘争――見事な社会的道具だが――の決定的な終結の鐘を鳴らしたとは、まだわれわれは期待できないでいる。(210)

最後の環と下水処理場の探訪

諸対象が主体から独立して存在するという確信が、われわれのうちに徐々に生じてくるプロセスを、私は描き出してみたいと思う。少なくとも何万年ものあいだ、われわれは自ずから維持される間主体的な環に引きずり込まれており、この環が、その渦巻き状の動きによってわれわれに納得させたことは、諸対象の総体は、主体の総体が保持しているものの総和に限定されるがゆえに、もろもろの財は分割されなくてはならないということであった。したがって、この限られたものの分け前を獲得するために、戦争をしなくてはならなかったのだが、保有者の数によって決まってくるこの分け前は、保有者の数が増大して闘争が燃え上がるだけに、いっそう欲望をそそるものとなった。これとは逆の対象的な環に、今日われわれは導き入れられているのではなかろうか。自ずから維持されると私の期待するこの環が、われわれに納得させることは、まず、もろもろの対象的な財は、われわれとは独立して無限の数で存在しているということであり、次いで、われわれはそれを好きなだけ、また大量に生産できるということである。したがって、豊かさが平和に依存しているというよりも、平和のほうが、ありあまるほど豊かな諸対象から生じるということになろう。平和は、諸対象の稀少性の終焉の結果として、生ずるのだろうか。

このような物的消費の急激な増大が始まる以前には、また、豊かさについてのわれわれの概念をほんの少しずらせるためには、物のない厳しい生活をしなくてはならなかったし、あるいは貧しい国で暮らさなくてはならなかったし、あるいはたとえば砂漠地帯で暮らさなくてはならなかった。いや、重要なのは、単なる不動産的、金融的、財政的、銀行的、宝石的な価値ではなく、たとえそれらをわれわれが所有していないとしてさえも、自由に利用できる諸物の総量である。この半世紀のあいだに、変化の最大の上昇角度は、諸工業や、諸技術や、諸科学によって生産されるこの数量にかかわるものである。ポンジュ(211)や、ペレック[212]などの作家や詩人たちが、このようなものとしての諸対象について突然語るようになった。

しかし、そうした諸対象の稀な時代から、過剰な氾濫の時代へと移行しており、廃棄物についてのわれわれの不安がその証拠である。われわれは、あまりの物で満ちあふれているので、明日には、ごみの海や汚泥運搬船の波で溺れる危険にさらされている。都市の郊外の何十ヘクタールにも及ぶ下水処理場は、郊外 banlieues、あるいは追放の場 lieux de bannissement という名前にどこよりもいっそうふさわしいものになるだろう。すべての対話篇のなかで、最も論理的で形而上学的な『パルメニデス』のなかで、プラトンは排出物のイデアを形成できるかどうか問い、髪の毛、泥、汚物など、土や身体の退廃物を例に挙げている。われわれはそうしたものを目にしないように十分に清掃しているが、廃棄物やごみでそれらの例を置き換えている。汚れを落とした新しい身体や、あまり泥を扱わない新しい農業や、死を忘れかけている新しい生命や、障害のないコミュニケーションは、われわれの哲学がイデアを思い描くことのできなかったものを、ごみ処理場や屎尿処理場に移送している。それらのものの排煙や悪臭をとおして、好戦的なネズミたちの軍団が、残念なことに哲学者たちのいないこうした風景のなかに、われわれの新しい平和の逆のイメージを提示している。

諸対象が主体に取って代わるとき、好ましいことに、下水処理場 champs d'épandage が戦場 champs d'honneur に取って代わる。あなたは、汚水処理場のカオス的な汚泥の広がりよりも、激戦の後の戦場に、いまだに直立不動の姿勢をとっているかのように、見渡す限り規則正しく並んだ丈の低い白い十字架のほうを好むだろうか。争いを好む者たちは、汚物で肥え太った巨大で残酷なネズミたちに似ており、彼らは自分たちにとってひどく欲望をそそるものの上に君臨しているのだ。われわれの古い歴史は、このような場所にとどまっており、そこでは原子雲が、汚濁の上を流れるすすけた火の粉を覆い隠しており、現代のあらゆる世界規模‐対象物が地平を取り囲むように集まって、これらのおびただしい汚物を照らし、見下ろしている。

永続的なものの終焉か？

われわれが上述の諸対象を格下げする以前に、諸対象はわれわれの生活を支え、われわれを輸送し、われわれを手当てし、生活の快適さを向上させ、苦しみを和らげ、われわれのために計算し、われわれに代わって記憶し、われわれなしでコミュニケーションをし、われわれの家を占め、建築している。平均寿命の伸びでさえも、私の目には、客観的で、相対的で、漸進的な死刑の廃止と見なされている。これらの対象が最後にはわれわれを守ってくれないことを、どうしてあなたが望むだろうか。

さらには、原子爆弾が最後の準‐対象物としての頂点を極め、人間の欲望の地平全体——浚渫船の総和、究極のゴミ箱、宇宙規模の汚水処理場——を占め尽くしたのだから、われわれは同じように、人間なしで、諸対象を使って戦争をするのだろうか。もちろんその通りである。完璧なアフターサービスを組織して商売と宣伝に努める武器商人たちは——彼らはいつ、人類に対する罪の責任者として国際法廷に出廷するのだろうか——、彼らの繊細な装置を人間の軍隊のいない遠いところで爆発するように調整した後、自分たちの地獄の産物を戦場に置いてゆくだろう。上述の職業的な軍隊は引退して、かつての剣闘士と同じように、近頃刑期を終えた新参者の列に加わっていることだろう。死刑の廃止は、死刑執行人にまで及んでいることだろう。

このような長い平和は、いつ終わるのだろうか。戦争が起これば終わることはまちがいない。今日では諸企業が実験室を奪っており、政治が研究の選択とその資金調達に介入しており、さらには学者たち自身も、栄光に飢えて、メディアに乗っかって、メディアに入ることや、メディアの利益に適うことや、その圧力団体に都合のよいことを言っているので、われわれの社会は、もっぱら諸対象を介した関係のなかにありながら、間主体的な関係を回復することに飢え、平和の守護者である対象によってもはや守られない状況になりかねないだろう。進化の時代に生まれた諸力がわれわれの内でつねに目を覚ましており、戦いによって権力を握るという血塗られた時代を回帰させようとしている。こうした力が成功を収めれば、おそらく明日の朝にでも世界戦争が戻ってくるだろうし、その世界戦争は、いつものことだが、裕福な者たちが戦争を避けるために払いうる代価よりも、無限に高くつくことになるだろう。こうした利害が、裕福な者たちの敵対者になる無数の恵まれない人々の期待と突然結びつき、その利害の圧力のもとで、戦争が再び起こることになりかねないだろう。これらの恵まれない人々は、われわれの不公正のゆえに、この永続しうる平和という希望を分かち合うことができない状況にあるのだが、失望に終わりかねないこの希望は、いまや人類再生 hominescence の明白なプロセスとなっているのである。

失われたプロジェクトと見出されたプロジェクト

現代の諸社会がプロジェクトをもっておらず、〈歴史〉の終末という概念と同じように内実のない、ポスト・モダンの時代あるいは永遠の現在という概念を信じているように見え、美術館での、思い出と懐旧の情で固まった称賛の催しをしか構想せず、無数の変化の前で社会的権力を失った碩学たちの筆が悲しみに沈んでいるとしても、これ以上に当たり前なことはあるだろうか。というのも、かつてあるいは最近まで、諸社会が構想してきたものは、戦争や、略奪や、皆殺しや、侵略や、帝国主義を起点としていたからであり、これらの社会のあらゆる思想は、公言するにせよ秘めているにせよ、ホモ－撲滅者 *Homo termina-*

torあるいは支配者の到来をしか、自らの目的としていなかったからである。流される血以上に手におえない麻薬はあるだろうか。麻薬性の流血を当てにしていた時代が突然停止したことに茫然自失となっている現代の社会は、このきわめて広範にわたる死刑の廃止によく耐えることができないように思われるが、この広範な死刑の廃止の及ぶ範囲は、兵士、船舶の船長、征服者と犠牲者、大洋を横断する乗客、交差点を横切る通行人、ヘルメットをかぶった建築作業員、鉱山労働者、登山者、国王、政治家、スト参加者、階級闘争、要するに、戦士であるマルス、主人であるユピテル、勤労者であるクイリーヌスのすべてをひっくるめて、あらゆる人々と生命そのものに至るまでなのである。いかなる憐憫の情の欠如によって現代の社会は、この新しい身体と生命、この普遍的な寛恕、この死の終焉、この平和を前にして、自らの衰退を責めるように仕向けられるのだろうか。この普遍的な死の廃止の時節に、大部分の人間がその権利をもっていないという広く認められる事実にどうして耐えられるだろうか。

反歌

弁証法のない時代を考えること、生命に立脚した歴史を構築すること、恨みを一掃した価値を創造すること、平和を普遍化すること、これらは哲学にとっての立派な仕事場である。平和は、暴力に対する激しい抗議から生じてくるのでは決してなく、攻撃性を、一つのプロジェクトに向けて動員されるエネルギーに変換することによって生じる。平和は目的ではないことは確かだ、というよりも、平和は戦時においてしか目的と見なされない。ひとたび平和が訪れたならば、何をすべきなのだろうか。平和は、平和な状況そのものにあっては、一つの手段に帰せられる。いかなるプロジェクトの手段なのだろうか。まず第一に、平和を分かち合うための手段である。というのも、今日人類の少数の部分のみしか、平和を享受していないからである。この仕事は、おそらく、まだ何世紀をも要するだろう。

ところで、暴力は、きわめて急速に、きわめて遠くまで容易に伝播するので、このような拡張が暴力の定義そのものと見なされ、また、暴力の諸表象や、暴力に対する熱烈な抗議さえも、暴力の拡散に寄与するとするならば、平和の拡大はエントロピーの流れを遡ること、エントロピー低減の時間を遡ることである。この逆転が、仕事や、思いもよらない発見や、思考一般を定義するのであり、これらは、死をもたらすカオスや、流血を遡るのである。この逆転を、次に、われわれが全面的な戦争を続けている無生物の世界やすべての生き物たちにまで広げる、つまり、共生の〈自然契約〉を起草しなくてはならない。この始まりの時期において、哲学者の義務は、この仕事とこの思想、語られるべきこの新しい物語を構想することであり、別の歴史を構築し、新しい時間を遡ることである。

日付の記入

例のあの月に、世界を変える革命、あるいは少なくとも西洋を変える革命が起こったのだが、この革命は誰をも攻撃せず、いかなる敵対者ももたなかったし、マルクス主義も新左翼主義も、この革命で何が賭けられているのか理解できなかった。この革命は、自らを政治的と信じていた世界を震撼させたが、その政治的世界による政治的分析にしてからが、この革命のいかなる行為や行動についても、理解できなかったし解説もできなかった。一九六八年の〈五月〉に、いったい何が起こったのだろうか。間違いなく何も起こりはしなかった。だがしかしそれは、人類と社会の始まり以来の、いかなる世界とも関係をもたない、この新しい世界が誕生したということを除いての話である。切りのいい数字にするならば、この一九七〇年という日付が、確かに、この世紀を分断し、おそらくわれわれの〈歴史〉を分断したことを、あらゆる指標が示している。この出来事は歴史の理解を超えていたのだ。

マルス、クイリーヌス再考

前世紀の中葉に、原子爆弾が抑止力を効かせることになったが、その効果は、単に特定の敵の介入を遠ざけたのみならず、危機や緊張の解決手段としての戦争一般を遠ざけた。最大級の世界戦争は、確かに、人類の消滅という代価をもたらしたことだろう。あの世紀の四分の三の時点で、ある種の戦争の過去が、われわれから離れたのだろうか。

いまやわれわれは、別の大きな地震の震央にいるのだが、それは、西洋と、土や生産や交易や豊かさや消費や快適さとの関係を変革した地震である。その間に、表面の激変のさなかに、消え去った産業の溶鉱炉が投影していたカール・マルクスの影が消え去った。この第二の地震について、私の感覚にとっては最も奥深いものだが、最も知られていない部分を描くのに本書は手間をかけている。私の世代でもある、キリスト教徒の農村青年層出身の耕作者たちの新しい世代が、古い世代とのあいだで、——ここではさしあたって、フランスに関してのみの話としたい——、機械化や、農学や、生物学や、生化学によって提起される新しい耕作法の問題が原因で、対立を起こしている。農村住民の都市への流入によって、農村の家庭のほとんどの部分が都市へと移動し、何千年にもわたるわが国の人口比と、土地に対する古くからの関係を、激変させている。前世紀の中頃に、今度は、最も古い過去のもう一つの側面が、われわれから離れている。発展途上国の食糧自給確保の「緑の革命」もまた、一九六八年に遡ることに注目していただきたいし、またフランスから目を転ずるならば、この新しい世代の遺伝学者であるS・スワミナサン氏によれば、彼の国インドでは、一九七五年から食糧自給が達成されているとのことだが、この点にも注目していただきたい。これらの時期は、世界全域でおおよそ一致している。

先祖伝来の古いものにきわめて深く根ざしていた集団が、その内的諸関係を逆転させている。おそらく新石器時代以来、農場では年寄りたちが、黙って言うことを聞く若者たちを指図していたが、一方、一九五〇年代以来、息子のほうが、新しい世界がやってきているのを見ようとしない父親に、自分たちの意見を聞かせるようになっている。こうした父親はあたかも、先頃の戦争で、原子物理学の技師となっていた新しい世代の中尉の意見がもはや理解できなかった将軍のようであり、あるいはさらに、インフレーションの急速な進行と、消費者運動に直面して、あわてふためいているデフレ政策論者の第三共和政下の財界人のようであり、街の助任司祭の主張を前にした枢機卿のようである。若者たちが突然、厳正な理由によって、年寄りたちの経験にはもはや価値がないことを、当の年寄りたちに納得させるのである。さらには、息子はお国のために死ぬことなど真っ平だと言明する。

歴史的な出来事が相次いで起こる、つまり、一九五九年には、ブルターニュ地方で、通りでの集会と暴動が始まり、一九六〇年六月八日には、何千人もの農民がモルレ(213)の郡庁舎に乱入し、この動きはフランスのいたるところに広がってゆく。一九六八年の学生たちの反乱と、負傷者も出なかったその混乱とを、これほど強烈に憶えているのに、一九六七年に、ルドン(214)やカンペール(215)や、ロデズ(216)や、バッス・ピレネー地方で起こり、数百人の負傷者を出した牧畜農民の反乱は忘れられているということは、どうしてなのだろうか。かつてはわれわれみなが関係をもっていた土が、あの時代にすでに失われつつあった証拠であり、それゆえ、あのときに起こったことは未来を告げていたことの証拠である。

再び、ユピテル

それゆえ三度の地震が起こるのだ。第一の地震は、暴力と人間との関係、および何千年来の、戦争によるその解決策にかかわるものであり、第二の地震は、経済、生産、および農地の交換にかかわるものであり、第三の地震は、カトリックの第二ヴァチカン公会議(217)から、一九六八年の大学紛争に至るまでの、宗教、文化、教育にかかわるものである。これはただ一つの同じ現象なのだろうか。そうである。その理由は以下のとおり。物理科学のみによって、われわれの破壊能力は、極限にまで拡大したし、農業生産は、主に農学、生物学、化学等の科学によって、西洋の田舎から農民を一掃するほどに、増大した。総括するなら、厳密科学の知は、二十世紀の大混乱の原動力であるが、しかし厳密科学は、人間の身体と世界の、もっと奥深い変革を経ることによってしか、それらの混乱を引き起こすことはない。

農民たちも学生たちも、もはや彼らの先人たちと同じ文化 culture ―― われわれがまだ憶えている限り、この同じ語の二つの意味を保存しよう ―― のなかで生きてはいない。いまでは、誰も先人たちと同じ文化のなかに生きてはいない。バイオテクノロジー、農芸化学、農業生物学による緑の革命が、伝統的なもろもろの耕作方法に対立するのと同じように、様々な科学的革命が文化的記憶と対立している。地球という惑星にとって、諸物の時間を支配するプレートテクトニクスが存在すると同じように、歴史と社会の形成にとっても、この集団的時間を支配する複雑で暗くて無言のプレートテクトニクスが存在している。これこそが本書の主題である、つまり、われわれの足下の最も深いところで、最もゆっくりと動いているプレート、火山の爆発によって地表に現れると同じように、歴史の断絶によって初めて明るみに出されるこのプレートとはどのようなものかということである。

一つの世紀のすべての紛争が、限りなく小さな利益のために恐怖の極限にまで達するほど、全世界的に最も高く燃え上がるのが見られ、今日では、核兵器の支配力のもとで、紛争の効用を消し去ってしまうほどまでになっている。このような無意味な暴力の爆発の後、絶対的な破壊力の持ち主たちは、狭い視野で見た場合にしか、戦争を危機の解決策として可能なものと見なさなくなっている。同じ世紀に、唯一の普遍的教会が、単に名目だけではなく、一九六一年から一九六五年にかけて、創設から二千年来、その最も重要な聖書の改訂を実行するのが見られ、そのすぐ後、一九六六年から西洋諸国の農業は危機に見舞われ、この危機によって農業の従事者数はさらに減少した。それゆえ、新石器時代以来、農耕者と、司祭と、兵士が、われわれの社会をずっと支えているということが、歴史書の末尾において想起されなくてはならないし、土、暴力、聖なるものとわれわれとの関係は、時間における最も基底的で最もゆっくりと動くプレートに達していると結論づけられなくてはならない。それらのプレートが動けば、歴史の時間はその舞台装置を一新する。その上、新しいテクノロジーが社会的関係を変容させ、それゆえ、現実に、われわれはこの五千年来、最も激しい地震に直面している。一九六八年の騒乱は、これら三つの主要な衝撃の影響によりその反動として生じ、その三つよりも強大な衝撃であるが、しかし同じ種類のものである。それは歴史よりも人類学にかかわる問題であり、おそらく、歴史よりも進化にかかわる問題である。

二十世紀において、伝統的な戦士であるマルスの力の猛威が絶頂に達すると同時にある種のマルスの時代に終焉が画され、それゆえ、先祖伝来の農業生産者であるクイリーヌスによる新しい解決策への移行がなされ、この神のゆえに、それ以後、豊かさが悲惨と隣り合うが、これは時のなかで不変の司祭であるユピテルの稀少性を継承したものであり、こうして祖先たちと最も古い神々の三部作は幕を下ろすのである。われわれはかつての自分たちと同じような生産の仕方も働き方もしないし、自分たちの祖先と同じような戦い方もしないし、彼らと同じ確かさでものを知ったり、彼らと同じ希望を抱いて祈ったりもしない。これはきわめて決定的な変化なので、この変化によって起源があらわにされるのだが、その起源は新しい出来事が、最も深く埋もれた古代から受け取ったものであり、その焼けるような痛みをわれわれは生身で体験したのだった。それは火山の爆発によって、赤くて黒い地球の内臓が、まるで短絡したかのように、地表に吐き出されるのと同じである。それゆえ、下部構造と呼ばれているものの下に、このテクトニクスプレートが横たわっており、それらはもはや固定したものではなく進行性のものであって、上下で互いに横滑りを起こし、表面にある儀礼や争いや果実のプレートを破断させている。

若くて古びた奇妙な世界、そこでは現代人たちが、新しいものを前にして怯え、きわめてしばしば戻ってきては絶大な影響力を及ぼす古代的なもののなかで右往左往している。このような危険な復活が、証人であり当事者としての私がかつてそうであったし現在もそうであるように、混乱のただなかで、人々を熱狂させたり、楽天的にしたり、積極的にさせたりするが、それらが——つまり、最も古い意味での農業の終焉、戦争と絶滅キャンプ、コミュニケーション体系の権力の座への上昇、知と教育の危機が——、一体的なものであることをわれわれはいまや感じ取っている。

一九六八年に何が起こったのか

古い世界が、誰も壊そうとしたわけでもないのに、崩壊してゆくのをわれわれは強く感じていた。われわれには対抗者も敵もなく、いつものように社会の動きに盲目なエリートと与党派を除けば、この新しい世界の不意の到来に異議を唱える者はいなかった。ところで、〈五月〉の出来事は、起こったときと同じように、何事もなかったかのようにたちまち消滅し、前と同じ日常の世界が戻ったかに思われた。しかし、まさしく何事ももはや以前と同じようには運ばないことが、急速に明らかになってきた。父親たちよりも、子供たちのほうが正しかったのだ。新しい世代が、すでに始まっていたのである。

私はそれを一九五〇年代以来知っていた。一九六〇年代の初めに、私はコミュニケーションの神であるヘルメスを哲学の本尊に押し上げた。プロメテウスの失墜はもちろん、とりわけ新石器時代の終わりを、私は予感していたのだった。私の考え方をもっとよく説明するために、さらに前の十年間、私の確かな記憶の始まる第二次世界大戦前の十年間に戻ってみたいと思う。私は証言できるのだが、種まきであれ祝福であれ、いかなる行為も、医療にせよ政治にせよ、いかなる行動も、鍛冶屋であれ、卸や小売りの食料品店であれ、馬具屋であれ、蹄鉄工であれ、経験主義の獣医であれ、いかなる職業も、性にかかわるものであれ、教育にかかわるものであれ、いかなる社会通念も、いまでは、この時代から存続しているものは何一つなく、逆に、今日のいかなる行為も、いかにも古代的なこの枠組みのなかに置き直すことはできない。田舎の風景にせよ都会の風景にせよ、いかなる共通の風景もなく、共通の組織も、共通の履き物も、おそらく共通の意味さえもたない、この二つの世界を、一方の世界から他方の世界へと翻訳する手段を私は知らない。カリオンの鐘の音や、規則正しく時を告げる鐘楼の鐘の音を、異口同音に呪っていた当時のわれわれは、エンジンやチューナーの騒音に三分と耐えられなかったことだろう。農民 paysans であるがゆえに風景画家 paysagistes であったわれわれは、最近の醜悪な都市化の侵攻に耐えることができただろうか。

しかし、この準‐先史的な状況は、まさしく一九六〇年代までは細々と維持されていた。この状況は一九六〇年代の十年間に崩壊したのだが、それは私の言う意味で、多重主義が水耕栽培の敷居をまたぐ年代だった。古い世界は、おそらく人類が農耕を発明した時代に始まる、あるいは、たとえばわが国の農民たちのような人間の身体が形成されたときに始まるのだが、その臨終の期間は、したがって、一九三八年から一九六八年までのおよそ半世紀にわたっており、この短い期間は、スペイン内戦と、歴史家たちの用語を用いるならば、上述の学生革命とを隔てる期間である。二発の原子爆弾の爆発、完全な意味での農耕者たちの根絶、新しい人間の身体の出現と、その身体とこの惑星とのいまやグローバルとなった関係が、技術と客観的諸科学、物理学、化学、生物学の成果のもとで、この期間を特徴づけたのだった。

政治的なものの失墜

ところで、これらの段階のどれも政治家にはかかわりがないし、経済にはなおさらかかわりがない。すべては、原子工学、情報理論、薬学、生物学など厳密化学にかかわる発見・発明に起因しており、これらの科学は、物理的、生命的な諸変数に作用を及ぼし、進化のなかに自ら潜り込んでいる。一九六八年は、身体の栄光を顕揚し、世界中を駆け巡っている、これがすべてである。すべての人々が歌い、笑っている、これがすべてである。いくつかの時代遅れのグループだけが、ゲバ棒をふるって、ファシストやスターリン主義者のまねをしていたのだった。歴史家たちは、市場経済式かつ政治風に教育されていて、何事につけても論争や敵対者を見つけ出そうとするので、弁証法も階級闘争もなく、議員選挙や大統領選挙的な争点もなく、真の対立もない、この運動の噴出、革命なき革命的運動を、よく理解できないでいる。自国の現実の諸条件とはかかわりのない、外国風のあるいは古びた政治理念の名のもとにデモをおこなっていた当事者たちも、よく理解していたわけではない。彼らは何に準拠を求めたらよいか分からなかったので、自分たちが現代の中国や、帝政時代のロシアにいると信じていた。外見的には正当に、この非-出来事は、人の悪い者たちによってとりあえず、ショーであったと規定されて、ついには蔑視されるようになった。

しかしながら、世界中に影響を及ぼし、世界的な行動と意見の出現を初めて証拠づけた——というのも反応を示さなかった政府はほとんどなかったからだが——この日付の重要性をどうして過小評価できるだろうか。全世界的な非-出来事とはいったい何だろうか。おそらく一つの状況であり、その状況にかかわるデータも諸条件も、その状況が何を表しているのかも、誰も読み取れないような、一つの状況である。実際は、この状況はわれわれが想定しているような〈歴史〉を凌駕していたのだ。この状況が準拠としていたのは、太古の農耕や、原初の文字や、古代の医療や、古い政治や、きわめて遅ればせの経済に先立つ日付である。それが表現していたのは、身体的な制約からの解放であり、コミュニケーションの空間的諸条件からの解放であり、技術的行動の局所的な枠からの解放であり、われわれに依存していなかったが、いまではわれわれに依存している諸物に対する依存からの解放である。つまり、主体的な身体と、対象的な世界と、他者たちあるいは集団を、あの状況は表現していたのである。解放のお祭り的な雰囲気は、新しい自由の時の鐘を響かせていたのであり、この自由は、個人的権力や集団的な権力、要するに人間の権力を覆すことによって獲得するのではなく、物理的、生命的な古びた疎外が姿を消したことを確認することによって獲得されるのである。学生たちが、すべてが政治だと叫んでいた時点においてさえも、もはや政治的なものは何もなかったのである。

それゆえ、ユピテルと、マルスと、クイリーヌスは、インド－ヨーロッパ文化圏という彼らの影響力の狭さによって、あの出来事の真の射程をわれわれの目からまだ覆い隠している。というのも、これら三柱の神の死を確認したのがあの出来事だったからである。世界的で、身体的で、生物学的なあの出来事は、政治と、経済と、〈歴史〉を越えたものである。ヒト性 hominité の、自分自身への関係、他者たちへの関係、世界への関係に影響を及ぼしているがゆえに、あの出来事は人類再生 hominescence のプロセスにかかわっている。手探り的であったにせよ、一九六八年五月は、人類再生 hominescence の始まりの日付を几帳面に記している。

一般化

目に見えない無垢なこの終着点が目に見えるようにするもの、それは、この世紀全体とそれが引きずるおぞましいものの長い連なりによって、さらにいっそう広い舞台で提示される。一九一四年におけるヨーロッパの破廉恥な自殺行為、戦争の世界大戦化、いわゆる西洋諸国における農民の根絶、彼らの無益な犠牲によって、第一次世界大戦中に始まった農業の消滅、植民地諸国の惨状、フランコ、ムッソリーニ、ナチの三ヴァージョンをもつファシズムとソ連という双子の全体主義、これは一九一七年から一九八九年までヨーロッパと二十世紀に君臨する。究極の解決法と絶滅収容所、ヒロシマとナガサキの原子爆弾、第三、第四世界の誕生と彼らへの死の宣告、最初は全体主義イデオロギーから生まれ、次いでアメリカ資本主義から生まれたサブカルチャーの巨大な仮面行列、後者から生まれたものはドルをしこたまもっているだけに、人類に醜いものを浴びせかけて、人類を飢えさせている。この一連の忌まわしいものは、少なくともその効率性によって、二十世紀を〈歴史〉における最悪の世紀の一つにしているのだが、これらは、知や有益な実践や、身体や、この惑星や、人間関係を混乱に陥れることによって、今日、抗いがたいこの人類再生 hominescence のプロセスに、無秩序に抵抗している乱流の総体のように私には思われる。

反作用によって作用の効果を評価しうるように、これらの後退によって、いま越えようとしている敷居の大きな価値を見積もることができる。もろもろの微粒子とゲノムの解読に、部分的に原因を負っているこれらの急激な変化と、レーニンによる物理学の断罪およびスターリンによる遺伝学の断罪とのあいだの平行関係に、誰か気づいただろうか。彼らは真の原因を恐れていたのだろうか。ナチおよびスターリンの全体主義体制下におけると同様に、現代の正当的な思想によってもまた、科学が政治へと還元されていることに気づいている人がいるだろうか。自分たち自身や、苦痛や、食糧や、生殖や、土に対するわれわれの関係が変わったとき、また世界に対する関係の変化と同時に、他者に対するわれわれの関係、つまり、諸個人や、諸集団や、諸社会に対する関係が変化したとき、これらの行為は跳ね返りの衝撃をもたらしたのだが、この反作用が強かっただけに、誰も理解できないこの衝撃力に誰も抵抗することはできなかった。ルネッサンス期において続いて起こった科学の進歩と人間の再定義は、フランスにおける宗教戦争、ドイツ農民戦争、スペインの国土回復戦争、新たに発見されたアメリカ大陸における罪悪などと同時に生じたのではなかったろうか。川の流れが容赦なく増水すればするほど、流れの上にはいっそう激しい強い渦が生じる。地表の下のテクトニクスプレートのゆっくりとした動きが、火山噴火や地震を引き起こす。本書はこうしたことをしばしば参照するのだが、科学や技術における局所的な新機軸が、突然社会全体に反響を及ぼし、古代への恐ろしいほどの回帰を引き起こす。最終の環、すなわち、このようにして、あるいは間接的な形で、人類再生 hominescence のプロセスはこれらの戦争と暴力を引き起こし、そして逆に、あるいはそうした乱流のなかから、われわれの新しい平和を結果としてもたらしている。

時　効

消滅したと私が期待するこの世紀において、私が記憶にとどめている何人かのわが国の意志決定者たちや、その協力者や追随者たちが、今日の意志決定者たちやかつての小国の王たち以上に、悪や死や汚辱と同盟を結んだわけではなく、政治家たちも哲学者たちも、それについて知識も認識ももっていなかったような巨大な津波、しかもいまだにわれわれが明確な認識をもっていない巨大な津波が、彼らとわれわれを押しつぶしたのだった。古代人や現代人以上の人間でも以下の人間でもなかった彼らは、この津波によって、彼らの大罪の当事者となり犠牲者となったのであるが、この津波は〈歴史〉の防波堤をはるかに超えていたがゆえに、〈歴史〉の流れはいまや私が人類再生 hominescence という言葉で言い表している危険水位に達しているのである。ヒト性を変えることもできず、また彼らが支配も理解もできなかった奔流を慎重に管理することもできなかったがゆえに、彼らは最悪の罪を犯すことになったのだった。

自分の人生の黄昏に際して、この津波の高さを客観的に推し量るにつけても、私はわれわれの世代が彼らに赦しを与えるよう期待する。彼らがわれわれの子供時代を破壊し、われわれの青春時代を台無しにし、分別盛りの孤独な選択をつらいものにし、それゆえ、われわれの人生と自由な思考に、もはや癒えることのない傷口を残したとしてさえも、である。少なくとも、人間の正義と権利の基盤としての時効の恩恵が、彼らの上にももたらされんことを。

科学と文化

ギリシアの医者であり、その名に値する西洋の最初の医者であったヒポクラテスの亡霊と、生の哲学者であるアリストテレスの亡霊が、それぞれの功績に応じて、天国なり地獄なりで出会い、病気や健康について、彼らと同等の権威者である古代ローマ時代のガレノスや、臨床医学や精神医療の歴史的な手本であるアンブロワーズ・パレ[218]や、ラエネックや、パストゥールと議論をすると仮定しよう。おまけとして、このグループに、ディドロによれば、ダランベール[219]とゼンメルヴァイスを治療したというボルドゥ[220]を加えよう。彼らの異なった文化、彼らを隔てる諸世紀、各人の知や実践を特徴づける、発見や経験の相違などは、生き物についての同じビジョンを享有しているがゆえに、同じ対象に向けられた同じ関心について議論するために、彼らがお互いに理解し合う妨げにはならないだろう。彼らはみな、それぞれの時代の哲学と多少なりとも親しい関係を保っていたので、われわれは彼らをヒューマニスト的天性をもった人たちと言おう、つまり、言葉を授けられ、苦しみにさいなまれる特異な動物の専門家なのである。

そうこうするうちに、一九七〇年以後にノーベル賞を受賞した生化学者がたまたま亡くなって、この現代の学者が件の墓のかなたの討論に参加することを望んだと仮定しよう。この討論は中断され、大失敗に終わるだろう。追加して招かれたダーウィンも、細菌学の第一人者のパストゥールも、二十世紀初頭の生物学者さえも、この現代の学者がさりげなく言及するDNAポリメラーゼや、運動素 kinésine や、核磁気共鳴画像について少しも理解しないことだろし、逆に、ガレノスの煩瑣な論理や、ボルドゥの夢については、この現代の学者のほうもまたほとんど理解できないと断言していいだろう。氷山が氷河との関係でそうであるように、最も新しい知は、自分の前に形成された共通の連続したブロックから突然離れる、というよりも、患者や人間に関する何千年にもわたる全体的理解から、突然離れるのであり、苦痛の因果関係についても同様である。最新の知は、先人たちを結びつけている〈歴史〉から切り離されるのだ。われわれがもっている身体、知っている身体は、先人たちと同じものではない。

いまは亡き天文学者たちや地球科学の専門家たちを招聘し、同じような討論を仮定し、演出することができるが、結果は同じことになるだろう。天球のモデルを描いた古代ギリシアの最後の幾何学者プトレマイオス、プトレマイオスに逆らって、太陽を諸惑星の中心に置いたコペルニクス、望遠鏡で木星の衛星を観測したガリレイ、万有引力の法則の発見者ニュートン、太陽系の安定性を確証したラプラス、太陽系の揺れを説いたポアンカレ、彼らを隔てる二千年のあいだに、プトレマイオスの周転円から、ポアンカレにおいて生まれつつあるカオス理論まで、科学はすっかり変わったとはいえ、彼らは同じ世界を観察し考察したのだった。彼らもまた、自分たちの時代の哲学的大論争に近接しており、時にはその大論争の源にさえなったのであるから、ヒューマニストであったのであり、彼らはすぐさまお互いに理解し合うようになるだろう。というのも、彼らはそう口に出さなくとも、同じ対象について、つまり天体システムの運動についてては意見が一致しているからである。彼らは、隣り合う者の見解を百八十度逆転することがあるとしてさえも、やはり彼らは同じ世界像を共有しているのである。碩学たちが言うように、彼らがパラダイムを転換させたことは確かだが、しかしそれらのパラダイム転換は、同じ世界のなかにおける転換なのである。しかしながら彼らは、いま不意に現れた宇宙物理学者が、ブラック・ホールや、ガンマ線バーストに没頭したり、宇宙の地平としての宇宙の奥にある、何百万光年もの広がりをもつ多数の銀河のひしめきや、大きな引力場を指摘したり、ついには、ビッグ・バンの二秒前に発せられた微光を知覚しようとしていることについては、何も理解できないことだろう。一つのクレバスが彼らを隔てているのだ。われわれは天空を取り換えたのである。

しかし、私の知る限り、ギリシアとエジプト南部に設置された日時計の影を、同じ夏至の日に測定することによって、初めて地球の円周を計算したエラトステネス(221)は、同じように、また申し分なく、メルカトルとも理解し合えるだろうし――ルネッサンス期における彼の地図は座礁による難破を避けるための最良の安全性を船乗りたちにもたらした――、また、ハルツ鉱山の支配人であり、坑道の深みから初めて化石を掘り出したライプニッツとも理解し合えるだろうし(222)、鍛冶屋の鉄球を手がかりに地球の年齢を計算したビュフォンとも理解し合えるであろうし、ライエルやジュール・ヴェルヌ――彼の空想物語の主人公は地球の中心まで地底探検をするのだが――とも理解し合えるであろう……。ところで、全世界の人々が驚きと感動とともに見たように、青い地球を眺め写真に収めた宇宙飛行士、深海潜水艇に乗って五千メートルの海底で、海底噴出を観測する地球物理学者、厚いテクトニクスプレートのゆっくりとした動きによって、火山活動や地震の起こるメカニズムを解明する理論家……たちは、自分たちの先人たちの言うことを科学の草創期の曖昧性を考慮に入れてしか理解しないだろうし、逆に彼らは先人たちの理解できない用語を使ってしか話すことができないだろう。われわれはほとんど先人たちと同じ地球の上で生きているのではないと言えるほどである。

同じ冥界おいて、今度は全員が一九〇〇年前後を働き盛りとした、作家、哲学者、政治家、商人、実業家が、再び、医者や、天文学者や、地理学者たちが、弁護士や教師も交えて論議するのを聞くと仮定しよう。これらの人物たちのなかに、さらに参加する人物として、たとえば、ヘシオドス[223]の『労働と日々』から出てきたような、西暦紀元前五世紀以前のギリシアの農耕者、ウェルギリウスの『農事詩』に霊感を与えたりこの詩から示唆を得たりしたコルメラ[224]やヴァロ[225]のような古代ローマの農学者、『ベリー公爵の豊饒の日々[226]』から呼び覚まされた中世の赤ら顔の農奴、ル・ナン[227]の絵画から、セー[228]や、チュルゴー[229]や、アダム・スミスの理論から、あるいはマリボー[230]や、ゲーテや、ジョルジュ・サンドやゾラの物語から抜け出してきた、古典主義時代の農民あるいはロマン主義時代の農民……を想定してみよう。私の知る限り、上述の近代の意志決定者たちはすべて、これらすべての時代出身の農民たちと、労働や、対比や、秋の種まきや、ブドウ畑に適した耕作法や、乳牛の搾乳法や、養蜂の困難さや、牝馬の出産時の苦労などについて論議することができるだろう。彼らは、気まぐれな天候や、大雨や、長い旱魃や、遅霜や、濃霧などについて同じ不安を表明するだろう。なぜなら、奇跡的にも動物と植物のいくつもの種が、飼い慣らされて、彼ら自身の家に入ってきた新石器時代以来、彼らは、同じ自然、労働や土に対する同じ関係を保持しているからである。耕作culture のこの第一の意味によって、われわれはいっそうよくヒューマニズムに接近する。というのも、サヘル地方[231]の牧畜農民やアジアの稲作農民がこの論議に加わったとしてさえも、本当に違和感を感ずる者がいるだろうか。ところで、学校を出て知識や、管理や、経営の能力を身につけた今日のリーダーたちの同様のグループが、誰か農耕者に会うために、冥界に降らなくてはならない、あるいは少なくとも冥界に降るのを待っているとするならば、彼らはその農耕者の農作業のやり方がまったく分からないだろう。スーパーマーケットでいつでも手に入る野菜や、果物や、肉や、牛乳は、彼らの目には、経済にとって副次的な要素である競売品、大量消費財に帰せられ、どこかの書類綴じのなかに紛れて分からなくなった書類、あるいは不快なデモ参加者のようなものに帰せられている。自分たちの住居からあらゆる生き物を追い払ってしまったので、彼らが共生しているのは、自分の同類たち、あるいはディスプレイ画面上の自分の同類たちでしかない。

しかし、故人とはいえ、これらの重要な人物たちは一緒に何をするだろうか。医者であれ天文学者であれ、国王であれ金持ちであれ、耕作や牧畜に従事している者であれそうでない者であれ、口には出さないが、われわれの対等者である女性と、社会経験において彼らの師である最も貧しい人たちを排除することでは全員が合意している。天国も地獄もこれらの優位者たちの偏見を除去することはできない。科学にかかわるものであれ芸術にかかわるものであれ、創造にかかわるものであれ意志決定にかかわるものであれ、天体観測にかかわるものであれ、思弁的概念にかかわるものであれ、土地の開発にかかわるものであれ、身体の上にかがみ込んで優しく治療を施すことにかかわるものであれ、偉大な名前は女性形の語尾変化をもっていなかったのだ。ヒューマニズム、男性優位主義。これらの高名な男性たちは、歴史の半分をしか、つまり人類の半分についてしか語らない歴史を論じているのであり、一部分の欠けた学問や実践をしか論じないのであるが、われわれはそのことをいつ知ることになるのだろうか。右利きである彼らが、左半分が麻痺した身体と、真ん中で切断された諸機能を用いていると同じように、彼らは自分たちの経験や思考から女性の部分を切除しているのだが、それはおそらく最も貴重な部分なのである。巨匠 maîtres やその門弟たちを招聘したこの小心な討論において、女性巨匠 maîtresse という語はいまだに、学術協会(アカデミー)の何人かの愚か者たちの冷笑を誘う。この女性巨匠が——歴史に記述されていないので私はこの女性をリュシエンヌ Lucienne と呼ぶことにしたいが——、彼ら男性よりも、学識が深く、技量に優れ、広い心をもち、繊細で、権力欲がないことが明らかになったときには、この偏執狂の男たちはどんな顔をするだろうか。リュシエンヌを沈黙させている者たちは、いまでは脳軟化に悩む恐竜のように重たい年齢に達している。冥界を待つまでもなく、女性たちはついに様々な集会や結社で発言している。しかしわれわれはまだ、いまだに狼のように見なされている最も貧しい人たちの声を聴いていない。

われわれを照らし、われわれの休息を包む空が、もはや以前とは同じ空ではなくなるとき、われわれの住む身体がもはや以前の身体と同じではなくなるとき、ついに認知されたもう一つの性がわれわれを楽しませたり教えたりするとき、われわれの足下で回る地球も土ももはや以前と同じものではなくなるとき、要するに子の世代の文化が父親たちの固有の世界を失うとき、何が起こるのだろうか。新しい人類が生まれるのである。

私はあえて、ほとんど同じ場面を繰り返すが、件の討論に次のような者たちに集まってもらうことにしよう。古代のギリシアやローマでヴィーナスに犠牲を捧げていた者たち、カルタゴの沿岸地帯でバール神(232)を崇拝していた者たち、衰退期のローマでミトラ神(233)を信奉していた者たち、アブラハムの時代以来ヤハウエ神(234)を礼拝していた者たち、コロッセウムで猛獣たちの犠牲にされた初期キリスト教徒たち、中世のベネディクト派やフランチェスコ派の何人かの修道士たち、宗教改革の神学者たち、ポール・ロワイヤル修道院の件の紳士たち、手短に言って、アッシジの聖フランチェスコ、カルヴァン(235)、アルノルド(236)、理神論者ヴォルテール、『信者の言葉』の著者ラムネー(237)、レオン・ブロワ(238)、ペギー(239)、ベルナノス(240)……などである。原理主義や宗教裁判所などのゆえに嫌われている側面からしか宗教を見ないようにジャーナリズムによって教え込まれている、文学や哲学の学生が、今朝不幸にして自動車事故で亡くなって冥界に降ったと仮定すれば、そうした学生の誰が、上述の先人たちの議論に加わることができ、自分のほうからも希望の徳 espérances(241)について適切な意見を表明できるだろうか、あるいは少なくとも、霊性へ向けての自分たちの希求を思い描くことができるだろうか。ラスコーの洞窟の時代にまで時間を遡っても、どんなに遠くまで空間的探検を広げても、いたるところで、つねに見出されることは、ホモ・サピエンスが儀式的で、信仰心が厚く、神に生け贄を捧げ、敬虔であり、俗なものを聖なるもので貫き、神に祈り、連禱を暗誦し、ついには、自分の愛の諸行為を神秘的な恍惚へと統合するすべを心得ていたということである。先史時代と歴史時代を通じて、あらゆる気候のもとで、不在の神々は、敬虔なるヒト *Homo pius* の影のなかを歩んできた。慎重に細部を検討することなく、一つの世代が、次の世代へのこうした伝達の中身を取り去り、次の世代からこうした神との同行を奪い取った。信仰の精神は生命を終えたのだろうか。

しかし、私の同時代人で誰が、自分たちの言語で『死者たちの対話』の不滅の著者であるルキアノス[242]の作品を読んだことがあるだろうか、あるいは彼が話題になるのを聞いたことがいままでにあるだろうか。先ほど私が、その舞台を別の死者たちで満たした劇場は、いかなる反響も引き起こさず、最初に招かれた女性を私がなぜリュシエンヌと呼んだのか、悲惨な人々が死に追いやられる状況に言及したときなぜ狼を示唆したのか、誰も理解しなかった。万物が改めて死につつある、つまりわれわれが文化の名のもとに集めた万物が、改めて死につつある。亡きギリシアや、亡きラテンや、『死者たちの対話』の死者たちは、いま最後の死を迎えたところなのだ。彼らが生きながらえていたのは、最初は口承の言語によって、次いで書かれた言語によってなのだが、それらは本に書かれ、印刷され配本された、要するに、様々な媒体の上に刻まれた記憶として記されて、アリストファネスやソクラテス以前の哲学者たち以前から、手書きの文字によって、エラスムスやラブレーの前からは印刷術によって世に出されたのだ。私が、天国のようなあるいは地獄のような場所に招聘したすべての者たち、科学者たちや、宗教家たちや、リーダーの男性たちや、豊かな農耕者たちは、紙片や、蠟版や、パピルスや、文字や、鉄筆や、羽ペンや、印刷屋の活字ケースなどを、読んでいたし、知っていたのだった。ところで、私はマウスを手にコンピューターの前で仕事をし、私が書いたり読んだりするテクストはディスプレイ画面上に映し出され、その操作によって誤りを消去したり修正したりし、私の記憶は〈ウェブ〉上を駆け巡り、データー・バンクに収められ、あまたの計算機能やソフトウエアが私の代わりに無数の処理を実行する。したがって、私が使いこなしている「機能」は、冥界で熱弁をふるっている件の人士たちが使っていたものともはや同じではない。かつての媒体を捨てたのであるから、私はもはやかつてと同じ範疇でものを考えないし、かつてと同じ記憶を保持してはいない。彼らの書いたものや、話したことを、われわれがもはやかつてと同じやり方で保存さえしていないとき、『死者たちの対話』の死者たちが死んだことに、どうして憤慨することがあろうか。

棚卸しのために冥界を一時閉店しようではないか。

昨日と明日、ヒューマニズム

めったに定義されたことがないけれども、ヒューマニズムの名のもとに長い間称賛されていたものは、それゆえ、われわれがもはや理解しない件の者たちがまさに理解していたすべてのことに根拠をもっていたのである。つまりそれが根拠としていたものは、同じ畝に沿って耕され、不安定ないくつかの科学によって定義され、時間によって彫琢されたいくつかの言語によって語られ、宗教によって救済された小さくて理にかなった世界であり、いかなる医学もいかなる治療法も和らげることのできなかった苦痛にさいなまれ、暴力に直面して憂愁に沈み、しばしば暴力を耐え忍び、略奪や権力欲に泣かされ、しかしとりわけ、何よりも、美を欲し、美に飢え、美を渇望していた身体によって瞑想された人間の運命なのである。このヒューマニズムは、繊細な音楽のように耳に響く。今日誰が、普遍的な定義が不可能であるかのようにされているこの美のために命を捧げるだろうか。美が世界を救うと誰が信ずるだろうか。というのも、まさに、この世界に生まれたすべての人々が、美が表現されている作品を知っているからである。したがって、誰が、言葉の調和のために、つまり絵を描くように母音をちりばめ、文章の複雑なリズムや拍子を整え、形式のモザイク模様と意味の音楽のえもいわれぬ組み合わせを創り出すために、朝な夕なに日々を費やすだろうか。このヒューマニズムは生涯を終えたのであり、私は自分の短い人生のなかで、このヒューマニズムのつかの間の臨終に立ち会ったのだ。私はこのヒューマニズムが話題にのぼるのを聞いたが、しかし端的に言って、このヒューマニズムがよみがえることはもはやないだろう。なぜなら、『死者たちの対話』のように、このヒューマニズムを育み、条件づけていた世界も、またそのヒューマニズムから生まれた世界も、再び戻る希望のないまま消え失せたからである。別様に性をもった別の身体が、別の大地の上で、別の空のもとで日々勤しみ、別のキーのもとで創作している。

したがって、われわれは一つのルネッサンスを生きており、その傍らで、ヒューマニストたちが同じ名で呼んでいたルネッサンスは、時間の流れのなかの一つの柔らかいしわに帰せられている。比類ない広さの空のもとで、われわれが近ごろ感動的な全体的知識を得た地球の上で、いかなる苦痛によってもわれわれの親たちの身体に近づくことのない身体に住み、われわれの親たちが知らなかった媒体を操り、おそらく、解読できない神を待ちながら、第二のヒューマニズムをでは決してなく、あるがままのヒューマニズムを創始するために、われわれは何を待っているのだろうか。というのも、何百万年にもわたるヒト化〔人類進化〕のプロセスのなかで、われわれは初めて、容易な学習と、容易な旅と、数多くの思いもよらない出会いと隣人関係によって、ついにヒューマニズムに、その名に値する、排除的ではなく連帯的な内容を与えるべき科学的で技術的で認知的な手段を獲得したからである。すべてが、つくられるべく、再発見されるべく、生み出されるべく、組織されるべく、創設されるべく、熟考されるべく、思索されるべくか。……残されている。哲学をこれから始めようとする者にとって、これ以上に熱狂させる状況があるだろうか。

一つの文化的円環(サイクル)の終焉と別の円環(サイクル)の出現

古代の言語と結合した現代の学問としてのギリシア・ローマ的ヒューマニズムによって、細胞に至までこね上げられた私は、クープラン[243]やラモー[244]やラヴェル[245]の音楽に自分の魂を同化させ、精神が降ってゆくことができる純粋な言語の仕事に私の生命と私の肉体の疲労を捧げる。私よりもずっと優れた教養をそなえた、シュテファン・ツヴァイク[246]、ジョルジュ・デュアメル[247]、ロマン・ロラン[248]、オールダス・ハクスリー[249]、ラビンドラナート・タゴール[250]は、第二次世界大戦の前に、希望に満ちた手紙のやり取りをし、ヨーロッパが、そして世界が、平和のうちに生きることができるための、何らかの国際的機構を創設することに貢献した。しかしながら、何か月か後に、このヒューマニズムの薫陶を受けたわれわれの親の世代のなかで、最も優れた知性と善意にあふれたこれらの人たちの集まっていた知と古典の空間のど真ん中で、最悪の残虐な戦争が勃発したのだった。彼らが自分たちの身体を守ることに失敗したとするならば――というのも彼らの一人が戦争でまさに命を落としているからだが――、この破局によってわれわれは、このヒューマニズムにどのような防御の欠陥があったのかを――もちろんこのような醜悪な戦争を引き起こしたからではなく、それを押し止めることができなかったからだが――、考えるように義務づけられる。

われわれが悼んでいるこの失われた文化は、どうして、ギリシアやローマが、いまだに耳に響くような音を立てて崩壊するのを防げなかったのか。またこの文化は、ギリシア・ローマに取って代わった西洋が、虐げられた人々や植民地化された人々を大量に殺害し、女性や、貧しい人たちや、無垢な子供たちや、動植物や、呼吸をするものやしないものを皆殺しにし、そしてついには、それでもかつては、また最近までも、自らの正当性と誇りの根拠にしていたこの文化そのものを破壊するのを防げなかったのか。どうしてこの文化は、自分自身を救えなかったのか。これらの惨劇をどのように理解すべきなのか。それらを取り巻く諸条件によってこれらの惨劇を説明すべきなのか、あるいは説明そのものを放棄するべきなのか。前に立ちはだかる真に有効な障害物をほとんど築けないがゆえに、文化によって、また文化のなかで、このような蛮行が永続するのだろうか。ルネッサンスの開花は、宗教戦争を押し止めただろうか。高らかに宣せられた人権宣言は、植民地の拡大と、部族や人身や財産や文化の大量殺戮にブレーキをかけただろうか。高名な学者や文人に満ちたドイツの大学は、大虐殺 Shoah を食い止めただろうか。ドイツの大学の最も偉大な哲学者が旗印として掲げたヘレニズムは、彼がナチ党に入党するのを妨げただろうか。西洋のヒューマニズムは、ヒロシマとナガサキで核の閃光が〈世界〉を支配するのを阻止しただろうか。私の世代のどれほどの知識人たちが、スターリン主義や、毛沢東主義や、ポルポトによる何百万人にも上る殺戮を覆い隠しただろうか。いかなる寛容の名のもとに、今日、最も強力な民主主義がつねに最良のものであると主張できるだろうか。確かに、殺戮に反対した者たちや、現在も反対している者たちは、この文化の名のもとにそう主張したし、そう主張しており、民主主義がその文化の重みのもとで誰をも押しつぶさないような見識のある人間を育てなければ、民主主義は何の役にも立たないと主張する。民主主義の文化は逆に、自分がつねにどこでも正しいと主張するような根拠の場を構築することを拒絶するよう示唆する。民主主義の文化は、このような思い上がりそれ自体が崩壊したとき、その後に残されたものからなるのである。

古いヒューマニズムは、新しい時代がその岸を離れたもう一つの古代の岸辺に、記憶の状態で、とどまっている。本書は、われわれが生きながらえてとどまっている岸と対岸とを隔てる吻合した大河を描いたところなのだ。肝心なことはよみがえることである。重要なことは、中世のスコラ哲学を乗り越えたエラスムスや、ラブレーや、モンテーニュの時代のように、聖アウグスティヌスが、地上の都ローマの廃墟の上に神の国を建設した時代のように、ホメロスが、破壊されたトロイの上に、ギリシア的な教育 *Paideia* を創始する叙事詩を練り上げた時代のように、イエス・キリストが、自らの命を代価に犠牲者たちの無垢を認知させた時代のように、多神教によって犯されてきた人間の犠牲を、アブラハムがイサクの頭上で押し止めた時代のように……これまでの断絶よりももっと大きな断絶があることを考慮に入れることを忘れずに、生まれつつあるこの新しい人間を教育することであり、野蛮な殺戮の回帰を拒む障害物を強化する新しい文化を創始することであり、諸科学の百科全書を基盤に新たな偉大な物語を展開することであり、哲学を着想することであり、政治を構想することであり、新たな国を建築することである。秋にはアポトーシスによって木の葉が落ち、再び始まる春のある朝に、人類再生 hominescence の広大なプロセスが抗いがたく進行してゆくことを、認識しないような文化、認識しなかったような文化にどんな価値があるだろうか。

何も伝えようとしなかった世代の私の同僚たちや、古い古典から永遠に見放され、古典が教示していた知や世界観を奪われ、胸を打つ美の感覚ももたず、時には感覚そのものを奪われたような学生たちを、確かに、私はいまでは、そう頻繁に認めるわけではない。だが、何も読まず、何も書かず、新しい口承文化の騒音のなかに浸っているいまの現代人たちは、存在しているのだろうか、生きているのだろうか、私よりもよくあるいは悪く思考しているのだろうか。誰にそれがわかるだろうか。もう一サイクル環が回転する。われわれはもう一つのトロイの陥落に立ち会っているが、しかし私は、喪服の寡婦、毒蜘蛛のようなアンドロマケー(251)を模倣することはごめんだ。彼女の義務である記憶が、べとべとする蜘蛛の巣の中央で見張っており、そこに保存された思い出は、どうあっても、若者たちにすべての生を禁じ、死を宣告する。この致死的な悲劇を司るムーサ[252]は、まさしく記憶の女神ムネモシュネの娘だが、健全で生き生きした忘却に対抗して、文化的な遅延の毒を保持しているのだ。トロイは燃えている。おそらく何世紀かの後に、新たなシュリーマン[253]が黒く焼けこげたその城壁を発掘することだろうが、私はこのトロイを悔やみはしない。それは時にはヒロシマに似ているからだ。『イリアス』の第二十歌の末尾ではアキレウスの武勲が長々と称えられているのだが、その件を読み直すならば、自分の内臓を手にして倒れている犠牲者や、背骨から流れ出る骨髄や、長衣をいっぱいに満たす黒ずんだ血のなかに、身体からほとばしり出る脳みそや肝臓などが、この詩人とこの主人公に与える驚喜と、彼らの憐憫の情のあからさまな欠如を前にして、吐き気を催さないような読者がいるだろうか。私が先ほど話題にした学者たちは幸いなことに、自分たちの祖先が何を言っているのか理解しない。というのも、まさしく、すべては死者たちの王国で起こっているからだ。

それに、われわれは原初の素朴さに戻るのだから、それと同じく一から再建を始め、危険な芽を摘み、重大な犯罪を最小化する新機軸の確立に努めるべきであろう。文化がそれと認められるのは、偉大な人間たちやその発明品によってよりも、暴力という原罪の残存の消滅、少なくとも消滅への傾向によってである。見事に、また大量に殺戮したがゆえに栄光に輝いている、アキレウスやアレクサンダー大王、ホラティウス三兄弟やクリアケス三兄弟、ロランやナポレオン、プルタルコスの伝える英雄たちを、悔いることなく捨て去ろうではないか。西洋はもはや企てをもくろまない、というのも西洋文化が称賛するようにわれわれに教え込んだ企てのいくつかは、皆殺しに終わっているからである。平和の文化の幕開けに祝福あれ！

反歌

現代や古代の哲学者たち、プラトンから聖パウロおよび聖アウグスティヌスまで、ルソーおよびカントからショーペンハウアーまでの哲学者たち、彼らは全員が異口同音に、自分たちの連れ合いであり、明らかに自分たちと対等な女性たち全体が、劣った動物に帰せられると主張していたのだが、結局、またおそらくとりわけ、彼らの感受性、理性、判断力、さらには徳にさえも、私はいささかなりとも信頼を置くことができるのだろうか。現実の唯一の優しい存在であり、つねに男たちに勝る勇気と忍耐強さをもち、男たちに心地よい眠りをもたらし、お互いの愛撫をもたらし、子供たちの母であり、新生児や、病人や、死に瀕した者たちを肌着のなかに優しく受け入れる母である女性たちを、彼らはいかにしてそれほどまでに軽蔑することができたのだろうか。彼らが人類の半分を排除したならば、人間性〔人類〕についての彼らの尊大なおしゃべりを、どのように聴いたらよいのだろうか。この大きな誤りは、彼らを重々しく思想の外へと押しやる。哲学者 philosopheという立派な語のなかに高く掲げられている「愛」について、彼らは何を知っていたのだろうか。[255]

認識の危機

水が、鍾乳石と石筍に濾過されて、鍾乳洞のなかの細部を彫琢するように、音楽に先立ち、音楽に続き、音楽に浸透する静寂のなかで、音楽の振動が消えてゆくとき、時間の意識が音楽によって構築されてゆく。われわれ固有の持続は、楽音が流れてゆくように、リズムが飛翔するように、前打音が間を刻むように、無音状態から雑音や音響が出てまた無音状態に収まるように、われわれを貫いている。こうした移ろいは、土砂を含んだ川の流れが徐々に固有の河岸を構築するように、痕跡を残してゆく。だが、河岸は浸食や渦巻きや逆流によって崩れ、水とは別なリズムによってではあるが、河の水と同じように流れてゆく。水は蒸発と降雨によって絶えず戻ってくるけれども、土は、水の流れよりもいっそう流動的に、逃げ去ってしまうと言うことさえできる。共生と同じように繊細なこの混合のなかで、こうして安定化された痕跡に沿って、一方の構成要素は固化し、他方の構成要素は流れてゆく。しかしそれらの構成要素は役割と機能を取り換えることがありうる。したがって、音楽が静寂のなかで濾過され、静寂が音楽のなかで濾過されるのと同じように、意識は時間のなかで濾過され、時間は意識のなかで濾過される。同じように、土は水のなかで濾過され、水は土のなかで濾過される。音楽と静寂のこの婚姻は内的な大聖堂を構築し、そのなかで意識と時間とが一緒に婚礼を執りおこなう。われわれは、言葉がわれわれに与える以上の意識を、喧噪や静寂にさえも負っている。というのも、言葉の意味は、喧噪や静寂が一部を建築したり、一部を取り壊したりする流動的な家のなかに住まっているからである。

聴取や聴力、楽譜の統辞法におけるあらゆる変化は、それゆえ、時間の混合した、あるいは時間によって形成されたこの意識のなかに、乱流を引き起こす。ところで、音楽を聴くためには、かつては、われわれはバイオリンや、ハープや、ホルンを演奏しなくてはならなかったし、演奏旅行中のピアニストの演奏を聴かなくてはならなかったし、モテトの声楽曲やソナタを聞き分けるすべを心得ていなくてはならなかった、つまり稀なる技量をそなえていなくてはならなかった。いまでは、ラジオ、CD、ステレオセット、ウォークマンなどが、小島のような静寂の場も残さず、街や日々を騒音の洪水で満たし、その結果、少なくとも現代人の内的な時間の意識をいきなり変えてしまった。この問題に関する、ベルクソンや、フッサールや、ハイデッガーの著作を、私はもはや哲学的なものとは了解せず、かつてわれわれの先人が自分たちの持続の流れをどのように体得していたかを示す、過去の記述として興味深く読んでいるが、まもなくその記述をある種の詮索好きな民俗学が引き受けることになるだろう。

なぜなら、静寂がなくなって以来、避けがたい音楽が、われわれの固有の時間をまんまと取り上げ、われわれを、いわばこの古代人たちを、外的な隷属状態に追いやって以来、別な意識が出現したからである。持続が変わること、意識が変わること、要するに、持続の内的意識が変わることは、実際に、自我を変異させずにはおかない。というのも、時間は自我を彫琢し、雑音、音楽、響き渡る言葉は、時間をこね上げ駆動するからである。変化を通じた不変なもの、無数の変動を通じた永続的なものの残留、振動を通じた休止、静寂、沈黙でないとしたら、私はいったい何者なのだろうか。外耳がその耳介の穴で外的宇宙の騒々しい動きを受け入れる一方で、その最も近しい隣人である内耳によって安定化された一つの均衡でないとしたら、私は何者なのだろうか。変わりやすくけたたましい音を出すこれらの動性によって鍛えられた、沈黙の不変性でないとしたら、私は何者だろうか。自我は時間から生じるが、しかし時間は、絶対的な開始である開闢以前の混沌と空虚から、自分自身で生じてくる。

自我 moi の考古学と新しい主体

かつては、ゆっくりとした長い時間が、ゆっくりと弱く *adagio e piano*、静寂のなかで「私 je」を構築していたのだが、その静寂を破るものといえば、時には音楽であり、きわめて稀に騒音であり、さらにもっと稀に、これらの大きなざわめきのなかで、しかしそれらに比べれば不滅の、弱くかき消えそうな天からの至高の言葉だった。実際あなたは、一つの音のように発せられる単独の語、響きの助けを借りずに単独の意味が物音を貫いているような語を、知っているだろうか。このようにして、「私 je」の歴史は、聖アウグスティヌスによって、次いでデカルトによって始まり、両者とも音楽にかかわる概論の著者であり、同様にルソーもまた、彼のささやかな自我 *ego* によって熱烈な村の占い師であったのだが、こうした歴史は今日オーディオチューナーの轟音のなかに消え去っている。私の思うに、彼ら以前、キリスト教以前、クレド（*ego*）*credo*〔私は信ずる〕が唱えられる以前、受肉した〈み言葉〉が来臨する以前には、*ego* は存在しなかった。そう、「私 je」は、〈み言葉〉の受肉によって定義され——音と響きがその最初の肉を構成する——、デカルトが、静寂に満ちた彼の暖炉部屋のなかで、言葉による思考の言明のなかで、その稀なる変異形を見出した受肉によって、定義される。

騒音や音楽や言説の混じり合ったノワーズ noise〔ノイズ〕の全面的な氾濫が、かつての「私 je」の審級であった静寂を、急速にきわめて強く *presto e fortissimo*、消し去り、破壊してしまうのだが、それはあたかも、うすくて壊れやすい花瓶があまりの強い振動で粉々にはじけ飛ぶかのようであり、透明性を利するために、内部のない外部を形成する永遠の現在に向けて投げ出されたかのようであり、実質を保存することのない諸関係、核をもたずにきらめいている多数のものを織り上げているかのようである。かつては濃密な種子であり、固くて、独特で、地味な色合いの小石であった自我 moi は、多数で、透過性で、モザイク模様で、玉虫色にきらめくものになっている。

これがわれわれの孫たちの魅力であり、彼らは、地味で陰気で深遠なデカルトやカントよりも、モンテーニュや、ラ・フォンテーヌや、アルルカンにより近い。彼らはもはやかつてと同じ主体をもたない、あるいはもはやかつてと同じ主体ではない。このことに何か不安があるだろうか。というのも、この種の変化は、無垢で流動的で、液体的で可変的で、可能的で偶然的な魂を、きわめてしばしば変容させてきたからである。今朝、狭い場所に窮屈に閉じ籠った古い魂の後を継ぐのは、孫たちの無数のほほえみである。

私は彼らに、稀な音楽と静寂を遺贈しよう。

訳注

（1）フュステル・ド・クーランジュ Numa Denis Fustel de Coulanges（1830–1889）フランスの歴史家。古代ギリシアおよびローマの諸都市の発展と宗教との関係を研究。主著、『古代都市』、『古代フランス制度史』など。

（2）『彫像』 *Cf.* Michel Serres, *Statues, Le second livre des fondations*, François Bourin, Paris, 1987. 邦訳、『彫像――定礎の書』、米山親能訳、法政大学出版局、参照。

（3）アポトーシス apoptose 細胞の自死、細胞自滅、apoptosis 生体のプログラムに制御され細胞が死ぬこと。細胞質や核の濃縮、染色体の断片化が特徴。プログラム細胞死 programmed cell death とも言う。

（4）ルソー、『人間不平等起源論』、第二部冒頭、参照。

（5）『離脱の寓話』 セールの著作、*Cf.* Michel Serres, *Détachement*, Flammarion, 1983. 邦訳、『離脱の寓話』、及川馥訳、法政大学出版局。

（6）「死の支配」 *La Thanatocratie* セールの著作『翻訳〈ヘルメスIII〉』の一章。*Cf.* Michel Serres, *Hermès, III, La Traduction*, Minuit, pp. 73–104. 邦訳、『翻訳〈ヘルメスIII〉』、豊田彰・和田裕訳、法政大学出版局、八九―一三四頁参照。

（7）ギルガメシュはバビロニア神話の英雄で、エウフラテスの下流にあった都市ウルクの王とされる。ギルガメシュの伝説は、紀元前四千年に遡る起源をもち、叙事詩のかたちで現代に伝えられている。『ギルガメシュ叙事詩』、矢島文夫訳、ちくま文芸文庫、参照。

（8）ヒポクラテス Hippocrate（前四六〇頃―前三七七頃） 古代ギリシアの医者。臨床の観察と経験を重んじ、科学的医学への道を開いた。西洋医学の祖とされる。

（9）ガレノス Galien（Galenos 一三一頃―二〇一頃） 古代ローマ時代のギリシア生まれの医学者、解剖学者。古代ローマ時代最大の医学者としてルネッサンスまで権威と仰がれた。

(10) ラエネク René Laennec (1781–1826) フランスの医師、コレージュ・ド・フランス教授。聴診器を発明して肺および心臓の詳しい検査を容易にした。

(11) ジェンナー Edward Jenner (1749–1823) イギリスの医師、種痘法を発明した。

(12) ゼンメルヴァイス Ignaz Philipp Semmelweis (1818–1865) ハンガリーの産科医。産褥熱の予防法として、産科医が塩化石灰水で手を洗う消毒法を提唱し、これによって産婦の死亡率は劇的に減少したが、産科医たちの反発にあい、彼の見解は認められなかった。

(13) モリエール、『女房学校』、第一幕、第一場で、クリザルドがアルノルフの年齢に言及している箇所を示唆するものか。

(14) アルフレッド・ド・ミュッセ、『マリアンヌの気まぐれ』、第一幕、第一場参照。*Cf.* Alfred de Musset, *Théâtre complet*, Bibliothèque de la Pléiade, Paris, 1990, p. 79. なお、プレイアッド版の当該の箇所には次のような注がある。«A l'époque de *Femme de trente ans* que Balzac publie en 1834, c'était pour une femme aborder la vieillesse que d'atteindre trente-cinq ans.» 大意、「バルザックが一八三四年に出版した『三十女』の時代には、女性にとって三十五歳になるということは老境に入るということであった。」

(15) ヴェラスケス Diego de Silva Vélasquez (1599–1660) スペインの画家。

(16) ゴヤ Goya y Lucientes (1746–1828) スペインの画家。

(17) ドーミエ Honoré Daumier (1808–1879) フランスの画家、石版画家。当時の政治、風俗の風刺画を多く残した。

(18) ドガ Edgar Degas (1834–1917) フランスの画家、彫刻家、版画家。

(19) トゥールーズ゠ロートレック Henri de Toulouse-Lautrec (1864–1901) フランスの画家。

(20) ボッティチェリ Botticelli (1445–1510) イタリアの画家。『ヴィーナスの誕生』は一四八五年頃の作。

(21) フィディアス Phidias (前四九〇年頃—前四三一年) 古代ギリシアの代表的彫刻家。パルテノン神殿の本尊や、ゼウス神殿のゼウス像などを作製した。

(22) ウドン Jean-Antoine Houdon (1741–1828) フランスの彫刻家。モリエール、ルソー、ヴォルテールなどの肖像作者として有名。

(23) アルフォンス・ジュイアン Alphonse Juilland (1923-2000) イタリア生まれの言語学者。米国スタンフォード大学のフランス語・イタリア語部門の主任教授を務めた。セリーヌの研究者としても知られる。

(24) モーリス・チュビアナ Maurice Tubiana (1920-) フランスの腫瘍学者、フランス科学アカデミー会員。

(25) ルーヴェン Louvain ベルギーのブリュッセル近郊の町。

(26) ウェサリウス André Vésale (1514-1564) ベルギーの医者、解剖学者。著書『人体解剖学』によって近代解剖学への道を開いた。

(27) メルカトル Gerardus Mercator (1512-1594) オランダの数学者、地理学者、地図作製者。一五六九年に円筒図法を考案した。この図法による地図は現在でも航海図として用いられている。

(28) リン・マーギュリス Lynn Margulis (1938-) アメリカの生物学者。マサチューセッツ大学教授。『細胞の共生進化』*Symbiosis in cell Evolution* 他著書多数。

(29) Michel Serres, *Variations sur le Corps*, Le Pommier-Fayard, 1999, p. 44.

(30) 前注のセールの著作の献辞には次のようにある。

A mes professeurs de gymnastique,
à mes entraîneurs,
à mes guides de haute montagne,
qui m'ont appris à penser.
私に思考するすべを教えてくれた、
私の体育の先生たちに、
私のコーチたちに、
私の登山ガイドたちに捧げる。

(31) カルメル山 le Carmel イスラエル北西部、地中海岸に近い山。美の象徴とされる。カルメル修道会発祥の地。

(32) クロード・ベルナール Claude Bernard (1813-1878) フランスの生理学者、近代実験医学の祖。近代医学の方法を説いた著作『実験医学序説』（1865）は、広く思想界にも影響を与えた。
(33) テオトコス Théotokos θεοτοκος　ギリシア語で「神の母」の意味。
(34) オーギュスト・コント Auguste Comte（1798-1857）　フランスの実証主義哲学者。実証的な社会学を創始し、近代社会学の祖とされる。
(35) ヴェルディ Giuseppe Verdi（1813-1901）　イタリアの音楽家。
(36) ナルシス Narcisse　ギリシア神話、ナルキソス、ナルシス。テスピアイの美少年。泉に写った自分の姿に恋し、思いが満たされぬまま死んで水仙の花に化した。
(37) ピグマリオン Pygmalion　ギリシア神話、キプロス島の王。自作の象牙の女人像に恋し、愛の女神アフロディテーに生命を与えてもらい、妻とした。
(38) カント、『判断力批判』、「第一部門　美的判断力の批判」、「第一編　美的判断力の分析論」、「第一章　美の分析論」、第一〇節―第一七節参照。
(39) プレグナンツ prégnance　ゲシュタルト心理学の用語で、知覚された像などが最も単純で安定した形にまとまろうとする傾向、またその形。
(40) ラ・メトリー La Mettrie（1790-1751）　フランスの哲学者、医学者。『魂の自然史』（1745）で、魂にかかわるすべての現象は神経系統の器質的変化のもたらす効果であると論じた。
(41) かの有名な洞窟、プラトン、『国家』、第七巻、五一四A―五一七A参照。
(42) 『メノン』の奴隷少年　プラトン、『メノン』、八二B―八五B参照。
(43) 哲学者や学者の神　この表現はパスカルの小品『メモリアル』に見られる。また、後出の「アブラハムの神、イサクの神、ヤコブの神」も同作品に見られる。パスカル、『メモリアル』、『パスカル著作集Ⅰ』、田辺保訳、教文館、一五九―一六〇頁。
(44) 賭の確率計算の発案者　『パンセ』における神の存在についてのパスカルの確率論的「賭の論理」を指すものか。パスカル、『パンセ』、断章四一八、*Cf.* Pascal, *Œuvres Complètes*, présentation et notes de L. Lafuma, Seuil, 1963. 邦訳、『パスカル著作集Ⅶ』、田辺保訳、教文館、一二―一九頁参照。

(45) 創造説　生物の種はすべて聖書のいう天地創造に際してつくられ、今日に至るまで変化していないとする説。

(46) ラヴォワジエ Antoine Laurent Lavoisier（1743–1794）　フランスの自然科学者、化学者。元素概念を確立、「近代化学の父」と呼ばれる。

(47) メンデレーエフ Dimitrij Ivanovich Mendeleïev（1834–1907）　ロシアの化学者。化学元素の周期的分類法（一覧表）を案出し、その表から、後に発見されたいくつかの元素の存在を予言した。

(48) ビュフォン George-Louis Leclerc Buffon（1707–1788）　フランスの博物学者。一七三九年に王立植物園長になり、三六巻にのぼる『博物誌』（1749–1767）を編纂した。

(49) テンソル tensor　二つのベクトル量があり、一方のベクトル成分の一次形式として他方のベクトルの成分が表される場合、その結びつきを総合的に表す量のことをテンソルという。個体内部の応力やひずみはテンソルとして表現される。

(50) 而して、言葉は肉となれり　『聖書』、「ヨハネによる福音書」、第一章、一四節参照。

(51) コジェーヴ Alexandre Kojève（1902–1968）　ロシア生まれのフランスの哲学者。パリの高等研究院でヘーゲルの講義をおこない、フランス思想界を代表する知識人たちに大きな影響を与えた。

(52) チューリング Alan Mathison Turing（1912–1954）　イギリスの数学者、論理学者。今日のコンピューターに理論的基礎を与えた仮想上の計算機「チューリング機械」を考案した。

(53) バベジ Charles Babbage（1792–1871）　イギリスの数学者。計算機の創始者として有名。彼の機械はついに完成を見なかったが、その歴史的功績は大きい。

(54) タブラチュア tablature　文字や数字などを用いた中世の器楽用記譜法の一種。運指図表。

(55) 器用仕事（ブリコラージュ） bricolage　フランスの民俗学者レヴィ＝ストロースの用語で、一貫した計画によらず有り合わせの素材、道具を適宜に組み合わせて問題を解決してゆくやり方。

(56) 『ライプニッツのシステムとその数学的モデル』　セールの著作。*Cf.* Michel Serres, *Le Système de Leibniz et ses modèles mathématiques*, PUF, 1968. なお、この著作はセールの学位論文でもある。

(57) 『スガンさんのヤギ』　フランスの作家ドーデ Alphonse Daudet（1840–1897）の『風車小屋だより』のなかの短編

小説。

(58) パストゥール Louis Pasteur (1822–1895) フランスの化学者、微生物学者。近代細菌学の父とされる。一八八八年に狂犬病治療のためにパリにパストゥール研究所が設立され、生涯そこで研究を続けた。

(59) プリニウス Caius Plinius Secundus (23–79) 古代ローマの政治家、学者。当代最大の『博物誌』(全三七巻)を残した。

(60) 『農夫とその子供たち』 イソップ寓話「百姓と彼の息子たち」、『イソップ寓話集』、山本光雄訳、岩波文庫、七七頁、およびラ・フォンテーヌ、「農夫とその子供たち」、『寓話(上)』、今野一雄訳、岩波文庫、二六七頁参照。

(61) シュメール 古代バビロニアの南部地方。シュメール人が前五〇〇〇年頃にこの地に文明を築いた。粘土板にくさび形文字を刻印した文書が伝えられている。

(62) ペトロニウス Caius Petronius Arbiter 一世紀の古代ローマの政治家、作家。当時の腐敗した風俗を描いた小説『サチュリコン』を残した。

(63) pécuniaire の語源はラテン語の pecuniarius (「金銭の」の意)であり、その名詞形は pecunia (「財産、財貨」の意)であるが、これらの語は同じくラテン語の pecus (「家畜の群」の意)から派生した語である。古代においては家畜は貴重な財産であり、財貨でもあった。

(64) マッサリアのピュテアス Pythéas le Massaliote 前四世紀の古代ギリシア、マッサリア(現在のマルセイユ)出身の航海者、天文学者、地理学者。ヨーロッパの大西洋沿岸を探検しブリタニアに至り、その自然と風俗を記述した。

(65) テオフラストス Théophrastos (前三二七—前二八八) 古代ギリシアの哲学者。アリストテレスの学友でその門下。『植物原因論』、『植物誌』などを著し、「植物学の祖」と称されている。

(66) リンネ Carl von Linné (1707–1778) スウェーデンの植物学者。広く採集旅行をおこない、近代植物学の基礎を築くとともに、植物分類体系を確立した。

(67) コモ湖 イタリア北部、アルプス山麓にある湖。

(68) 旧約聖書「創世記」、第二十二章参照。

(69) 黄金の子牛、モーセがシナイ山に上って神と語らっているあいだに、イスラエルの民が金で作って崇めた神々。

旧約聖書「出エジプト記」、第三十二章参照。

(70) チャレンジャーの爆発事故については、ミッシェル・セールの別の著書『彫像——定礎の書』の冒頭に詳しく論述されているので参照されたい。*Cf.* Michel Serres, *Statues, Le second livre des fondations, op. cit.* 邦訳、前掲書参照。

(71) Soma　ギリシア語で「身体」の意味。また Biosom は、セールによれば、「生命」を意味するギリシア語の bios とこの soma からつくった造語とのことである。なおこの語のフランス語的発音は、「ビオゾン」もしくは「ビオゾム」と思われるが、日本語では bio は「バイオ」という表記が定着していることから、「バイオゾーム」と表記した。この表記がフランス語的発音を模したものではないことをお断りしておく。

(72) 分化全能性 totipotence　生物学の用語で、分離された未分化の胚細胞が完全な個体を形成する能力をいう。

(73) ギリシア神話によれば、オルフェウスはアポローンより竪琴を授けられ、歌と音楽の巨匠となり、彼の奏でる音楽に野獣も山川草木も陶然と聴き惚れたとされている。

(74) ラ・フォンテーヌ、「ロバと小イヌ」、『寓話（上）』、今野一雄訳、岩波文庫、二〇八―二一〇頁参照。なお、ここに出てくる「棒をもったマルタン」は、セールの原文では Martin-Bâton、ラ・フォンテーヌの『寓話』では Martin bâton となっているが、今野訳では単に「棒」と訳されている。この Martin bâton はラブレーの『パンタグリュエル物語』に出てくるもので、棒を持った人間、もしくは棒そのものを意味し、ラ・フォンテーヌも同じ意味で用いている。

(75) ラ・フォンテーヌ、「ライオンと共同で事業をした牝ウシと牝ヤギと牝ヒツジ」、『寓話　上』、今野一雄訳、岩波文庫、七七―七八頁参照。*Cf.* La Fontaine, *Fables*, Livre Premier, Fable VI, *La Génisse, la Chèvre et la Brebis, en société avec le Lion.*

(76) ファイドロス Phaidros（前一五頃―後五〇頃）　古代ローマの寓話作家。イソップを模範とする作品を書き、ラテン文学でこのジャンルを確立した。

(77) ピルペイ Pilpay　三世紀頃のインドの伝説的寓話作家。寓話集 *Pancatantra* の作者と伝えられ、彼の作とされる多くの寓話がヨーロッパにも伝えられている。

(78) バンスラード Issac de Benserade（1613–1691）　フランスの古典主義時代の詩人。

(79)『コント』*Les Contes*（1664-1696）五部からなるラ・フォンテーヌのコント集。おおらかな愛情にあふれたラ・フォンテーヌの人間的魅力を示す作品。

(80)『プシシェとキュピドンの愛』*Les Amours de Psyché et de Cupdon*（1669）古代ローマの作家アプレイウスの『変身譚』の挿話から想を得たラ・フォンテーヌの散文物語。寝顔を見ないという約束を、好奇心から破ったため、夫キュピドンの愛を失ったプシシェが、様々な試練の末に、まごころによって夫の愛を取り戻し、神籍に受け入れられるという物語。以下本文ではこの作品は『プシシェ』と略記されている。

(81)「セミとアリ」ラ・フォンテーヌ、『寓話　上』、今野一雄訳、岩波文庫、六九—七〇頁参照。*Cf.* La Fontaine, *Fables*, Livre Premier, Fable I, *La Cigale et la Fourmi.*

(82)「オオカミとイヌ」同書、七四—七六頁参照。*Cf.* La Fontaine, *Fables*, Livre Premier, Fable V, *Le Loup et le Chien.*

(83)「ライオンと共同で事業をした牝ウシと牝ヤギと牝ヒツジ」、注（75）参照。

(84)「ペストにかかった動物たち」ラ・フォンテーヌ、『寓話　下』、今野一雄訳、岩波文庫、一九—二二頁参照。*Cf.* La Fontaine, *Fables*, Livre Septième, Fable I, *Les Animaux malades de la peste.*

(85)「クマと園芸好きな人」同書、九七—一〇一頁参照。*Cf.* La Fontaine, *Fables*, Livre Huitième, Fable X, *L'Ours et l'Amateur des jardins.*

(86)「裁判官と病院長と隠者」同書、三七二—三七六頁参照。*Cf.* La Fontaine, *Fables*, Livre Douzième, Fable XXIX, *Le Juge arbitre, l'Hospitalier et le Solitaire.*

(87) ラ・フォンテーヌの『寓話』の最初の寓話詩である「セミとアリ」を指す。

(88) ラ・フォンテーヌの『寓話』の最後の寓話詩である「裁判官と病院長と隠者」を指す。

(89) セールは、『自然契約』のなかで、人間と自然との間で「自然契約」を取り結ぶことを提唱している。*Cf.* Michel Serres, *Le Contrat Naturel*, François Bourin, Paris, 1990. 邦訳、『自然契約』、及川馥・米山親能訳、法政大学出版局、参照。

(90) 海の牝ライオン lionne de mer. セールによれば、これは英語の sea lion を文字通りにフランス語に置き換えたものだとのことである。英語の sea lion は、首から肩にかけてライオンのたてがみのような毛があるオタリア、カリフォルニアアシカ、トド、ミナミアシカなどの動物の総称であり、フランス語の otarie にあたる。またピューマを意味する mountain lion（山のライオン）についても同様である。

(91) ガストン・フェビュス Gaston Fébus（1331–1391） ピレネー山脈北麓にあるフォア伯爵領の領主 Comte de Foix として百年戦争時代の微妙な政治状況を生きた。芸術、文学を庇護し、自らも『雄弁集』*Oraisons*、『狩猟の書』*Livre de la chasse* を著した。

(92) クセノフォン Xénophon（前四三〇頃―前三五五頃） 古代ギリシアの軍人、著作家。ソクラテスの弟子。多数の著作が残されているが、その中に『狩りの技術』*L'Art de la chasse* がある。

(93) アクタイオン ギリシア神話のテーバイの若い狩人。処女神アルテミスの水浴中の姿を見たため、女神の怒りを買い、シカに変えられ、自分の飼っていた犬たちに食い殺される。

(94) 注（82）参照。

(95) ムレタ 闘牛士が牛を挑発し、翻弄するのに用いる赤い布。

(96) アプレイウス Lucius Apleius（一二五頃―一八〇頃） 北アフリカ生まれの古代ローマの哲学者、修辞学者。代表作『黄金のロバ』の別名をもつ『変身譚』は、当時の世相を風刺している。

(97) マタドール 闘牛で牛にとどめを刺す闘牛士。

(98) 蝶のように舞う闘牛士のムレタさばき 原語は manoletinas et marposas であるが、セールによれば、これは主にスペインで用いられる闘牛用語で、manoletinas はスペインの高名な闘牛士 Manolete に由来し、mariposas は蝶の意味であり、蝶の羽根のようにムレタを操る闘牛士およびそのムレタさばきを指すとのことである。

(99) 「一緒についての科学 science de l'avec」 conscience の接頭辞部分 con- は「一緒に acec」の意味である。後半の -science は「科学」の意味。

(100) 聖フランチェスコ saint François（1181–1226） アッシジのフランチェスコとも言われる。イタリアの神秘家、聖人。フランシスコ修道会の創立者。深く自然を愛し、敬虔な清貧生活を送った。

(101) クリナメン 古代ギリシアの哲学者エピクロス（前三四一―前二七〇）の学派の唱えた原子論で、原子の運動方向に不特定的に生ずる微小な偏倚を指す。とりわけ、古代ローマの哲学者ルクレチウス Titus Lucretius Carus（前九八頃―前五五頃）の著作『物の本質について』のなかで取り上げられていることで知られる。同じページのラテン語の文は同書からの引用で、引用部分については下記を参照されたい。Lucrèce, *De la Nature*, tome I, *Les Belles Lettres*, Paris, 1990, p. 50. 邦訳、ルクレチウス、『物の本質について』、樋口勝彦訳、岩波文庫、七一―七二頁。

(102) L・ドゥ・ラヴェルニュ Louis-Gabriel-Léonce de Lavergne（1809–1880） フランスの農業経済学者。各地を旅行して農業事情を調べた。とりわけ、イギリスの農業事情を詳細に研究した *Essai sur l'économie rurale de l'Angleterre, de l'Ecosse et de l'Irlande*（1854）、『イギリス、スコットランド、アイルランドにおける農業経済に関する試論』は各国語に訳された。

(103) ロベール・ドワノー Robert Doisneau（1912–1994） フランスの写真家。とりわけパリとその郊外を題材にした作品で有名。

(104) ケラース地方 フランスのグルノーブル南東、イタリアとの国境をなすアルプス山岳地帯。

(105) ナルキソス Narcisse 注（36）参照。なおギリシアでは、水仙の花の強い香が麻酔性を有するのでナルキソスは「麻痺 narke」と関連づけられた。

(106) Macrobe 微生物 microbe からの類推による造語と思われる。「大生物」とでも訳せようか。

(107) Hylosom hyl- は「物質」を意味する接頭辞。

(108) リーマン Georg Friedrich Bernhard Riemann（1826–1866） ドイツの数学者、非ユークリッド幾何学・一般関数論・楕円関数論・アーベル関数論などを研究し、リーマン幾何学を体系づけた。なお、リーマン面については、『岩波数学辞典』第三版によれば、「平面領域で定義された多価解析関数が、定義領域を適当に改変することにより、その上で一価解析関数と考えうるような一般化領域として B. Riemann が導入した面を、彼の名にちなんでリーマン面と呼ぶ」とある。

(109) ポルピュリオス Porphyrios（二三二―三〇五頃） ギリシアの哲学者。ローマでプロテノスに師事し、新プラトン派の思想を普及した。とりわけアリストテレスの範疇論の入門書を著し、中世の標準的論理学教科書となった。そこから発想された範疇の樹状図はポルピュリオスの樹として知られている。

(110) 『五感』 セールの著書。*Les Cinq Sens, philosophie des corps mêlés-1*, Grasset, Paris, 1985. 邦訳、『五感――混合体の哲

学』、米山親能訳、法政大学出版局。なお、「探訪」については、原書二五五頁―三四〇頁、訳書四九八頁―五四三頁を参照されたい。

(111) コンディヤック Etienne Bonnot de Condillac（1715–1780） フランスの感覚論哲学者。彼は自己の論理を証明するために、無感無動の大理石像に嗅覚、聴覚、味覚、視覚、触覚の五感を順次付加しながら石像内の変化をたどり、人間の精神能力のいっさいを感覚の変形と見なした。

(112) ロック John Locke（1632–1704） イギリスの経験論の代表的哲学者。近代民主主義の代表的思想家の一人。

(113) アントニー・ヴァン・ルーヴェンホエック Antony van Leuwenhoek（1632–1723） オランダの博物学者。顕微鏡を用いて、人体や動植物の研究をおこない、血液の循環や血球の存在を実証した。

(114) スピノザ Baruch de Spinoza（1632–1677） オランダの汎神論的哲学者。貧困のためレンズ磨きで生計を立てていた。

(115) 『聖書』、「マタイによる福音書」、第一七章、第二節参照。この引用部分は一般的な聖書の現代語訳とセールの原文とに若干の異同があるが、セールの原文に即して訳した。

(116) 汎生殖説 pangenèse（英 pangenesis） この語は一般に汎生説と訳され、ダーウィンの、獲得形質の遺伝を説明する遺伝仮説をさすが、ここでは内容に鑑み、汎生殖説と訳した。

(117) ジャン・ロスタン Jean Rostand（1894–1977） フランスの生物学者。

(118) ジャック・テスタール Jacques Testard（1939– ） フランスの生物学者、Institut national de la santé et de la recherche médicale（国立健康・医療研究機構）主任研究員。

(119) オウィディウス Publius Ovidius Naso（前四三―後一八頃） 古代ローマの詩人、『恋の歌』、『変身譚』などがある。

(120) ワスプ Wasp〔White Anglo-Saxon Protestant〕 アングロサクソン系白人新教徒。とくに少数民族が米国社会の支配層としての白人中産階級を指して使う。

(121) クワキウートル人 カナダのブリティッシュ・コロンビア州ヴァンクーヴァー島および沿岸に住む北米先住民。

(122) 共可能なもの compossibles 共可能性 compossibilité 各事象がそれぞれ単独で可能であるばかりでなく互いに相容

れること。単なる可能性を超えて現実が成立するための根拠としてライプニッツが提唱した概念。

(123) フィアット　アメリカの哲学者、心理学者ジェームズ William James (1842–1910) の用語で、熟慮の後の意志決定を意味する。

(124) ボシュエ Jacques-Bénigne Bossuet (1627–1704)　フランスの聖職者、説教家。フランス文学史上最大の雄弁家の一人とされる。またセーヌ・エ・マルヌ県のモーの町の司祭をしていたことから、「モーの鷲 Aigle de Meaux」の異名がある。

(125) モーの鷲　前注参照。

(126) ラマルク Jean-Baptiste de Monet Lamarck (1744–1829)　フランスの博物学者。無脊椎動物の研究により、ダーウィンに先立って進化思想の基盤を確立した。

(127) メンデル Johann Mendel (1822–1884)　オーストリアの植物学者。遺伝の実験・研究をおこない、メンデルの法則を発見した。

(128) デ・ヴリース Hugo De Vries (1848–1935)　オランダの植物学者。アカバナ科の植物の系統的観察から突然変異の現象を発見し、突然変異が進化における主要な動因であるという理論を発表した。

(129) シュレディンガー Erwin Schrödinger (1887–1961)　オーストリアの理論物理学者。波動力学を研究し、その基礎としてシュレディンガー方程式を立てた。一九三三年にノーベル物理学賞を受けた。

(130) 結合法 combinatoire　ライプニッツの用語。あらゆる語が二六文字のアルファベットの結合によって成り立っているように、人間の思想にもそれを構成する究極的要素、すなわち「人間思想のアルファベット」があるはずであるとし、これをすべて見出しそれらのあらゆる可能な結合形式を探求して、既知の認識を論証するだけでなく、新しい認識の発見を企てようとしたライプニッツの試み。

(131) ペレット　ラ・フォンテーヌの『寓話』の登場人物。*Cf.* La Fontaine, *Fables*, Livre Septième, Fable IX, *La Laitière et le Pot au lait*.　邦訳、ラ・フォンテーヌ、『寓話（下）』、「乳しぼりの女と牛乳壺」、今野一雄訳、岩波文庫、四四—四六頁参照。

(132) カンディッド　ヴォルテールの哲学的風刺小説『カンディッド』の主人公。ライプニッツ流のオプティミズムを信ずるが、ありとあらゆる不幸や艱難辛苦に遭い、「まず自分たちの庭を耕さなくてはならない」という悟りに達する。

(133) ナンビクワラ族　ブラジル西部のマト・グロッソ州とロンドニア州に住む先住民族。焼畑と狩猟採集の生活を営んでいる。

(134) 語源的意味での自然　フランス語の自然 nature の語源は、ラテン語の natura「出生」、nasci「生まれる」であり、同じくフランス語の naître「生まれる」と同語源である。また、セールは『自然契約』のなかで、「自然という語は、諸物が生まれつつある状態を意味する」と述べている。*Cf.* Michel Serres, *Le Contrat naturel*, François Bourin, Paris, 1990, p. 87. 邦訳、『自然契約』、及川馥・米山親能訳、法政大学出版局、八三頁参照。

(135) プラトン、『パルメニデス』、一三〇C―D参照。

(136) *Cf.* Michel Serres, *Le Parasite*, Paris, Grasset, 1980. 邦訳、『パラジット――寄食者の論理』、及川馥・米山親能訳、法政大学出版局、参照。

(137) ラ・ロッシェル La Rochelle　フランス南西部大西洋沿岸の都市。

(138) セート Sète　フランス南部地中海沿岸の都市。

(139) ギルガメシュ叙事詩　注（7）参照。

(140) コメディア・デラルテ commedia dell'arte　十六世紀末から十七世紀初めにイタリアで隆盛を極めた即興仮面劇。フランス、ドイツにも巡回して名を高めた。アルルカンはこのコメディア・デラルテの道化役で、多色の菱形模様の服を着て、黒マスクをかぶり、木剣をもっている。

(141) 「下に横たわっている」　フランス語の sujet（主体）の語源は、ラテン語の subjectus であるが、これは動詞 subicere（subjicere）の過去分詞からの派生語で、それぞれ「下に置かれた」、「下に置く（投げる）」の意である。

(142) ステントール　ホメロスの『イリアス』に登場する人物で、五〇人に匹敵する大声の持ち主とされる。

(143) パンテレリア島　北アフリカとシシリア島とのあいだにあるイタリア領の島。

(144) シャップ Claude Chappe（1763-1805）　フランスの技師、発明家。一七九三年に、高台に建てられた塔の上に手動式の腕木を設け、望遠鏡を用いて、信号をやり取りする通信方式を開発し、この方式はたちまちヨーロッパ全土に広まった。

(145) ダルタニアン　アレクサンドル・デュマ Alexandre Dumas père（1802–1870）の小説『三銃士』の主人公。

(146) 人獣の蒸気機関車　「人獣」は、ゾラの〈ルーゴン＝マッカール叢書〉の一七番目の作品のタイトル。主人公は鉄道の機関士で、鉄道がこの作品の主要な舞台となっている。

(147) キュナードライン Cunard Line　イギリスの実業家キュナード Sir Samuel Cunard（1787–1865）の経営するキュナード汽船会社の大西洋横断定期航路。

(148) マルロー André Malraux（1901–1976）　フランスの作家、政治家。中国の革命運動、スペイン内戦、対独レジスタンス運動などに参加し、その体験を作品にした。ド・ゴール政権で文化相を務めた。

(149) フレミング Sir Alexander Fleming（1881–1955）　イギリスの細菌学者。初めて抗チフス・ワクチンを人間に用いたほか、梅毒治療薬サルバルサンの使用を促進し、またリゾチームの殺菌性を発見した。一九二八年にはペニシリンを発見し、この功績で一九四五年にノーベル賞を受賞した。

(150) シャノン Claude Elwood Channon（1916–　）　米国の数学者。記号論理学をリレー回路に応用し、回路設計を熟練技術から科学に転換させた。『通信の数学的理論』（1949）を著した。

(151) カピトリウムの丘　ローマ七丘の一つ。丘の頂にはユピテルを祭った神殿があり、栄光の象徴とされた。

(152) タルペイアの岩場　古代ローマの巫女タルペイアはローマを裏切りサビニ軍のためにローマの城門を開いたが、結局サビニ軍にこの岩場から突き落とされて死んだ。前注のカピトリウムの丘とともに、「栄光」と「失墜」の象徴となっている。

(153) *Cf.* Michel Serres, *Feux et signaux de brume, Zola*, Grassez, Paris, 1975, pp. 295–303. 邦訳、『火、そして霧の中の信号――ゾラ』、寺田光徳訳、法政大学出版局、四一二―四二三頁参照。

(154) 電子アドレス adèle　原語の adèle は、セールによれば、ケベックフランス語から取り入れられた語で、adresse électronique の ad と éle を組み合わせた語であるとのことである。

(155) 『精神指導の規則』*Les Règles pour la direction de l'esprit*　デカルトの未完の著作。一六二八年に書かれたと推定されているが、死後に未完の断片として遺稿中から見出され、一六五一年に初めて公刊された。

(156) ティトゥス・リウィウス Titus Livius（前五九―後一七） 古代ローマの歴史家。『ローマ建国史』一四二巻（うち三五巻が残存）を著し、最も優れたラテン語作家の一人とされる。
(157) レムスとロムルス 伝説上のローマ建国者となる双子の兄弟。牝オオカミに育てられたとされる。
(158) ルロワ＝グーラン André Leroi-Gourhan（1911-1986） フランスの民俗学者、考古学者。文化史や記号論的方法を導入して、先史時代の人間の生活様式を研究した。
(159) プルタルコス Plutarchos（四六頃―一二〇頃） 古代ローマ帝政期のギリシア系歴史家、伝記作者。『対比列伝』の作者。
(160)『アエネイス』 古代ローマの詩人ウェルギリウス Vergilius（前七〇―前一九）の長編叙事詩。
(161) タキトゥス Tacitus（五五頃―一二〇） 古代ローマの歴史家。『歴史』、『年代記』が部分的に現存しており、その簡潔で生き生きとした文体は後世の作家に大きな影響を与えた。
(162) ロベルト・ムージル Robert Elder von Musil（1880-1942） オーストリアの小説家。未完の作品『特性のない男』は、二十世紀最大の小説の一つとして広く認められている。
(163) グレゴワール・ドゥ・トゥール Grégoire de Tours（五三八頃―五九四頃） フランスの聖職者、歴史家。五七三年にトゥールの枢機卿に任じられ、教会の権威の強化に努めた。
(164) レオン・ボナ Léon Bonnat（1833-1922） フランスの画家。ユゴー、ルナン、パストゥール等当代の有名人の肖像画を描き名声を博した。パリのパンテオンには彼の描いた聖ドゥニの壁画がある。
(165) ヴィクトール・ユゴー、『諸世紀の伝説』、「良心」参照。
(166) ポッター Paul Potter（1625-1654） オランダの画家、銅版画家。動物を配した小品の牧歌的風景画に優れていたが、「若い牝牛」など実物大の大作も描いた。
(167) ロイスダール Jacob van Ruysdael（一六二八頃―一六八二） オランダの画家。田園風景に最も優れ、また海の風景を描くときには雲を効果的に用いた。
(168) メリメ Prosper Mérimée（1803-1870） フランスの作家。『カルメン』、『コロンバ』などが代表作で、特に短編小説に優れた。

(169) *Homo clarinance* clarinance は、放牧家畜につける鈴を意味する clarine からの造語と思われる。

(170) ジャン＝ルイ・ガセー Jean-Louis Gassée フランスの Be 社会長。一九八五年まで Apple フランス法人社長、一九八七年に同米国本社 R&D 担当上級副社長就任、Macintosh II の開発を担当。一九九〇年に Be 社を設立。

(171) maintenant「いま」を意味するフランス語の maintenant は、main と tenant から構成されていると考えられ、main は「手」の意味であり、tenant は「もつ、手に取る」を意味する動詞 tenir の現在分詞である。

(172) UMTS Universal Mobile Telecommunications System ヨーロッパの第三世代（3G）移動体通信システム。IMT-2000 準拠の通信方式の欧州標準で、2Mbps の最大通信速度をもつ。

(173) アレオパゴス 古代アテネの評議会の一つ（アレオパゴス会議）が開かれた場所。この名称は、アクロポリスの西方の「アレスの丘」で会議を開いたことに由来する。

(174) クニドス 小アジアの南西部にあったギリシア時代の古代都市。

(175) プニュクス 古代アテネのアクロポリス西方の丘を切り開いた集会場。

(176) ギュゲス王 Gygès（前六八七頃―前六五一） リディアの王。羊飼いであったが、地震で割れた地のなかで手に入れた指輪で姿を消し、国王を殺して王位を簒奪したとされる。プラトン、『国家』、第二巻、三五九D―三六〇Bに語られている。

(177) サン・ピエール島 スイス中西部、ベルン州北西部にあるビエンヌ（ビール）湖に浮かぶ島。ルソーが晩年ここに隠棲した。

(178) ランセ Armand Jean Bouthillier de Rancé（1626–1700） フランスのカトリック神学者。トラピスト会の創立者。

(179) ボルツマン Ludwig Boltzmann（1844–1906） オーストリアの理論物理学者。物理学に確率論的考察方法を導入し、熱力学第二法則を基礎づけし、電磁気学と熱力学を応用して、シュテファンの実験法則を理論的に導出してシュテファン・ボルツマンの法則を確立した。

(180) マヨラナ Ettore Majorana（1906–1938?） イタリアの理論物理学者。将来を嘱望されたが、シチリアからナポリへ向かう船上で消息を絶った。

(181) ジョフロワ・サンティレール Geoffroy Saint-Hilaire（1772–1844） フランスの博物学者。ラマルクの同僚としてパリ博物館の脊椎動物学教授を務めた。

(182) キュヴィエ Georges Léopold Chrétien Frédéric Dagobert Cuvier (1769–1832) フランスの博物学者。ラマルクの進化論に反対し、ジョフロワ・サンティレールと論争した。

(183) ホメオボックス homeobox 生物の体制の設計にかかわる調節遺伝子群に特有な塩基配列部分で、一八〇塩基対のDNA配列のことをいう。

(184) プーシェ Félix Archimède Pouchet (1800–1872) フランスの博物学者。生物の自然発生を唱え、パストゥールとの論争を招いた。

(185) *Cf.* Jean-Jacque Rousseau, *Cinquième Promenade*, in *Les Rêveries du Promeneur solitaire, Œuvres Complète de Jean-Jacque Rousseau*, tome I, Pléiade, pp. 1046–1047. 邦訳、「第五の散歩」、『孤独な散歩者の夢想』、『ルソー選集』第四巻、佐々木康之訳、白水社、七四―七五頁参照。

(186) マルグリット・ド・ナヴァール Marguerite de Navarre (1492–1549) フランス国王フランソワ一世の姉、ナヴァール王妃。多くの文人を庇護し、自らもボッカチオに模した『エプタメロン』を著し、フランス・ルネッサンスに大きな役割を果たした。

(187) ラ・ファイエット夫人 Madame de La Fayette (1634–1693) フランスの作家。『クレーヴの奥方』が最もよく知られ、フランス心理小説の傑作と評されている。

(188) セヴィニェ夫人 Madame de Sévigné (1626–1696) フランスの書簡作家。娘に書き送った千五百通にも上る『書簡集』で知られる。

(189) アドルフ フランスの小説家バンジャマン・コンスタン Benjamin Constant (1767–1830) の自伝体小説『アドルフ』*Adolphe* の主人公。

(190) ドミニック フランスの画家・作家ウージェーヌ・フロマンタン Eugène Fromentin (1820–1876) の半自伝的恋愛小説『ドミニック』*Dominique* の主人公。

(191) 愛の国の地図 cartes du Tendre フランスの作家スキュデリ嬢 Madeleine de Scudéry (1607–1701) が、小説『クレリー』*Clélie* のなかで描いた地図で、恋愛の過程を寓意的に示したもの。

(192) ディオゲネスの樽　ディオゲネス Diogenes（前四〇四―前三二三）は、古代ギリシアの犬儒（キニク）学派の代表的な哲学者で、樽を住居とし生涯を赤貧のなかで過ごしたとされる。
(193)「汝自身を知れ」　古代ギリシア、デルフォイ神殿の破風に刻まれていた銘句で、ソクラテスが座右の銘にしていたことでも有名。
(194) デスバレー Death Valley　死の谷。米国、カリフォルニア州東部とネバダ州南部に広がる砂漠盆地。米国の最低地（海抜マイナス八六メートル）で、最も暑く乾燥した地域。
(195) オガール山地 Hoggar　アルジェリア南部のサハラ砂漠にある山地。最高峰は Tahat（2918 m）。アハガール（Ahaggar）山地とも言う。
(196) アタカマ砂漠　南アメリカ、チリ北部の海岸沿いに南北に広がる砂漠。
(197) 聖ベネディクトゥス Benedictus（四八〇頃―五四三）　ヌルシア（Nursia）のベネディクトゥスと言われる。ローマ南方のカッシーノ山に修道院を開き、ベネディクト会を創始した。西欧的修道制の創設者とされる。
(198) ジョルジュ・デュメジル Georges Dumézil（1898–1989）　フランスの宗教史学者、コレージュ・ド・フランス教授。
(199) ポリシネル　イタリア喜劇コメディア・デラルテに登場する人気者の道化役。イタリア式発音はプルチネルラ。なお、secret de polichinelle（ポリシネルの秘密）は「公然の秘密」の意味。また、カントには「恒久平和のために――哲学的試論」の著作がある。
(200) ラテン語の格言 *Si vis pacem, para bellum.*「もし汝が平和を欲するならば、戦争を用意せよ」をもじったものと思われる。
(201) *pro aris et focis*〔神壇と爐邊のために、宗教と故国のために〕　キケロの言葉。*Cf.* Cicero, *De Natura Deorum*, III, 40, 49.
(202) キッチナー Herbart Kichener（1850–1916）　イギリスの軍人、政治家。南アフリカ軍の総司令官として、ボーア戦争を終結させ、第一次世界大戦には陸軍大臣として大戦力を組織し、勇名をはせた。
(203) カインとアベル　カインによるアベルの殺害については「旧約聖書」、「創世記」第四章を参照。

(204) ホラティウス三兄弟　前七世紀頃の古代ローマの戦士。ローマとアルバの戦争の際、ローマを代表して、アルバの代表クリアケス三兄弟と戦い、二人までは殺されるが、最後の一人が逃げると見せかけて、クリアケス三兄弟を一人ずつ破り、全員を倒したとされる。

(205) コルネイユ Pierre Corneille（1606–1684）　フランスの劇作家。フランス古典主義演劇の確立者。

(206) ル・シッド　コルネイユの代表的な戯曲『ル・シッド』*Le Cid*（1636）の主人公。

(207) アイベックス　山岳地帯に生息する野生のヤギの総称。アルプスアイベックス、スペインアイベックスなど七種類がある。

(208) キャプテン・フラカッス　フランスの詩人、小説家、テオフィール・ゴーチェ Théophile Gautier（1811–1872）の小説『キャプテン・フラカッス』*Capitaine Fracasse*（1863）の主人公。

(209) ヘレネ　ギリシア神話、ゼウスとレダの娘。スパルタ王妃で絶世の美女。トロイの王子パリスに略奪され、これがトロイ戦争の原因となった。

(210) アイアス　トロイ戦争の時のアキレウスに並ぶギリシア方の英雄。

(211) ポンジュ Francis Ponge（1899–1988）　フランスの詩人、代表作に『物の味方』*Le Parti pris des choses*（1942）がある。

(212) ペレック Georges Pérec（1936–1982）　フランスの作家。代表作に『諸物』*Les Choses*（1965）がある。

(213) モルレ Morlaix　ブルターニュ半島北西部の郡庁所在地（フィニステール県）。

(214) ルドン Redon　ブルターニュ地方、レンヌ市南西方にある郡庁所在地。

(215) カンペール Quimper　ブルターニュ半島先端部フィニステール県の県庁所在地。

(216) ロデズ Rodez　トゥールーズ市北東方アヴェロン県の県庁所在地。

(217) 第二ヴァチカン公会議　一九六二—六三年にヨハネス二十三世のもとで開催され、全世界から二八〇〇名が参加し、公会議史上最大のものとなった。

(218) アンブロワーズ・パレ Ambroise Paré（一五〇九頃—一五九〇）　フランスの外科医。銃創の新治療法を考案、フランス外科学の父とされている。

(219) ダランベール Jean Le Rond d'Alembert（1717–1783） フランスの数学者、物理学者、哲学者。ディドロの協力者として『百科全書』の編集に参加し、数学などの項目を執筆した。

(220) ボルドゥ Théophile de Bordeu（1722–1776） フランスの医者。すべての臓器、組織、細胞などは他の部分に影響を及ぼす物質を血液中に分泌するという今日の内分泌論に相当する説を立てた。

(221) エラトステネス Eratosthenes（前二九六頃—前一九四頃） エジプトの天文学者で、アレクサンドリアの図書館長を務めた。初めて科学的に地球の円周を計算したことで記憶されており、その誤差は八〇キロメートル以内であったとされる。

(222) ライエル Sir Charles Lyell（1797–1875） イギリスの地質学者。地層の大規模な変化は現在も働いている力によって起こった可能性があるという斉一説を立てた。

(223) ヘシオドス Hesiodos（前八世紀に活躍） 最古のギリシア詩人の一人で、『労働と日々』、『神統記』の二つの作品で知られている。

(224) コルメラ Lucius Junius Moderatus Columella（一世紀） 古代ローマの作家、農学者。自分の所領での経験をもとに『農業論』を著した。

(225) ヴァロ Marcus Terentius Varro（前一一六—前二七） 古代ローマの著述家、学者。著作は六〇〇以上あり、内容も広範囲に及ぶが、現存しているものは農業にかかわるもの一編とラテン語にかかわるもの一編のみである。

(226) 『ベリー公爵の豊饒の日々』 *Très Riches Heures du duc Berry* 十五世紀の初め頃にランブール Limbourg 兄弟によって制作されたとされる中世の絵入り図鑑（典礼書）。シャンティイー Chantilly のコンデ美術館 Musée Condé 所蔵。

(227) ル・ナン Antoine Le Nain（一五八八頃—一六四八） オランダ生まれのフランスの画家。肖像画や農民生活を描いた作品が多い。

(228) セー Jean Baptiste Say（1767–1832） フランスの経済学者。供給が需要を創造し、生産不足や過剰を自動的に調整するという「セーの法則」の提唱者として記憶される。

(229) チュルゴー Anne Robert Jacques Turgot（1727–1781） フランスの経済学者、政治家。『富の形成と分配に関する省察』が最も有名な著作。

(230) マリボー Pierre Garlet de Marivaux (1688-1763) フランスの劇作家、『愛と偶然の戯れ』、『マリアンヌの生涯』などが有名。
(231) サヘル地方　北アフリカの地中海沿岸の丘陵地帯。
(232) バール神 Baal　古代カルタゴで崇められていた神。子供が犠牲として捧げられたと伝えられる。
(233) ミトラ神 Mithra, Mitra　古代インド・ペルシャで信仰された男神、陽光、完全性、調和を体現するとされる。
(234) ヤハウェ神 Yahavé, Yahavéh　旧約聖書で用いられる神の呼称。「出エジプト記」の「私は、有って有る者」(ヤハウェ)に由来する。
(235) カルヴァン Jean Calvin (1509-1564) ルターと並ぶプロテスタントの宗教改革者。スイスで厳格な神政政治をしいた。
(236) アルノルド Arnaud de Brescia (1100頃-1155) イタリアの修道士、アベラールの弟子・崇拝者。聖職者の堕落を厳しく攻撃し、教会が使徒の使命を果たすよう要求したが、破門されて火刑に処せられた。
(237) ラムネー Félicité-Robert Lamennais (1782-1854) フランスのキリスト教社会主義の宗教思想家。ローマ法王庁の腐敗を批判し、法王庁と対立した。
(238) レオン・ブロワ Léon Bloy (1846-1917) フランスの作家、思想家。秘教的カトリシズムの立場から終末論的世界観が色濃く表れた作品を書いた。
(239) ペギー Charles Péguy (1873-1914) フランスの詩人、思想家。現代カトリック左派の思想的創始者。
(240) ベルナノス Georges Bernanos (1888-1948) フランスの作家。カトリシズムの立場から、人間の悪の問題を鋭い写実描写により追求した。
(241) 希望の徳 espérances　信 foi　愛 charité と併せてキリスト教の三徳をなす。
(242) ルキアノス Lukianos (一一七頃―一八〇頃) 古代ローマ時代のギリシア人の作家。風刺的対話という新たな文学形式をつくり出し、後世の風刺作家や空想旅行記の手本となる作品を残した。
(243) クープラン François Couperin (1668-1733) フランスの作曲家、クラヴサン・オルガン奏者。
(244) ラモー Jean-Philippe Rameau (1683-1764) フランスの作曲家、クラヴサン・オルガン奏者。近代的和声学を確立した。

(245) ラヴェル Maurice Ravel（1875–1937） フランスの作曲家。

(246) シュテファン・ツヴァイク Stefan Zweig（1881–1942） ウイーン生まれの詩人、作家。後にイギリス国籍を取得したが、アメリカ、次いでブラジルに移住。

(247) ジョルジュ・デュアメル Georges Duhamel（1884–1966） フランスの作家、医師。戦争や機械文明を批判し、ヒューマニストの立場を貫いた。

(248) ロマン・ロラン Romain Rolland（1866–1944） フランスの作家。一九一六年にノーベル賞を受賞。

(249) オールダス・ハクスリー Aldous Huxley（1894–1963） イギリスの小説家。

(250) ラビンドラナート・タゴール Rabindrahnâth Tagore（1861–1941）、インドの詩人、哲学者。一九一五年にアジアで初めてノーベル文学賞を受賞した。

(251) アンドロマケー、トロイの勇将ヘクトールの妻。ラーシーヌの悲劇『アンドロマック』の主人公。

(252) ムーサ ゼウスと記憶の女神ムネモシュネの九人娘の一人で、悲劇を司るのはメルポメネ Merpomène。

(253) シュリーマン Heinrich Schliemann（1822–1890） ドイツの考古学者。ホメロスの叙事詩を信じ、トロイの遺跡を発掘した。

(254) ロラン Roland 現存するフランス最古の武勲詩『ロランの歌』*La Chanson de Roland* の伝説的英雄。カール大帝 Charlemagne の甥で、スペイン遠征の帰途、後衛部隊を率いたが、バスク人に襲われて悲壮な最期を遂げる。

(255) 哲学者 philosophe この語の語源はギリシア語の philosophos で、「知を愛する」の意味。

訳者あとがき

本書は Michel Serres, *Hominescence*, Le Pommier, 2001の全訳である。

著者のミッシェル・セールについては、すでに法政大学出版局のウニベルシタス叢書で多くの翻訳書が出版されているので、著者の紹介はこれまでに出版された翻訳書に譲ることとする。原書の表題の Hominescence はセールの造語である。したがってこの語をどう訳すかが問題となる。本訳書においては、編集者とも相談の上、表題を「人類再生」とし、原書の表題がセールの造語であることを考慮して「ヒト進化の未来像」と副題をつけることにした。セールによれば、この語は、発光 luminescence や白熱 incandescence、青年期 adolescence や老化期 sénescence、開花 efflorescence や発泡 effervescence などの語に見られるように、この -escence という語尾によって示される「起動相の」プロセスを指しているとのことである（本訳書一七―一八頁）。何かが始まろうとする「起動」の相、人類にどのような新たな「起動」の相が始まろうとしているのだろうか。幾百万年にもわたる進化の「大いなる物語」のなかで、いかなる新たな「物語」が始まろうとしているのだろうか。

人類の進化、あるいは人類の歴史のなかで、画期となった大きな出来事をいくつかあげることができるだろう。太古の昔に遡る二足歩行の開始、言葉の獲得、最初の道具の発明、火の制御、新石器時代における農業の発明、近代における産業革命、現代における情報革命といったものをあげることができるだろう。

そのほかに、ルネサンスや、印刷術の発明や、フランス革命など政治・社会的な革命や出来事をあげることもできるかもしれない。しかしセールはなぜ現在のこの時期を hominescence として位置づけるのだろうか。かつての人類の画期とどこが異なるのだろうか。セールが本書で言及している現在という時代を特徴づけるものをいくつかあげてみよう。ゲノムの解読、遺伝子工学による遺伝子操作、クローン技術、核爆弾などの「世界規模－対象物」、モバイル・コンピューターと高性能携帯電話の発達と普及およびそれに伴う世界規模のインターネット網の確立などである。セールによれば、こうしたことはすべてここ三、四〇年ほどの間に起こっている。「半世紀のあいだにわれわれは、アルファとオメガ、始まりと終わり、創造と絶滅を画する二つの世界規模－対象物をつくり上げた。ＤＮＡと爆弾という二重の制御によって、われわれはいまや自分たちの誕生と死に対して能動的に責任を負っている。〔……〕種としてのまた個としてのわれわれの運命の両極をこのように突然掌握したことによって、われわれの地位に変化が生ずる。人間のままでありながら、われわれ自身のつくったものとなったわれわれは、もはや同じ人間ではない。人類再生 hominescence という突然の衝撃は、われわれを自分たち自身の原因という地位につける」（本訳書、六一頁）。つまりわれわれは、自分たちの種を絶滅させることもできるし、ＤＮＡを操作して、新しい生物種を創り出すこともできる能力を手に入れている。われわれ人類は創造と絶滅という神の全能性にも比肩するような能力を手に入れているのである。このような点がこれまでの人類の画期と本質的に異なるところであろう。

セールは、本書をまず「もろもろの死」から書き起こしている。人類にとって「死」は一つではないのである。「死」を認識し、考察の対象としうるのは人間だけであろう。人類は「死」を認識することによって、思考を深め、さまざまな宗教や哲学を生み出してきた。われわれ一人一人の個体が「死」を迎えるということは、避けがたいことであり、誰もがそのことは分かっている。ある種の人々が求めてやまなかった不老不死の薬は、少なくとも現在までのところ存在していない。「死」は個体にとって避けられないものである。そうした個体の「死」の他に、ある種の集団的な「死」がある。これまで、歴史的に確認されている多くの古代文明の「死」である。歴史を繙く限り、文明にとっても「死」は避けられないもののようである。こうした二つの「死」に対して、セールはさらに他の二つの「死」を対置させている。その一つは人類の「滅亡」である。この「人類滅亡」は、ヒロシマに投下された一発の「原子爆弾」に端を発するものだが、人類は現在、全人類を何度も絶滅させるに足るほどの「核爆弾」を保有している。東西冷戦の終結によって「人類滅亡」の全面核戦争はひとまず遠のいたように思われるが、世界に戦争の火種は尽きないし、そうした火種が核保有大国の全面対決に発展しないという保証はない。「人類滅亡」の恐怖は、ダモクレスの剣のように人類の頭上に吊り下げられている。

もう一つの「死」は、近年知られるようになった「アポトーシス」と言われる、「細胞プログラム死」である。これは細胞のなかにプログラムされた細胞の「死」であり、おそらくそれぞれの生物や個体にも「死」が遺伝子情報のなかにプログラムとして組み込まれているものと思われる。もしこのプログラムを解読し、その信号を操作し制御することに成功するならば、人類は個体レベルでの「不死性」を手に入れることができるかもしれない。

これらの「死」の考察からセールは人間の「身体」へと考察を進めている。われわれの身体は、近年において急速に変化したのだろうか。人類の統計的な平均寿命が急速に延びていることは確かのようだ。近年のあらゆる面におよぶ機械化によって、少なくとも「先進国」では、肉体労働が急速に軽減されている。セールの言うように、「骨の折れる労働においては苦役の数が減少し、農夫や職人にとっては、持ち上げたり、掘削したり、運搬したりする労苦が、エンジンの力によって軽減された。腕でツルハシを振るうのではなく、指でボタンを押すようになった現在では、労働者という用語は同じ意味をもってはいないし、農民は牛や荷車やくびきを放棄し、トラクターを運転するようになっている」（本訳書、二六頁）。われわれの身体はかつてのような肉体労働から解放されているのである。このような解放は人類の身体をどのように進化させるのだろうか。直立二足歩行によって、重荷を支える苦役から解放された人類の手は、劇的な進化を遂げ、他の動物とはまったく異なった世界を切り開いてきたわけだが、その様子をセールは次のように描いている。「人類の遠い祖先が、四つ足歩行からしだいに二足歩行へと立ち上がってゆくにしたがって、これはおそらく何千年も要した進化であるが、前足は運動機能を失っていった。確かにそうだろうが、しかし手はその過程で別のいくつもの能力を獲得していった。つまり、失うということは、確かに、脱分化を前提とし、それによってこの器官は徐々に、仕事や組み立てをおこなう器官、外科治療や楽器演奏をする器官、定規やコンパスを扱う器官、手品をおこなう器官……などになっていった」（本訳書、二八二頁）。人類の遠い祖先の前足が、体重を支えるという苦役からの解放によって、このように進化・発展したとすれば、現代における人類の身体の苦役からの解放は、どのような進化を人類の身体にもたらすのだろうか。かつての「前足」の進化と同じように、今度は身体全体が「脱分化」し、「分化全能性」をもつようになるのだろうか。

「分化全能性」という概念も本書のキー概念の一つである。人類の遠い祖先の前足は、前述の苦役からの解放によって、「脱分化」し、「分化全能性」をもつに至った。つまり何か特定の目的に役に立つわけではないが、何の役にでも立つのである。このような「万能性」は、今日のコンピューターに受け継がれている。コンピューターは何か特定の役に立つわけではないが、何の役にでも立つ。コンピューターは「分化全能性」の機械なのである。一般的に、道具や機械はそれぞれの用途をもってつくられている。たとえば、シャベルは土を掘るためにつくられ、土を掘る作業に適合している。トラックは荷物を運搬するためにつくられ、荷物を運搬する作業に適合している。しかし、コンピューターは何のためにつくられ、何の作業に適合しているのだろうか。コンピューターをつくる側はそのことを決定することはできない。それを決定するのはコンピューターを使用する側である。それゆえコンピューターは「分化全能性」を備えた機械なのである。とりわけコンピューターのモバイル化と、携帯電話のコンピューター化が、セールが自らの哲学の本尊に祭り上げているコミュニケーションの神・ヘルメスの時代を象徴している。現代はまさに情報通信技術によって距離のなくなった時代なのである。距離の消失はわれわれを無限的・偏在的な存在へ、位相的・様相的な空間へと導く。このようなかつてない状況にあって、弁証法も存在論ももはや役に立たない。われわれが「自分たちの有限性を失いつつある」(本訳書、二二四頁) 現在、「哲学は自らの古い概念のすべてを再検討する」(同頁) 必要に迫られており、新たな哲学が創出されなくてはならない。セールはその模索を続けているのである。

セールが「現代の最大の出来事」として位置づけているのが「農業の終焉」である。この「農業の終焉」の証拠としてセールは次のような数字を挙げている。「一九〇〇年代には、いわゆる西洋の諸国で、農耕や牧畜に従事する家族の割合は、人口の半分を超えていた。フランスでは、この割合は一九八〇年の八・三%から、二〇〇〇年の三・三%に減少した。国内総生産に占める農業の割合は、同じ期間に四%から二・三%に移行している」(本訳書、一一一頁)。すなわち、農耕が発明された年代である新石器時代以来、何千年にもわたって主要な産業であった農業は、この一世紀のあいだにその生産活動に従事する人口をほとんど失ったというわけである。

セールは先の「愛知万博・愛地球博」のインタビュー記事「惑星の風景」The *Paysage* of the Planet のなかでも、二十世紀を「農業を喪失した世紀」The Century that Lost Agriculture として位置づけ、次のように言っている。「われわれの子供たち、いや、私以降の世代の大半が都会育ちで、農業の経験も動物や植物の生に触れるような体験も非常に少ない、という問題がありました。つまり彼らは、動物や植物や、父祖伝来の動植物の育て方、馴らし方と無関係の文化を自らのうちにつくりあげているのです。具体的に言えば、今世紀（二〇世紀）初頭にはフランスの人口の八〇％は農民でした。それが今では一〇％にすぎない。事情は日本でも同様ではありませんか？」（『くくのち2』、二〇〇〇年、財団法人二〇〇五年日本国際博覧会協会発行、四七頁）

日本の農業はおそらくもっと深刻な状況に直面している。世界貿易機構ＷＴＯによって、農産物とりわけ米の輸入自由化を迫られているからである。世界的な農産物輸入自由化の抗いがたい圧力に直面して、米作中心の日本の農業は風前の灯火と言っても過言ではないだろう。

セールは、風景 paysage は農民たち paysans がつくってきたと言っている。これは日本にとっても同じことである。日本の田園風景は日本の農民たちが何千年にもわたって営々としてつくり上げてきたものである。小学校唱歌の「おぼろ月夜」に歌われているような風景が、セールと同じ農民出身である訳者の子供の頃の日本の風景であった。近年の厳しい減反とあいまって、都市近郊では農地は都市化の波に無惨に洗われ、過疎化の激しい農村部では耕作が放棄され原野化しつつある水田が多く見かけられる。米の輸入自由化によって、日本の農業が崩壊し、日本の水田がことごとく耕作放棄され、原野化したならば、いったいどうなるだろうか。日本の風景は、セールが嘆いているフランスの農村風景よりもはるかに無惨な姿をさらすことになるのではないだろうか。「農民たちの悲惨な状態によって、都市の人々がより安い食べ物を入手することが可能になっているのであれば、〔……〕都市の人々は、都市での給料を犠牲にしてまで、風景の働きの代価を支払おうとはしない」（本訳書、三〇六頁）とセールは述べている。日本の風景の命脈は、日本の都市の人々が、国際競争力をもたず国際価格よりもはるかに高い日本産の米をいままでのところ食べていてくれることによって、辛くも維持されている。

一九六八年のいわゆる「五月革命」の位置づけにも興味がもたれる。セールによれば、「革命なき革命的運動」（本訳書、三九三頁）、「全世界的な非‐出来事」（同頁）とされるこの「革命」は、「一つの状況」（同頁）であり、これは「われわれが想定しているような〈歴史〉を凌駕していた」（同頁）とされる。これは「歴史よりも人類学にかかわる問題であり、おそらく、歴史よりも進化にかかわる問題である」（本訳書、三九〇頁）とされ、それゆえ、一九六八年五月のあの出来事は、「人類再生 hominescence のプロセスにかかわり」（本訳書、三九四頁）、「人類再生 hominescence の始まりの日付を几帳面に記している」（同頁）のである。「もはや政治的なものは何もなかった」（同頁）あの出来事は、苦役や距離から解放された新しい身体を生まれながらに所持した若者たちが成人に達したという「祝祭的な出来事」だったのだろうか。

その一九六八年に二十歳前後であった若者たちもすでに子をもつ親となって久しいだろうし、孫をもつ年齢にさえ達することだろう。セールがとりわけ期待するのは子や孫たちや恵まれない人々への知的教育である。セールによれば教育は「みんなが勝つゲーム」である。教育に関するセールの持論を聞いてみよう。「今日において、その名に値する企画 projet があるとすれば、それは次のようなものである。すなわち、最も悲惨な人たちに、われわれの要求にではなく、彼らの要求に応じて、無償で解放的な――無償以上のものとなる――知識の源泉がいつでも利用できるようにすることである。無償以上のものという表現は何を意味するのだろうか。知は、何らかの財産とも、お金とも、交換とも等価ではなく、奇妙な贈与であって、その謎をわれわれはまだ少しも解いていない。つまり、もしあなたが私に、実際に、一〇ユーロあるいはパンをくれたならば、いまは私がそれらを所有しており、あなたはもはやそれらを所有していない。これが、差し引きゼロの取引である。しかし、もしあなたが私に定理や詩歌を教えてくれたならば、私はそれを自分のものとして受け取り、かつあなたもそれを保持している。したがって、足し算が引き算に取って代わるのだ。さらに言うならば、詩を朗唱したり定理を解釈することによって、あなたは必ずやそれらを自分のうちでいっそう豊かにさせる。そこから生まれるものが、いかなる交換も生み出すことのできない無限の増殖なのである。この奇蹟のような有り余る豊かさの不思議の世界のなかで、われわれは隣人と実際にこの増殖を共有する、つまり、みんなが勝つゲームを共有するのである。」(本訳書、二九一―二九二頁)

現代の社会では「知」もまた「財産」とされ、「知的財産権」が設定されており、「知」は必ずしも「無償」ではない。また、教育の場を含めて、市場原理、競争原理があらゆる分野に貫徹し、いわゆる「勝ち組」と「負け組」の格差が拡大している。格差社会は、フランスでも昨年、激しい暴動を生んだばかりである。このような現今の社会風潮のなかにあって、セールの言うような「みんなが勝つゲーム」がありうるのだろうか。せめて教育はそうあってほしいと願いたい。いま教育を受けている子供たち、あるいはこれから教育を受ける子供たちは、「もはやかつてと同じ主体をもたない、あるいはもはやかつてと同じ主体ではない。このことに何か不安があるだろうか。というのも、この種の変化は、無垢で流動的で、液体的で可変的で、可能的で偶然的な魂を、きわめてしばしば変容させてきたからである。今朝、狭い場所に窮屈に閉じ籠った古い魂の後を継ぐのは、孫たちの無数のほほえみである。私は彼らに、稀な音楽と静寂を遺贈しよう」(本訳書、四一五頁)と述べてセールは本書を結んでいる。現今のネオリベラリズム的「市場原理」、「競争原理」が支配するこの世の中で、子供たちも激しい競争にさらされている。こうした子や孫たちに「稀な音楽と静寂」に加えて、市場原理を超脱した「みんなが勝つゲーム」をも遺贈したいものである。

本書の訳出にあたっては、原文でイタリック体となっている箇所は本訳書では太字によって示し、書名を表す場合は『　』で示した。ただしギリシア語・ラテン語などの古典語・外国語の場合は、訳語は太字とせず原語をイタリック体で示した。原文で頭文字が大文字で表記されている単語や語句は〈　〉で示した。《　》は引用を含めて「　」で表記した。ただし、文意を明確にするために、適宜「　」を用いた箇所もある。〔　〕内に示した語や文はすべて訳者の補いであり、主として語の多義性や日本語に訳した場合の文脈を補完するためのものである。また訳注は算用数字で示し、本文末にまとめた。

翻訳にあたっては、まさしくヘルメスの時代のコミュニケーション機器を用いてセールに何度もメールを送り不明な箇所を尋ねるなど、細心の注意を払ったが、なお誤読や誤訳もあろうかと思う。至らぬところは読者諸賢のご指摘、ご叱正をいただければ幸いである。

本書の刊行にさいしては、翻訳の遅れなどから法政大学出版局の平川俊彦氏、松永辰郎氏に大変ご迷惑をおかけし、いろいろとお世話をいただいた。この場を借りて両氏に心からお礼を申し上げたい。

二〇〇六年四月

訳　者

《叢書・ウニベルシタス　861》
人類再生
──ヒト進化の未来像
2006年11月25日　　初版第1刷発行

ミッシェル・セール
米山親能 訳
発行所　財団法人　法政大学出版局
〒102-0073 東京都千代田区九段北3-2-7
電話03(5214)5540／振替00160-6-95814
製版，印刷　三和印刷／鈴木製本所

Printed in Japan

ISBN 4-588-00861-7

著者

ミッシェル・セール（Michel Serres）

1930年フランス南西部アジャンに生まれる．海軍兵学校，高等師範学校を卒業．数学，文学，哲学の学位を取得．1958年からクレルモン＝フェランの文学部で10年間教鞭をとり，ライプニッツ研究で文学博士となる．1969年からパリ第一大学教授として科学史講座を担当．数学，物理学，生物学の研究の上に人類学，宗教学，文学等の人間諸科学に通暁する百科全書的哲学者としてフランス思想界の重要な一翼を担う．科学的認識と詩学とを統一的な視野に収め，西洋的思考の限界に挑む．『ヘルメス』5巻（1969–80）をはじめ，『ライプニッツの体系とその数学的模型』（68），**『青春　ジュール・ヴェルヌ論』**（74），『カルパッチオ論』（75），**『火，そして霧の中の信号—ゾラ』**（75），**『ルクレティウスのテキストにおける物理学の誕生』**（77），**『パラジット』**（80），**『生成』**（82），**『ローマ』**（83），**『離脱の寓話』**（83），**『五感』**（85），**『彫像』**（87），**『両性具有』**（87），**『自然契約』**（90），**『解明　M．セールの世界』**（91），**『第三の知恵』**（91），**『幾何学の起源』**（93），**『アトラス』**（94），**『哲学を讃えて』**（95），**『天使の伝説』**（99），**『小枝とフォーマット』**（04）など多数の著書がある．（太字は法政大学出版局より既刊）

訳者

米山親能（よねやま　ちかよし）

1944年生．東北大学大学院修士課程修了．東北大学教授．フランス文学・フランス思想専攻．訳書：セール『パラジット』『自然契約』『哲学を讃えて』『アトラス』（以上共訳），『五感』『彫像』，デュピュイ『犠牲と羨望』，カストリアディス『人間の領域』（共訳）ほか．

ミッシェル・セールの著作／法政大学出版局刊　（消費税抜きで表示）